¡A que sí!

THIRD EDITION

Mª Victoria García-Serrano
University of Pennsylvania

Annette Grant Cash
Georgia State University

Cristina de la Torre
Emory University

THOMSON
★
HEINLE

Australia • Canada • Mexico • Singapore • Spain • United Kingdom • United States

THOMSON

HEINLE

¡A que sí!, Third Edition
García-Serrano, Grant Cash, de la Torre

Publisher: *Janet Dracksdorf*
Acquisitions Editor: *Helen Richardson*
Development Editor: *Heather Bradley*
Editorial Assistant: *Caitlin McIntyre*
Marketing Manager: *Lindsey Richardson*
Marketing Assistant: *Rachel Bairstow*
Advertising Project Manager: *Stacey Purviance*
Project Manager, Editorial Production: *Esther Marshall,*
Annette Pagliaro
Senior Print Buyer: *Marcia Locke*
Production Service: *Pre-Press Company, Inc.*

Text Designer: *Jeanne Calabrese*
Photo Manager: *Sheri Blaney*
Photo Researcher: *Jill Engebretson*
Cover Designer: *Ha D. Nguyen*
Cover Printer: *Coral Graphics*
Illustrator: *Scott MacNeill*
Compositor: *Pre-Press Company, Inc.*
Printer: *Banta*
Cover Art: *Archivo Fotográfico, Museo Nacional Centro de Arte*
Reina Sofía, Madrid

Library of Congress Control Number: 2004114141

Student Edition: ISBN 1-4130-0390-7

Instructor's Edition: ISBN 1-4130-0388-5

Thomson Higher Education
25 Thomson Place
Boston, MA 02210-1202
USA

Asia (including India)
Thomson Learning
5 Shenton Way
#01-01 UIC Building
Singapore 068808

Australia/New Zealand
Thomson Learning Australia
102 Dodds Street
Southbank, Victoria 3006
Australia

Canada
Thomson Nelson
1120 Birchmount Road
Toronto, Ontario M1K 5G4
Canada

UK/Europe/Middle East/Africa
Thomson Learning
High Holborn House
50–51 Bedford Road
London WC1R 4LR
United Kingdom

Latin America
Thomson Learning
Seneca, 53
Colonia Polanco
11560 Mexico
D.F. Mexico

Spain (including Portugal)
Thomson Paraninfo
Calle Magallanes, 25
28015 Madrid, Spain

Sumario

Índice

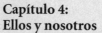

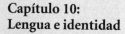

Preface

Overview

¡A que sí! is a very colloquial expression that serves both as an affirmation and a dare, and always requires a response. This remains a most appropriate title for a textbook that challenges students' abilities while empowering them in the use of the Spanish language. The main goals of the program are to build students' oral proficiency while increasing their awareness of Hispanic culture and to practice reading, listening, and writing. Written in Spanish, *¡A que sí!,* Third Edition, is designed for an intermediate/advanced conversation course (according to the ACTFL guidelines). It may be adapted to either the semester or the quarter system, and even for the whole year with the addition of other materials. The book intentionally contains more material than that which can be covered during one semester or quarter in order to give instructors flexibility in selecting the sections best suited to the level and interests of their classes. The *¡A que sí!,* Third Edition, program consists of a textbook (with an *Instructor's Edition),* a *Cuaderno* with *Audio CD* containing a complete grammar review with exercises and audio selections with pre- and post-listening activities. The writing activities in the text and the *Cuaderno* are correlated to the *Atajo 4.0: Writing Assistant for Spanish* (Heinle). For further exploration of a topic, we have also incorporated references to the Internet, as well as to recommended films. New to the Third Edition is a film per chapter with worksheets on the *¡A que sí!* web site, along with self-correcting vocabulary and grammar exercises for each chapter. There are also references to the *Infórmate con CNN* Video Program by Victoria Rodrigo (Heinle).

Program Organization

The textbook is divided into four thematic units, the units into three chapters each, and these, in turn, into three lessons. Each lesson includes interactive vocabulary exercises, one or two reading selections, content exercises, discussion questions, communicative strategies, pair/group activities, and creative writing activities with references to *Atajo 4.0.* There is also a section of interactive exercises to practice the grammar points reviewed in each lesson.

The *Cuaderno* contains a grammar review and exercise section for each lesson, which students should complete at home. The exercises, which progress from purely mechanical (i.e., traditional fill-in the blank and multiple choice varieties) to open-ended and more meaningful ones, provide students with individual grammar and vocabulary practice outside the classroom and serve to prepare them for quizzes and exams. Many of the open-ended exercises may be adapted and used in class for role-plays, dramatizations, etc. Additionally, there is an exercise section to accompany the *Audio CD,* which prepares students for the listening selections and then checks their comprehension. The *Audio CD* itself consists of twelve recorded segments, one per chapter for each of the four units. They take the form of debates, surveys, dialogues, newscasts, and other types of dramatizations. These segments remain completely integrated, reflecting the theme of the chapter in which they appear. A separate *Answer key and Audioscript,* with responses to the *Cuaderno* exercises and transcripts for the *Audio CD,* is available for student purchase.

The *Instructor's Manual,* found at the front of the *Instructor's Edition,* is an important component of the program. It enumerates general principles for the communicative classroom, explains the specific uses of each section, and provides teaching strategies. We also include:

• our own syllabi

• a detailed plan for the first six days of classes.

• oral and written tests

• information about how to obtain the films that are suggested for each unit

Thematic Division

¡A que sí!, Third Edition, thoroughly revised, restructured, and updated, is organized around four high-interest themes: **Cultura popular: Creencias y vivencias, Encuentros y desencuentros, Patria/Nación: Acercamientos,** and **De acá para allá.** These topics were selected for their general contemporary relevance and their ability to raise students' awareness and understanding of Hispanic and global issues. The strong human-interest component of the readings helps foster lively exchanges and a stimulating classroom environment. By reading a variety of selections on each theme, the students are able to explore many facets of each topic, master related vocabulary, and discuss the issues with some authority. Since instructors may not teach the same selections each semester and, most likely, will not teach all of the selections included in the book, the readings not covered in class serve as an additional source of enrichment. These texts can be used for extra-credit work, reports, papers, etc.

Chapter Structure

Each chapter boasts reading selections from different genres (short stories, poems, novel excerpts, essays, newspaper articles), cartoons, and song lyrics, as well as correlations to *Infórmate con CNN* video segments and other film suggestions (which appear in the *Instructor's Manual*). This diversity of authentic materials allows students to become familiar with different modes of expression in Spanish.

Each reading is preceded by a brief introductory paragraph to present the author of the reading selection and give some relevant contextual clues. Next remain two vocabulary sections, **Palabra por palabra** and **Mejor dicho.** The first—limited to a maximum of twelve active vocabulary items—highlights frequently used Spanish words that appear in the reading. The second vocabulary section gives students the chance to examine false cognates and other problem words. The exercises and activities that follow allow students to practice these words and, in so doing, to expand their vocabulary. Aside from the oral exercises for pair or group classroom work, there are also written exercises in the

Cuaderno for independent practice. Before the reading itself, the **¡Alto! Antes de leer** section presents reading strategies and pre-reading questions that draw on students' prior knowledge and/or background. The reading selection that follows is glossed to facilitate student comprehension. Our rationale for glossing remains to provide translations or synonyms for the less frequently used words, thereby removing unnecessary obstacles and encouraging students to engage in a closer reading. The **Después de leer** section, offers an **¿Entendido?** section, which may be assigned as homework, whose purpose is to check students' basic comprehension of the reading and prepare them for the ensuing classroom discussion. We have used a variety of formats for this comprehension exercise. The **En mi opinión** section is a thought and analysis section that remains appropriate for in-class completion.

In addition to the reading selection and its accompanying vocabulary presentations and various activities, the **Estrategias comunicativas** section presents a list of colloquial expressions used by native speakers in specific situations. This remains a very important section as it is precisely in these exchanges where students often have the most trouble expressing themselves. The **En (inter)acción** activities provide opportunities for the practical use of the communicative strategies and skills presented in the **Estrategias comunicativas**.

The specific grammar points to be reviewed in the *Cuaderno* are listed in the **Repaso gramatical** after **En (inter)acción** for quick reference. The grammar explanations are in Spanish and, where appropriate, are illustrated by charts and tables, with English translations for most of the examples to facilitate student comprehension. The grammar points presented in the *Cuaderno* are recycled throughout the text for reinforcement. The **Práctica gramatical** section in the textbook contains communicative activities of the pair/group variety, which target the previously studied grammar points referenced in the **Repaso**.

The final section of each lesson remains **Creación,** which offers suggestions for composition practice related to the theme of the reading and using the vocabulary and grammatical structures presented and reviewed in the text and the *Cuaderno*, respectively. This writing activity is correlated to the *Atajo 4.0: Writing Assistant for Spanish.* Lastly, there is a **Glosario** at the end of the text for quick vocabulary reference.

We suggest that each chapter end with the viewing and discussion of a film in Spanish. The film should be seen outside of class (see *Instructor's Manual* for further details). Another possibility remains to conclude the chapter with a **Mesa redonda**, which may take any number of different formats: debates, dramatizations, oral reports, newscasts, interviews. The Internet contains a wealth of information about Hispanic culture and is an invaluable resource for projects of any type. We have made suggestions throughout the text that will give students a point of departure for researching different topics related to the main themes of the textbook. In addition to the Internet suggestions, *¡A que sí!* features a web site with Internet activities for all twelve chapters of the book. These activities facilitate further exploration of the topics covered in class. Students should be encouraged to indulge their curiosity by exploring the web site, and to then share the information they have found with the rest of the class.

Summary

Conversation courses are extremely demanding to teach. They are neither lecture nor drill courses and require a higher than usual degree of interest and energy on the instructor's part to elicit active student participation. *¡A que sí!,* Third Edition presents varied, up-to-date readings that bring many new and talented voices into the classroom. It challenges students to think critically, as they debate and analyze basic contemporary issues from a different cultural perspective. Most importantly, *¡A que sí!,* Third Edition, offers students the opportunity to improve their oral proficiency as well as their listening, reading, and writing skills while increasing their awareness of, not only Hispanic cultures, but also their own cultural heritages.

Acknowledgments

This text is the result of collective and collaborative efforts. The authors, therefore, owe many a debt of gratitude. First of all, we thank all the people who gave us permission to reproduce their work (writers, artists, singers, painters, photographers, etc.) for their generosity and understanding of our purpose. Many others offered invaluable suggestions and assistance in gathering the materials: José Luis Boigues, Eugenia Romero, Eva Fernández-Llena, Tanya Weimer, as well as many colleagues and the instructors at Penn, Emory and Georgia State. We are also grateful to our students. All of our material has been class-tested, and we appreciate their many suggestions as we tried out new ideas, texts, exercises, and activities for the third edition of *¡A que sí!*

We would particularly like to thank our reviewers:

Diana Alvarez-Amell, *Seton Hall University*

Elizabeth Combier, *North Georgia College and State University*

Sandra Fernandez, *Grand Valley State University*

Ryan Long, *University of Oklahoma*

Gillian Lord, *University of Florida*

Teresa Perez-Gamboa, *University of Georgia*

Anne Prucha, *University of Central Florida*

Jessica Ramirez, *Grand Valley State University*

Benjamin Smith, *Minnesota State University*

Carmen Sualdea, *Florida State University*

Dora Vargas, *Lee University*

Keith Watts, *Grand Valley State University*

Kirk Widdison, *Illinois State University*

Wendy Woodrich, *Lewis and Clark College*

The editorial and production teams at Heinle were not only exceptionally knowledgeable and helpful, but also flexible and open to our questions and suggestions. We are indebted to Helen Richardson and especially to our editor, Heather Bradley, whose good humor and graciousness carried us through not a few critical moments. Diana Baczynskyj, Esther Marshall, and Annette Pagliaro saw the book through its final stages to completion, making helpful suggestions along the way. Our task was made easier by dealing with all of these expert professionals. Our thanks also go to the other production people involved with the project and, in particular, Sharon Inglis, Nicole Fronteau, and Scott MacNeill.

Finally, we thank our respective families. Without their unwavering faith, inexhaustible patience, and unqualified support, *¡A que sí!* could never have been finished.

Mª Victoria García-Serrano
Annette Grant Cash
Cristina de la Torre

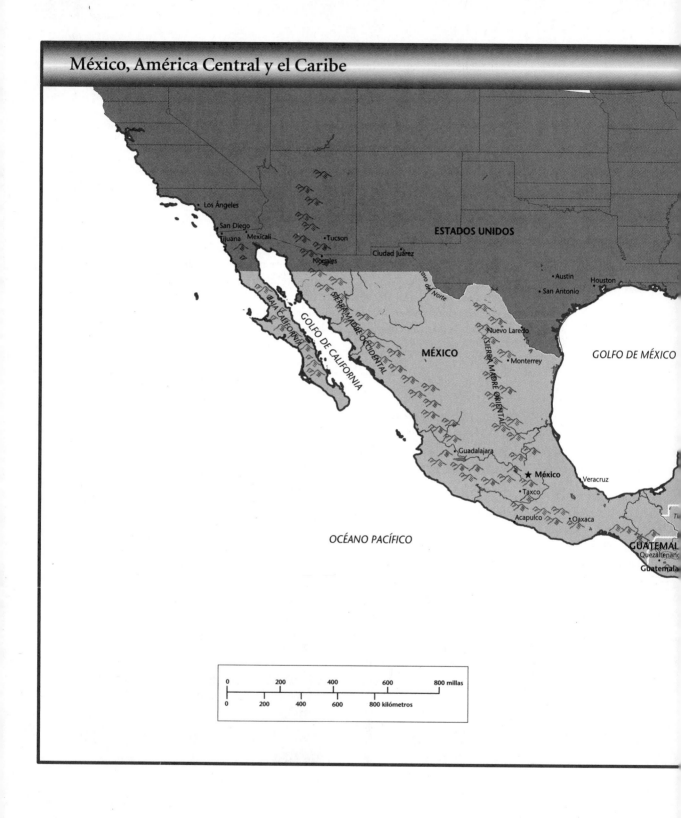

México, América Central y el Caribe

ESTADOS UNIDOS

Los Ángeles

San Diego

Tijuana · Mexicali · Tucson

Nogales

Ciudad Juárez

Austin · Houston

San Antonio

BAJA CALIFORNIA

GOLFO DE CALIFORNIA

SIERRA MADRE OCCIDENTAL

Nuevo Laredo

Bravo del Norte

MÉXICO

SIERRA MADRE ORIENTAL

· Monterrey

GOLFO DE MÉXICO

· Guadalajara

★ México · Veracruz

· Taxco

Acapulco · Oaxaca

OCÉANO PACÍFICO

GUATEMAL

Tii

Quezaltenan

Guatemala

| 0 | | 200 | | 400 | | 600 | | 800 millas |
| 0 | 200 | 400 | | 600 | 800 kilómetros | | | |

América del Sur

MAR CARIBE

Barranquilla
Cartagena
Maracaibo

Port of Spain
TRINIDAD Y TOBAGO

Caracas

R. Orinoco

VENEZUELA

Georgetown
GUYANA
Paramaribo
SURINAM
Cayenne
GUAYANA FRANCESA

OCÉANO ATLÁNTICO

Medellín
Manizales
Bogotá
Cali
COLOMBIA

Quito

ECUADOR

ECUADOR

Guayaquil

Iquitos

Manaus

R. Amazo

Belem

PERÚ

Cajamarca

Machu Picchu

Lima
Ayacucho

Cuzco

Arequipa

L. Titicaca

La Paz
Sucre

Arica

Iquique

Potosí

R. Madeira

BRASIL

Recife

Brasilia

Salvador

Belo Horizonte

OCÉANO PACÍFICO

Antofagasta

PARAGUAY

Salta

Asunción

Tucumán

São Paulo
Santos

Rio de Janeiro

R. Paraguay

R. Uruguay

Porto Alegre

CHILE

Córdoba

Mendoza

Valparaíso

Santiago

Concepción

Rosario

URUGUAY

Buenos Aires
La Plata

Montevideo

Río de la Plata

ARGENTINA

Bahía Blanca

TRÓPICO DE CAPRICORNIO

Puerto Montt

CORDILLERA DE LOS ANDES

ISLAS MALVINAS

0	200	400	600	800 millas
0	200	400	600	800 kilómetros

Punta Arenas

TIERRA DEL FUEGO
Cabo de Hornos

Estrecho de Magallanes

España

MAR CANTÁBRICO

FRANCIA

Avilés • Gijón
• Santiago de
Compostela
La Coruña
PRINCIPADO
DE ASTURIAS
Oviedo
Santander
San Sebastián
Bilbao
ANDORRA
Lugo
Cordillera Cantábrica
CANTABRIA
PAÍS
VASCO
PIRINEOS
GALICIA
León
Pamplona
Pontevedra
COM. FORAL
DE NAVARRA
ARAGÓN
CATALUÑA
Vigo
Burgos
LA RIOJA
Palencia
R. Ebro
Lérida
CASTILLA Y LEÓN
Zaragoza
Braga
Zamora
R. Duero Valladolid
Sistema Ibérico
Tarragona
Barcelona
• Oporto
Salamanca
Segovia
COMUNIDAD DE
MADRID
MAR
MEDITERRÁNEO
Sierra de Guadarrama
Ávila
Madrid
MENORCA
PORTUGAL
R. Tajo
Toledo
ISLAS
BALEARES
MALLORCA
Palma de
Mallorca
Coimbra
Cáceres
CASTILLA-LA MANCHA
Valencia
EXTREMADURA
Mérida
R. Júcar
EIVISSA (IBIZA)
Badajoz
R. Guadiana
Almadén Ciudad Real
Albacete
COMUNIDAD
VALENCIANA
FORMENTERA
Lisboa
Sierra Morena
Alicante
R. Guadalquivir
Linares
Setúbal
Córdoba
Jaén
Murcia
REGIÓN
DE MURCIA
ANDALUCÍA
Sevilla
Cartagena
Huelva
Granada
Jerez de la
Frontera
Sierra Nevada
OCÉANO
ATLÁNTICO
Cádiz
Málaga
Almería
Algeciras
Estrecho de Gibraltar
Tánger
Ceuta (Esp.)
Melilla (Esp.)

ISLAS CANARIAS
LANZAROTE
Arrecife
Santa Cruz
de la Palma
MARRUECOS
LA PALMA
Tenerife
FUERTEVENTURA
GOMERA
SANTA
CRUZ
Las Palmas
Puerto
del
Rosario
GRAN CANARIA

0	50	100	150 millas		
0	50	100	150	250 kilómetros	

Cultura popular: Creencias y vivencias

INTRODUCCIÓN

Los tres capítulos de esta unidad recogen prácticas culturales de varias comunidades hispanas. Estas prácticas populares manifiestan, por un lado, la continuidad del pasado en el presente y, por otro, el interés y esfuerzo que han puesto nuestros antepasados, o bien ciertos grupos, en mantenerlas. Ahora bien, hay que tener en cuenta que nada permanece inmutable a lo largo del tiempo y que las tradiciones, si bien imperceptiblemente, están siempre modificándose. También cabe advertir que no todos los ciudadanos participan en las actividades típicas de su país: ni todos los españoles van a los toros, ni todos los cubanos adoran a Changó. No atribuir una determinada práctica cotidiana a la totalidad de una sociedad es el primer paso para luchar contra los estereotipos culturales y nacionales.

Los textos agrupados en el capítulo titulado **El tiempo libre** examinan la popularidad de los bares ("Bares a millares"), las comidas típicas ("Picar a la española") y la tradición musical ("El secreto a voces. El discurso amoroso del bolero"). En el segundo capítulo, **Ritos, ceremonias y celebraciones**, se han incluido textos sobre festejos populares ("El mexicano y las fiestas"), las corridas de toros ("Una fiesta de impacto y de infarto") y las religiones afrolatinoamericanas ("La santería: una religión sincrética"). Las lecturas incluidas en el tercer capítulo, **Espacios de vida**, nos hacen reflexionar sobre los lugares que compartimos con la familia ("Hospitalidad, boleros y café recién colado") y con los vecinos ("Las Plazas Mayores: ayer y hoy" y "El Barrio").

Que yo sepa 🖌

En grupos de tres o cuatro estudiantes, contesten las preguntas siguientes.

1. ¿Cómo reflejan las fotos de la portada (página 2) los temas de esta unidad?

2. ¿Qué entienden Uds. por cultura popular? ¿Y por alta cultura? Expliquen y den ejemplos. ¿Están de acuerdo con esta oposición? ¿Por qué sí o no?

3. ¿Qué diferencia hay entre tradición y costumbre? Definan los términos y den ejemplos. ¿Qué tienen que ver estos términos con el de cultura?

4. ¿Cuáles son algunas tradiciones de los Estados Unidos? Mencionen algunas de ellas. ¿Cuáles de estas tradiciones no deberían perderse? ¿Por qué no? ¿Harían Uds. algo para conservarlas? ¿Por qué sí o no?

5. ¿En qué actividades típicas de su país no participan Uds.? ¿Por qué razón?

6. ¿Viven Uds. según sus creencias? ¿Hacen algunas cosas en las que no creen para no ofender a su familia o amigos? Expliquen.

7. La palabra "vivencia" se deriva del verbo "vivir" y significa *experiencia*. ¿Cuántas de nuestras vivencias están determinadas por la cultura? Den dos ejemplos.

8. ¿Están de acuerdo con el refrán que dice "Cuando vayas a Roma haz lo que los romanos"? ¿Por qué sí o no?

9. Hagan una lista de tres cosas que están de moda *(in fashion)* en su país, ciudad o universidad y otras tres que no lo están. Comparen su lista con la de los otros grupos y comenten los resultados.

De moda *(In)*	Pasado/a de moda *(Out)*

1

El tiempo libre

http://aquesi.heinle.com

BARES A MILLARES
Antonio Gómez Rufo

"Un bar", según el diccionario, "es el lugar donde se toman bebidas y cosas de comer, especialmente de pie o sentados en taburetes *(stools)* delante del mostrador *(counter)*." Sin embargo, aunque la definición es acertada, no explica la popularidad de los bares y la asiduidad con que la gente los frecuenta en las sociedades hispanas. El texto siguiente, "Bares a millares", nos ofrece una definición más completa que la del diccionario, ya que nos habla de la función social que tienen estos establecimientos para la mayoría de la gente.

Palabra por palabra*

acoger	*to welcome, take in, receive*	el horario	*schedule*
acudir	*to go, attend, come*	los medios de comunicación	*media*
la costumbre	*habit, custom*	el ocio	*leisure time*
la encuesta	*poll, survey*	todo el mundo	*everybody*
el hecho	*fact*	tomar una copa	*to have a drink*

Mejor dicho

salir con	*to go out with, have a date*	¿**Con** quién vas a **salir** esta tarde?
la cita	*appointment*	¿A qué hora tienes **cita** con el dentista?
el/la acompañante, novio/a, amigo/a...	*date (referring to a person)*	Voy a salir con un **amigo**.

---

*El vocabulario de esta página y la siguiente lo encontrarán utilizado en la lectura. Deben memorizarlo para poder entender más fácilmente el texto y expresarse mejor en español. Los sustantivos van precedidos de un artículo masculino o femenino, según su género gramatical. Al estudiar los sustantivos, aprendan también su género gramatical y así no cometerán errores de concordancia.

el pueblo	*village*	Mi **pueblo** se llama Jérica.
	people from a nation, place, or race	Hay que luchar por la independencia de los **pueblos** indígenas.
la gente *(sing.)*	*people, crowd*	Mucha **gente** no participó en la encuesta.
la(s) persona(s)	*person(s), individual(s)*	¿Qué desean esas **personas** que nos están esperando?
el público	*audience*	El **público** estuvo aplaudiendo media hora a Monserrat Caballé.

1-1 Práctica

Hagan las actividades siguientes prestando atención a las palabras del vocabulario.

1. En grupos de tres estudiantes, contesten las preguntas siguientes.

   a. Explíquenles detalladamente a sus compañeros/as su horario de clases, trabajo y ocio.

   b. ¿Cuántas horas libres tienen Uds. al día? ¿Y a la semana? ¿Qué hacen Uds. durante sus horas de ocio? ¿Qué hacen otras personas? ¿Significan lo mismo "ocioso" y "perezoso"?

   c. Definan en español lo que es una encuesta. ¿Son útiles las encuestas? ¿Para quiénes? ¿Han hecho Uds. una encuesta alguna vez o participado en alguna? ¿De qué tipo? ¿Qué opinan Uds. de las encuestas por teléfono? ¿Y de las que hacen en la calle o en otros lugares públicos?

   d. ¿En qué se diferencia un hecho de una opinión? ¿Los medios de comunicación son siempre objetivos? ¿Presentan alguna vez hechos falsos?

   e. En su país, ¿todo el mundo puede entrar en los bares? ¿Todo el mundo puede pedir una bebida alcohólica? ¿Cómo es esto diferente de otros países?

2. En parejas, comenten la razón de una cita con...

   | a. un veterinario. | b. un profesor. | c. una agente de viajes. |
   | d. un consejero universitario. | e. un agente inmobiliario *(real estate agent).* | f. una peluquera. |

3. En grupos de tres estudiantes, discutan a qué tipo de bares o restaurantes van cuando salen con...

   | a. sus padres. | b. sus hermanos/as. | c. su mejor amigo/a. |
   | d. sus abuelos. | e. su compañero/a de cuarto. | f. alguien por primera vez. |

4. Según mi abuelo, hay dos tipos de personas: las que tienen sentido del humor y las que no lo tienen. En parejas, hagan una clasificación semejante y luego compárenla con las de otras parejas.

   Hay personas que...   y personas que no...

¡ALTO! Antes de leer*

Haz lo que se te indica a continuación.

1. Presta atención al título. ¿Qué relación tiene con el tema de la Unidad I? ¿Qué tono (cómico, serio...) esperas en el artículo? ¿Con qué número relacionarías "millares"?

2. "Información" y "zona" son palabras muy similares en español y en inglés. Las palabras que son casi idénticas en las dos lenguas se llaman "cognados". Haz una lista de diez cognados más de la lectura. Compara tu lista con las de tus compañeros/as de clase.

3. ¿Qué sabes de los bares de otros países? ¿Qué connotaciones tiene la palabra "bar" para ti? ¿Qué palabras asocias con "bar"? ¿Es importante el número de bares, gasolineras y bancos que hay en una ciudad? ¿Qué indica esto?

4. ¿Cómo clasificarías tú los bares? Menciona tres tipos distintos.

*Este es un ejercicio de prelectura y, por lo tanto, hay que hacerlo antes de leer el texto al que acompaña. El/La profesor/a tiene dos opciones: a) asignarlo como tarea para hacerlo en casa (junto con la lectura) o b) hacerlo en clase, en grupos o todos juntos, un día antes de asignar el texto a los/las estudiantes.

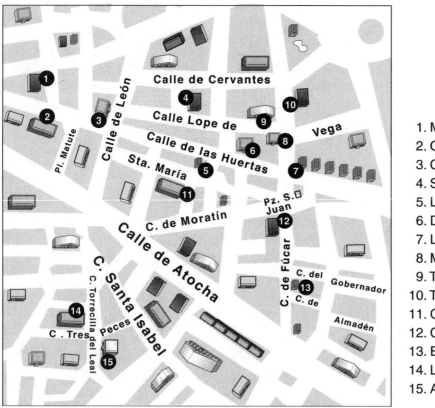

1. Miau
2. Casa Alberto
3. Café Jazz Populart
4. Sidrería Zeraín
5. La Fontanería
6. Domine Cabra
7. La Maripepa
8. Maceira
9. Terra Mundi
10. Taberna La Dolores
11. Chocolat
12. Café Repórter
13. El Alambique
14. La Lupe
15. Aloque

¿De qué ciudad es este plano? (Fíjate en los nombres de las calles.)

BARES A MILLARES

Antonio Gómez Rufo

Unos datos recientemente conocidos han puesto de manifiesto que en Madrid, en el tramo[1] comprendido entre Atocha y Antón Martín, hay más bares que en toda Noruega. Si eso es cierto, en Madrid debe haber más bares que en el resto de Europa y en España más bares que en el resto del mundo. O casi.

La verdad es que los españoles entendemos muy bien la sociología del bar. La taberna, la tasca, el bar, el pub o la cafetería forman parte de nuestra vida con la misma intensidad que nuestro propio hogar y nuestro centro de trabajo. De hecho, en una encuesta realizada meses atrás, las preferencias de los madrileños se decantaban,[2] en primer lugar, por su bar de costumbre; en segundo lugar, por la calle en general; y el hogar, el dulce hogar, se tenía que conformar con quedar relegado a un discreto tercer puesto.[3]

Aquí siempre quedamos[4] en el bar de enfrente (en el de al lado es más complicado, pues hay que especificar si es en el de la derecha o en el de la izquierda y eso crea confusión), porque enfrente siempre hay un bar. Esté uno donde esté,[5] nada más salir del portal[6] siempre hay un bar enfrente. Y a veces dos.

El bar es ese lugar de encuentros en el que a cualquier hora puede encontrarse con un amigo, un rato de conversación y una caña[7] de cerveza o un chato[8] de vino. Y una máquina tragaperras.[9] El bar es una excusa, una justificación, una metáfora. Se va al bar a cerrar un trato,[10] a reponer fuerzas o a matar el tiempo. Al bar se acude aunque no haya motivo, porque está pensado para acoger a cualquiera, por muy inmotivada que esté su presencia. Es más, si todo el mundo tuviese una razón para acudir al bar, habría que poner en cuestión la propia naturaleza del lugar, pues en tal caso se tendría clara su utilidad, su finalidad. Al bar se va sin más.[11] No hay que ir "a algo"; simplemente hay que ir.

A golpe de multinacionales que instalan maquinitas de café, refrescos y otras variedades en los pasillos de las oficinas de sus empresas, se quiere acabar con el "cafelito" de media mañana en el bar de enfrente. No creo que lo consigan, porque aquí el "cafelito" consiste en un barreño de café con leche, un pincho de tortilla o unas porras, una tostada o lo que se tercie,[12] y no en ese vaso de plástico mediado de café huérfano de pedigrí.[13] Los bares siguen ganando, por mucho que se establezcan normas que les pretendan marginar.

Lo extraño, volviendo a principio, no es que existan tantos bares entre Atocha y Antón Martín. Lo verdaderamente extraño es que en Noruega haya alguno, si exceptuamos los de las gasolineras de carretera y los clubes sociales privados. Porque la gente en el norte de Europa vive entre el trabajo y la casa, en la que se encierran a la hora española de la sobremesa[14] y de la que salen en cuanto amanece, y aun antes. El ocio en Europa es más triste que una aventura de Heidi[15] y más soso[16] que (un partido de fútbol entre) el Celta y el Murcia.[17] A ver si la presencia española en la Comunidad Europea les ha enseñado algo y les ha convencido de que adopten costumbres más civilizadas. Como la de ir al bar, por ejemplo.

---

[1] **tramo** = zona, área [2] **se decantaban** = inclinaban [3] **se tenía... puesto** *had to take third place* [4] **quedamos** *we agree (to meet)* [5] **Esté... esté** *wherever you are* [6] **portal** *building entrance* [7] **caña** = vaso mediano [8] **chato** = vaso pequeño [9] **máquina tragaperras** *slot-machine* [10] **trato** *deal* [11] **sin más** = sin motivo [12] **lo que se tercie** *whatever comes up* [13] **de café... pedigrí** = café de poca calidad [14] **sobremesa** = tiempo que pasa la gente después de comer conversando [15] **Heidi** *character in a famous cartoon* [16] **soso** = sin interés [17] **el Celta y el Murcia** = equipos de fútbol de segunda división

Después de leer

1-2 ¿Entendido?

Completa las oraciones siguientes según el contenido de la lectura, pero utilizando tus propias palabras; es decir, no repitas las oraciones que aparecen en el texto.

1. Una diferencia entre las costumbres de España y las de otros países europeos es...

2. Según Antonio Gómez Rufo, el bar (tasca, taberna, etc.) es tan importante porque...

3. Los madrileños (los que viven en Madrid) prefieren estar en... porque...

4. Por lo general, cerca de una vivienda (piso, casa) española hay... bares.

5. La gente va a los bares (tabernas, pubs, etc.) por los tres motivos siguientes: ...

6. El autor prefiere tomarse todas las mañanas un café en... porque...

7. En el norte de Europa se frecuentan menos los bares que en España porque...

8. Según el autor, el ocio en España...

1-3 En mi opinión

En grupos de tres estudiantes, utilicen las preguntas siguientes como punto de partida para entablar una conversación.

1. ¿Es el bar parte de la vida norteamericana? ¿Qué grupos específicos de personas frecuentan los bares aquí? Comparen la función y las posibilidades de un bar español y uno norteamericano.

2. El ir al bar en España se considera, según el artículo, una "costumbre civilizada". ¿Qué opinan Uds. de esa afirmación? ¿Cuáles creen Uds. que son otras costumbres civilizadas?

3. ¿Pasan Uds. mucho tiempo en la calle? ¿Salen a pasear *(to take a walk)* alguna vez? ¿Es pasear una de sus costumbres? ¿Es igual caminar (o correr) que pasear? ¿Cuál es el propósito de caminar? ¿Y el de pasear?

4. ¿Hay "bares a millares" en su ciudad o pueblo? ¿Cómo se llaman algunos? ¿Van Uds. frecuentemente a los bares? ¿Por qué razón (no) van? ¿Cómo se llaman algunos de los bares o restaurantes más famosos de su país?

5. Aunque en muchos países hispanos hay también como en EEUU una edad "legal" para beber, por lo general no se requiere ningún documento para pedir una bebida alcohólica. ¿Indica esto que las sociedades hispanas tienen una actitud diferente hacia el alcohol? Expliquen.

6. Según el artículo, ¿en España la gente va a los bares porque quiere emborracharse *(to get drunk)*? Para emborracharse, ¿hay que ir a un bar? ¿Por qué creen Uds. que el artículo no menciona el problema del alcoholismo? ¿ni del "botellón" (la costumbre que tenían los jóvenes los fines de semana de comprar bebidas alcohólicas en una tienda e ir a bebérselas a un lugar público)?

7. Entre otros problemas, el abuso del alcohol causa numerosos accidentes de carretera. Mencionen algunas medidas que se están tomando para prevenir este tipo de accidentes en su país.

8. Ya que el abuso del alcohol causa tantas muertes entre los jóvenes, ¿preferirían Uds. poder beber a los 16 años y no conducir hasta los 21? Expliquen su respuesta.

Estrategias comunicativas para invitar a alguien...

¿Tienes planes para esta noche, este fin de semana... ?	*Do you have any plans for tonight, this weekend . . . ?*
¿Qué te parece si vamos al cine, a un restaurante... ?	*How would you like to go to the movies, to a restaurant . . . ?*
¿Te apetece ir a tomar un café?	*Do you feel like going for a cup of coffee?*
¿A qué hora / Dónde quedamos?	*At what time / Where do we meet?*
¿Te importa si viene un/a amigo/a mío/a... ?	*Do you mind if a friend of mine comes along?*

... para aceptar la invitación...   ... o para rechazarla (*turn it down*)

¡Con mucho gusto! (*It will be a pleasure!*)	Lo siento, he quedado con...
¡Cómo no!	Me gustaría mucho, pero no voy a poder.
¡Me encantaría! (*I'd love to!*)	Hoy me es imposible, pero quizás en otra ocasión.
¡Por supuesto que sí!	¡De ninguna manera! (*No way!*)
Me parece una idea estupenda.	Ya tengo planes.

1-4 En (inter)acción

Realicen las siguientes actividades según se indica.

1. **Invitaciones.** Delante de toda la clase un/a estudiante invita a otro/a a salir. El/La segundo/a estudiante responde y le pregunta a un/a tercero/a y así sucesivamente. Utilicen algunas de las expresiones que aparecen en **Estrategias comunicativas**.

2. **Encuesta.** ¿A qué actividades dedica la juventud norteamericana su tiempo libre? Primero, añadan otras actividades a la lista que aparece a continuación. Segundo, distribuyan las actividades (a., b., c., etc.) entre los/las estudiantes. Tercero, pregunten a todos/as sus compañeros/as si realizan esa actividad específica. Cuarto, escriban en la pizarra el número de respuestas que han obtenido en las tres categorías. Al final, entre todos/as comenten los resultados de la encuesta.

	por lo general	a veces	nunca o casi nunca
a. ver la televisión	○	○	○
b. asistir a conciertos	○	○	○
c. ir de compras	○	○	○
d. hacer crucigramas	○	○	○
e. leer	○	○	○
f. salir con un/a amigo/a o ir a su casa	○	○	○
g. bailar	○	○	○
h. trabajar de voluntario/a en una organización humanitaria	○	○	○
i. ir al gimnasio	○	○	○
j. asistir a partidos (de fútbol, béisbol...)	○	○	○
k. ir al cine	○	○	○
l. pasear por la ciudad	○	○	○
m. disfrutar de la naturaleza	○	○	○
n. chatear en Internet	○	○	○
o. nada de nada	○	○	○

3.   **Una noche loca.*** Busquen en Internet información sobre los bares, restaurantes, cines y teatros de Madrid u otra ciudad hispana. Con la información que han encontrado, en grupos de cuatro estudiantes organicen una noche inolvidable.

1-5 Práctica gramatical

Repaso gramatical
(Cuaderno):
El presente de indicativo
de los verbos regulares
El verbo **ser**
El verbo **estar**
Contraste: **ser** y **estar** +
adjetivo
Haber

Hagan los ejercicios siguientes prestando atención a los puntos gramaticales estudiados.

1.   **En la cafetería de la universidad.** En grupos de tres estudiantes, indiquen acciones que pueden realizarse en la cafetería de su universidad o no. ¿Funciona la cafetería universitaria igual que los bares españoles? Utilicen **el presente de indicativo**.

   Ejemplo: Algunos estudiantes escriben sus tareas.
   Los cocineros no bailan la rumba.

2.   **Descripciones.** En parejas, observen las fotos en la página siguiente* y describan todo lo que ven usando **ser**, **estar** y **haber**.

   Ejemplo: En una de las fotos hay poca gente.

---

*Si el/la profesor/a piensa hacer esta actividad en clase, debe asignarla con anterioridad al día de clase.
*También se les puede dar a los/las estudiantes dos fotos o recortes de periódicos diferentes y, sin ver la del/de la compañero/a, deben averiguar si son iguales o no haciendo preguntas con estos verbos.

1-6 Creación

Escribe una composición de acuerdo con las instrucciones que siguen.

Después de haber estudiado el presente de indicativo de los verbos regulares y **ser**, **estar** y **haber**, describe tu lugar de ocio preferido.

¡Ojo! Cuando se escribe una descripción, hay que incluir respuestas a preguntas como las siguientes:

1. ¿Dónde está ese lugar? ¿Cómo es? ¿Qué hay dentro? ¿Por qué es tu lugar preferido? ¿Quiénes pueden entrar? ¿Qué hacen los clientes/visitantes? ¿Cómo se llama el lugar? ¿Cómo lo descubriste?

2. Una vez que sabes lo que vas a decir sobre tu lugar de ocio preferido, haz un bosquejo *(outline)* para ordenar los detalles que has reunido. ¿Por qué has elegido ese orden cronológico, espacial, etc.? ¿No sería más efectivo o interesante otro orden?

Estas preguntas son para ayudarte a redactar la composición. No tienes que contestarlas todas, ni seguir el orden en que aparecen. Intenta ser original.

Atajo		
Phrases:	*Describing places; Expressing location; Encouraging*	
Grammar:	*Verbs:* **ser** & **estar**; *Verbs:* **tener**; *Verbs: present*	
Vocabulary:	*House; Food: restaurant; Sports*	

Hay gente que colecciona tarjetas, menús o posavasos *(coasters)* de los bares en los que ha estado; otra gente colecciona camisetas del Hard Rock Café. Y tú, ¿qué coleccionas?

PICAR A LA ESPAÑOLA
Colman Andrews

Colman Andrews es colaborador del diario *Los Angeles Times*. Sus reseñas periodísticas versan principalmente sobre gastronomía. Muchos de sus artículos, que aparecen en revistas como *Harper's Bazaar,* presentan las costumbres culinarias de otros países. En "Picar a la española" *(The Spanish Way To Snack)* nos ofrece su impresión de una de las prácticas peculiares de España: el tapeo.

Palabra por palabra

apetecible	*tempting, appetizing, mouth-watering*	**ser capaz de** + inf.	*to be capable of*
enterarse (de)	*to find out, hear, learn about*	**la servilleta**	*napkin*
evitar	*to avoid*	**soler (ue)**	*to be accustomed to,*
mostrar (ue)	*to show, display*		*be in the habit of*
el resultado	*result*	**tener sentido***	*to make sense*
resultar + adj.*	*to find, seem, be*		

*¡**Ojo!** Ese restaurante es bueno pero **resulta** un poco caro, ¿no te parece? = *That restaurant is OK but I find it (it seems, is) a little expensive. Don't you think?*
*En español el sujeto gramatical de **tener sentido** no puede ser una persona. *You don't make sense* se diría "Lo que tú dices no **tiene sentido**."

Mejor dicho

gratis	*free* = que no cuesta dinero	Las tapas ya no son **gratis**.
estar libre	*free* = estar desocupado/a	Teresa, ¿estás **libre** esta tarde?
	free = fuera de la prisión	Cinco de los terroristas ya estarán **libres**.
ser libre	*free* = que uno/a puede elegir su conducta y acciones, y es responsable de ellas.	Lamentablemente no todo el mundo es **libre**.

pedir	*to ask for or order something, request*	¿Por qué no **pedimos** una ración de tortilla?
preguntar	*to request information from someone*	**Pregúntale** a la camarera si tienen agua con gas y cerveza sin alcohol.
preguntar por	*to inquire about someone or something*	Nos **preguntó por** un restaurante llamado Doñana.

¡Ojo! *To ask a question* se dice **hacer una pregunta**.

1-7 Práctica

Hagan las siguientes actividades prestando atención a las palabras del vocabulario.

1. En parejas, escriban tres preguntas con una de las palabras o expresiones anteriores.* Luego cada uno de los miembros de una pareja se junta con otro de otra pareja y se hacen las preguntas que han escrito. Se siguen formando nuevas parejas hasta que todos/as hayan podido contestar la mayoría de las preguntas.

   Ejemplo: ser capaz de + inf.
   ¿En cuántos minutos **eres capaz de comer**?
   ¿Quiénes **son capaces de** no **comer** en todo el día?
   ¿Qué **eres incapaz de comer**?

2. En grupos de tres estudiantes, escriban una lista con cinco cosas que deberían ser **gratis** (en la universidad, la ciudad, el país...). Luego expliquen sus razones.

   Ejemplos: el agua, el transporte público, la conexión a Internet...

3. En parejas, digan si las siguientes personas, animales o cosas **son / están libres** o no.
   a. un caballo salvaje
   b. alguien que acaba de ser liberado
   c. los elefantes del zoológico
   d. un asiento vacío en un teatro
   e. una pareja de casados

---

*Para evitar que todo el mundo utilice el mismo término, el/la profesor/a puede asignarle a cada ↑ las palabras. También se les puede decir que no hagan preguntas que requieran como respuesta sól

4. En parejas, utilicen **pedir**, **preguntar** o **preguntar por** al decir lo que hacen en estas situaciones.

> **Ejemplo:** Has encontrado unos pantalones que te gustan en una tienda pero no sabes cuánto cuestan.
> Le **pregunto** el precio al dependiente.

  a. Hace tiempo que no sabes nada de un amigo. Te encuentras con su madre en la calle.

  b. Acabas de llegar a una ciudad que no conoces. Ahora estás en la oficina de turismo.

  c. Entras en una cafetería. Quieres saber si sirven chocolate caliente.

  d. Has terminado de cenar en un restaurante y quieres irte.

  e. No sabes quién ganó el partido de baloncesto.

Antes de leer

Haz lo que se te indica a continuación.

1. Observa el título: "Picar a la española". ¿Te orienta sobre qué país hispano y tema va a ser la lectura? ¿A qué parte de la oración pertenece "picar"? ¿Es un adjetivo, un adverbio...?

2. Echa una ojeada *(Skim through)* a las formas verbales de la lectura y haz una lista de diez de ellas. ¿Qué persona gramatical predomina: yo, nosotros, ellos? ¿Y en qué tiempo están esas formas? ¿Puedes anticipar si el artículo tratará de lo que le ocurrió a una persona o no?

3. ¿Es importante lo que/cuándo/cómo/dónde comemos? ¿Qué revela esto de una persona o cultura?

4. ¿Qué sabes de la comida española? ¿Y de la mexicana? ¿Qué relación hay entre el tema de la comida y las tradiciones de un país?

No te dejes engañar por la apariencia de las tapas. Las más "sospechosas" suelen ser las más deliciosas.

PICAR A LA ESPAÑOLA

Colman Andrews

Lo único que no me gusta de las tapas es que nunca sé bien cuándo comerlas. Las tapas, como ya sabrán todos los que hayan estado en España alguna vez, son aperitivos,[1] delicias culinarias. Se sirven en sitios llamados tascas o tabernas y van acompañadas de conversación animada (hacen falta dos personas, como mínimo, para tapear como es debido), de copas de jerez[2] o de chatos de vino local, por lo regular tinto. La cerveza también sirve.

En sus principios las tapas eran el equivalente español de lo que se conoce como *beer nuts* o *trail mix* en inglés —aceitunas, almendras, anchoas o jamón.[3] Su propósito era también similar: animar[4] a los clientes a quedarse más tiempo y seguir bebiendo. Las tapas se servían en platillos[5] lo suficientemente pequeños para encajar[6] encima de la estrecha apertura de una copa de jerez —evitando así la presencia de moscas[7] distraídas. A veces, si se trataba de jamón o cualquier otra cosa apropiada, se utilizaban pequeñas tostadas redondas que podían igualmente situarse sobre la copa. De ahí el nombre *tapas,* del verbo *tapar,* que quiere decir *cubrir.*

Parece ser que la costumbre de servir estas tapas (gratis en los viejos tiempos) se originó en los bares de la Andalucía del siglo XVIII.

En esta región del suroeste del país se encuentra Sevilla, ciudad que muchos expertos consideran aún hoy la capital española de las tapas, y Jerez de la Frontera, donde se produce el vino que lleva su nombre, buen amigo de cualquier aperitivo.

Hoy día las tapas se comen hasta en los más remotos rincones de la península y todos, menos los turistas más remilgados y quisquillosos,[8] tarde o temprano sucumben a sus encantos. Los limitados bocados de antaño[9] han sido reemplazados por un enorme repertorio de platos, muchos cientos de ellos, desde pedazos de queso manchego[10] y firmes trozos de tortilla española[11] a elaboradísimas croquetas y sofisticados salpicones de mariscos.[12] También se encuentran comidas típicas como paella valenciana[13] y callos madrileños,[14] servidas en diminutas porciones. Básicamente cualquier cosa, menos los postres,[15] sirve de tapa con tal que la cantidad sea pequeña.

Como sucede con cualquier otro tipo de bar, hay tascas de muchas clases, desde las más refinadas hasta las más escandalosas. Lo que tienen en común es que casi siempre resultan bastante desordenadas[16] a los ojos de un extranjero. En todas se encuentran pequeños recipientes de metal que guardan servilletas de papel encerado;[17] es perfectamente aceptable tirarlas al suelo después de haberse limpiado la boca y los

dedos. El resultado, tras dos o tres horas de entusiasta tapeo comunal en una tasca concurrida,[18] puede parecer poco apetecible. Pero... ¡ánimo!, cuantas más servilletas cubran el suelo, mejores serán las tapas.

No hay dos bares de tapas que sirvan la misma variedad. Algunos lugares se especializan en un solo plato —como jamón, queso, incluso champiñones o caracoles[19]— preparado de diferentes modos. En otros sitios, en cambio, es posible encontrar más de treinta o cuarenta platos distintos.

No es difícil enterarse de qué sirven exactamente en una tasca específica. Algunos bares ponen sus menús en la puerta, otros anotan las tapas del día en una pizarra situada estratégicamente, muchos muestran sus delicias en cacerolas de barro sobre el mostrador.[20] (Algunos platos se hacen en el momento pero la mayoría de las tapas se comen del tiempo.[21]) Estas condiciones facilitan el proceso de decidir. El cliente puede ver lo que

---

[1] **aperitivos** *appetizers* [2] **jerez** *sherry* [3] **aceitunas... jamón** *olives, almonds, anchovies, or cured ham* [4] **animar** *to entice* [5] **platillos** *saucers* [6] **encajar** *to fit* [7] **moscas** *flies* [8] **remilgados y quisquillosos** *skittish and fussy* [9] **bocados de antaño** = las tapas de antes [10] **manchego** = de la Mancha, región de España [11] **tortilla española** = *omelet* de huevos y patatas [12] **salpicones de mariscos** *shellfish stews* [13] **paella valenciana** *yellow rice with chicken or seafood* [14] **callos madrileños** *tripe stew typical of Madrid* [15] **postres** *desserts* [16] **desordenadas** *messy* [17] **encerado** *waxed* [18] **concurrida** = con mucha gente [19] **champiñones o caracoles** *mushrooms or snails* [20] **mostrador** *counter* [21] **del tiempo** *at room temperature*

hay antes de pedir y, si no habla muy bien el español, puede simplemente señalar con el dedo. En los sitios más amplios y elegantes las tapas se sirven en las mesas, lo cual puede ser muy conveniente si hay más de tres personas en su grupo, pero los verdaderos aficionados prefieren picar de pie, con las tapas a la vista.

El ritual del aperitivo, que incluye también porciones generosas de bebida y conversación, se conoce como tapeo. Aunque se puede practicar a cualquier hora, ya que las tapas están disponibles desde la mañana hasta la medianoche, lo común es entregarse a este agradable pasatiempo entre el mediodía y las dos de la tarde, y entre las ocho y las diez de la noche. ¿Cree Ud. que eso interfiere con la hora de comer y de cenar? Es evidente que no ha ido aún a España.

Si todo lo que se ha dicho de las tapas hasta ahora le ha parecido bien (quizá a excepción de las servilletas sucias y arrugadas[22] en el suelo) las horas pueden representar el primer obstáculo.

No cabe duda que los españoles no comen ya tan tarde como solían. Se almuerza alrededor de las dos y, en consecuencia, la cena no aparece sino hasta las diez de la noche. La idea de las tapas, según los expertos, es entretener[23] el hambre hasta tan tarde. El punto flaco de esa teoría es que cuando uno se acostumbra al horario, no hay problema. Si se desayuna a las diez es normal comer a las dos y media. Cenar a las diez tiene perfecto sentido si no se abandonó la mesa hasta las cuatro de la tarde. Traducido a horas norteamericanas se reduce a desayunar a las siete y media y comer al mediodía. En ese

caso poca gente se aparecería en el bar de la esquina en busca de croquetas de bacalao[24] o de un platito de angulas[25] ¡a las nueve y media de la mañana!

Cualquier buen español señalaría de inmediato que muchos fanáticos de las tapas las consumen en lugar de la comida o de la cena, sólo que más temprano. Sería la versión ibérica del *fast food*, o lo que los dueños de los restaurantes norteamericanos llaman ahora *grazing*. Y no es mala idea si no fuera porque a mí las tapas, especialmente cuando las como de pie, no me parecen una comida. Soy perfectamente capaz de zamparme[26] seis u ocho de estas minucias y después sentarme a comer "de verdad" en algún sitio. Lo que cuesta[27] admitir es que, cualquiera que sea la calidad de la comida formal, siempre acabo prefiriendo las tapas.

---

[22] **arrugadas** *crumpled* [23] **entretener** *to stave off* [24] **croquetas de bacalao** *salt-cod fish puffs* [25] **angulas** *baby eels* [26] **zamparme** *downing* [27] **lo que cuesta** *what is hard*

Después de leer

1-8 ¿Entendido?

Completa las oraciones siguientes según el contenido de la lectura, pero emplea tus propias palabras.

1. Las tapas son...

2. Se sirven en... normalmente entre las... y las... de la tarde, y entre las... y las... de la noche.

3. Hay muchas variedades: ...

4. Para "tapear" bien hay que ir con... y pedir de beber...

5. La costumbre surgió en... porque...

6. El verbo "tapar" quiere decir...

7. Hay servilletas en el suelo porque...

8. Algunos turistas norteamericanos tienen problemas con... de las tapas.

9. Si no sabemos cómo se llama una tapa, podemos pedirla...

10. En algunas tascas escriben en una pizarra...

11. Los verdaderos aficionados...

Este menú tiene cinco tipos de carne, dos tipos de pescado y dos vegetales. ¿Puedes identificarlos?

1-9 En mi opinión

En grupos de tres estudiantes, utilicen las preguntas siguientes como punto de partida para entablar una conversación.

1. ¿A qué hora comen? ¿Siguen siempre el mismo horario? ¿Por qué sí o no? ¿Comen de todo? ¿Les gusta probar *(to try)* nuevas comidas? ¿Por qué sí o no?

2. ¿Suelen pedir aperitivos en un restaurante? ¿Cuáles son sus favoritos? ¿Sirven los mismos aperitivos en todas partes? ¿Por qué sirven nachos gratis en los restaurantes mexicanos?

3. ¿Les gusta picar cuando ven la televisión? ¿Y una película? ¿Y cuando estudian? ¿Qué pican en estas circunstancias? ¿Qué pican en las fiestas?

4. ¿Qué comidas de otros países han probado? ¿Qué es lo más exótico que han comido? ¿Qué quiere decir "un gusto adquirido"? ¿Cuáles son algunos? ¿Qué tapas de las mencionadas les resultarían difícil de comer?

Estrategias comunicativas para disculparse (*apologize, excuse oneself*)

Muchas gracias, pero...	*Thank you very much, but . . .*
Se lo agradezco muchísimo, pero...	*I really appreciate it, but . . .*
Discúlpenme, pero es que...	*Excuse me, but the thing is that . . .*
Lo siento mucho, pero...	*I am very sorry, but . . .*
Me encantaría (probarlo/la, verlo/la, ...), pero en este momento...	*I would love to (try it, see it, . . .), but right now...*

1-10 En (inter)acción

Realicen las siguientes actividades según se indica.

 1. **¡Qué apuro!** Supongan que una familia hispana los/las ha invitado a comer y les sirve algo que no les gusta nada, por ejemplo, angulas *(baby eels)*, gusanos *(worms)* o pulpo *(octopus)*. En parejas, busquen dos maneras de salir de la situación sin ofender a la familia. Utilicen algunas de las expresiones de **Estrategias comunicativas.**

2. **Llamada de larga distancia.** Imaginen que van a pasar un semestre en un país hispanohablante. Como van a vivir con una familia, antes de ir quieren a) informarle del tipo de comida que les gusta (o no) y también b) informarse de las costumbres alimenticias que tiene la familia. Llámenla por teléfono y entérense. En parejas, uno/a de los/las estudiantes hace el papel de uno de los miembros de la familia (el padre, la abuela, uno/a de los/las hijos/as pequeños/as...) y el/la otro/a, del/de la futuro/a visitante.

3. **Sobre gustos no hay nada escrito.** Algunos de nuestros gustos culinarios son muy personales y no tienen que ver con ninguna tradición cultural. Hay gente que combina productos muy diferentes: aceitunas + anchoas, naranjas + cebollas, etc. Hagan una encuesta entre los miembros de la clase para averiguar qué combinación es la más extravagante, deliciosa o repulsiva.

4. **Contraste fotográfico.** Con toda la clase, contrasten la presentación de los alimentos en los mercados hispanos con la de su país.

1-11 Práctica gramatical

Repaso gramatical
(Cuaderno):
El presente de
indicativo de los
verbos irregulares
Gustar y verbos afines

Hagan los ejercicios siguientes prestando atención a los puntos gramaticales estudiados.

1. **¡Que les aproveche!** En parejas y usando algunos de los verbos que aparecen a continuación, decidan a qué restaurante van a ir a cenar. Cuidado con **el presente** de indicativo de estos verbos, pues algunas formas son irregulares.

servir	tener	elegir	estar	oír	ir
conocer	dar	hacer	poner	salir	venir

   Ejemplo: —Yo **prefiero** ir a un sitio barato. ¿Y tú?
   —Desde luego. **Conozco** un mesón no muy caro cerca de aquí.

2. **Para chuparse los dedos** *(Finger-licking good).* En grupos de tres o cuatro estudiantes, comenten sus preferencias culinarias usando el verbo **gustar** y otros con los que se emplea la misma estructura.

   Ejemplo: —A mí **me encantan** las patatas fritas. ¿Y a ti?
   —A mí también **me gustan** pero intento no comer muchas porque engordan.

3. **Mantener la línea.** En parejas y usando el verbo **gustar** y otros con los que se emplea la misma estructura, describan a una persona que está a dieta.

   Ejemplo: Le importan mucho las calorías.
   Le encantan las comidas sin grasa *(fat).*

1-12 Creación

Escribe una composición de acuerdo con las instrucciones que siguen.

Lee con atención el párrafo siguiente. Luego, analiza las distintas versiones ofrecidas sobre el origen de las tapas (incluida la que ofrece Colman Andrews). Examina también las consecuencias que tiene la multiplicidad de versiones para nuestra comprensión de ésta y otras tradiciones españolas.

> Aseguran algunos autores que la tapa nació a causa de una enfermedad del rey español Alfonso X el Sabio, que se vio obligado a tomar pequeños bocados entre horas, con pequeños sorbos de vino. Una vez repuesto, el rey Sabio dispuso que en los mesones de Castilla no se despachara vino si no era acompañado de algo de comida, regia providencia que podemos considerar oportuna y sabia para evitar que los vapores alcohólicos ocasionaran desmanes orgánicos en aquellos que bebían. La anécdota de la indisposición real puede dejarse de lado, si nos inclinamos más por considerar que la tapa nació, en realidad, de la necesidad de agricultores y trabajadores de otros gremios de ingerir un pequeño alimento durante su jornada de trabajo, que les permitiera continuar la tarea hasta la hora de la comida. ("*Historia de las tapas*", *El Mundo de las Tapas,* página web de Yolanda & Martin Schenk V. Fadón [http://www.arrakis.es/~jols/tapas/histores.html])

Atajo		
Phrases:	*Weighing alternatives & the evidence; Writing a conclusion*	
Grammar:	*Verbs:* **dar, poder, tener;** *Prepositions; Negation:* **no, nada, nadie**	
Vocabulary:	*Food: appetizers; Time of day; Health: diseases and illnesses*	

El anuncio de este restaurante dice "Venir a Puebla y no comer a lo poblano es venir en vano". ¿Qué quiere decir "comer a lo poblano"?

EL SECRETO A VOCES. EL DISCURSO AMOROSO DEL BOLERO

Iris M. Zavala

Iris M. Zavala (1936) es una erudita puertorriqueña, experta en literatura española y en teoría literaria. Ha impartido cursos en las universidades de Puerto Rico, Nueva York (Stony Brook) y Utrecht (Holanda). Actualmente coordina la colección *Breve historia feminista de la literatura española*.

Al bolero, género musical que gozó de gran popularidad en el ámbito hispano a lo largo de todo el siglo XX, le ha dedicado Zavala un excepcional estudio: *El bolero. Historia de un amor* (1991). De él hemos seleccionado las páginas en que la autora analiza las letras de los boleros.

Palabra por palabra

al fondo	*in the background, at the back or rear*	lento/a	*slow*
		la letra *(sing.)*	*lyrics*
la canción	*song*	el significado	*meaning*
el/la cantante	*singer*	el sueño	*dream, sleep*
la igualdad	*equality*	el valor	*value, worth*
jurar	*to swear*	la voz	*voice*

Mejor dicho

tocar	*to play a musical instrument*	¡Hay que ver lo bien que **toca** la guitarra Paco de Lucía!
poner	*to play records/music*	¿Quieres escuchar el último disco de *Los Tigres del Norte*? Te lo voy a **poner** ahora.
poner	*to turn on appliances*	**Pon** la radio y apaga la televisión.
jugar	*to play a game, specific sports**	Se entretienen **jugando** al ajedrez.

*¡Ojo! *To play a sport* se dice **practicar un deporte**.

saber	*to know specific information, as dates, facts, events . . .*	**Sabemos** bastante de la música andina.
saber + si/qué/ quién/cuándo...	*to know whether, what, who, when . . .*	Ninguno de los concursantes *(game show participants)* **supo quién** era Olga Guillot.

| saber + inf. | *to know how to do something* | ¡Qué mala suerte! Mi compañero de anoche no **sabía** bailar. |
| conocer | *to be familiar with something or someone; to know by experience* | ¿Cuántos cantautores chilenos **conoces**? |

1-13 Práctica

Hagan las siguientes actividades prestando atención a las palabras del vocabulario.

1. En parejas, identifiquen o definan los términos siguientes relacionados con el mundo de la música. Después añadan dos más e identifíquenlos/defínanlos también.

    a. "Guantanamera"

    b. una serenata

    c. Shakira

    d. "Para bailar la bamba se necesita una poca de gracia..."

    e. el ritmo

    f. soprano y mezzosoprano

    g. un disco de platino

    h. "La cucaracha"

    i. Plácido Domingo

    j. "Cumpleaños feliz, cumpleaños feliz, te deseamos todos, cumpleaños feliz."

¿Tocan o juegan?

2. En grupos de tres estudiantes, hagan una lista que contenga instrumentos musicales, aparatos eléctricos, juegos y deportes. Luego comparen su lista con las del resto de la clase y pregunten qué verbo utilizarían con esas palabras: **tocar**, **poner** o **jugar**.

 3. Con la clase dividida en dos grupos, entérense de cuánto saben sus compañeros/as sobre la música hispana haciéndoles preguntas con los verbos **saber** y **conocer**. El/La profesor/a debe llevar la cuenta en la pizarra de las respuestas correctas para ver cuál de los grupos resulta ganador al final.

Ejemplo: ¿**Sabes** qué es una zarzuela?
¿**Conoces** la obra del compositor mexicano Agustín Lara?

Antes de leer

Haz lo que se te indica a continuación.

1. ¿Qué significa "discurso"? ¿Es una palabra que utilizas tú? ¿Dónde la escuchas o lees a menudo? Defínela en el espacio en blanco.

_____

_____

2. ¿De qué hablan algunas de las canciones de amor que conoces? Menciona tres temas.

3. ¿Qué sabes de la música de otras épocas y países?

EL SECRETO A VOCES.
EL DISCURSO AMOROSO
DEL BOLERO

Iris M. Zavala

En un bolero lo primordial es la letra, así lo afirma Juan B. Terraza (cubano radicado en México), hombre que ha crecido con esa música. No es casualidad que muchos fabuladores[1] —incluyendo a Gabriel García Márquez— confiesen las dificultades de escribir boleros: "Poder sintetizar en las cinco o seis líneas de un bolero todo lo que un bolero encierra es una verdadera proeza[2] literaria." La palabra humana, la poesía de los sentidos, es lo importante; la instrumentación se mantiene al fondo, como acompañamiento del mensaje.[3] La música —guitarra o piano— es sólo el trasfondo[4] que hace estallar[5] la palabra en la entonación de una voz. La voz es el vehículo de expresión de una lírica melosa y almibarada[6] en instrumentación lenta: sólo la voz, todo detalle de disimulo o distracción se acalla[7], la percusión marca el ritmo, lento, lento, lento. El resto es elemento mínimo. Se minimiza el volumen de los instrumentos para maximizar la palabra, el silencio, las pausas, las repeticiones. Lentos... lentos...

El bolero tiene la doble función de comunicar y persuadir/seducir con promesas eternas: "Júrame", "te juro", "quiéreme", "ódiame", "espérame en el cielo", "no me abandones". Si el mensaje melódico aspira a persuadir y a seducir, el lenguaje del deseo debe ser nítido: las eses, las erres, las dés marcadas.[8] Se canta en una especie de aristocracia lingüística sostenida. Una perfecta dicción siempre divorciada del habla cotidiana, pero que dista de[9] ser afectada o pedante.

El texto del bolero es obra abierta, ambigua, andrógina, que se transforma de acuerdo con las innovaciones de los cantantes y con el género sexual de los intérpretes. El yo masculino del autor se transforma en el yo femenino de la intérprete; o una mujer habla en voz de un hombre apasionado. El clásico "Bésame mucho", compuesto en 1941 por la adolescente de 16 años Consuelo Velázquez, se focaliza e interpreta de manera distinta a partir del sexo del/de la cantante. El ruego-orden —"bésame mucho"— creará niveles de energía distinta si es cantado por Toña la Negra, Lucecita Benítez, Elvira Ríos, Los Panchos o la "Voz" Felipe Rodríguez.

El bolero constituye, en cierto sentido, una confirmación de la experiencia de la vida, de la norma social, de los valores de la comunidad. El tema del amor —central en el bolero— es sobre todo social; es decir, las relaciones sexuales/eróticas tal y como éstas se perciben dentro de una comunidad específica. Cada bolero las individualiza mediante el/la intérprete, que dota de[10] una entonación especial los ideales, sueños y conflictos de un grupo sexual.

Es un discurso donde tanto el hombre como la mujer —en cuanto personas reales— se focalizan mutuamente como sujetos, se reconocen de manera activa, formulan las exigencias[11] que satisfacen los deseos. El discurso amoroso del bolero revela que los dos sujetos son esencialmente sociales y que dialogan en un aparente plano de igualdad.

El bolero, un texto cultural abierto a los cambios y transmutaciones sociales, invita al oyente a construir y reconstruir los mundos amorosos; es "obra abierta". El texto, en cada auditorio social/individual definido, incorpora nuevos significados, o genera nuevos mensajes. En cuanto texto cultural el bolero transmite toda la cartografía amorosa latinoamericana moderna; es la enciclopedia de las fantasías culturales sobre el amor.

---

[1] **fabuladores** = escritores [2] **proeza** *achievement* [3] **mensaje** = aquí, letra [4] **trasfondo** *background* [5] **estallar** = explotar
[6] **almibarada** *overly sweet poetry* [7] **se acalla** *is hushed* [8] **marcadas** = pronunciadas [9] **dista de** = está lejos de [10] **dota de** = provee [11] **exigencias** *demands*

Después de leer

1-14 ¿Entendido?

Decide si las oraciones siguientes son verdaderas o falsas. Corrige las falsas de acuerdo con el contenido de la lectura.

1. Escribir boleros es difícil porque las letras deben poseer una alta calidad literaria.

2. Importan más las palabras que emite el/la cantante que la música.

3. Los/Las intérpretes de boleros tienen la obligación de hablar correctamente el español.

4. El significado de un bolero cambia si lo canta un hombre o una mujer.

5. El bolero transmite una visión del amor común a toda una sociedad.

6. El bolero presupone la igualdad entre hombres y mujeres en el terreno amoroso.

7. Ante un mismo bolero la reacción de los oyentes, pasados y presentes, es idéntica.

1-15 En mi opinión

En grupos de tres estudiantes, utilicen las preguntas siguientes como punto de partida para entablar una conversación.

1. ¿Creen Uds. que la interpretación que realiza Zavala del bolero en el ensayo anterior es igualmente válida para la música pop u otro tipo de música? Explíquense y den ejemplos.

2. La autora no distingue en el ensayo entre "sexual/erótico" y "amoroso". ¿Les parece aceptable la indistinción entre los términos o no? Digan por qué.

3. ¿Qué significa que una obra literaria tiene "un final abierto"? ¿Es eso lo que quiere decir Zavala al hablar del bolero?

4. ¿Qué es una metáfora? Den ejemplos y luego expliquen las siguientes:

    "La palabra humana (es) la poesía de los sentidos."

    "El bolero es la enciclopedia de las fantasías culturales sobre el amor."

5. "Luis Miguel (México, 1970) ha sido una verdadera revelación de la canción romántica en la década de los 90, contribuyendo con su personalidad al *revival* del género. De la noche a la mañana, Luis Miguel se convirtió en el cantante que más discos ha vendido en toda la historia del bolero. Consiguió la proeza de que la juventud actual continúe cantando boleros que hicieron toda una época, a la vez que reverdeció los recuerdos de generaciones anteriores a la suya" (Tony Évora. *El libro del bolero*. Madrid. Alianza: 2001, pág. 280). ¿Por qué se ponen de moda melodías de otras décadas? ¿De qué depende esto? ¿Es frecuente que padres e hijos compartan los mismos gustos musicales?

6. En la lectura, Zavala afirma que el bolero es el producto cultural de una sociedad específica, la latinoamericana. ¿Existe algún género musical equivalente al bolero en su sociedad?

7. ¿Qué canciones y artistas representan "los ideales, sueños y conflictos" de su generación? Mencionen dos. ¿Creen que la música influye en las ideas y comportamiento de los jóvenes? Den algunos ejemplos.

8. ¿Qué piensan de la práctica de indicar en los discos si las letras son obscenas o poco apropiadas para jóvenes menores de 16 años? ¿Es eso un tipo de censura? ¿Debería llevar la canción "Bésame mucho" (véase página 27) esa indicación?

9. ¿Conocen Uds. canciones hispanas? ¿Cuáles? ¿Son Uds. admiradores/as de algún/alguna cantante o grupo hispano? ¿Qué cantantes norteamericanos cantan en español? ¿Es la música, como dicen, un lenguaje internacional?

10. ¿Escuchan Uds. diferentes tipos de música? ¿Cuáles? ¿En algún momento del día les gusta escuchar ópera? ¿música clásica? ¿canciones románticas? ¿y canciones de rock? ¿y de protesta? ¿Por qué sí o no?

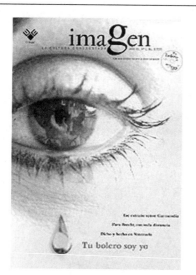

Adivina la relación que tiene la portada de esta revista venezolana con el bolero.

Estrategias comunicativas para reaccionar con entusiasmo

Positivamente	Negativamente
¡Estupendo/a!	¡Horroroso/a!
¡Fabuloso/a!	¡Fatal!
¡Maravilloso/a!	¡Terrible!
¡Fenomenal!	¡Espantoso/a!
¡Chévere! (Latinoamérica)	¡Atroz!

1-16 En (inter)acción

Realicen las siguientes actividades según se indica.

 1. **Reacciones.** Cada estudiante dice el nombre de una canción conocida (por ejemplo, "No llores por mí, Argentina") o un/a cantante (Chayanne, de Puerto Rico) o una composición musical ("El concierto de Aranjuez"), y la clase reacciona diciendo uno de los términos de **Estrategias comunicativas**.

 2. **Entre líneas.** Con toda la clase analicen la famosa canción "Bésame mucho" como lo haría Iris Zavala.

♪ Bésame,
bésame mucho.
Como si fuera esta noche
la última vez.
bésame,
bésame mucho.
Que tengo miedo perderte,
perderte otra vez.
Quiero tenerte muy cerca,
mirarme en tus ojos,
verte junto a mí.
Piensa que tal vez mañana
yo ya estaré lejos,
muy lejos de aquí.
Bésame,
bésame mucho.
Como si fuera esta noche
la última vez.
bésame,
bésame mucho.
Que tengo miedo perderte,
perderte después. ♪

 3. **Historia de la música.** En parejas, preparen una breve exposición sobre un género musical que conozcan bien (el tango, el flamenco, el rock-and-roll, el jazz, el hip-hop...). Después, preséntensela a la clase.

4. **Inspiración/Imitación.** En parejas, escriban una canción que tenga el mismo título que uno de los boleros más célebres.* Después comparen su versión con la original. ¿Cuál es la mejor?

Historia de un amor	No, no y no	Piensa en mí	Besos de fuego
Toda una vida	Tú me acostumbraste	Puro teatro	La noche de anoche
Soy lo prohibido	El reloj	Arráncame la vida	Obsesión

 5. **El mambo.** El diagrama que sigue muestra cómo se baila el mambo. En grupos, expliquen a la clase cómo se bailan algunos de los bailes folklóricos o modernos (*square dance*, *twist*, *chicken*, merengue, La Macarena, el Aserejé o su baile favorito). Si no pueden hacerlo con palabras, tendrán que bailarlo Uds. mismos/as delante de la clase.

Los pasos para bailar el mambo

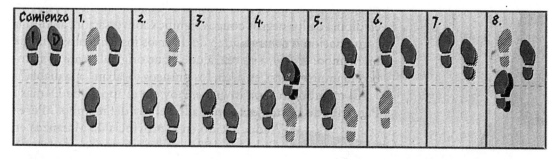

Comienzo. El mambo consta de 6 pasos que se bailan en 8 conteos. La pareja comienza en posición firme con los pies en paralelo.

Paso 1: Los pasos del hombre serán repetidos por su pareja en sentido inverso. El pie izquierdo se mueve un paso hacia atrás.

Pasos 2 y 3: Con el pie derecho se da otro paso por detrás del pie izquierdo. Al tercer paso se levanta el pie izquierdo regresando a la misma posición.

Paso 4 (cuadros 4 y 5): Se levanta el pie derecho y se lleva por delante del pie izquierdo colocándolo delante de éste. En este paso se dan dos conteos.

Paso 5 (cuadros 6 y 7): El pie izquierdo se levanta y se lleva delante del derecho. Se levanta el derecho y se deja en la misma posición; aquí se dan dos conteos.

Paso 6 (cuadro 8): Se levanta el pie izquierdo, se lleva un paso detrás del derecho volviendo al comienzo.

Repaso gramatical
(Cuaderno):
La posición de los adjetivos
Las expresiones de comparación
El superlativo absoluto y relativo

1-17 Práctica gramatical

Hagan los ejercicios siguientes prestando atención a los puntos gramaticales estudiados.

1. **Posiciones.** En parejas, primero identifiquen **los adjetivos** en los títulos de los boleros siguientes. Luego expliquen la razón de su posición y, si **el adjetivo** es de los que pueden ir delante o detrás, indiquen cuál sería su significado.

Aquellos ojos verdes	Como mi vida gris	Corazón mentiroso
En mi viejo San Juan	La última copa	Este amor salvaje
Lágrimas negras	Mil besos	Las amargas verdades
Cruel desengaño		

*Las letras de estas canciones se encuentran en el libro de Iris Zavala.

2. **Más o menos.** En grupos de tres estudiantes, escriban tres preguntas sobre los términos siguientes utilizando **expresiones de comparación**. Luego, hagan esas preguntas a los miembros de otro grupo.

dos cantantes   dos canciones

dos tipos de conciertos   dos espectáculos musicales

Ejemplo: —¿Es Alejandro Sanz tan conocido en Estados Unidos como
                     Ricky Martin?
                     —No, el segundo es más conocido que el primero.

3. **Con la música a otra parte.** Uds. tienen un programa de radio en el que comentan y evalúan los discos de nuevos/as cantantes o grupos. Inventen los nombres de los/las cantantes o grupos. Trabajen en grupos de tres estudiantes y utilicen en algunas de las oraciones **el superlativo absoluto, el relativo** o **adjetivos** que ya indican una cualidad en su máximo grado. Al final, presenten un segmento del programa delante de la clase.

Ejemplo: La voz de Fulanito de Tal resulta **potentísima** e hipnotizante.
                 En fin, sería una **enorme** pérdida de dinero comprar el disco de
                 Tamara e hija.

1-18 Creación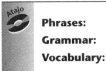

Escribe una composición de acuerdo con las instrucciones que siguen.

El texto "El secreto a voces. El discurso amoroso del bolero" presenta una lectura muy personal de las letras de los boleros. Para conocer otras interpretaciones o bien saber más sobre este importante género musical, busca información en la biblioteca o en Internet. Investiga sólo un aspecto (por ejemplo, sus orígenes y evolución, las canciones más emblemáticas, uno/a de los/las artistas y compositores/as más venerados/as, etc.) y luego haz una breve exposición. Documenta bien tus fuentes bibliográficas.

Atajo		
Phrases:	*Describing people; Making transitions; Sequencing events*	
Grammar:	*Verbs: **ser** & **estar**; Comparisons; Adjective agreement and position*	
Vocabulary:	*Musical instruments; Media; Dreams and aspirations*	

Infórmate con CNN®

Food-related: 4.3, 7.1; *Music:* 1.1, 2.4

Capítulo

2

Ritos, ceremonias y celebraciones

 http://aquesi.heinle.com

EL MEXICANO Y LAS FIESTAS
Octavio Paz

Octavio Paz (1914–1998), ganador del Premio Nobel de Literatura en 1990, es uno de los ensayistas y poetas más prestigiosos de la literatura hispana. Ha sido embajador de México en Estados Unidos, Japón y la India, y profesor en las universidades de Harvard, Cambridge y Pittsburgh.

El texto que hemos seleccionado procede de su libro *El laberinto de la soledad* (1950), obra que ha sido ampliamente comentada y traducida. En este libro de ensayos, Paz analiza los rasgos distintivos de la cultura mexicana. El texto que aparece a continuación es un extracto del capítulo titulado "Todos santos, día de muertos" y contiene algunas de sus observaciones sobre las fiestas y el pueblo mexicano.

Palabra por palabra

burlarse de	*to make fun of*	**gastar**	*to spend (money)*
el desperdicio	*waste*	**gritar**	*to shout, yell, scream*
disfrazarse de	*to disguise oneself, dress up as*	**el lujo**	*luxury*
emborracharse	*to get drunk*	**la pobreza**	*poverty*
la fiesta	*holiday, celebration, party*	**la revuelta**	*revolt, rebellion*

Mejor dicho

conocer (en el pretérito)	*to meet for the first time*	Lo **conocí** en Toledo durante el Corpus Christi.
encontrarse (ue) con	*to come across, run into*	¡Qué milagro! Acabo de **encontrarme con** Joaquín en la calle Mayor.
reunirse	*to have a meeting, get together*	La junta **se reunirá** a las 12:00.

pasarlo bien	*to have a good time**	Siempre **lo pasamos bien** en Cuernavaca.
divertirse (ie, i)	*to have a good time*, amuse oneself*	Los Hernández **se divirtieron** como locos en la Fiesta del Grito.
disfrutar de/gozar de	*to enjoy*	Hay que ver lo que **disfrutan de** la comida picante. Elena **gozó** mucho durante su visita a las pirámides mayas.

*¡Ojo! **Tener buen tiempo** significa *to have good weather.*

2-1 Práctica

Hagan las actividades siguientes prestando atención a las palabras del vocabulario.

1. En parejas, contesten las preguntas siguientes.

   a. ¿Cuáles son los significados de la palabra "fiesta"? ¿Cuáles son algunas de las fiestas que se celebran en su región/estado? ¿En qué fecha se celebran? ¿Hay fiestas nacionales, locales y religiosas? ¿Y de otros tipos? ¿Participan Uds. en todas las fiestas? ¿En cuáles no?

   b. Mencionen algunas actividades que realizan en estas ocasiones: el día de Navidad, el día de Año Nuevo, Pascua *(Easter)*, el día de San Valentín, el 4 de julio, el día de la Madre.

   c. ¿Cuándo se divierten más: el 4 de julio o el 31 de octubre? ¿Por qué? ¿Se emborracha mucha gente esos días? ¿Y Uds.? ¿Por qué sí o no?

   d. ¿De qué o quiénes se burlan los programas de televisión como *Saturday Night Live*? ¿Se divierten Uds. viendo esos programas?

   e. Cuéntenle a su compañero/a detalladamente dónde y cuándo conocieron a su mejor amigo/a o a su novio/a.

   f. ¿Se han encontrado alguna vez con alguien famoso? Comenten el encuentro con su compañero/a.

   g. ¿Normalmente se reúnen con alguien después de clase? ¿Por qué sí o no? ¿Cuál es la mejor hora y lugar para reunirse con los/las amigos/as?

2. **Disfraces.** En su ropero han encontrado los siguientes objetos. En grupos de tres estudiantes, mencionen las posibilidades que estos objetos presentan para **disfrazarse de** alguien o algo.

   Ejemplo: una sábana blanca *(sheet)*
   Con ella puedes **disfrazarte de** fantasma o **de** romano/a.

una guitarra eléctrica	una capa roja
un vestido negro largo	un traje verde
dos dientes largos	unas gafas y un bigote

 3.   **¡Qué bien!** En parejas, formen oraciones con los términos indicados. Utilicen
     para el término de la izquierda **pasarlo bien** o **divertirse** y para el de la derecha,
     disfrutar de o **gozar de**.

   Ejemplo: la playa / el sol
           Lo paso muy bien en la playa porque disfruto del sol.

   las vacaciones / las horas de ocio   mis amigos / su compañía

   las discotecas / la música   el invierno / la nieve

   las montañas / el aire puro   los museos / el arte

   los viajes / las aventuras

Antes de leer

Haz lo que se te indica a continuación.

1.   Las palabras que tienen una raíz *(stem)* común forman familias (de palabras). Intenta adivinar
     (guess) el significado de las siguientes palabras:

     festejar, los festejos, las festividades

     las burlas, burlón/burlona

     lujoso/a

     la borrachera, borracho/a

2.   Lee el primer párrafo de la lectura prestando atención al tipo de lenguaje que utiliza el autor. ¿Dirías
     que es coloquial, poético, periodístico... ? ¿Te resultó difícil leerlo? ¿Por qué sí o no?

3.   ¿Crees que son importantes las fiestas públicas? ¿Por qué sí o no? ¿Qué función tienen las fiestas en la
     sociedad? Compara la función de una fiesta pública con la de una privada.

Trajes típicos de México

EL MEXICANO
Y LAS FIESTAS

Octavio Paz

El mexicano ama las fiestas y las reuniones públicas. Todo es ocasión para reunirse. Cualquier pretexto es bueno para interrumpir la marcha del tiempo y celebrar con festejos y ceremonias hombres y acontecimientos.[1] Somos un pueblo ritual. El arte de la Fiesta, envilecido[2] en casi todas partes, se conserva intacto entre nosotros. En pocos lugares del mundo se puede vivir un espectáculo parecido al de las grandes fiestas religiosas de México, con sus colores violentos, agrios[3] y puros, sus danzas, ceremonias, fuegos de artificio,[4] trajes insólitos[5] y la inagotable[6]

cascada de sorpresas de los frutos, dulces y objetos que se venden esos días en plazas y mercados.

Nuestro calendario está poblado[7] de fiestas. Ciertos días, lo mismo en los lugarejos[8] más apartados que en las grandes ciudades, el país entero reza, grita, come, se emborracha y mata en honor de la Virgen de Guadalupe o del General Zaragoza.[9] Cada año, el 15 de septiembre[10] a las once de la noche, en todas las plazas de México celebramos la Fiesta del Grito; y una multitud enardecida[11] efectivamente grita por espacio de una hora. Durante los días que preceden y suceden al 12 de diciembre,[12] el tiempo nos ofrece un presente perfecto y redondo, de danza y juerga,[13] de comunión y comilona.[14]

Pero no bastan[15] las fiestas que ofrecen a todo el país la Iglesia y la República. La vida de cada ciudad y de cada pueblo está regida[16] por un santo, al que se festeja con devoción y regularidad. Los barrios y los gremios[17] tienen también sus fiestas anuales, sus ceremonias y sus ferias. Y, en fin, cada uno de nosotros—ateos,[18] católicos o indiferentes—poseemos nuestro santo, al que cada año honramos. Son incalculables las fiestas que celebramos y los recursos y tiempo que gastamos en festejar.

Nuestra pobreza puede medirse por el número y suntuosidad[19] de las fiestas populares. Los países ricos tienen pocas: no hay tiempo, ni humor.[20] Y no son necesarias; las gentes tienen otras cosas que hacer y cuando se divierten lo hacen en

---

[1] **acontecimientos** *special events* [2] **envilecido** *degraded* [3] **agrios** lit., *sour,* fig., *harsh* [4] **fuegos de artificio** *fireworks* [5] **insólitos** = poco vistos [6] **inagotable** *inexhaustible* [7] **poblado** *full* [8] **lugarejos** = pueblos pequeños [9] **Zaragoza** = General mexicano que derrotó a los franceses en la batalla de Puebla el 5 de mayo de 1862 [10] **15 de septiembre** = día de la Independencia Mexicana [11] **enardecida** = entusiasmada [12] **12 de diciembre** = el día de la Virgen de Guadalupe, patrona de México [13] **juerga** *merriment, partying* [14] **comilona** = mucha comida [15] **no bastan** = no son suficientes [16] **regida** *ruled* [17] **gremios** = asociaciones de trabajadores [18] **ateos** *atheists* [19] **suntuosidad** = lujo [20] **humor** = deseos

grupos pequeños. Pero un pobre mexicano, ¿cómo podría vivir sin esas dos o tres fiestas anuales que lo compensan de su estrechez[21] y de su miseria? Las fiestas son nuestro único lujo; ellas sustituyen, acaso[22] con ventaja, al teatro y a las vacaciones, al *weekend* y al *cocktail party* de los sajones,[23] a las recepciones de la burguesía y al café de los mediterráneos.

En esas ceremonias —nacionales, locales, gremiales o familiares— el mexicano se abre al exterior. Todas ellas le dan ocasión de revelarse y dialogar con la divinidad, la patria, los amigos o los parientes. Durante esos días el mexicano grita, canta, arroja petardos.[24] Descarga su alma.[25] La noche se puebla de canciones y aullidos.[26] Los enamorados despiertan con orquestas a las muchachas. Hay diálogos y burlas[27] de balcón a balcón. Nadie habla en voz baja. Se arrojan los sombreros al aire. Brotan[28] las guitarras. En ocasiones, es cierto, la alegría acaba mal: hay riñas, injurias, balazos, cuchilladas.[29] También eso forma parte de la fiesta. Las almas estallan[30] como los colores, las voces, los sentimientos. Lo importante es salir, abrirse paso,[31] embriagarse[32] de ruido, de gente, de color. México está de fiesta.

En ciertas fiestas desaparece la noción misma de Orden. El caos regresa y reina la licencia.[33] Todo se permite: desaparecen las jerarquías habituales, las distinciones sociales, los sexos, las clases y los gremios. Los hombres se disfrazan de mujeres; los señores, de esclavos; los pobres, de ricos. Se ridiculiza al ejército, al clero, a la magistratura.[34] Gobiernan los niños y los locos. El

¿Se celebra en mayo el día de tu santo?

amor se vuelve promiscuo. Se violan reglamentos,[35] hábitos, costumbres.

Así pues, la Fiesta no es solamente un exceso, un desperdicio ritual de los bienes[36] penosamente acumulados durante todo el año; también es una revuelta. A través de la Fiesta la sociedad se libera de las normas que se ha impuesto. Se burla de sus dioses, de sus principios y de sus leyes: se niega a sí misma.

La sociedad comulga[37] consigo misma en la Fiesta. Todos sus miembros vuelven a la confusión y libertad originales. La estructura so-

cial se deshace y se crean nuevas formas de relación, reglas[38] inesperadas, jerarquías caprichosas. Las fronteras[39] entre espectadores y actores, entre oficiantes y asistentes, se borran.[40] Todos forman parte de la Fiesta, todos se disuelven en un torbellino.[41] Cualquiera que sea su índole,[42] su carácter, su significado, la Fiesta es participación. Este rasgo[43] la distingue de otros fenómenos y ceremonias: laica[44] o religiosa, la Fiesta es un hecho social basado en la activa participación de los asistentes.

---

[21] **estrechez** = pobreza [22] **acaso** = quizás [23] **sajones** = británicos/norteamericanos [24] **petardos** *firecrackers* [25] **Descarga su alma.** *He relieves his soul.* [26] **aullidos** *wild shouts* [27] **burlas** *jokes* [28] **brotan** *are brought out* [29] **riñas... cuchilladas** *quarrels, insults, shots, stabbings* [30] **estallan** *burst out* [31] **abrirse paso** *to make one's way* [32] **embriagarse** = emborracharse [33] **licencia** *licentiousness* [34] **clero, magistratura** *clergy, judges* [35] **reglamentos** = leyes [36] **los bienes** = el dinero [37] **comulga** *becomes one* [38] **reglas** *rules* [39] **fronteras** *boundaries* [40] **se borran** *are blurred* [41] **torbellino** = confusión [42] **índole** = tipo [43] **rasgo** = característica [44] **laica** = no religiosa

Después de leer

2-2 ¿Entendido?

Explica, identifica o define con tus propias palabras los términos siguientes sacados de la lectura.

1. Colores, danzas, ceremonias, fuegos de artificio, trajes, frutos, dulces

2. La Virgen de Guadalupe

3. La Fiesta del Grito

4. El día de la Independencia Mexicana

5. El día del santo

6. "Los enamorados despiertan con orquestas a las muchachas."

7. "... la alegría acaba mal."

8. La fiesta es también una revuelta.

9. Desaparecen las distinciones sociales y sexuales.

10. "... la Fiesta es participación."

2-3 En mi opinión

En grupos de tres estudiantes, utilicen las preguntas siguientes como punto de partida para entablar una conversación.

1. El 15 de septiembre es el día de la Independencia Mexicana; el 5 de mayo se conmemora la batalla de Puebla; y el 12 de diciembre es el día de la Virgen de Guadalupe. ¿Por qué les dan tanta importancia a estos acontecimientos o a estas personas? ¿Es igual en otros países? Den algunos ejemplos.

2. "A través de la Fiesta la sociedad se libera de las normas que se ha impuesto. Se burla de sus dioses, de sus principios y de sus leyes: se niega a sí misma." ¿Pueden relacionar esta oración de Octavio Paz con alguna fiesta en particular? ¿Qué cosas hace la gente ese día que no haría en otro lugar o en otro momento?

3. A veces Octavio Paz recurre a los estereotipos en este ensayo. ¿Pueden señalar algún ejemplo?

Estrategias comunicativas para comparar y contrastar hechos o cosas

En comparación con...	*In comparison with . . .*
En contraste con...	*In contrast with . . .*
Comparados/as con...	*Compared with . . .*
Mientras que...	*While . . .*
(No) Son muy parecidos/as o similares.	*They are (not) very similar.*
No tienen ni punto de comparación.	*There's absolutely no comparison.*
A diferencia de...	*Unlike . . .*

2-4 En (inter)acción

Realicen las siguientes actividades según se indica.

 1. **Casi, casi.** Con toda la clase, contrasten y comparen las fiestas de México con las de los Estados Unidos. Utilicen algunas de las expresiones de **Estrategias comunicativas.**

 2. **Encuesta.** Decidan cuál es la fiesta más popular entre los/las estudiantes. A continuación tienen una lista de fiestas a la que pueden añadir otras. Cada estudiante debe preguntar sobre una fiesta específica y luego escribir en la pizarra el número de respuestas afirmativas, negativas, etc. Al final, con toda la clase, comenten los resultados.

Fiesta	Sí	No	No sabe/ No contesta
San Valentín	○	○	○
Año Nuevo	○	○	○
el día de la Independencia	○	○	○
el día de Acción de Gracias	○	○	○
el día del Padre	○	○	○
el día de la Madre	○	○	○
el día del trabajo (*Labor Day*)	○	○	○
Pascua (*Easter*)	○	○	○
Hannukah	○	○	○
Navidad	○	○	○
el primero de abril	○	○	○
el día de la Raza/Hispanidad (12 de octubre)	○	○	○
el día de los Santos Inocentes (28 de diciembre)	○	○	○

3. **Estar de fiesta.** En grupos de tres o cuatro estudiantes, expliquen detalladamente alguna fiesta hispánica o norteamericana que conozcan bien: los carnavales de La Habana, el día de Todos los Santos, los Sanfermines, las Fallas, *Halloween*, *Fourth of July*, *Homecoming*, etc. Mencionen la información siguiente: ¿Qué día se celebra? ¿Cuál es el origen de esta celebración? ¿Qué actividades se realizan ese día? ¿Para quién/es es importante esta fiesta?

4. **Atracciones turísticas.** Lean el siguiente anuncio de la Oficina de Turismo de España y con un/a compañero/a comparen lo que dice con lo que han leído en "El mexicano y las fiestas".

La fiesta ha comenzado. Ante usted se desarrolla una divertida batalla entre «Moros y Cristianos». Acabará con amigos en los dos bandos.

Cómo ganar amigos.

Seguramente, cuando usted llegue a España nos encontrará divirtiéndonos en alguna de las tres mil fiestas populares que celebramos cada año.

Tal vez nos sorprenda en El Rocío, brindando con jerez, en una marcha interminable de elegantísimos caballos y carros cubiertos de flores. O en Pamplona, vestidos de blanco y rojo, corriendo en los emocionantes «encierros» de San Fermín. O en las «Fallas» de Valencia, quemando en una noche gigantescas esculturas de cartón construidas durante un año de trabajo. O en los famosos «Carnavales» de Tenerife, llenos de colorido y espectaculares disfraces.

En cualquier caso, la diversión está asegurada. Venga a este país en cualquier época del año. Le recibiremos con música, fuegos artificiales, bailes, vino, alegría... Ya en medio de la fiesta, usted notará que para esa gente que está a su lado, ha dejado de ser un turista. Se habrá convertido en un amigo más.

España.
Todo bajo el sol.

ESPAÑA

Repaso gramatical
(Cuaderno):
Los verbos reflexivos
**Pero, sino (que), no
sólo... sino también**

2-5 Práctica gramatical

Hagan los ejercicios siguientes prestando atención a los puntos gramaticales estudiados.

1. **De etiqueta** *(Black tie).* En grupos de tres estudiantes, ordenen los dibujos siguientes lo más rápidamente posible. Luego el grupo ganador explicará a la clase cómo se prepara este joven para una fiesta de etiqueta. Utilicen **verbos reflexivos**.

b.

a.

c.

d.

e.

f.

g.

h.

i.

2. **En México.** En parejas, completen las oraciones con **pero**, **sino** o **sino que** según lo que han leído.

Ejemplo: Las fiestas mexicanas no son privadas...
Las fiestas mexicanas no son privadas **sino** públicas.

a. Muchos pueblos son pobres...

b. No hay sólo fiestas nacionales...

c. No celebran solamente el cumpleaños...

d. Los mexicanos no se reúnen en un café...

e. A veces hay violencia...

2-6 Creación

Escribe una composición de acuerdo con las instrucciones que siguen.

Que la fiesta es una revuelta no es una observación original de Octavio Paz. Ya el crítico ruso Mijael Bajtín lo había observado al estudiar la celebración del carnaval durante la Edad Media. Si las ideas de Bajtín son válidas para analizar la realidad mexicana, ¿lo son también para otras realidades? Examina lo que ocurre, por ejemplo, en Nueva Orleáns durante Mardi Gras y decide si es aplicable esta teoría no sólo a México sino también a Estados Unidos. Explica tu punto de vista.

Atajo		
Phrases:	*Talking about habitual actions; Comparing & contrasting; Expressing an opinion*	
Grammar:	*Verbs: reflexives; Possession with **de**; Articles*	
Vocabulary:	*Religious holidays; Emotions: positive and negative; Violence*	

UNA FIESTA DE IMPACTO Y DE INFARTO

Joaquín Vidal

Joaquín Vidal (1936–2002), un periodista español y comentarista taurino, nos presenta en el texto siguiente dos reacciones opuestas a la fiesta nacional de España, la corrida de toros. Mientras que para los turistas contemplar el enfrentamiento del torero con el toro suele ser una experiencia traumática, para los aficionados la corrida de toros es un espectáculo artístico y bello que hay que saber interpretar.

Palabra por palabra

la actuación	*performance*	**la muerte**	*death*
el/la aficionado/a	*fan*	**la plaza de toros**	*bullring*
la barbaridad	*atrocity, cruelty*	**la sangre**	*blood*
la corrida de toros	*bullfight*	**la sensibilidad**	*sensitivity*
defraudado/a	*disappointed*	**la suerte**	*luck, bullfighter's maneuver*

Mejor dicho

asistir a	*to attend*	Como Susana trabaja de periodista deportiva, tiene que **asistir a** muchos partidos de fútbol.
atender a	*to pay attention to*	Si quieres entender bien esta lección de geometría, debes **atender a** mis explicaciones.
sensible	*sensitive*	Mi amigo Raúl ha sido siempre muy **sensible** y se angustia mucho ante la sangre.
sensato/a	*sensible, reasonable*	Elena, ¿te parece **sensato** gastar tanto dinero en obras de arte?

2-7 Práctica

Hagan las siguientes actividades prestando atención a las palabras del vocabulario.

1. En parejas, hagan asociaciones de palabras con las que aparecen en **Palabra por palabra** y **Mejor dicho.**

    Ejemplo: sangre — herida — color rojo — hospital — análisis — SIDA

2. En grupos de tres o cuatro estudiantes, decidan cuáles de estas acciones son propias de una persona sensata y cuáles de una sensible. Luego, digan cuál de estas dos cualidades poseen Uds. ¿Son Uds. más sensibles que sensatos/as o al revés?

    a. No conduce si ha bebido demasiado.

    b. Siempre le manda una tarjeta de cumpleaños a su abuela.

    c. Avisa a la gente cuando va a llegar tarde.

d. No apuesta *(bet)* dinero.

e. Ahorra 200 dólares todos los meses.

f. No pone la radio muy alta si hay alguien durmiendo.

g. Llora si ve a alguien llorar.

h. No habla con sus plantas.

i. Tiene una dieta alimenticia variada.

j. Nunca ha tenido un abrigo de pieles.

k. No ve películas violentas ni sangrientas.

3. En grupos de tres o cuatro estudiantes, mencionen por lo menos tres ejemplos de cuándo es importante **asistir** y cuándo es crucial **atender.** Y cuenten alguna anécdota de lo que pasó cuando (Ud. u otra persona) no **atendió** o **asistió** cuando debía.

¡ALTO! Antes de leer

Haz lo que se te indica a continuación.

1. Busca en la lectura siguiente seis términos que tienen que ver con las corridas de toros y escríbelos abajo.

_____   _____   _____

_____   _____   _____

2. ¿Has visto alguna vez una corrida de toros o algún otro espectáculo que incluya animales?

3. ¿Qué piensas de la violencia en los deportes tales como el fútbol americano, el boxeo o el hockey?

¿La casa de un aficionado?

UNA FIESTA DE IMPACTO Y DE INFARTO[1]

Joaquín Vidal

Alguien definió las corridas de toros como una bella barbaridad. Otros dicen que la barbaridad nunca puede ser bella. Naturalmente, depende del catador.[2] Hay quien considera la más hermosa imagen del mundo una puesta de sol[3] en el horizonte del mar apacible,[4] y quien se extasía con[5] la tormenta en un mar embravecido.[6] A veces todo es bonito o todo es feo, según se tenga el tono del cuerpo.[7] La contemplación de una corrida de toros también requiere tono y no sólo para quien se acerca[8] a este espectáculo por primera vez. El aficionado veterano, ducho en tauromaquias,[9] pone siempre a tono[10] su cuerpo cuando suena el clarín,[11] porque el espectáculo de la lidia[12] es de impacto y de infarto. Allí hay suerte y hay muerte. Hay técnica y estética, hay drama y puede haber tragedia.

Asistir a una corrida de toros, permanecer atento a los múltiples incidentes que genera, es muy fatigante. El aficionado veterano, ducho en tauromaquias, suele decir que cuando acaba la corrida es como si le hubieran dado una paliza. No se trata de que el espectáculo le obligue a realizar ningún ejercicio físico: el ejercicio físico corre a cargo[13] de los toreros y "con perdón" de los toros. Es porque la comprensión cabal[14] de una corrida requiere el ejercicio de múltiples capacidades[15] humanas. Hay que seguir atentamente los movimientos y reacciones del toro para entenderlo; hay que anticipar el toreo adecuado que se le debe hacer; hay que juzgar la actuación de los diestros;[16] paso por paso, desde las suertes de capa[17] a las de pica, banderillas y muleta.[18] Y luego, poner sentimiento para sacarle el jugo[19] a todo lo visto.

Aquel que acuda a la plaza sólo atento al ritual, el colorido, la estética de los movimientos, lo más probable es que se sienta defraudado a poco de ocupar su localidad.[20] Les ocurre a los turistas, que se acomodan en el tendido[21] con esta disposición,[22] y un ratito después unos cuantos huyen de allí despavoridos,[23] porque el peligro cierto de la embestida[24] les hizo pasar malos ratos, el puyazo[25] les pareció un lance desagradable, y quizá, finalmente, el toro vomitó sangre como consecuencia de una estocada defectuosa.[26]

La afición veterana, ducha en tauromaquias, no es que tenga encallecida[27] el alma de tanto contemplar infortunios;[28] es que ha llegado a entender la razón de la lidia, sabe analizarla y la sensibilidad ante el espectáculo taurino le fluye.[29] Pero ¿cómo comunicar todo esto a un turista sorprendido, acaso horrorizado, a punto de ser víctima de un ataque de nervios, en el angosto espacio de un tendido, entre la vertiginosa[30] sucesión de suertes, que además son efímeras, y sin intérprete? La afición veterana, ducha en tauromaquias, también es muy experta en estos trances[31] y cuando un crispado[32] turista le pregunta angustiado por la razón de la sinrazón[33] de un puyazo en el morrillo,[34] responde: "Mí no entender". Y así se evita añadir otro problema a los mil problemas que de por sí[35] tienen la lidia y la vida misma.

---

[1] **de infarto** *heart-stopping* [2] **catador** = el que juzga o decide [3] **puesta de sol** *sunset* [4] **apacible** = en calma [5] **se extasía con** = a quien le encanta [6] **embravecido** = agitado [7] **se... cuerpo** = se sienta uno/a [8] **se acerca** = acude [9] **ducho en tauromaquias** = experto en el arte de torear [10] **pone... tono** *always readies* [11] **clarín** = música [12] **lidia** = práctica de torear [13] **corre a cargo** *is the business* [14] **cabal** = completa [15] **capacidades** = habilidades [16] **diestros** = toreros [17] **capa** *bullfighter's cape* [18] **pica, banderillas, muleta** *bullfighter's goad, small darts to bait the bull, red cloth* [19] **sacarle el jugo** = disfrutar al máximo [20] **ocupar su localidad** = sentarse [21] **tendido** = asientos [22] **disposición** = actitud [23] **despavoridos** = horrorizados [24] **embestida** = ataque [25] **puyazo** *lance thrusts* [26] **estocada defectuosa** *defective death blow* [27] **encallecida** = dura, insensible [28] **infortunios** = tragedias [29] **fluye** *flows over* [30] **vertiginosa** = rápida [31] **trances** = situaciones [32] **crispado** *tense, on edge* [33] **la razón... sinrazón** *the reason for the senseless act* [34] **morrillo** = cuello [35] **de por sí** *by themselves, separately*

Después de leer

2-8 ¿Entendido?

Usando las siguientes palabras resume el artículo.

corrida de toros	belleza	espectáculo	espada	aficionado
barbaridad	fiesta	capa	torero	turista

Toro pintado por un niño

2-9 En mi opinión

En grupos de tres o cuatro estudiantes, utilicen las preguntas siguientes como punto de partida para entablar una conversación.

1. ¿Qué diferencias hay entre la lucha libre y el boxeo? ¿Y entre las corridas de toros y los rodeos?

2. ¿Les parece a Uds. normal comer perros, como se hace en China? ¿Saben por qué en la India no comen carne de vaca? Comenten estos aspectos culturales que condicionan nuestra relación con los animales.

3. ¿Está el autor a favor o en contra de las corridas de toros? Defiendan su respuesta con ejemplos del texto.

Estrategias comunicativas para expresar acuerdo y desacuerdo

Acuerdo	Desacuerdo
Tienes toda la razón. *I agree with you completely.*	**Estás equivocado/a.** *You are mistaken.*
Estamos de acuerdo. *We agree.*	**No estoy de acuerdo.** *I do not agree.*
Creo que sí. *I think so.*	**Perdona, pero no lo creo.** *Sorry, but I don't believe it.*

2-10 En (inter)acción

Realicen las siguientes actividades según se indica.

1. **Debate.** Las corridas de toros es un tema muy controvertido hoy en día. Muchos piensan que se deben abolir del todo, dada la crueldad con el animal; otros insisten en que son parte de las tradiciones ibéricas y, por eso, deben continuarse. Al discutir esta cuestión utilicen algunas de las expresiones de **Estrategias comunicativas.**

2. **A favor o en contra.** En grupos de cuatro estudiantes, hagan dos listas: en la primera escriban las razones por las que los animales deben tener derechos similares a los de las personas y en la otra expliquen por qué no los deben tener. Después comparen sus listas con las de otro grupo.

3. **Novatadas** *(Hazings).* En parejas, discutan algunas novatadas de las que han oído hablar. ¿Es justa *(fair)* su prohibición o no?

4. **Discrepancias.** Las fiestas tradicionales no son siempre del agrado de todos los ciudadanos, como demuestra el folleto siguiente realizado por la Asociación para la Defensa de los Derechos de los Animales (Madrid). Lean con cuidado lo que dice y luego coméntenlo con toda la clase. Por ejemplo, ¿hay algún tipo de publicidad similar en Estados Unidos? ¿Creen que es efectivo este tipo de protesta publicitaria?

Repaso gramatical
(Cuaderno):
Palabras afirmativas
y negativas
La formación del
adverbio en **-mente**

2-11 Práctica gramatical

Hagan los ejercicios siguientes prestando atención a los puntos gramaticales estudiados.

1. **Sol o sombra.** En parejas, transformen estas oraciones **afirmativas** en **negativas** o viceversa.

   a. No vamos a poder entrar porque no tenemos ninguna entrada.

   b. Los jóvenes nunca asisten a ninguna corrida.

   c. Algunos asientos están libres.

   d. Siempre hay peligro durante una corrida.

   e. O el toro o el torero va a morir.

   f. Muchos turistas no saben nada del arte de torear.

   g. También los otros animales deben tener derechos.

   h. No hay nada bello en una corrida de toros.

2. **Taurinamente.** Con toda la clase, completen las oraciones siguientes usando tres **adverbios** diferentes terminados en **-mente**.

Ejemplo: La corrida de toros es un espectáculo...

La corrida de toros es un espectáculo *sumamente (verdaderamente, increíblemente)* emocionante.

a. El público mira... lo que ocurre en la plaza.

b. Creo que en este espectáculo tratan a los toros...

c. La torera toreó...

d. Los aficionados asisten a las corridas...

¿Puedes explicar el chiste?

2-12 Creación

Escribe una composición de acuerdo con las instrucciones que siguen.

Tanto en la radio como en la televisión españolas es frecuente que la gente emplee la expresión "fiesta nacional" para referirse a las corridas de toros. ¿Por qué las denominarán "fiesta"? ¿Podríamos categorizarlas como "deporte" o, más exactamente, "deporte de riesgo"? Examina las implicaciones que tiene el uso de la palabra "fiesta" referida al espectáculo taurino y también las consecuencias que tendría (para los españoles, los aficionados, los turistas…) denominarla de otra manera.

Atajo		
Phrases:	*Agreeing & disagreeing; Expressing irritation; Insisting*	
Grammar:	*Adverbs; Comparisons; Negation:* **no, nadie, nada**	
Vocabulary:	*Animals: wild; Sports*	

LA SANTERÍA: UNA RELIGIÓN SINCRÉTICA

Darién J. Davis

Aunque a partir de 1492 el catolicismo se convirtió en la única religión reconocida oficialmente en América Latina, en las plantaciones los esclavos que habían sido traídos de África lograron conservar sus creencias y ritos ancestrales. Con el tiempo adaptaron sus tradiciones a la religión católica en el proceso que se ha denominado sincretismo. Una de las religiones sincréticas más conocidas es "la santería", que se practica en el Caribe. El profesor de la Universidad de Tulane, Darién J. Davis, nos explica el origen y algunas características fundamentales de esta práctica religiosa.

Palabra por palabra

a lo largo de	*throughout*	**el mestizaje**	*mixture of races*
el apoyo	*(moral) support, backing*	**la mezcla**	*mixture*
el bien y el mal	*good and evil*	**la ofrenda**	*offering*
el/la creyente	*believer*	**el pecado**	*sin*
hasta	*even, until (time), up to (place)*	**la raíz**	*root*

Mejor dicho

ponerse (+ adj.)	*physical or emotional changes that are not permanent*	**Me he puesto** muy morena. Los gorilas **se pusieron** nerviosos.
volverse (+ adj.)	*sudden or gradual personal changes that are permanent*	Bernardo **se volvió** loco. **Nos volvimos** intolerantes.
hacerse (+ adj., + sust.)	*changes due to one's personal efforts*	**Nos hicimos** poderosas. Mi tío **se hizo** santero.
llegar a ser (+ adj., + sust.)	*changes after a period of time*	Con el tiempo la santería **ha llegado a ser** popular. **Llegará a ser** la primera dama del país.
convertirse en*(+ sust.)	*a physical or fantastic change*	El vino **se convirtió en** vinagre. La rana **se convirtió en** un hermoso príncipe.

*¡**Ojo! Convertirse a** significa *to change one's religion:* Rolando **se convirtió al** judaísmo.

En general, cuando el sujeto no es un ser animado sino que se trata de una situación, relación, etc. se puede usar cualquiera de los dos primeros verbos:

La discusión **se puso (se volvió)** violenta.

El adjetivo **loco/a** se emplea casi exclusivamente con el verbo **volverse**. La expresión **volverse loco/a** se puede entender en sentido literal o figurado.

Muchas veces *to become* + *adj.* se expresa en español con verbos reflexivos específicos: **aburrirse**, **enfadarse**, **cansarse**, **enfermarse**, **perderse**, etc.

2-13 Práctica

Hagan las actividades siguientes prestando atención a las palabras del vocabulario.

1. En grupos de tres estudiantes, den ejemplos de:

    ofrendas   pecados   mezclas   apoyos   el bien y el mal

2. En parejas, expresen el cambio que muestran las ilustraciones siguientes usando los verbos de **Mejor dicho** en el pretérito según corresponda.

El chico _____ enojado.

La oruga *(caterpillar)* _____ mariposa.

Roberto _____ un atleta famoso.

Clark Kent _____ Superman.

El alumno _____ socio de una organización universitaria.

La muchacha _____ organizada.

El cielo _____ nublado.

El cliente _____ mareado *(dizzy)*.

Antes de leer

Haz lo que se te indica a continuación.

1. Lee el **¿Entendido?** ejercicio, número 2-14. ¿Puedes anticipar de qué va a tratar el texto? Apunta tres cosas.

    a. _____

    b. _____

    c. _____

2. ¿Cuáles son algunas de las contribuciones de las culturas africanas a la cultura norteamericana?

3. ¿Sabes algo de las religiones africanas, asiáticas o indígenas? Haz una lista de lo que recuerdes.

LA SANTERÍA: UNA RELIGIÓN SINCRÉTICA

Darién J. Davis

La influencia política de los africanos en Latinoamérica ha sido menor que la de otros grupos étnicos porque entraron en la sociedad americana como clase oprimida y, por ende,[1] con poco poder político. Sin embargo, a lo largo de toda la historia de las Américas, el elemento africano siempre ha tenido una influencia importante en la economía y la cultura. Uno de los sectores culturales donde su influencia es más evidente es en la religión. En muchos casos las religiones africanas se han combinado con las tradiciones cristianas para formar nuevas religiones, en un proceso llamado sincretismo religioso. Algunos ejemplos de las nuevas religiones son la *santería* en Cuba, el *candomblé* en Brasil y el *vudú* en Haití.

La santería es una religión sincrética que combina las religiones Lucumí-Yoruba con el catolicismo. La santería se asocia principalmente con la isla de Cuba, pero se practica en muchas partes del Caribe. Históricamente la santería representaba no sólo un apoyo espiritual sino también un tipo de resistencia en contra de la sociedad blanca dominante. Por eso, su práctica era censurada y a veces hasta prohibida. Sin embargo, con el tiempo la santería cruzó las divisiones de clase y de etnia, y llegó a ser popular entre la población en general. Es importante entender que hoy no sólo los negros participan en estas religiones sino todos los sectores de la sociedad. En los lugares donde existen estas prácticas sincréticas, los participantes proceden de todos los grupos raciales, étnicos y sociales.

En la santería, como en la Iglesia católica, hay un guía espiritual o sacerdote, llamado el santero o la santera. Él o ella es el intermediario entre el *orishá* u *orichá* y los creyentes. Los orishás realmente representan una mezcla o sincretismo de los santos católicos con los dioses africanos. Son evocados tanto por sus nombres africanos como por sus nombres católicos. Por ejemplo, Santa Bárbara es conocida como Changó y San Lázaro como Babalú-Ayé. Y como los santos, cada orishá tiene un día especial de celebración.

No obstante,[2] la santería ha adquirido sus propias características. Los orishás se distinguen de los santos católicos en un aspecto esencial: tienen varias características carnales. En este sentido el orishá es considerado más poderoso que el ser humano, pero no siempre es moralmente superior. Como nosotros, ellos también prefieren ciertos platos. En las celebraciones en honor de cada orishá, se sirven estas comidas y se incluyen ofrendas. Si un ser humano quiere pedirle un favor al orishá, le puede regalar comida u otra de sus cosas favoritas. Cada orishá es asociado también con un color y en las fiestas del orishá todo el mundo se viste de ese color.

El día 8 de septiembre, por ejemplo, es la celebración de la patrona de Cuba, que es la Virgen de la Caridad en la tradición católica y Ochún en la santería.[3] La miel es uno de sus platos preferidos, y se usa en la preparación de dulces que se comen e incluyen en ofrendas. A Ochún se la asocia con el mar y muchas de las celebraciones tienen lugar en la playa.

---

[1] **por ende** = por lo tanto [2] **no obstante** = sin embargo [3] También se celebra ese día en Miami y en Puerto Rico.

Debido al gran número de negros que hay en Brasil, las influencias africanas están más próximas a sus orígenes en este país a pesar del mestizaje y sincretismo. Hay muchas variantes de los cultos[4] afro-brasileños. En Bahía es común el candomblé, en Río de Janeiro se practica la macumba o la umbanda y en Recife el culto predominante es conocido como el Xangó. Pero todos son variantes del candomblé.

Así como en la santería, el dios supremo del candomblé es Olofi-Olorún, creador del mundo. Los sacerdotes del candomblé son conocidos como babalão-orishá o pai de santo.[5] Si un creyente quiere pertenecer a esta religión, tiene que pasar por un proceso de aprendizaje[6] parecido al catecismo

del catolicismo o la confirmación del protestantismo, pero más riguroso. Como en la santería, hay festividades en honor de cada orishá. También tienen platos y colores preferidos.

En general, hay tres diferencias importantes que distinguen las religiones africanas de las europeas. Primero, en la tradición africana los seres humanos y los dioses no viven en mundos separados. En cambio, el hombre y la mujer son parte de una continuidad que también incluye a los muertos y a los dioses. Lo físico es igualmente importante para el orishá como para el ser humano. Por esta razón se les regala comida y otras ofrendas, como cigarros y jabón, a los orishás. Segundo, el mal no es concebido como una fuerza absoluta sino en relación con el bien

y la fuerza vital. Es decir, el concepto cristiano del pecado original no existe en la mayoría de las religiones afrolatinoamericanas. Finalmente, la evocación del orishá produce un cambio objetivo en el creyente. La posesión es un medio de comunicación entre Dios y el ser humano.

La música y el baile son partes integrales de las ceremonias del candomblé, el vudú y la santería. Pero aun en sus manifestaciones seculares, la música latinoamericana tiene raíces africanas. Los bailes como el merengue y la salsa surgieron de estos ritmos africanos. Los negros de Brasil bailaban un ritmo que se conocía como "umbigada". Hoy este baile se conoce como la samba, el baile nacional de Brasil.

---

[4] **cultos** *worship* [5] **pai de santo** = padre de santo. Si es una mujer, ella será la mae de santo. [6] **aprendizaje** = entrenamiento

"Las botánicas" son tiendas que venden objetos utilizados en la santería. Esta botánica está en Miami. ¿Te sorprende?

Después de leer

2-14 ¿Entendido?

Indica si las oraciones a continuación son verdaderas o falsas. Corrige las oraciones falsas según el texto.

1. Los africanos siempre han influido en la política de Latinoamérica tanto como otros grupos étnicos.

2. La santería, el catolicismo y el candomblé son religiones sincréticas.

3. La santería era una forma de protesta contra la cultura dominante.

4. Solamente los descendientes de esclavos africanos practican estas religiones sincréticas.

5. En la santería el orishá es equivalente a un/a santo/a católico/a.

6. Sólo los hombres pueden servir de sacerdotes en estas religiones.

7. Los orishás son, como todos los dioses, superiores a los seres humanos.

8. Ciertos colores y platos favoritos distinguen a un orishá de otro.

9. Se acostumbra ofrecer algo al orishá para obtener un favor.

10. La música latinoamericana tiene sus orígenes en los ritmos africanos.

2-15 En mi opinión

En grupos de tres estudiantes, utilicen las preguntas siguientes como punto de partida para entablar una conversación.

1. ¿Por qué creen que la religión sobre la que han leído recibió el nombre de "santería"? ¿Pudo haber sido un término despectivo en su origen? ¿Quién lo inventaría: los amos o los esclavos? ¿Por qué no hay un nombre para el sincretismo de las religiones indígenas y el catolicismo?

2. Discutan si debe haber sólo una religión universal. ¿Qué mandamientos debe tener una religión universal? Mencionen cinco.

3. En Miami, hace poco, un santero tuvo que defender su costumbre de matar animales en ciertos ritos. Él lo hizo diciendo que en los Estados Unidos existe el derecho a practicar libremente cualquier religión. ¿Qué creen Uds.? En nombre de la religión, ¿se pueden sacrificar animales? Expliquen su opinión.

4. ¿Qué diferencia hay entre una creencia y una superstición?

5. Miren el cuadro a continuación y comparen la ceremonia que representa con las prácticas religiosas que conocen.

Jean-Pierre, *Baile vudú en el bosque*

Estrategias comunicativas para mantener el interés

Ah, ¿sí? ¿De verdad?	*Really? Is that so?*	**¡Qué bien!**	*Oh, good! Great!*
¿Por ejemplo?	*For example?*	**¡Qué pena!** **¡Qué lástima!**	*What a shame!* *What a pity!*
¡No me digas!	*No kidding!*	**¡Qué chisme!**	*What a piece of gossip!*
¡Cuéntame más!	*Tell me more!*	**¡Qué barbaridad!**	*That's awful!*
¿Y qué pasó después?	*And then what happened?*	**¡Mentira!**	*Unbelievable!*

2-16 En (inter)acción

Realicen las siguientes actividades según se indica.

1. **Por otros rumbos.** Uno de sus amigos se ha hecho miembro de una secta *(cult)*. En grupos de tres estudiantes, un/a estudiante cuenta la historia y los/las otros/as deben animarlo/la a seguir hablando. Utilicen algunas expresiones de las **Estrategias comunicativas**.

2. **Irreverencia.** Con toda la clase, relacionen el "sacrilegio" del que habla la canción siguiente con la lectura anterior.

♪ Changó es el dios del trueno
de los negros africanos,
lo visten de rojo y blanco
y lleva un hacha° en la mano.   *axe, hatchet*
En el día de su fiesta
los negros tocan tambor
y con ron y frutas frescas
le expresan su adoración
(y todos cantan)
Zarabanda Changó ta' veni.
Zarabanda Changó ta' veni.
Entre muchos invitados
a esta fiesta de Changó
había tres americanos
tentados por el folklor(e).
Viendo la mesa de frutas,
ofrenda de amor y fe,
uno cogió un platanito
pues creía que era un buffet
(pues creía quééééé???)
pues creía que era un buffet.
Alguien gritó ¡Sacrilegio!,
madrina se desmayó,
hubo uno que cogió un muerto°   *spoke with the dead*
y otro que se despojó°   *exorcised evil spirits*
y una que tenía hecho santo
muy furiosa le gritó:
"Mister, don't touch the banana;
Banana belong to Changó."
"Mister, don't touch the banana;
Banana belong to Changó."
"Mister, don't touch the banana."
(coro: La banana es de Changó.) ♪

Mister, Don't Touch the Banana (Letra: Marisela Verena / Música: Willy Chirino)

3. **Correspondencias.** A continuación hay un cuadro con información sobre algunos orishás, el santo católico equivalente, sus poderes, número, colores, comida preferida y símbolo. En grupos de cuatro estudiantes, decidan a cuál deben consultar, qué ofrenda le van a hacer y cómo se vestirán para conseguir lo que desean.

a. encontrar empleo

b. solucionar un problema amoroso

c. neutralizar/protegerse de un enemigo

d. aliviar los dolores de cabeza

e. tocarle la lotería

f. tener un hijo

orishá	santo/a	poderes	n°	colores	platos	símbolos
Elegguá	San Antonio	mensajes, controla el destino, lo inesperado	3	rojo y negro	pollos, ron, cigarros, cocos, peces, juguetes, dulces	bordón (*hooked staff*)
Oggún	San Pedro, Santiago	empleos, guerra, hospitales	7	verde y negro	gallos, palomas, ron, cigarros, plátanos	hierro, metal, armas y cuchillos
Oshún/ Ochún	La Virgen de la Caridad	amor, matrimonio, oro	5	blanco y amarillo	miel, calabazas, vino blanco, ron, tortas, joyas y gallinas	abanicos (*fans*), espejos, oro, pavos reales, plumas y barcos
Changó	Santa Bárbara	poder, pasión, control de enemigos	4, 6	rojo y blanco	manzanas, bananas, gallos rojos, carneros (*rams*), cerdos (*pigs*) y toros	hacha de dos filos, mortero (*mortar*), castillo
Yemayá	Nuestra Señora de Regla	maternidad, feminidad	7	azul y blanco	sandía, azúcar, jarabe, cabras (*goats*), patos y gallinas	conchas, canoas, corales, abanicos
Babalú-Ayé	San Lázaro	causa y cura enfermedades	17 6 13	negro o azul claro	tabaco, ron, palomas, gallinas, frijoles y maíz tostado	muletas, cañas (*reeds*) y conchas

4. **Lo prometido es deuda.** Y ahora imaginen que los orishás ya les han otorgado ese favor. ¿Qué sacrificio personal o promesa están dispuestos/as a hacer? Cuéntenselo a su grupo.

   Ejemplo: Como me dieron el trabajo, yo prometo no comer chocolate durante una semana.

5. **Agudeza visual.** ¿Qué símbolos nos indican que esta figura representa a Yemayá?

Repaso gramatical
(Cuaderno):
El imperfecto de
indicativo
El pretérito de
indicativo
Usos del pretérito y
del imperfecto

2-17 Práctica gramatical

Hagan el ejercicio siguiente prestando atención a los puntos gramaticales estudiados.

 1. **El día en que…** La clase se divide en dos grupos. Los dos grupos van a trabajar con la misma historia, pero mientras uno describe la situación y los personajes usando **el imperfecto**, el otro narrará las acciones usando **el pretérito**. Al final los dos se reúnen y, uniendo las dos partes, le cuentan el cuento completo a la clase.

   a. rompí un espejo

   b. un gato negro se cruzó en mi camino

   c. abrí un paraguas dentro de la casa

   d. pasé por debajo de una escalera

   e. encontré un trébol de cuatro hojas *(four-leaf clover)*

2-18 Creación

Escribe una composición de acuerdo con las instrucciones que siguen.

Narra alguna experiencia tuya o de otra persona con fenómenos paranormales (por ejemplo, sueños premonitorios, telepatía, predicción del futuro, comunicación con los muertos, intervención de los ángeles, milagros…). Luego, explica tu postura en cuanto a estos fenómenos.

Atajo		
Phrases:	*Expressing an opinion; Hypothesizing; Persuading*	
Grammar:	*Verbs: preterite & imperfect; Agreement; Accents*	
Vocabulary:	*Body; Calendar; Medicine*	

Infórmate con CNN® ▭▭▭

Celebrations: 5.3; *Religion:* 5.1; *Indigenous cultures:* 5.2

Espacios de vida

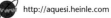 http://aquesi.heinle.com

HOSPITALIDAD, BOLEROS
Y CAFÉ RECIÉN COLADO

Mauricio Vicent

Uno de los aspectos más reveladores de nuestra identidad personal y cultural son los espacios que habitamos. En ellos dejamos huellas de nuestros gustos y hábitos, creencias religiosas y políticas, recursos económicos y creatividad. En definitiva, podemos decir que ellos nos reflejan. El corresponsal del periódico español *El País* en La Habana, Mauricio Vicent, da cuenta de esa reverberación en los hogares de Cuba.

Palabra por palabra

la advertencia	*warning*	**emocionarse**	*to be moved, excited*
al + infinitivo	*when/on* + gerund	**el hogar**	*home*
el/la anfitrión/a	*host, hostess*	**pese a**	*in spite of, despite*
chismoso/a	*gossipy*	**prestar, pedir**	*to lend, borrow*
colgar	*to hang (up)*	**prestado***	
durar	*to last*	**el retrato**	*portrait*

*¡Ojo! **Me prestó** = *She/He lent me*; **le presté** = *I lent him/her*; **me pidió prestado** = *she/he borrowed*

Mejor dicho

salvar	*to rescue, save from extinction*	Una mujer desconocida **salvó** al niño. Hay que **salvar** a las ballenas que quedan.
guardar	*to keep, put aside*	Es mejor **guardar** el café en un sitio fresco.
ahorrar	*to save up, set aside, conserve*	**Ahorran** todo el dinero que pueden.
proteger	*to protect, keep from harm*	Es preciso **proteger** los recursos naturales.
realizar	*to carry out, accomplish, fulfill*	Decidió **realizar** el experimento ella sola.
darse cuenta de (que)	*to notice, realize*	**Me di cuenta de que** eran objetos de mucho valor.

3-1 Práctica

Hagan las actividades siguientes prestando atención a las palabras del vocabulario.

 1. **Vecinos.** En parejas, describan estos dibujos utilizando palabras del vocabulario.

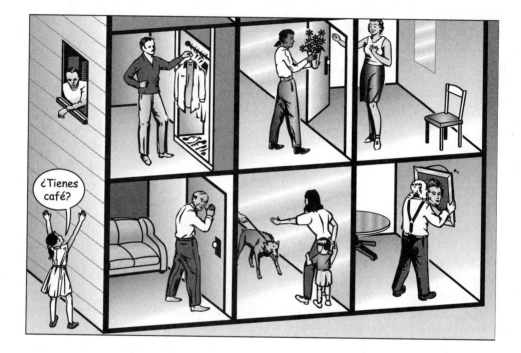

2. **Definiciones.** Escriban una definición falsa o verdadera de una de las palabras anteriores. Después lean la definición a la clase, que decidirá si es falsa o verdadera.

3. **Deducciones.** En parejas, adivinen el significado de las palabras siguientes según el vocabulario aprendido.

    a. hogareño/a   d. el autorretrato   g. a pesar de
    b. duradero/a   e. el chisme   h. descolgar
    c. advertir   f. emocionante   i. un préstamo bancario

4. **¿Realicé o me di cuenta de... ?** En grupos de tres estudiantes, digan cuál de estos dos verbos utilizarían delante de las siguientes palabras. Si son posibles los dos verbos, expliquen cuál sería el significado de la oración en cada caso.

    a. el peligro   e. un largo viaje
    b. las fotografías   f. la situación
    c. la encuesta   g. mis sueños
    d. su error   h. que era tarde

Antes de leer

Haz lo que se te indica a continuación.

1. Lee el primer párrafo de la lectura siguiente. ¿Es narrativo, descriptivo, argumentativo, expositivo, o poético? ¿Qué tipo de texto esperas leer?

2. ¿En qué te fijas al entrar en la casa de alguien?

3. ¿Qué cuadros, pósters o fotografías tienes colgados en tu cuarto? ¿Y qué tenías cuando eras un/a niño/a?

4. ¿Es la pobreza motivo de vergüenza? ¿Por qué sí o no?

HOSPITALIDAD, BOLEROS Y CAFÉ RECIÉN COLADO

Mauricio Vicent

Los primeros adornos que encuentras al entrar en algunas casas de Cuba son una lengua atravesada[1] por una espada y un ojo que te observa. Con estos amuletos protectores se pretende neutralizar las malas voluntades que pueda traer el visitante, aunque también son una advertencia para el chismoso y para aquel que quiere ver o saber demasiado.

Otros resguardos[2] inquietantes acompañan a no pocos cubanos en sus hogares: una hoja de tuna[3] clavada en la puerta trae desenvolvimiento;[4] si una muñeca está sentada en el sofá, no es para que los niños jueguen, representa a un poderoso ancestro; y en esa piedra con ojos de caracol que ves en el recibidor vive Elegguá, la deidad africana que abre los caminos.

De las paredes de otras casas cuelgan retratos barbados de Fidel Castro, o imágenes del Sagrado Corazón de Jesús, o fotografías de familiares que se fueron a Miami, según sea la religión de cada cual. A partir de ahí, cualquier cosa puede pasar. Conozco un palacete en el barrio habanero de Miramar que es hoy una cuartería donde viven diez familias. La mansión, propiedad de un prestigioso médico que se marchó en 1959, está subdividida y vuelta a subdividir, y la habita gente bastante normal. En su mayoría, obreros y empleados de empresas estatales, pero también hay un jinetero[5] y un profesor de la universidad. El hijo de éste se llama Vladimir Gómez y, casualmente, estudia cuarto año de medicina.

En su casa, como en muchas otras de la capital, hay viejas mesas y sillones de caoba[6] al lado de los objetos más kitsch que te puedas imaginar: un tapiz de acrílico en el que un león está a punto de devorar a su presa; un sofá de estilo forrado en plástico para que dure más. Sobre el dintel de la entrada principal, el cristal roto de un soberbio vitral ha sido sustituido por un trozo de cartón.[7] Y no faltan las flores artificiales en un vaso.

En Cuba, la calle es una extensión del propio hogar. Como apenas hay tráfico, desde pequeños, los niños juguetean en la acera y, al caer la tarde, los adultos celebran a la fresca interminables partidas de dominó, casi siempre bañadas en ron.

Dicen que lo que más extrañan los que se van a Miami es que en la isla se vive con las puertas abiertas.

Una vecina le dice a otra: "Prueba este boniatillo."[8] Antes, la otra le ha prestado una libra de frijoles, o un *tin* de aceite o un puñado de simple sal. Pese al mordisco[9] de la crisis, la hospitalidad cubana no ha desaparecido: la gente se ayuda en la desgracia y no hace ninguna falta avisar antes de visitar a un conocido.

Otra cosa que llama la atención en Cuba es que hasta en el hogar más humilde se respira dignidad. No importa que las paredes estén descascaradas,[10] ni que la cubertería de plata de la familia haya sido empeñada[11] hace tiempo, ni que la nevera[12] de la casa sea un mamotreto[13] General Electric con 45 años de uso. Los cubanos siempre se salvan; por grande que sea la precariedad, mayor es su orgullo.

En el poblado oriental de Baracoa, a mil kilómetros de La Habana, una anciana lleva zapatillas deportivas de tres dólares. Contrastan con las baldosas del suelo pulidísimo que pisa, de una geometría y color increíbles, testimonio de otros tiempos mejores. La mujer viste bata de casa y tiene un cuerpo arrugado y escuálido, pero va muy limpia. Es difícil saber cómo lo hacen, pero los cubanos siempre parecen estar limpios y arreglados aunque escasee el jabón y la buena ropa esté fuera del alcance de la mayoría.

En dos de cada tres casas, en La Habana y en la Cuba profunda, conviven jóvenes y ancianos. La gente se hace cargo de sus mayores, no los abandona. Puedes verlos arreglando una bicicleta en medio de la sala, o ayudando en la cocina o avisando a la familia cuando comienza la telenovela.[14] Las casas de los privilegiados son de mampostería[15] y dentro abundan las porcelanas y los dorados. Las de los más pobres son de madera pelona[16] y en ellas los varones andan sin camisa y algunos están tatuados.

---

[1] **atravesada** *pierced* [2] **resguardos** = aquí, objetos protectores [3] **tuna** *prickly pear* [4] **desenvolvimiento** = habilidad para resolver los problemas de la vida [5] **jinetero** = joven dedicado a la prostitución [6] **caoba** *mahogany* [7] **cartón** *cardboard* [8] **boniatillo** *sweet potato pudding* [9] **mordisco** *bite* [10] **descascaradas** *the paint has flaked off* [11] **empeñada** *pawned* [12] **nevera** = frigorífico, refrigerador [13] **mamotreto** = objeto grande y anticuado [14] **telenovela** *soap opera* [15] **mampostería** *masonry* [16] **pelona** = sin pulir

A la hora que llegues, alguien te brindará café, siempre acompañado de un vaso de agua fría. Es una cultura: en muchos hogares hay tazas para el diario y tazas de café para las visitas, que fácilmente pueden ser reliquias museables.

Mientras cuelan la infusión,[17] si lo pides te enseñarán el álbum familiar. Probablemente hallarás fotos de clubes sociales donde los abuelos iban a bailar danzones[18] y cha-cha-chá, y quizá en una vieja postal sepia hay una mulata sentada en una mecedora de rejilla[19] cogiendo la mano de su esposo asturiano.[20]

Si un pariente se fue hace poco a Estados Unidos, no faltará la foto de éste, con el cuello cuajado de prendas de oro, rodeado de comida o frente a un lujoso carro. También puede ser que el anfitrión se emocione y te ponga un bolero de Descemer Bueno: "Enciéndele una vela a tu primer amor, /que se ha marchado sin decir adiós."

---

[17] **cuelan la infusión** *they strain the coffee* [18] **danzones** = un tipo de baile [19] **mecedora de rejilla** *wicker rocking chair*
[20] **asturiano** = de Asturias, región de España. Muchos de sus habitantes emigraron a Latinoamérica a fines del siglo XIX y durante el siglo XX

Después de leer

3-2 ¿Entendido?

Completa las siguientes frases de acuerdo con el contenido de la lectura.

1. La imagen de "una lengua atravesada por una espada" en un hogar cubano cumple dos funciones...

2. Tres adornos sorprendentes que puedes ver en algunas viviendas son...

3. Si alguien tiene colgado en su casa un retrato de Fidel Castro significa que... y si es de Jesucristo, que...

4. No es raro que algunas personas vivan en mansiones pero...

5. La pobreza del país se observa en...

6. Dos rasgos que caracterizan a muchos cubanos son...

7. En Cuba los ancianos...

8. El café se sirve...

9. Las fotos que conservan muestran...

10. Un bolero es...

3-3 En mi opinión

En grupos de tres estudiantes, utilicen las preguntas siguientes como punto de partida para entablar una conversación.

1. ¿Qué visión de los hogares cubanos transmite la lectura? ¿Triste, nostálgica, realista... ? ¿Tiene un buen ojo el periodista para apreciar lo más significativo de la realidad cubana? Expliquen.

2. ¿Captarían mejor unas fotografías las casas cubanas que el texto que han leído? ¿Cómo transmiten éstas los aspectos —como los olores, el calor o la humedad, la luminosidad, los ruidos— de un lugar?

3. ¿Qué tipo de imágenes de Cuba se difunden en su país? ¿Son de espacios interiores o exteriores? ¿Valoran más los primeros después de leer el texto de Vicent?

4. ¿A qué creen que se debe el tratamiento recibido por las personas mayores en Cuba? Compárenlo con el de otros sitios.

5. ¿Puede haber belleza en la pobreza? Expliquen. ¿Y en los objetos kitsch?

6. ¿Qué prácticas hospitalarias conserva su comunidad, estado o país? Den ejemplos concretos.

7. El autor parece sugerir que las telenovelas (o, como se las llama en Latinoamérica, los culebrones) son un pasatiempo de toda la familia. ¿Lo son también en su país? ¿Por qué creen que (no) lo son?

8. ¿Se reúnen algunas veces en familia a ver la televisión? ¿Cuándo? ¿El tener más de un televisor en casa es bueno o malo para la convivencia familiar?

9. El texto menciona "reliquias museables" (museable: digna de un museo). ¿Hay algún objeto en su casa que tenga más de 100 años o que debiera estar expuesto en un museo? ¿Qué objetos tienen valor para Uds.?

10. Residir en una casa medianamente habitable puede que no sea una prioridad para los jóvenes, pero para una familia es esencial. ¿Qué saben de los objetivos de organizaciones como *Habitat for Humanity*?

Estrategias comunicativas para expresar preferencias

Personalmente yo prefiero...	*Personally I prefer . . .*
Para mí...	*In my opinion . . .*
A mí me parece mejor que...	*I think it is better to . . .*
Me gusta más...	*I like . . . better*
Después de pensarlo he decidido que...	*After thinking about it I have decided that . . .*

3-4 En (inter)acción

Realicen las siguientes actividades según se indica.

1. **En busca de vivienda.** Tu compañero/a y tú están buscando un lugar donde vivir por un año. Miren los anuncios de abajo y elijan uno. Utilicen las expresiones de **Estrategias comunicativas** mientras discuten las ventajas o inconvenientes que ofrece cada lugar.

> *Se alquila habitación amplia y luminosa. Piso compartido (5 personas) con un cuarto de baño, una cocina bien equipada. A 25 minutos de la Plaza Mayor y 45 del campus universitario. Precio 235 euros al mes.*

> *Se necesitan dos chicas o chicos para vivir con un matrimonio de ancianos. La casa tiene cinco habitaciones, dos baños, salón, cocina (vitrocerámica, horno, frigorífico, lavadora y TV...). Servicios centrales. Patio, terraza. 176 euros al mes.*

> *Residencia Universitaria Las Conchas. Mixta. Pensión completa. Lavado de ropa. Habitaciones grandes y soleadas. Habitaciones individuales. Limpieza de habitación. Libre entrada y salida. Internet 24 horas. TV por cable en las habitaciones. Al lado de la Universidad. 450 euros al mes.*

2. **Cuestión de gusto.** ¿Cómo sería su cuarto o apartamento ideal? Piensen en el tamaño (acuérdense de que tienen que limpiarlo Uds. mismos/as), la ubicación (cerca de un parque, por ejemplo), el estado de la vivienda (sin ratas ni cucarachas, por supuesto), etc. En grupos de cuatro estudiantes, hablen de este tema utilizando las expresiones de **Estrategias comunicativas.**

3. **Pertenencias** *(Belongings)*. Apunta en una hoja de papel cinco cosas que hay en tu cuarto, pero no pongas tu nombre. Mezcla tu lista con las de tus compañeros/as. Que alguien elija una de las listas y lea los elementos apuntados en ella a la clase. Los/Las demás deben adivinar a quién pertenece la lista. Después el/la dueño/a de esos objetos intentará vender alguno de ellos a sus compañeros/as.

4. **Contraste visual.** Daniela Rossell es una fotógrafa mexicana que se ha hecho famosa por las fotos que ha realizado a la clase alta de su país. Según dijo, "En lugar de documentar la vida de los indígenas, la pobreza urbana o exóticas escenas populares, he elegido explorar el hábitat, las costumbres y tradiciones de la minoría más pequeña de México, los ultra-ricos." Estas fotos las reunió para la exposición titulada "Ricas y famosas". Busquen esas fotos u otras de México o de Cuba en Internet. Tráiganlas a clase para comentarlas.

3-5 Práctica gramatical

Hagan los ejercicios siguientes prestando atención a los puntos gramaticales estudiados.

 1. **Predicciones.** Contéstale a tu compañero/a las preguntas que tenga sobre la residencia estudiantil *(dorm)* donde vivirá el próximo año. Tú lo sabes todo sobre ella porque llevas viviendo allí dos años. Utilicen **el futuro simple**.

Ejemplo: —¿Me caerá bien la gente?
    —Pues mira, al principio te parecerá un poco seca pero en poco tiempo Uds. se llevarán estupendamente.

 2. **Suposiciones.** Hagan conjeturas sobre los gustos, modo de vida, experiencias, etc. del autor de la lectura o de un/a compañero/a al/a la que no conocen bien. Utilicen **el futuro simple** y **el futuro perfecto** para expresar probabilidad

Ejemplo: Conocerá ya la isla como la palma de la mano.
    Habrá bebido mucho café mientras preparaba el reportaje.

3-6 Creación

Escribe una composición de acuerdo con las instrucciones que siguen.

Eres un/a célebre guionista de cine que está trabajando en estos momentos en una película sobre Cuba. Prepara una escena que contenga un diálogo entre los distintos miembros de una familia cubana y un/a visitante extranjero/a. No te olvides de ofrecer primero la descripción detallada de los personajes y del lugar donde se desarrollará la acción.

Atajo		
Phrases:	*Welcoming; Greetings; Pointing out an object or a person; Saying good-bye*	
Grammar:	*Interrogatives; Possession with* **de**; *Verbs:* **conocer** & **saber**	
Vocabulary:	*Family members; House; Food*	

LAS PLAZAS MAYORES: AYER Y HOY
Franco Fernández Esquivel

Numerosas ciudades hispanas cuentan con una Plaza Mayor. Franco Fernández Esquivel ha estudiado con detenimiento la de Cartago, Costa Rica. En el siguiente texto nos explica cómo y cuándo se edificaron ésta y otras plazas. El autor traza, además, la evolución de esta construcción crucial para las ciudades de España y Latinoamérica.

Palabra por palabra

el/la antepasado/a	ancestor	destacar	to point out, underline, emphasize, stand out
el banco	bench, bank	en vigencia	valid, in force, in effect
contar con	to be equipped with, have	la población	population, city, town
cumplir (con)	to fulfill, carry out, do one's duty	tomar/tener en cuenta	to take into account
los/las demás	the others, the rest, everybody else		

Mejor dicho

el rincón	corner of a room, an inside corner	He puesto el televisor en un **rincón** de mi cuarto.
la esquina	a street corner, an outside corner	En cada **esquina** de la plaza hay una farola (street lamp).

la actualidad	the present time	En **la actualidad** casi todas las ciudades tienen un parque público.
actualmente	presently	**Actualmente** la Iglesia Mayor se encuentra cerrada al público.
en realidad	in reality, actually	**En realidad** no sé qué pensar de sus propuestas.
realmente	truly, really, actually	**Realmente** pocas cosas permanecen siempre iguales.

medio/a	*half (adj.)*	Julio se comió sólo **media** manzana.
el medio	*middle*	Y en **medio** de la plaza han colocado una estatua.
	environment, surroundings	Fuera de su **medio** natural algunos animales no sobreviven.
	medium	Es imprescindible adaptarse al nuevo **medio** que es Internet.
la mitad	*half (noun)*	La **mitad** de la población ya tiene acceso a estos servicios públicos.

3-7 Práctica

Hagan las actividades siguientes prestando atención a las palabras del vocabulario.

1. En parejas, contesten las preguntas siguientes.

   a. Hablen de algunos de sus antepasados que hayan tenido una influencia decisiva en su familia o en su vida. ¿Cómo los han influido?

   b. ¿Qué tienen en cuenta al observar un edificio o monumento histórico?

   c. Si un vaso contiene líquido hasta la mitad, ¿está medio lleno o medio vacío? ¿Quiénes de su familia son optimistas y cuáles pesimistas? Expliquen.

   d. ¿Qué destaca de su ciudad/pueblo? ¿Y de su personalidad? ¿Y de su manera de vestirse?

   e. Mencionen tres cosas que realmente les importen en la actualidad y digan por qué lo hacen.

   f. ¿Qué están haciendo los/las demás estudiantes en este momento?

2. En grupos de tres estudiantes, inventen un diálogo en el que utilicen cinco palabras de este vocabulario y dos de los anteriores. Después presenten el diálogo delante de la clase.

Siempre en construcción

¡ALTO! Antes de leer

Haz lo que se te indica a continuación.

1. ¿Vas alguna vez a una plaza pública a sentarte o a pasear? ¿Por qué sí o no? Cuando en inglés se utiliza la palabra "plaza", ¿a qué espacios suele aplicarse? ¿Con qué espacios asocias tú este término?

2. ¿Qué formas (cuadradas, rectangulares, circulares, irregulares, etc.) tienen las plazas que has visto?

3. ¿Qué función tienen las fuentes públicas?

4. ¿Es tu ciudad una "ciudad muerta"? ¿"Una obra de arte"?

LAS PLAZAS MAYORES: AYER Y HOY

Franco Fernández Esquivel

Antes de analizar cualquiera de los elementos de una ciudad, se debe tomar en cuenta que ésta no ha sido erigida por sus contemporáneos, sino que es obra de los antepasados, por lo que siempre es una realidad recibida, es decir, siempre es histórica. La configuración de una ciudad pertenece a una realidad social que ya ha desaparecido: por eso cualquier estructura (o su totalidad) es historia en sí misma.

No es atrevido[1] afirmar que la ciudad en que vivimos siempre tendrá un carácter de reliquia: un lugar sagrado[2] donde se les brinda culto[3] a los antepasados. La ciudad siempre ha sido y será fragmentada, inacabada[4] y, por lo general, estéticamente frustrante. No por eso debe llevarnos al desencanto, ya que es parte de la supeditación[5] o pulsación histórica. Por todo esto, una ciudad con su lógica inestabilidad nunca alcanzará a convertirse en obra de arte. Sólo las ciudades muertas (o preservadas artificialmente) podrían alcanzar tal condición.

La plaza es el centro y núcleo promotor de la actividad ciudadana y además cumple con la antigua normativa urbanística según la cual una vez trazada la plaza cuadrangular todo lo demás parte de ella, a manera de líneas rectas paralelas a sus cuatro costados, formando lo que llamamos calles y avenidas.

Son muy pocas las ciudades de Hispanoamérica que no cuenten con su respectiva plaza, así como también son muy pocas las Plazas de forma irregular en el Nuevo Continente (tal es el caso de algunos antiguos puertos como La Habana y Cartagena de Indias). Pero en ciudades como Cartago, con un trazado en damero,[6] éste determina una plaza de forma regular.

Algunas Plazas Mayores de importantes ciudades de la América hispana fueron construidas sobre otra plaza prehispánica, donde los indígenas tenían sus mercados o plazas rituales. Tal es el caso de la Plaza Mayor de México y la de Cuzco, donde antes del proceso urbanizador colonial, estas Plazas ya existían y poseían una vida muy activa. Esta situación no se cumple en Cartago, ya que donde hoy se asienta la ciudad no existió poblado indígena alguno.

Se puede asegurar que la Plaza Mayor nace antes que la misma ciudad; todo lo contrario de lo ocurrido en Europa, donde las plazas

---

[1] **atrevido** *daring* [2] **lugar sagrado** *shrine* [3] **brinda culto** *worship* [4] **inacabada** = no terminada [5] **supeditación** = dependencia o subordinación [6] **trazado en damero** *checkerboard pattern*

nacían como producto de construcciones urbanísticas *a posteriori*, cuando la ciudad ya existía.

A pesar de que el origen de las Plazas Mayores es diferente en España y en América, debemos admitir que en ambos casos la plaza se convirtió en un elemento esencial de la ciudad.

En nuestro medio siempre ha sido necesario para que un conglomerado adquiera categoría de ciudad un punto de intersección que sirva a su vez de referencia obligada a sus habitantes; este punto es la plaza. Es el eje alrededor del cual gira toda la acción de la ciudad.

Este espacio vacío, rodeado por los principales edificios de la urbe, ha servido de escenario a los grandes acontecimientos públicos. Es imposible analizar la historia de una ciudad sin hacer referencia al lugar donde se han protagonizado los principales actos colectivos.

La Plaza Mayor Iberoamericana continúa en plena vigencia. Es el corazón de la ciudad y el que determina el modelo estructural de la misma. Este espacio no sólo es el centro de la población, sino que le brinda la parte íntima al poblador; es una especie de "sala de estar pública", donde la ciudad se convierte en una gran casa y cada casa en una ciudad en pequeño.

Si hay algo que corresponde a un verdadero trasplante de las Plazas Mayores españolas al Nuevo Mundo, fue esa manera de vivir, en donde la Plaza ocupa un lugar muy importante ya que el español es un hombre de Plaza Mayor, tal y como lo afirma Ortega y Gasset.[7] No se puede ocultar que el español es un ser que vive de los demás y que, a su vez, es un hombre al que los demás rodean y vigilan.[8] Ante esta observación, que aún en la actualidad conserva su vigencia, la Plaza ocupa un lugar muy destacado donde se aparenta o donde se representa de la manera más clara la constante comedia humana.

A partir del siglo XVIII las Plazas Mayores de las principales ciudades de Hispanoamérica empiezan a cambiar de aspecto: por fuerte influencia neoclásica[9] la parte central de estos espacios se convierte en una plataforma aislada y en ella se instala una estatua, un obelisco o una fuente. En el caso de Cartago, este movimiento no afectó a nuestra tradicional Plaza Principal, pero sí lo hizo el romanticismo.[10] Cuando se consolida la independencia de la mayoría de las antiguas colonias españolas, se introduce el espíritu romántico, que en el campo urbano estimula la creación de jardines o parques, con árboles, estanques,[11] jaulas de pájaros, quioscos de música, paseos de arena, bancos de madera o hierro para sentarse en la plaza, y una serie de elementos como para amueblar[12] la plaza, como si fuera un "salón burgués".

Estas nuevas sociedades, producto ahora de naciones independientes, tratan de construir rincones en la ciudad bien amenos[13] y con verdor, dando un nuevo tinte[14] a la antigua estructura colonial, sin perder todavía la Plaza su característica de "microcosmos" de la ciudad, aunque ahora satisface otras necesidades, las que surgen con las nuevas costumbres.

Un elemento que figuraba en casi todas las Plazas Mayores de Hispanoamérica era una fuente, que en las grandes ciudades fue monumental. Las había de mármol, piedra o en bronce, y en muchos casos diseñadas por un conocido e importante artista. Estas fuentes sirvieron en muchas ocasiones para el abastecimiento[15] público y a la vez como ornato[16] de la ciudad. Se han justificado estas fuentes como chorros[17] vivificadores, ya que son lugares frescos y agradables a la vista y al oído. Para los cristianos la fuente es emblema de la vida feliz y fecunda,[18] ya que en el Paraíso Terrenal el Árbol de la Vida se convertía en fuente de la cual brotaban[19] cuatro ríos que iban a los cuatro puntos cardinales.[20] La fuente, situada enfrente de la Iglesia Mayor, se convierte en el símbolo mismo de lo religioso.

---

[7] **Ortega y Gasset** = filósofo español (1883–1956) [8] **vigilan** = miran [9] **neoclásica** = estilo arquitectónico europeo del siglo XVIII [10] **romanticismo** = movimiento artístico/literario de principios del siglo XIX [11] **estanques** *ponds* [12] **amueblar** *to furnish* [13] **amenos** = agradables [14] **tinte** = aspecto [15] **abastecimiento** = suministro, provisión [16] **ornato** = ornamentación [17] **chorros** *streams* [18] **fecunda** = fértil, prolífica [19] **brotaban** = salían [20] **cuatro puntos cardinales** = cuatro direcciones: norte, sur, este y oeste

Después de leer

3-8 ¿Entendido?

De acuerdo con la lectura explica la relación de estos términos con las ciudades, las plazas y las fuentes hispanas.

1. historia en sí misma
2. reliquia
3. centro de la actividad ciudadana
4. trazado en damero
5. mercados prehispánicos
6. sala de estar pública
7. salón burgués
8. teatro de acontecimientos públicos
9. vivir de los demás
10. símbolo religioso

3-9 En mi opinión

En grupos de tres estudiantes, utilicen las preguntas siguientes como punto de partida para entablar una conversación.

1. Comparen el centro comercial norteamericano con la Plaza Mayor. ¿Qué tienen en común y cómo son diferentes?

2. ¿Recuerdan algún hecho histórico ocurrido en una plaza famosa? ¿Saben quiénes son Las Madres de la Plaza de Mayo y por qué se llaman así? ¿Se acuerdan de lo que ocurre en el Zócalo, la plaza más importante de la ciudad de México, el 15 de septiembre?

3. En su ciudad o pueblo, si uno quiere "ver y ser visto", ¿adónde va?

4. Comenten la observación de Ortega y Gasset en cuanto a los españoles. ¿Es aplicable a los ciudadanos de otros países? ¿Por qué sí o no?

5. ¿Qué les parecen las explicaciones religiosas o simbólicas dadas a la presencia de las fuentes? Añadan otras posibles explicaciones. Para Uds., ¿qué simboliza el agua?

6. ¿Qué partes de la ciudad donde Uds. residen calificarían de "estéticamente frustrantes"?

7. El Parque Central de Nueva York, que ocupa 337 hectáreas en el medio de Manhattan, ya celebró su aniversario de 150 años. ¿Qué hacen los ciudadanos en este parque? ¿Qué actividades y festejos tienen lugar allí? ¿Cuáles son las ventajas y las desventajas de tener un parque dentro de una ciudad?

8. Actualmente las grúas *(cranes)* forman parte de cualquier paisaje urbano. ¿Qué inconvenientes causa la constante transformación de las ciudades?

9. En los últimos años los gobiernos locales se han dedicado a recuperar o conservar los "espacios verdes" pero no todos los residentes están de acuerdo con estos esfuerzos. ¿Qué piensan Uds. de la recuperación/conservación de esos espacios?

10. Los pueblos del oeste norteamericano (según las películas) no parecen tener un centro sino una larga calle que los atraviesa. Comparen este diseño con el de un pueblo hispano tradicional. ¿Qué ventajas e inconvenientes tiene cada uno de esos trazados? ¿Qué edificios y negocios se encuentran en la plaza/calle mayor?

Estrategias comunicativas para dar consejos

Francamente creo que...	*To tell you the truth, I think that . . .*
¿No le parece que... ?	*Don't you think that . . . ?*
Sería mucho mejor si...	*It would be much better if . . .*
Quizás debe considerar otras opciones como...	*Maybe you should consider other options such as . . .*
¿Ha pensado que... ?	*Have you thought about . . . ?*

3-10 En (inter)acción

Realicen las siguientes actividades según se indica.

1. **Los nuevos centros urbanos.** Hoy en día en Estados Unidos mucha gente quiere trabajar, ir de compras y divertirse cerca del lugar donde vive para así no tener que utilizar tanto el carro. Por eso se están construyendo fuera de la ciudad zonas que cuentan con todos estos servicios: oficinas, mercados, gimnasios, cines . . . En grupos de tres estudiantes, diseñen una de estas comunidades. Cada grupo presentará su plan y diseño al resto de la clase, que decidirá en cuál de ellas preferiría vivir. Usen algunas de las expresiones de **Estrategias comunicativas**.

2. **Diseño gráfico.** Ya es hora de modernizar una de las plazas de su ciudad. En grupos de cuatro estudiantes, transformen una plaza tradicional en una ultramoderna o al revés. ¿Qué cambios haría su grupo? ¿Qué eliminaría? Hay que presentar los cambios a la clase y explicar por qué quieren hacerlos.

3. **La plaza-jardín.** Sobre la remodelación de la plaza tradicional, Christian Páez Rivadeneira comenta que "el potencial social que ofreció la plaza libre no es comparable con las posibles bondades estéticas —las flores y arreglos geométricos del pavimento, las estatuas— y ambientales —la sombra de los árboles— que puede ofrecer una plaza-jardín. Es un hecho indiscutible que el proceso de reformas y de embellecimiento de estos espacios generó una ambigüedad en cuanto a su significado y determinó un uso contradictorio: hoy en día cuando se convocan actos de masas en la plaza las personas deben ocupar las calles o, peor aún, ocupar los espacios de los jardines" *La Plaza Mayor de Mérida. Historia de un tema urbano* (Caracas: El Libro Menor, 1992, pág. 183). Discutan si el "embellecimiento" de algunos lugares públicos termina perjudicándolos en lugar de beneficiarlos.

4. **¿Damero de ajedrez o laberinto?** Observen los planos de estas dos ciudades. De acuerdo con lo que han aprendido, ¿cuál es el de una ciudad latinoamericana y cuál es el de una española? Expliquen cómo lo saben.

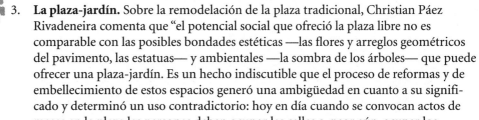

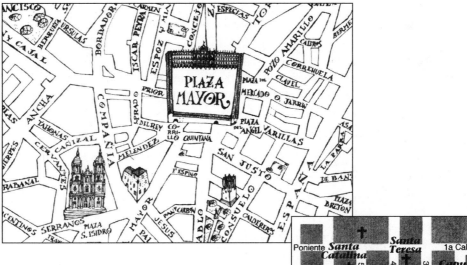

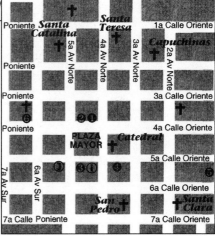

Repaso gramatical
(Cuaderno):
El condicional simple
El condicional perfecto
Usos del condicional
simple y perfecto

3-11 Práctica gramatical

Hagan los ejercicios siguientes prestando atención a los puntos gramaticales estudiados.

 1. **Plantón** *(Stood up)*. Están en la Plaza Mayor esperando a un amigo para ir a almorzar. Con un/a compañero/a, digan qué harían Uds. en estas circunstancias. Empleen **el condicional simple**.

   Ejemplo: Inesperadamente empieza a llover.
   Yo me metería bajo los soportales de la plaza. ¿Y tú?

   a. Alguien les pide dinero.

   b. Intentan llamar a su amigo por teléfono pero se dan cuenta de que no les quedan monedas.

   c. Pasan unas compañeras de clase y los invitan a almorzar con ellas.

   d. Unos turistas les piden que les hagan una foto.

   e. Tienen que ir al baño urgentemente.

   f. Han pasado dos horas y su amigo no ha llegado todavía.

2. **Conjeturas.** El otro día (cuando estaban esperando a su amigo en la plaza) pasó por allí un personaje insólito. Con un/a compañero/a, hagan suposiciones sobre lo que le habría pasado. Utilicen **el condicional perfecto** para indicar probabilidad en el pasado.

   Ejemplo: Parecía muy cansado.
   No habría dormido mucho.

   a. También parecía muy distraído.

   b. Olía muy mal.

   c. No estaba borracho pero actuaba como si lo estuviera.

   d. Llevaba el mismo traje que el día anterior.

   e. Tenía sangre en los zapatos.

   f. No recordaba cómo se llamaba.

   g. Estaba vestido todo de verde.

La catedral de Salamanca

3-12 Creación

Escribe una composición de acuerdo con las instrucciones que siguen.

El texto que has leído trata de las Plazas Mayores, pero ¿hay otros ejemplos de la arquitectura hispana que te interesen? Busca en la biblioteca o en Internet información sobre algún tipo de edificio (o construcción) específico, por ejemplo, las catedrales o castillos medievales, las iglesias barrocas mexicanas, los parques municipales (como el parque Güell de Gaudí), los parques de atracciones o temáticos. Comenta el tipo de monumento que has elegido haciendo referencia al momento histórico en que fue construido y a la función que cumplió.

Phrases:	*Describing places; Describing in the past; Expressing location*
Grammar:	*Verbs:* **ser** & **estar***; Verbs: past; Adjective position*
Vocabulary:	*Cultural periods and movements; Monuments*

EL BARRIO
Arlene Dávila

Los barrios son espacios urbanos con una identidad y un nombre propios, como podemos comprobar si nos fijamos en el plano de cualquier ciudad. Arlene Dávila ha estudiado el caso específico de East Harlem, conocido entre sus residentes hispanos como El Barrio. Su estudio recoge las diversas reacciones que los/las puertorriqueños/as tienen hacia este lugar y la inquietud de algunos ante la revalorización económica de este barrio neoyorquino.

Palabra por palabra

alquilar	*to rent*	**disponible**	*available*
asequible	*affordable*	**el/la dueño/a**	*owner*
barato/a	*cheap*	**la mayoría**	*majority, most*
el barrio	*neighborhood*	**nacer**	*to be born*
despreciar	*to look down on*	**la vivienda**	*housing, home, dwelling*

Mejor dicho

mover(se) (ue)	*to move around (oneself or objects)*	Margarita siempre **está moviendo** los muebles de su casa de un lado para otro.
mudar(se)	*to change houses, cities, countries*	Cuando nació el niño tuvimos que **mudarnos** a una casa más grande.
trasladar(se)	*to transfer for reasons of work*	La compañía lo **ha trasladado** a la sucursal de Bogotá por dos años.

quedar(le) a uno/a	*to have left*	**Me quedan** sólo dos días de clases.
quedarse	*to stay, remain somewhere*	¿Cuánto tiempo **se han quedado** en Quito?
quedarse + adj.	*to turn, become suddenly or gradually*	Pepe **se quedará** calvo muy pronto. Ali **se quedó** muda *(speechless)* de la sorpresa.

sentir (ie, i)	*to be sorry, regret*	**Hemos sentido** mucho lo de mi cuñado.
		Siento no haber pasado por tu casa antes.
sentir (+ sust.)	*to feel*	**Sentían** mucho cariño por todos ellos.
sentirse (+ adj., adv.)	*to feel*	**Se siente** muy enérgica últimamente.
		¿Cómo **te sientes** después de tu clase de yoga?

3-13 Práctica

Hagan las siguientes actividades prestando atención a las palabras del vocabulario.

1. En parejas, contesten estas preguntas.

 a. ¿Dónde vive la mayoría de los/las estudiantes: en apartamentos o en residencias estudiantiles? ¿Cuál de los dos tipos de vivienda es más asequible?

 b. ¿Son despreciables *(contemptible)* todas las cosan baratas? ¿Por qué (no) creen eso?

 c. ¿Cuántas veces se han mudado en la vida? ¿Por qué tipo de trabajo no les importaría trasladarse a menudo?

 d. ¿Dónde les gusta quedarse cuando viajan: en un *camping*, en un hotel de lujo, en un albergue juvenil? ¿Dónde no se quedarían jamás?

 e. ¿Cuánto tiempo se quedan tus amigos contigo cuando vienen a visitarte? ¿Y tus padres? ¿Es poco o demasiado tiempo?

2. En grupos de tres estudiantes, digan si les ha ocurrido lo siguiente alguna vez o no. Si les ha ocurrido, expliquen cómo se sintieron:

 a. pagar tarde el alquiler del apartamento

 b. no poder dormir a causa del ruido procedente de la calle o de otra vivienda

 c. encontrar un ratón en la cocina

 d. cerrar la puerta al salir y darse cuenta de que las llaves están dentro de la casa

 e. subir los cinco pisos hasta su casa y acordarse de que tiene que volver a salir inmediatamente

 f. quedarse sin electricidad durante una tormenta

Antes de leer

Haz lo que se te indica a continuación.

1. ¿Qué sabes de *East Harlem* o *Spanish Harlem*? ¿Cómo te enteraste de ello?

2. ¿Qué cosas te encantan o detestas de tu barrio? Escribe tres.

3. ¿Qué significa la expresión "por antonomasia"? Al leer piensa en si es aplicable a algún elemento de la lectura.

Los residentes están muy orgullosos de su museo.

EL BARRIO

Arlene Dávila

Quería vivir rodeada de la cultura puertorriqueña porque me recordaba a mis padres. Cuando me mudé para acá, el olor a frijoles o a carne encebollada o a plátanos me hacía sonreír; me conmovían las canciones; la calurosa acogida de las mujeres puertorriqueñas me era familiar; la actitud respetuosa de los hombres me resultaba memorable, al igual que la gente en la calle haciendo la señal de la cruz al pasar frente a una iglesia. (Gladys Rodríguez, *East Harlem Online*, "Where to Live.")

* * *

La inmigración puertorriqueña a los Estados Unidos ha sido constante, además de circular. Desde los años 60,

sin embargo, muchos puertorriqueños se han ido de Nueva York, debido a[1] los cambios económicos ocurridos en esta ciudad, por un lado, y, por otro, a la asociación de la prosperidad con el abandono de El Barrio por otros lugares como Puerto Rico, Connecticut, Nueva Jersey, cualquier barrio residencial[2] o incluso el Bronx. Muchos de los que abandonaron El Barrio lo hicieron con la intención de no volver jamás. Por ejemplo, Roberto, un líder sindical[3] nacido y criado en El Barrio que ahora es dueño de una casa en Westchester, cuando le preguntamos si compraría un apartamento en El Barrio si le dieran la oportunidad, contestó que no:

La mayoría de nosotros, me refiero a mis amigos de El Barrio y a mí, que recibimos una educación y ahora tenemos buenos trabajos, no compartimos el sentimentalismo que despierta el lugar. Se siente así sólo la gente que nunca vivió allí. Incluso si pudiera comprar algo allí, no volvería. El Barrio será siempre El Barrio, no El Barrio puertorriqueño, sino el de los

---

[1] **debido a** *due to* [2] **barrio residencial** *suburb* [3] **líder sindical** *labor union leader*

otros inmigrantes y de los pobres. Lo que echo de menos es a la familia, porque vivíamos muy unidos, pero no echo de menos la violencia, la brutalidad, la oficina de asistencia social,[4] el estigma y la pobreza.

Anna Morales, que se crió en El Barrio y cuya familia decidió quedarse, recuerda cuánto los presionaron para que se fueran y el precio que pagaron por no hacerlo:

Recuerdo que la gente llamaba a la puerta para decirnos adiós. Los que habían ahorrado un poco se iban. Allí (en Puerto Rico) había fábricas y mamá podía quedarse en casa y cuidar de los niños; las casas eran muy baratas y no tenías que tenerles miedo ni a las pandillas[5] ni a las drogas. Cuando un chico llegaba a la pubertad, hacían las maletas y se iban. No había moho[6] allí, sólo pollos, vacas y animales. Algunos han vuelto a visitarnos y, cuando les muestro los edificios donde solían vivir, no se lo creen. Jamás pensaron que esto adquiriría ningún valor. Estuvieron muchos años sin visitarnos. Nos quedamos aislados. Nos despreciaban. Prosperar significaba volver a Puerto Rico. Le rogaban a mi madre que nos sacara de allí a mi hermana y a mí. Eran incapaces de comprender que ésta era nuestra comunidad.

La huida de El Barrio no fue causada sólo por el tipo de viviendas disponibles sino también por otros factores, como la pobreza o el estigma de vivir en una zona urbana deprimida. De hecho, estas asociaciones fueron reforzadas por el discurso nacionalista puertorriqueño, que veía la vida en Nueva York y al "nuyorican" —un puertorriqueño nacido y criado en El Barrio (East Harlem)— como evidencia de una cultura contaminada, en teoría siempre opuesta a la supuestamente auténtica cultura de la isla. En otras palabras, El Barrio era un lugar que debías abandonar, pues de otra manera tus hijos acabarían contaminados o corrompidos.

Estos puntos de vista están documentados en los estudios recientes sobre la inmigración puertorriqueña. Gina Pérez (2000) ha mostrado que la decisión de emigrar se presenta como una decisión económica y que el regreso (a Puerto Rico) se asocia con "comunidad", "lugar", "hogar" y "nación". Sin embargo, intereses culturales y de clase también han jugado un papel importante en la manera como los puertorriqueños experimentan e interpretan El Barrio. En contraste con la clase trabajadora y pobre, a los intelectuales puertorriqueños que se han mudado a Nueva York siempre les ha atraído El Barrio. Estos consideran que echar raíces[7] en El Barrio muestra su compromiso con la preservación y el crecimiento de esta área urbana. Creen poder contribuir política, cultural o intelectualmente a su desarrollo. Los profesionales recién llegados, por ejemplo, se convierten en el centro de atención, a juzgar por los periódicos locales y los comentarios de los residentes.

Pero no sólo los recién llegados adoran El Barrio. Félix Leo Campos, un director de cine "nuyorican" cuya familia se mudó a West Side cuando él era joven, comenta:

Para muchos East Harlem era el gueto y la idea era salir de allí. Pero aunque mucha gente se mudó al sur del Bronx y a otras partes de la ciudad, su vida cultural estaba en El Barrio. En el Bronx tienen un desfile y fiestas, pero no son como las de El Barrio, porque El Barrio es la cuna[8] de los puertorriqueños... He vivido en Harlem y en el Bronx, pero nunca me he sentido tan a gusto[9] como en El Barrio.

Así pues, reducir la huida de East Harlem, por parte de los puertorriqueños, exclusivamente a los problemas relacionados con la vivienda es erróneo. Es cierto que la vivienda ha tenido un papel central, pero hay otras variables que han determinado la decisión de los puertorriqueños de quedarse, irse o volver a El Barrio.

Recientemente, la escasez de viviendas a precios asequibles debido al fenómeno llamado en inglés *gentrification* está afectando a los sueños de muchos puertorriqueños, sueños que se cifraban en[10] ser dueños de un apartamento en El Barrio. Mark Alexander, director ejecutivo de Hope,[11] es consciente de que las viviendas adquiridas y rehabilitadas por su institución en East Harlem están fuera del alcance[12] de los que ahora residen allí. Él no ve ningún problema en ello,[13] pues mantiene que Hope no es un servicio social para la comunidad sino un negocio inmobiliario.[14] Pero admite que los programas actuales que fomentan la

---

[4] **asistencia social** *welfare* [5] **pandillas** *gangs* [6] **moho** *mildew* [7] **echar raíces** = establecerse [8] **cuna** *cradle* [9] **a gusto** *at ease*
[10] **se cifraban en** *were pinned on* [11] **Hope** *a not-for-profit developer in East Harlem* [12] **fuera del alcance** *out of reach* [13] **ello** *it*
[14] **negocio inmobiliario** *real estate business*

compra de viviendas terminarán por atraer a los "caucásicos" y desplazar a sus residentes actuales. Alexander añadió:

> Reconozco la importancia que tiene El Barrio para los puertorriqueños, pero no es un lugar que les pertenezca únicamente a ellos. Los mismos puertorriqueños de clase media, cuando han prosperado, se han ido de aquí.

Al igual que otros líderes puertorriqueños y representantes gubernamentales y de organizaciones sin ánimo de lucro[15], Alexander subraya la necesidad de una clase media y programas que promuevan la compra de bienes raíces[16] en East Harlem. Pero al contrario de los líderes puertorriqueños, cuando Alexander habla de la "gente" que podría comprar o alquilar un apartamento no se refiere a los puertorriqueños sino a inquilinos[17] de cierto nivel social. "Nunca se dice que se prefiere a los blancos, sino simplemente que van a subir el alquiler", reflexiona un agente inmobiliario de East Harlem. Y Erica González cuenta que encontró su apartamento gracias a que unos amigos que se volvían a la isla se lo traspasaron directamente y sin anuncios. Estaban buscando a alguien joven y profesional.

Es evidente que el objetivo de conseguir una comunidad dinámica y multicultural choca con los sueños de muchos puertorriqueños, que ven El Barrio como un espacio predominantemente "latino", y aspiran a preservar su historia y su identidad cultural.

---

[15] **sin ánimo de lucro** *nonprofit* [16] **bienes raíces** *real estate* [17] **inquilinos** *tenants*

Después de leer

3-14 ¿Entendido?

Contesta las preguntas siguientes según el contenido de la lectura.

1. ¿Por qué muchos puertorriqueños que vivían en Nueva York se han vuelto a Puerto Rico?

2. ¿Por qué no quiere Roberto volver a vivir en El Barrio?

3. ¿Qué decisión tomó la familia de Anna Morales y qué consecuencias tuvo?

4. ¿Quiénes despreciaban a los puertorriqueños que vivían en Nueva York? ¿Por qué los despreciaban?

5. ¿Por qué quieren los intelectuales y artistas mudarse y echar raíces en El Barrio?

6. ¿Para quiénes son los alquileres cada vez menos asequibles?

7. Según Mark Alexander, ¿quiénes deben vivir en El Barrio?

8. ¿Qué va a ocurrir en East Harlem?

3-15 En mi opinión

En grupos de tres estudiantes, utilicen las preguntas siguientes como punto de partida para entablar una conversación.

1. ¿Qué otro título pondrían a la lectura? Piensen en dos posibilidades.

2. ¿Cómo era el barrio en que nacieron o crecieron Uds.? ¿En qué tipo de barrio les gustaría vivir en el futuro?

3. ¿Qué saben de algunos barrios famosos de Estados Unidos como *Little Havana*, *Haight-Asbury*, el *French Quarter* de Nueva Orleáns o el *Upper East Side* de Manhattan, etc.? ¿Qué barrios aparecen más a menudo en las películas? ¿Y en las noticias?

4. ¿Qué rasgos y valores definen a una comunidad? Mencionen tres.

5. La composición de los barrios afecta a las escuelas. ¿Cómo se aprende mejor: en un grupo homogéneo o heterogéneo?

6. ¿Ofrece su universidad servicios a la comunidad (hispana)? ¿Participan o han participado en alguno de ellos? ¿Por qué sí o no?

Estrategias comunicativas para mostrar desacuerdo

No comparto tu opinión.	**No estoy de acuerdo contigo.**
I don't share your view.	*I disagree with you.*
Resulta más que discutible que...	**Yo lo veo de manera distinta.**
It's highly debatable that . . .	*I see it differently.*
Estoy en contra de...	**Siento llevarte la contraria, pero...**
I am against . . .	*I'm sorry to contradict you, but . . .*

3-16 En (inter)acción

Realicen las siguientes actividades según se indica.

1. **Debate.** En grupos de tres estudiantes, discutan cada una de las afirmaciones siguientes y luego díganle a la clase si han llegado a un acuerdo o no y por qué sí o no. Utilicen algunas expresiones de **Estrategias comunicativas.**

    a. "Espacio" es un sitio sin significado y "lugar" es un sitio significativo para una persona o un grupo.

    b. Para no perder su cultura, los inmigrantes deben vivir en el mismo barrio y no desperdigados *(scattered)* por la ciudad.

    c. El atractivo turístico de muchos barrios étnicos reside en su oferta gastronómica.

    d. Realmente hay que hablar de dos culturas puertorriqueñas: la isleña y la continental.

2.   **Aire de familia.** Miren las fotos de distintos barrios que aparecen a continuación. ¿Saben si son de lugares de América Latina o de Estados Unidos? ¿Cómo? Díganselo a la clase.

3.   **Espacios que marcan.*** Numerosas autoras hispanas han narrado sus vivencias infantiles y juveniles en diferentes barrios y ciudades de Estados Unidos. Por ejemplo, la puertorriqueña Nicholasa Mohr ha recogido sus experiencias en Nueva York en *Nilda* (1973) y *El Bronx Remembered* (1975); Sandra Cisneros ha captado el ambiente de un barrio latino de Chicago en *La casa en Mango Street* (1984); y en su autobiografía *Calle Hoyt: Recuerdos de una juventud chicana* (1993) Mary Helen Ponce describe minuciosamente Pacoima, un pueblo de California cuyos habitantes eran en su mayoría emigrantes mexicanos. Imaginen que estas tres escritoras (u otros/as que conozcan) han venido a clase hoy a hablar de sus experiencias y obras. Tres estudiantes hacen los papeles de los/las escritores/as y el resto de la clase, el del público. Los/Las escritores/as leerán/recitarán algunos de sus textos literarios si el público se lo pide.

---

*El/La profesor/a puede asignar esta actividad con tiempo para que los/las estudiantes puedan encontrar información sobre estas escritoras en Internet o en la biblioteca.

3-17 Práctica gramatical

Repaso gramatical
(Cuaderno):
El presente perfecto
El pluscuamperfecto
Los números

Hagan los ejercicios siguientes prestando atención a los puntos gramaticales estudiados.

 1. **¿Cuántas veces has ... ?** En parejas, preparen cinco preguntas empezando con esta expresión. Después hagan esas preguntas a otro/a compañero/a de la clase, que debe responder con números aproximados. Fíjense en el uso del **presente perfecto de indicativo**.

    Ejemplo: —¿Cuántas veces te has quedado sin ropa limpia?
    —Miles de veces me ha pasado eso.

2. **Un/a chico/a con poca suerte.** Den algunos ejemplos de la mala suerte de un/a amigo/a o de la suya propia. Sigan el modelo siguiente. Usen el **pluscuamperfecto de indicativo**.

    Ejemplo: Cuando quiso mudarse a su antiguo apartamento, ya lo habían alquilado. Cuando fue a solicitar el puesto de policía de tránsito, ya habían contratado a otra persona.

3-18 Creación

Escribe una composición de acuerdo con las instrucciones que siguen.

Busca en Internet información sobre alguna comunidad latina de los Estados Unidos. Basándote en los datos obtenidos describe ese lugar y a la gente. Utiliza por lo menos una vez los tiempos verbales repasados en este capítulo. Aquí tienes el ejemplo de East Point, Georgia:

Los emigrantes mexicanos que han venido desde el pueblo Ejido Modelo (en el estado de Jalisco), se sienten en East Point como en su casa. Los antiguos residentes de Ejido han reconstruido su pueblo al mudarse masivamente a este barrio sureño de 40.000 habitantes. *(Kevin Sack, "Far from Mexico, Making a Place Like Home" New York Times, 30 de julio 2001.)*

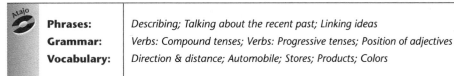

Phrases:	*Describing; Talking about the recent past; Linking ideas*	
Grammar:	*Verbs: Compound tenses; Verbs: Progressive tenses; Position of adjectives*	
Vocabulary:	*Direction & distance; Automobile; Stores; Products; Colors*	

Infórmate con CNN®

Cities and city life: 2.1, 6.1; *Neighborhoods:* 2.2

Encuentros y desencuentros

INTRODUCCIÓN

Uno de los retos primordiales de la existencia es la relación con los otros, especialmente con los que percibimos distintos de nosotros/as, bien sea porque son de otra cultura, raza, sexo, orientación sexual, edad o ideología, o porque tienen más o menos autoridad. El propósito de esta unidad es examinar diferentes tipos de contacto entre individuos y/o grupos para darnos cuenta de por qué surgen malentendidos, tensiones e incluso abusos.

Todas las lecturas del cuarto capítulo, titulado **Ellos y nosotros**, ilustran la miopía *(short-sightedness)* con la que a menudo juzgamos a personas de una procedencia cultural o étnica distinta de la nuestra. La primera, titulada "Los estereotipos", presenta y cuestiona las características asociadas generalmente con el pueblo norteamericano y con los hispanos. El segundo texto, "El eclipse", se remonta a los tiempos de la conquista de América para mostrar la actitud prejuiciada de los españoles (y de todo Occidente) al entrar en contacto con el mundo indígena. La lectura siguiente, "Gitanos", presenta la reacción de una periodista española a un caso de discriminación étnica.

En el quinto capítulo, **Ellas y ellos**, nos enfocamos en los desencuentros entre los sexos, con frecuencia resultado de la preponderancia de imágenes y creencias estereotipadas. La primera lectura, "El texto libre de prejuicios sexuales", revela la presencia del sexismo en el idioma español y sugiere alternativas para combatirlo. "Palabreo" nos muestra el fracaso de una incipiente *(budding)* relación amorosa debido a ciertas suposiciones erróneas sobre el feminismo. La última lectura, "Eva", revela la imagen que tienen unos niños de esta figura bíblica, así como el papel de la familia en la transmisión de estereotipos sexuales.

Es en el capítulo sexto, **En familia**, donde se examinan las relaciones humanas más íntimas. "La cocina de Zumbagua" nos presenta un modelo distinto para esta unidad social básica. "La brecha" evidencia las presiones sociales y religiosas que siente una pareja chilena en los años 60 con respecto a la decisión de tener hijos. Finalmente, "Los derechos humanos" y "La cultura del terror" denuncian el tratamiento de los miembros más débiles de la familia.

Que yo sepa

La clase se divide en dos grupos para debatir los temas siguientes. Luego ambos deben presentar sus ideas al resto de la clase.

1. Frases célebres. ¿Qué quieren decir exactamente las siguientes citas *(quotes)*? ¿Están Uds. de acuerdo con ellas? ¿Por qué sí o no? Añadan otras dos frases célebres que conozcan y coméntenlas también.

   a. Anaïs Nin: "No vemos las cosas como son, sino como somos."

   b. Jean Paul Sartre: "El infierno son los otros."

   c. Blaise Pascal: "Si supiéramos lo que otros dicen de nosotros, no quedarían ni cuatro amigos en el mundo."

2. Contesten las preguntas siguientes.

   a. Allá por los años 60 se decía que los jóvenes no debían confiar en nadie mayor de 30 años. ¿Hay algún grupo u organización que les cause temor o desconfianza?

   b. Son numerosas las películas que nos muestran encuentros y desencuentros entre los seres humanos y seres de otros planetas. ¿Qué nos dicen estas películas sobre la actitud y reacción de la raza humana hacia lo desconocido?

   c. El contacto con otros distintos de nosotros ¿nos enriquece la identidad? ¿O no? Comenten y den ejemplos personales.

   d. Hoy día se dice que los hombres proceden de Marte y las mujeres, de Venus. ¿Qué consecuencias tiene el creer que es cierto?

3. Debate. La familia es la unidad básica de la sociedad. ¿Cómo es y cómo debería ser la familia contemporánea? ¿Han cambiado sus funciones, su composición y su propósito en las últimas décadas? ¿Hay dos familias iguales? ¿Cuál es la visión estereotípica de la familia hispana? ¿Y de la norteamericana?

4   *Ellos y nosotros*

http://aquesi.heinle.com

LOS ESTEREOTIPOS

La lectura siguiente examina la frecuente presencia de los estereotipos culturales y nacionales en la vida diaria y advierte de los efectos perniciosos que las generalizaciones sobre los otros pueden tener en las relaciones interpersonales e internacionales.

Palabra por palabra

a menudo	*often*	**el malentendido**	*misunderstanding*
al contrario	*on the contrary*	**odioso/a**	*hateful, unpleasant*
estar bien/	*to be socially acceptable/*	**la pereza**	*laziness*
mal visto/a	*unacceptable*	**el prejuicio**	*prejudice, bias*
las expectativas	*expectations*	**relacionarse con**	*to have contact with,*
imprescindible	*absolutely necessary,*		*be related to*
	indispensable		

Mejor dicho

el tópico	*cliché*	El autor de esa novela no va más allá de los **tópicos**.
el tema	*topic*	Tengo que buscar un **tema** de investigación.
el sujeto	*subject (person)*	Mi jardinero era un **sujeto** muy sospechoso.
la materia o la asignatura	*subject (course of study)*	La química siempre ha sido una **asignatura/materia** impenetrable para mí.
el respeto	*consideration for another person*	Hoy día se está perdiendo el **respeto** a la familia y a los mayores.
respecto de, con respecto a	*with regard to, regarding*	No han dicho nada **respecto de / con respecto a** nuestras demandas.

4-1 Práctica

Hagan las siguientes actividades prestando atención a las palabras del vocabulario.

1. En grupos de tres estudiantes, mencionen:

    a. tres cosas que les parecen odiosas.

    b. tres cosas que están bien vistas y tres que están mal vistas por los jóvenes, por los padres o por la sociedad en general.

    c. dos lugares donde se ven o escuchan tópicos a menudo y las personas que los usan.

    d. un tema que los apasiona y les gustaría discutir.

    e. una materia/asignatura que les interesa mucho en la universidad.

    f. tres prejuicios comunes entre sus amigos/as.

2. Con la clase dividida en dos grupos, se reparten todas las fichas de un juego de *Scrabble* entre los/las estudiantes, quienes tratan de formar palabras con el vocabulario de esta lección y de las anteriores en un tiempo limitado. Se pueden formar otras palabras pero recibirán solamente la mitad de los puntos.

¡ALTO! Antes de leer

Haz lo que se te indica a continuación.

1. Durante la primera lectura del texto a continuación subraya las palabras que no entiendas y después, al releerlo, trata de descifrar su significado según el contexto.

2. ¿Qué entiendes por "estereotipo"? ¿Qué te parece esta definición: "Conjunto coherente y bastante rígido de creencias negativas que un cierto grupo comparte respecto a otro grupo o categoría social" (Bruno M. Mazzara. *Estereotipos y prejuicios*. Madrid: Acento, 1999, pág. 16)?

3. Busca en la lectura las palabras "estereotipos" y "estereotipados". ¿Puedes explicar cuándo se usa una u otra palabra?

4. ¿Hay estereotipos en tu universidad? ¿Cuáles?

LOS ESTEREOTIPOS

A pesar del considerable aumento en las posibilidades de viajar que personas de todas las clases sociales tienen hoy en día o, acaso, por la brevedad de las visitas a países extranjeros, aún predomina la tendencia a pensar en otros en términos estereotipados. Según la definición que nos ofrece el diccionario, "los estereotipos son imágenes o ideas simplistas comúnmente aceptadas por un grupo o sociedad con carácter inmutable". Aunque estas ideas e imágenes casi siempre contienen un grado de verdad, a menudo impiden la apreciación en profundidad de algo o alguien que nos es extraño, ya que tienden a reducir la compleja realidad humana a un esquema simplista, superficial e invariable.

Todos tenemos una serie de ideas preconcebidas con respecto a culturas, razas o religiones que no son las nuestras y desgraciadamente muchas veces no nos damos ni cuenta. Gran parte de los malentendidos entre las personas y entre las naciones es el resultado de estas nociones estereotipadas. Examinemos con atención, por ejemplo, lo que hace ya algunos años afirmaba Fernando Díaz-Plaja, un conocido ensayista español, en su libro *Los siete pecados capitales en los Estados Unidos* (Madrid: Alianza Editorial, 1970):

> "Perder el tiempo" es la frase más odiosa para un norteamericano que se respete.[1] [...] El pecado capital de la Pereza no existe en los Estados Unidos. El trabajo es el dios unificador.[2] [...] No estar ocioso es la gran virtud del norteamericano y, como todas las grandes virtudes, se paga con la desaparición de un placer.[3] En este caso el del goce de la vida pasiva, desde la puesta de sol paladeada[4] sensualmente hasta esa flor de la civilización y la pereza que se llama conversar. [...] El chicle representa, a menudo, la solución al problema de la inactividad. Da la sensación de comer cuando no se come, de beber cuando no se bebe y, lo más importante, la sensación de hacer algo continuamente. (261–292)

Decir que en los Estados Unidos está mal vista la inactividad (el no hacer nada, la pereza, el conversar por conversar, etc.) constituye una observación aguda[5] por parte de Díaz-Plaja, así como una interpretación ingeniosa de un fenómeno cultural, que además corresponde con la imagen universalmente aceptada del ciudadano norteamericano. Pero ¿hasta qué punto es cierta? ¿O es tal vez más exacta la imagen que sobre ellos nos transmiten la televisión y el cine, según la cual todos los norteamericanos son trabajadores y materialistas, viven en mansiones suntuosas con alarmas y profusión de candados,[6] y son muy dados[7] a la violencia? ¿Y qué decir de la visión de los hispanos como seres perezosos, hedonistas,[8] muy pocos blancos, que siempre están de fiesta o haciendo revoluciones?

Aceptar los estereotipos anteriores implica, entre otras cosas, olvidarnos de la gran diversidad que caracteriza tanto a los Estados Unidos como al mundo hispano así como de los individuos que se desvían[9] de la norma.

Resulta imprescindible reconocer las formas de pensar estereotipadas, pues en la llamada villa global que es el mundo hoy vamos a entrar en contacto, más temprano o más tarde, con gente diferente a nosotros. Y si, al acercarnos a esa gente, buscamos confirmación a los estereotipos en lugar de relacionarnos abiertamente y sin expectativas previas, perderemos gran parte de la riqueza de otras formas de vida, de su valor como respuestas a la experiencia humana.

---

[1] **se respete** *with good self-esteem* [2] **dios unificador** *unifying god (principle)* [3] **placer** *pleasure* [4] **puesta... paladeada** *a sunset savored* [5] **aguda** *sharp* [6] **candados** *locks* [7] **muy dados** *prone to* [8] **hedonistas** *pleasure seekers* [9] **se desvían** *stray from*

Después de leer

4-2 ¿Entendido?

Decide si las oraciones siguientes son verdaderas o falsas según la lectura. Si son falsas, cámbialas para que sean verdaderas.

1. Viajar al extranjero no garantiza la destrucción de los estereotipos nacionales.

2. Los norteamericanos no saben gozar de los placeres de la inactividad.

3. El chicle ayuda a hacer la digestión.

4. La televisión contribuye a formar y a solidificar los estereotipos.

5. A menudo no nos damos cuenta de que pensamos en términos muy estereotipados.

6. Los estereotipos dificultan las relaciones entre extraños.

4-3 En mi opinión

En grupos de tres estudiantes, utilicen las preguntas siguientes como punto de partida para entablar una conversación.

1. ¿Cuál es la imagen que otras personas tienen de su país o de su generación? ¿Están de acuerdo con ella? ¿Los sorprende, los halaga (*flatter*) o les molesta? ¿Qué podemos hacer para defendernos de estas nociones?

2. ¿Son siempre ofensivos los estereotipos? Mencionen dos estereotipos que no les molestan personalmente y expliquen por qué los consideran inocentes. ¿Hay algunos prejuicios que no estén mal vistos por la sociedad en general actualmente?

3. ¿Cuáles son otros grupos que sufren a causa de los estereotipos? Mencionen al menos tres.

4. Piensen en algún anuncio o programa de TV que explote algún estereotipo. Comenten su impacto y efectividad.

5. ¿Es posible evitar los estereotipos y los prejuicios? ¿Por qué resultan especialmente peligrosos en una sociedad multicultural?

6. **La siesta.** Observen el cómic detenidamente y decidan en qué consiste el humor.

Maastrich es un tratado por el cual los países de la Unión Europea se comprometen a mantener cierta uniformidad laboral, política, económica.

Estrategias comunicativas para pedir consenso

¿Sí o no?	*Yes or no?*
¿A que tengo razón?	*Am I right?*
¿A que es como yo digo?	*Isn't it just as I said?*
¡A que sí! ¡A que no!	*I bet so. I bet not.*
¿No es así?	*Isn't it so?*

4-4 En (inter)acción

Hagan las siguientes actividades según se indica.

 1. **Debate.** Toda la clase discute la(s) diferencia(s) que hay entre un estereotipo y un prejuicio. Discutan hasta llegar a un consenso. Empleen algunas expresiones de las **Estrategias comunicativas.**

2. Completen el cuadro siguiente y después comenten, en grupos, las diferencias entre el estereotipo del norteamericano y del hispano.

	norteamericanos	hispanos
familia		
trabajo		
comida/bebida		
limpieza		
dinero		
gestos		
puntualidad		
ropa		
religión		

 3. En grupos de tres o cuatro estudiantes, comenten las frases que aparecen abajo. ¿Son ciertas o falsas? ¿Qué efecto tienen en el modo en que percibimos el mundo?

a. Las rubias se divierten más.

b. Es imposible ser demasiado rico/a o demasiado flaco/a.

c. Es más fácil desintegrar un átomo que un prejuicio. (Albert Einstein)

d. Los atletas no suelen ser inteligentes.

4. **Como tú.** Lean el siguiente poema del salvadoreño Roque Dalton (1935–1975). ¿Qué quiere decir Dalton aquí? ¿Es efectivo este poema para luchar contra los estereotipos? ¿En qué sentido?

COMO TÚ
Roque Dalton

Yo, como tú,
amo el amor, la vida, el dulce encanto
de las cosas, el paisaje
celeste de los días de enero.
También mi sangre bulle°   *boils*
y río por los ojos
que han conocido el brote° de las lágrimas.   *welling up*
Creo que el mundo es bello,
que la poesía es como el pan, de todos,
y que mis venas no terminan en mí
sino en la sangre unánime
de los que luchan por la vida,
el amor,
las cosas,
el paisaje y el pan.
La poesía es de todos.

4-5 Práctica gramatical

Repaso gramatical *(Cuaderno)*: Las expresiones temporales con **hace** Los artículos definidos e indefinidos La nominalización de los adjetivos

Hagan los ejercicios siguientes prestando atención a los puntos gramaticales estudiados.

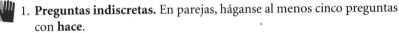 1. **Preguntas indiscretas.** En parejas, háganse al menos cinco preguntas con **hace**.

   Ejemplo: —¿Cuánto tiempo **hace** que no te cortas las uñas de los pies?
   —¡Huyyyyy, **hace** meses que no me las corto!

2. **¿Con o sin?** En grupos de tres estudiantes, hagan oraciones con las palabras a continuación prestando atención al uso (o no) de **los artículos definidos e indefinidos**.

   a. gente

   b. inteligencia

   c. imagen

   d. expectativas

   e. razón

3. **Nominalizaciones.** Con toda la clase de pie se hace un concurso. Los/Las estudiantes que repitan sustantivos o adjetivos, o los/las que no sigan el orden siguiente, pierden y deben sentarse. Hay que decir:

Estudiante 1: un sustantivo (el sombrero)

Estudiante 2: un sustantivo + un adjetivo (el sombrero negro)

Estudiante 3: un sustantivo + un adjetivo + el artículo definido y adjetivo
(el sombrero negro y el rojo)

4-6 Creación

Escribe una composición de acuerdo con las instrucciones que siguen.

La directora de una prestigiosa editorial *(publishing house)* te ha pedido que escribas un libro de texto para presentar la cultura norteamericana a los/las estudiantes de un país hispano (tú decides cuál). La única condición es que evites los estereotipos culturales/nacionales. Escríbele una carta a la directora aceptando el trabajo o rechazándolo. Si lo aceptas, explica cómo organizarías el contenido del libro y por qué. Si lo rechazas, expón tus razones (tres, por lo menos).

Atajo		
Phrases:	*Describing (people, the past, objects); Expressing (irritation, conditions)*	
Grammar:	*Verbs:* **conocer** *&* **saber**	
Vocabulary:	*Media (TV & radio); Clothing; Gestures*	

EL ECLIPSE
Augusto Monterroso

Augusto Monterroso (Guatemala, 1921–2003) es conocido por sus cuentos satíricos. Ha publicado, entre otros libros, *La palabra mágica* (1983), *Las ilusiones perdidas* (1985) y *Los buscadores de oro* (1993). En "El eclipse" (1952), Monterroso pone de manifiesto el choque entre las culturas indígenas y la española durante la conquista, y el grave error que supone juzgar a otros basándonos en nociones preconcebidas.

Palabra por palabra

aislado/a	*isolated*	**la prisa**	*haste, hurry*
confiar en	*to trust*	**sentar(se)**	*to sit*
el conocimiento	*knowledge*	**todavía (no)**	*still (not yet)*
digno/a	*worthy*	**valioso/a**	*valuable*
engañar	*to deceive, fool*		

Mejor dicho

el tiempo	*weather*	Hizo muy buen **tiempo** ayer.
	measurable time	¿Cuánto **tiempo** tengo para hacer este examen?
la hora	*clock time (hour)*	¿Qué **hora** es?
	moment for	Por fin llegó la **hora** de comer.
la vez	*time as instance, repeatable*	Nos hemos visto sólo dos **veces** este mes.

¡Ojo! Hay muchas expresiones con **tiempo** y **vez**.

con tiempo	*with time to spare*	**a tiempo**	*on time*
de vez en cuando	*from time to time*	**a veces**	*sometimes*
a la vez	*at the same time*	**había una vez**	*once upon a time*

el cuento	*short story, tale*	Nos hizo todo el **cuento** de su accidente.
la cuenta	*the bill = $$$*	Ese tipo siempre desaparece a la hora de pagar la **cuenta.**
la historia	*story*	Lola cuenta unas **historias** divertidísimas.
	history	Estaba muy interesado en la **historia** de la medicina.

¡Ojo! *To tell (a story, tale, anecdote)* se dice en español **contar**. Este verbo también significa *to count.*

4-7 Práctica

Hagan las siguientes actividades prestando atención a las palabras del vocabulario.

 1. En parejas, miren las siguientes ilustraciones y describan lo que ven usando palabras del vocabulario.

 2. **Competición.** En grupos de tres estudiantes, formen una oración que contenga el mayor número de palabras del vocabulario. Tienen sólo tres minutos.

Ejemplo: Si me engaña otra vez, no volveré a confiar en él.

¡ALTO! Antes de leer

Haz lo que se te indica a continuación.

1. ¿Qué sabes de las civilizaciones indígenas precolombinas *(before Columbus)*?

2. Los términos "fray" y "fraile" significan lo mismo: *friar*. ¿Cuándo se usa un término u otro? Fíjate en el texto y dedúcelo.

3. Al leer, subraya todos los pronombres que encuentres. Luego nota su lugar en la frase. ¿Van delante o detrás del verbo?

EL ECLIPSE

Augusto Monterroso

Cuando fray Bartolomé Arrazola se sintió perdido aceptó que ya nada podría salvarlo. La selva poderosa de Guatemala lo había apresado, implacable y definitiva. Ante su ignorancia topográfica se sentó con tranquilidad a esperar la muerte. Quiso morir allí, sin ninguna esperanza, aislado, con el pensamiento fijo en la España distante, particularmente en el convento de Los Abrojos, donde Carlos Quinto[1] condescendiera una vez a bajar de su eminencia[2] para decirle que confiaba en el celo religioso de su labor redentora.[3]

Al despertar se encontró rodeado por un grupo de indígenas de rostro[4] impasible que se disponían[5] a sacrificarlo ante un altar, un altar que a Bartolomé le pareció como el lecho[6] en que descansaría, al fin, de sus temores, de su destino, de sí mismo.

Tres años en el país le habían conferido[7] un mediano[8] dominio de las lenguas nativas. El fraile intentó algo. Dijo algunas palabras que fueron comprendidas.

Entonces floreció en él una idea que tuvo por digna de su talento y de su cultura universal y de su arduo conocimiento de Aristóteles. Recordó que para ese día se esperaba un eclipse total de sol. Y dispuso,[9] en lo más íntimo, valerse[10] de aquel conocimiento para engañar a sus opresores y salvar la vida.

—Si me matáis —les dijo— puedo hacer que el sol se oscurezca en su altura.[11]

Los indígenas lo miraron fijamente y Bartolomé sorprendió la incredulidad en sus ojos. Vio que se produjo un pequeño consejo,[12] y esperó confiado, no sin cierto desdén.

Dos horas después el corazón de fray Bartolomé Arrazola chorreaba[13] su sangre vehemente sobre la piedra de los sacrificios (brillante bajo la opaca luz de un sol eclipsado), mientras uno de los indígenas recitaba sin ninguna inflexión de voz, sin prisa, una por una, las infinitas fechas en que se producirían eclipses solares y lunares, que los astrónomos de la comunidad maya habían previsto y anotado en sus códices sin la valiosa ayuda de Aristóteles.

---

[1] **Carlos V** = rey de España en el siglo XVI [2] **condescendiera... eminencia** *magnanimously stepped down from his pedestal*
[3] **celo... redentora** *religious zeal of his attempt to convert (the natives)* [4] **rostro** = cara [5] **se disponían** *were getting ready*
[6] **lecho** = cama [7] **conferido** = dado [8] **mediano** = de nivel intermedio [9] **dispuso** = decidió [10] **valerse** = hacer uso
[11] **se... altura** *the sun grow dark in the sky* [12] **consejo** *council gathering* [13] **chorreaba** *was dripping*

Después de leer

4-8 ¿Entendido?

Indica si las siguientes afirmaciones son verdaderas o falsas. Si son falsas, cámbialas para que sean verdaderas.

1. Hacía tres años que fray Bartolomé estaba en el Nuevo Mundo.

2. Los indígenas persiguieron y capturaron al fraile.

3. Fray Bartolomé se sentía intelectualmente superior a los indígenas.

4. Fray Bartolomé usó la forma de vosotros ("Si me matáis") para que los indígenas lo entendieran.

5. Los indígenas sabían las fechas de los eclipses porque conocían la obra de Aristóteles.

6. El fraile aceptó su destino y no intentó salvarse.

7. Los sacrificios se hacían para conmemorar el fenómeno natural del eclipse.

8. El fraile sabía hablar la lengua de los indígenas.

9. Los indígenas no mataron al fraile porque tuvieron miedo de él.

4-9 En mi opinión

En grupos de tres estudiantes, utilicen las preguntas siguientes como punto de partida para entablar una conversación.

1. Al entrar en contacto con algo nuevo la gente tiene distintas reacciones. ¿Cuál creen Uds. que debe ser nuestra actitud? Anoten varias (al menos tres) reacciones posibles.

2. ¿Cómo habría sido diferente el cuento si el protagonista, en lugar de ser un fraile, hubiera sido un abogado, un comerciante, una estrella de Hollywood?

3. ¿Qué podemos aprender de otras culturas tecnológicamente menos avanzadas? ¿Hasta qué punto depende nuestro bienestar y satisfacción de los adelantos técnicos? ¿Sin qué aparatos (gadgets) no podrían vivir?

4. ¿Han sido Uds. víctimas o culpables de una noción estereotipada? Expliquen y comenten el episodio.

5. ¿Por qué en EEUU los jóvenes suelen ir a la universidad lejos de su casa? ¿Cuáles son algunas ventajas/desventajas de esto? ¿Han entrado Uds. en contacto, en esta universidad, con personas muy diferentes a las que solían tratar? Comenten.

Estrategias comunicativas para quejarse o expresar impaciencia

Siento tener que decirle que...	*I'm sorry to have to tell you that . . .*
¡Esto es el colmo!	*This is the last straw!*
Estoy perdiendo la paciencia.	*I'm losing my patience.*
La verdad es que...	*The truth is that . . .*
¡No puedo aguantar más!	*I can't take it anymore!*

4-10 En (inter)acción

En grupos de tres estudiantes, hagan las siguientes actividades.

1. **¿Cuánto tiempo estarán de visita?** Improvisen un diálogo (entre diez y doce oraciones) del primer encuentro entre los indígenas del Nuevo Mundo y Cristóbal Colón y sus compañeros de viaje. Usen algunas expresiones de las **Estrategias comunicativas** anteriores (por ejemplo, para mostrar la indignación de los indígenas ante la posibilidad de que los extranjeros se queden a vivir entre ellos).

2. **¡De impacto!** Organicen un programa de TV *(talk show)* con un/a moderador/a y algunos/as panelistas para discutir el tema de las primeras impresiones. ¿Se puede confiar en ellas? ¿Cuándo sí o no? Expliquen sus ideas y den ejemplos.

3. **¡Socorro!** *(Help!)* Supongan que se encuentran en las siguientes situaciones. Busquen una excusa para salir airosamente *(wiggle out of)* de ellas.

   Ejemplo: Un policía le está escribiendo una multa *(fine)* por aparcar el coche en una zona prohibida.
   —Ay, ya me iba, la verdad es que sólo vine a dejar un documento en el banco.

   a. Su mejor amiga/o lo/la encuentra coqueteando *(flirting)* con su novio/a.

   b. Le dice a su profesor/a que está enfermo/a y luego lo/la ve a Ud. en una cafetería.

   c. Ha comido en un restaurante y luego no tiene suficiente dinero para pagar.

Repaso gramatical
(Cuaderno):
La **a** personal
Los pronombres de
objeto directo e indirecto
El pronombre *it*
Lo: uso del pronombre
neutro

4-11 Práctica gramatical

Hagan los ejercicios siguientes prestando atención a los puntos gramaticales estudiados.

1. **Veo, no veo.** En grupos de cuatro estudiantes, digan las cosas y las personas que vemos (o no) en los siguientes lugares. El ejercicio debe hacerse rápidamente usando la **a** personal cuando sea necesario.

   Ejemplo: en el concierto
   —Veo a los rockeros.
   —No veo nada por el humo.

   a. en el ascensor
   b. en la clase
   c. en su dormitorio
   d. en el cine
   e. en el gimnasio

   f. en la papelera (*waste basket*)
   g. en el centro comercial
   h. en la iglesia
   i. en el refrigerador
   j. en el armario (*closet*)

2. **La mudanza.** En parejas, decidan lo que van a hacer con los siguientes objetos que Uds. ya no necesitan. Al final añadan uno más a la lista.

   Ejemplo: la bicicleta
   —¿Se la regalamos a tu primito?
   —Sí, vamos a dársela a él; le encantará.

   a. el paraguas doble
   b. la computadora grande
   c. la cámara fotográfica vieja
   d. los animales de peluche (*stuffed animals*)
   e. los platos de cartón

   f. las barajas (*playing cards*)
   g. el sofá-cama
   h. los disfraces de Halloween
   i. la correa (*leash*) del perro
   j. los discos de Frank Sinatra
   k. ¿?

3. **¿Quién? ¿Qué? ¿Dónde?** En parejas, contesten las siguientes preguntas sobre la lectura utilizando pronombres de **objeto directo**, **indirecto** o el pronombre neutro **lo**, según corresponda.

   a. ¿Quién escribió esta historia?
   b. ¿Era un conquistador el protagonista?
   c. ¿Estaba de visita fray Bartolomé?
   d. ¿Dónde encontraron los indígenas al fraile español?
   e. ¿Qué les dijo a los indígenas fray Bartolomé?
   f. ¿Adónde llevaron los indígenas al fraile?
   g. ¿Le tenía miedo a la muerte el fraile?
   h. ¿Hubo un eclipse de sol ese día?

4. **De ninguna manera.** Hágale las siguientes preguntas a un/a compañero/a de clase, que debe contestar negativamente y ofrecer otra alternativa.

Ejemplo: —¿Crees que me parezco a Marc Anthony?
—No, no lo creo. Te pareces más a Edward James Olmos.

   a. ¿Son tus amigos responsables?

   b. ¿Estás harto/a de *(fed up with)* tantos consejos de salud?

   c. ¿Te parecen eficaces las vacunas contra la gripe *(flu)*?

   d. ¿Son todos los coches iguales?

   e. ¿Te parecen interesantes los libros de antropología?

   f. ¿Crees que vale la pena arreglar los aparatos eléctricos?

4-12 Creación

Escribe una composición de acuerdo con las instrucciones que siguen.

El beneficio de la duda. ¿Te ha causado alguien una buena impresión al principio y luego has cambiado de opinión (o viceversa)? Escríbele una carta a tu hermano/a menor comentando el impacto de las primeras impresiones y si se puede confiar en ellas o no, y por qué sí o no.

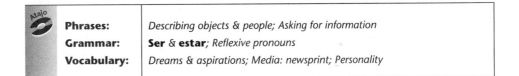

Phrases:	*Describing objects & people; Asking for information*
Grammar:	**Ser** *& estar; Reflexive pronouns*
Vocabulary:	*Dreams & aspirations; Media: newsprint; Personality*

GITANOS
Rosa Montero

Rosa Montero (1951) es una conocida novelista y periodista española. Entre sus novelas se encuentran *Te trataré como una reina* (1983), *Amado amo* (1988), *La hija del caníbal* (1997) y *La loca de la casa* (2003). En sus artículos periodísticos, Montero denuncia casos de intolerancia, injusticia o abuso que han ocurrido no solamente en España sino también en otros países. Así pretende concienciarnos del mundo imperfecto en que vivimos. "Gitanos" (1989) es representativo del estilo periodístico de Montero. El artículo nos presenta un ejemplo de la actitud de algunos españoles respecto a los gitanos y el tratamiento que éstos sufren en consecuencia.

Palabra por palabra

el asunto	matter	**la entrada**	ticket, entrance
chocante	shocking	**más bien**	rather
cobrar	to charge	**la medida**	measure, step
desde luego	of course, certainly	**la piscina**	swimming pool

Mejor dicho

el derecho (sustantivo)	right / law	No todos tenemos los mismos **derechos**. / Mi novio está estudiando en la facultad de **derecho**.
derecho/a (adjetivo)	right / straight	Nacho, ¿qué ocultas en la mano **derecha**? / Chus, no te sientes así. Ponte **derecha**.
derecho (adverbio)	straight	Siguió **derecho** hasta la Calle Ocho.
correcto/a	correct, right (answer)	La respuesta es **correcta**.
tener razón (sujeto = persona)	to be right	Según Ernesto, él siempre **tiene razón**.

¡Ojo! **La derecha** significa *the right hand* y *the right (political) wing*.

molestar	to bother, annoy	Siempre le ha **molestado** mucho el ruido.
acosar	to harass	Se sentía **acosada** por sus compañeros.
abusar de	to take advantage of, make unfair demands on, abuse sexually	Muchos ejecutivos **abusaron de** sus privilegios.
maltratar	to treat badly, abuse physically, batter	A veces la policía **maltrataba** a los presos.

¡Ojo! **Molestar** nunca tiene una connotación sexual en español y no significa *to molest*.

4-13 Práctica

Hagan las siguientes actividades prestando atención a las palabras del vocabulario.

 1. Completen las siguientes oraciones de manera original.

   a. Una entrada de cine cuesta... y una para un concierto...

   b. Los músicos y cantantes tienen el derecho de cobrar...

   c. Lo más chocante que me ha pasado en una piscina es...

   d. Una medida que todo el mundo debe tomar para combatir el estrés es...

2. En grupos de tres estudiantes, reaccionen a las oraciones a continuación con **derecho, derecho/a, correcto/a** o **tener razón**.

   Ejemplo: Podemos criticar al presidente.
   Es nuestro **derecho**.

   a. Samuel es abogado.

   b. Contestamos bien todas las preguntas del examen.

   c. Mi mamá me dijo que iba a llover pero no lo creí.

   d. Quiero que cambien estas leyes. No son justas.

   e. No soy zurda *(left-handed)*.

   f. Si continúas por esta calle, vas a llegar al museo.

   g. Ganamos el pleito *(lawsuit)*.

 3. En parejas, digan si las siguientes situaciones son ejemplos de **acoso, abuso, maltrato** o **molestia**.

   a. Invitar constantemente a amigos/as al cuarto que compartes con un/a compañero/a.

   b. Hacer que los niños pequeños compartan sus juguetes.

   c. Mandar mensajes electrónicos anónimos a un/a colega.

   d. Seguir a un/a compañero/a todo el día durante muchos días.

   e. No dejar dormir a una persona.

   f. Fumar en la casa de no fumadores.

4. En grupos de tres estudiantes, contesten las preguntas siguientes.

   a. ¿Qué tres cosas y tres personas les molestan a Uds.? Expliquen por qué.

   b. ¿Qué entienden Uds. por "abuso sexual"? ¿Significa lo mismo que "violación" *(rape)*? ¿Hay muchas películas que traten de este asunto? Mencionen algunas.

   c. Dicen que una persona maltratada maltratará a otra. ¿Están Uds. de acuerdo? ¿Es común que estas acciones se repitan? ¿Por qué es así? ¿Cómo se podría romper el círculo vicioso?

¡ALTO! Antes de leer

Haz lo que se te indica a continuación.

1. En este texto Rosa Montero, escandalizada al enterarse del tratamiento recibido por unos gitanos, expresa su indignación con ironía. Al leer el artículo, busca frases irónicas y subráyalas.

2. El tiempo verbal del futuro a veces expresa probabilidad en el presente. Busca y subraya ejemplos de esto en el texto.

3. Si no te permiten entrar en un bar o club privado, ¿es esto discriminación? ¿Qué se puede hacer en estos casos?

4. ¿Qué tipo de noticias destacan los medios de comunicación?

GITANOS
Rosa Montero

Afortunadamente, y como de todos es sabido, en este país no somos nada racistas, certidumbre esta[1] la mar de[2] tranquilizadora, desde luego. Porque así, cuando escuchas por la radio que en Atarfe, un pueblo de Granada, hay una piscina que cobra 350 pesetas[3] de entrada al personal[4] pero 600 pesetas a los gitanos, no puedes caer en la zafia[5] y simplista explicación de que se trata de una arbitrariedad racial. Eso, ya está dicho, es imposible: los españoles somos seres[6] virginales en cuanto a discriminaciones de este tipo.

¡Todos al agua!

Claro que entonces me queda la inquietud[7] de preguntarme el porqué de una medida tan chocante. Dentro de la lógica de una sociedad capitalista, si han de pagar más, será que consumen más

---

[1] **certidumbre esta** *this certainty* [2] **la mar de** = muy [3] **350 pesetas** *US $2.50.* **Ojo:** En España ya no se usan pesetas sino euros, que son más o menos equivalentes al dólar. [4] **personal** = público [5] **zafia** *coarse, rude* [6] **seres** = personas [7] **inquietud** *uneasiness*

servicios. ¿Qué tendrán los gitanos que no tengamos los payos[8] para desgastar[9] la piscina doblemente? ¿Serán quizá de una avidez natatoria inusitada[10] y acapararán[11] las aguas todo el día? ¿O tal vez, y por el aquel de[12] poseer una piel más bien oscura,[13] aguantarán doble ración de sol que los demás?

Estaba sumida en el desasosiego[14] de estas dudas cuando el dueño de la piscina explicó el asunto. No es verdad que se cobre más sólo a los gitanos, dijo, sino que también el aumento se aplica a todos los que puedan molestar a los bañistas. Profundas palabras de las que se pueden extraer esclarecedoras[15] conclusiones. Primera, que por lo que se ve[16] los gitanos no son bañistas. Segunda, que, por tanto, la entrada que se les cobra no es para bañarse, sino para molestar a los demás. Y tercera que, puesto que pagan por semejante[17] derecho un precio exorbitante, espero que puedan ejercerlo libremente y que se dediquen a escupir[18] a los vecinos, meterles el dedo en el ojo a los infantes, pellizcar las nalgas temblorosas[19] de los obesos y arrearle un buen rodillazo en los bajos[20] a ese dueño tan poco racista. Porque las 600 pesetas dan para[21] cometer un buen número de impertinencias y maldades.[22]

---

[8] **payos** = los que no son gitanos [9] **desgastar** *wear out* [10] **avidez... inusitada** *unusual eagerness for swimming* [11] **acapararán** *probably monopolize* [12] **por... de** *due to the fact of* [13] **oscura** = morena [14] **Estaba... desasosiego** *I was stressing out* [15] **esclarecedoras** *illuminating* [16] **por... ve** *apparently* [17] **semejante** *such* [18] **escupir** *to spit* [19] **pellizcar... temblorosas** *to pinch the flabby buttocks* [20] **arrearle... bajos** *to kick him where it hurts* [21] **dan para** = permiten [22] **maldades** *naughty acts*

Después de leer

4-14 ¿Entendido?

Resume la lectura utilizando todas o la mayoría de estas palabras.

piscina	molestar	payos	escupir	dueño
bañistas	discriminación	derecho	desde luego	entrada

4-15 En mi opinión

En grupos de tres o cuatro estudiantes, utilicen las preguntas siguientes como punto de partida para entablar una conversación.

1. ¿Cuál es el tono del artículo? ¿Lo consideran apropiado para tratar el tema del racismo? ¿Por qué sí o no?

2. ¿Son todos los tipos de control discriminación? ¿Qué hace que una ley o regulación sea discriminatoria?

3. ¿Por qué ciertas personas tienen más privilegios que otras? ¿Por qué algunos seres humanos se creen superiores a otros? ¿Qué piensan de sus razones?

4. ¿Se discrimina a los jóvenes de alguna manera? ¿Tiene sentido que en los EEUU a los dieciocho años los jóvenes puedan ir a la guerra, casarse y votar, pero no beber? Coméntenlo.

¿Qué le darías?

Estrategias comunicativas para expresar indignación o rabia

Pero ¿qué dices?	*What are you saying?*
¡Qué barbaridad!	*Good grief!*
¡Qué sinvergüenza eres!	*You're so shameless!*
¡Qué caradura!	*Of all the nerve!*

4-16 En (inter)acción

Realicen las siguientes actividades según se indica.

1. **Reservado el derecho de admisión.** Con un/a compañero/a, improvisen un diálogo entre el dueño de un lugar público y una persona a quien no deja entrar porque no lleva zapatos, camiseta, corbata, invitación... Ya que están enojados/as, usarán algunas de las expresiones de **Estrategias comunicativas.** Luego presenten el diálogo delante de la clase.

2. **¿Discriminación o no?** Con toda la clase, decidan si estas prácticas son discriminatorias o no.

   a. Una agencia inmobiliaria no alquila apartamentos a menores de veinte años.

   b. Si fuma, puede asistir al concierto pero la entrada le costará el doble.

   c. Si un/a turista lleva pantalones cortos, no puede entrar en la iglesia.

   d. Una empresa contrata solamente a graduados de Harvard.

   e. Las mujeres pueden entrar gratis en el bar Vaqueros los lunes.

 3. **Pleito.** Hace unos años en Los Ángeles, dos trabajadoras fueron despedidas *(fired)* por hablar español entre sí. La clase se divide en tres grupos. Un grupo de estudiantes preparará la posición de la fiscal *(prosecutor)*; otro grupo, la del abogado defensor; otro, la de la juez. Después delante de toda la clase, un miembro de cada grupo representará a su grupo en el pleito. Al final, entre todos, decidan una sentencia.

4-17 Práctica gramatical

Repaso gramatical *(Cuaderno):*
Se: usos y valores
Pero, sino (que), no sólo... sino también
(segundo repaso)

Hagan los ejercicios siguientes prestando atención a los puntos gramaticales estudiados.

 1. **¿*Se o le*?** Se reparten entre los/las estudiantes fichas *(index cards)* que tengan escritas las palabras **se** o **le.** Según la ficha que hayan recibido, escribirán una oración con el pronombre reflexivo de tercera persona **se** o con el pronombre de objeto indirecto **le.** Después algunos estudiantes escriben las oraciones en la pizarra pero dejando un espacio en blanco en el lugar donde debería ir el pronombre. Los/Las otros/as estudiantes deben decir cuál de los dos pronombres falta.

   Ejemplos: _____ cobran más que a los demás. (Le)
   _____ fue a la hora de cenar. (Se)
   _____ fue muy bien en la entrevista. (Le)

2. **Así se hace.** En grupos de tres estudiantes, usando la estructura impersonal, digan lo que se hace o debe hacer en estas situaciones.

   Ejemplo: no quemarse
   Se debe usar una loción para protegerse del sol.

   a. para ser socio/a de un club de caza

   b. para ayudar a los discapacitados *(handicapped)*

   c. para luchar contra el mal gusto

   d. para preparar un mitin político

   e. para conseguir entradas para un acto muy popular

3. **Pero, sino (que), no sólo... sino también.** Mantengan un diálogo sobre el tema que Uds. elijan (por ejemplo, las piscinas públicas, las clases de natación...), pero asegúrense de usar todas las expresiones anteriores al menos una vez.

4-18 Creación

Escribe una composición de acuerdo con las instrucciones que siguen.

Redacta una carta para el/la director/a de un periódico sobre algún suceso reciente relacionado con la discriminación racial o étnica. Dile qué opinas tú del suceso.

Atajo		
Phrases:	Agreeing & disagreeing; Asserting & insisting; Warning	
Grammar:	Comparisons: inequality; Interrogatives: **¿qué? ¿quién?**; Verbs: subjunctive with **ojalá**	
Vocabulary:	Nationality; People; Upbringing	

Ellas y ellos

 http://aquesi.heinle.com

EL TEXTO LIBRE DE PREJUICIOS SEXUALES

Isabel Pico e Idsa Alegría

La siguiente lectura fue escrita por dos profesoras puertorriqueñas con el propósito de evitar expresiones y términos sexistas en los libros de texto. Para ellas, la discriminación contra la mujer (y ciertos grupos étnicos) es patente en muchos niveles de nuestra sociedad y se manifiesta claramente en el lenguaje. Ya que las estructuras sociales no suelen cambiar de la noche a la mañana *(overnight)*, las autoras proponen que al menos eliminemos de la lengua que hablamos cualquier rastro *(trace)* de sexismo. Acaso al alterar la manera de hablar cambiemos definitivamente la manera de pensar.

Isabel Pico e Idsa Alegría hicieron la carrera de Ciencias Políticas. Hoy día Isabel Pico se desempeña como abogada, mientras que Idsa Alegría es catedrática de la Universidad de Puerto Rico, Río Piedras. Ambas han publicado importantes artículos sobre las mujeres puertorriqueñas.

Palabra por palabra

el apellido	*last name*	**ocultar**	*to hide, conceal*
casarse (con)	*to marry*	**reflejar**	*to reflect, mirror*
el estado civil	*marital status*	**reforzar (ue)**	*to reinforce*
la hembra	*female, woman*	**la reivindicación**	*demand, claim*
indiscutiblemente	*undeniably,*	**soltero/a**	*single (unmarried)*
	indisputably	**el varón**	*male, man*

Mejor dicho

el papel	*paper*	Cada vez hay más productos de **papel** reciclado.
	role	Se han producido grandes cambios en los **papeles** sociales de ambos sexos.
hacer/desempeñar un papel/un rol	*to play a role, part*	Lola **hará/desempeñará un papel** secundario en la comedia.

| **el trabajo (escrito)** | *a written (research) paper* | Tuvimos que escribir un **trabajo** sobre el sexismo. |
| **el periódico** o **diario** | *a (news)paper* | Uno de los mejores **periódicos** de México se llama *Excelsior*. |

| **presentar** | *to introduce (people)* | Todavía no me has **presentado** a tus vecinos. |
| **introducir** | *to put in, insert, introduce* | **Introdujo** la llave en la cerradura. |

cuidar	*to take care of someone or something*	Con mucho gusto te **cuidaré** los gatos mientras estés de viaje.
importar	*to care about something or someone, matter*	No me **importa** nada lo que piensen ellos.
tener cuidado	*to be careful*	Han anunciado que va a nevar. **Ten** mucho **cuidado** manejando.

5-1 Práctica

En parejas, contesten las preguntas siguientes.

1. ¿Cuáles son algunas reivindicaciones de los grupos feministas? ¿Han leído algunas de sus propuestas? ¿Creen que estos grupos exigen demasiado? ¿Son sus reivindicaciones injustas o exageradas? Expliquen.

2. ¿Cuáles son los diferentes estados civiles que puede tener una persona a lo largo de la vida? ¿Por qué y para quién es importante saber el estado civil de alguien?

3. En su lengua, ¿qué nombre(s) recibe una mujer soltera? ¿Y un hombre soltero? ¿Les parece que hay una base sexista en estos términos? ¿Qué piensan de las despedidas de soltero *(bachelor parties)*? ¿Qué suele hacer el hombre con sus amigos esa noche? ¿Es lo mismo que hacen las mujeres en las despedidas de soltera?

4. ¿Qué impresión les causaría a Uds. si un hombre les presentara a su esposa como "mi mujer"? ¿Les parece bien que se presente a un matrimonio como *Mr. and Mrs. Brad Pitt*? Observe que aquí la mujer recibe no sólo el apellido de su marido, sino también el nombre propio de él. ¿Hay una base sexista en estas denominaciones? ¿Qué les parece esta costumbre? ¿Les causa indignación, satisfacción o indiferencia?

5. ¿Llevarán el apellido de su esposo/a cuando se casen? ¿Qué apellido recibirán sus hijos/as: el suyo o el de su esposo/a? ¿Qué les parece la posibilidad de dos apellidos, uno del padre y otro de la madre, como es tradicional en la cultura hispánica? Piensen en otras alternativas.

6. En un minuto escriban en español el mayor número de objetos que están hechos de papel. Comparen el número de respuestas con el de la pareja de al lado.

Alvaro Aguirre de Cárcer y López de Sagredo   *Alvaro de Chávarri Domecq*

Concepción Escolano Martínez   *Elena Baro Abril*

Participan el próximo enlace de sus hijos

Pablo y Elena

y tienen el gusto de invitarle a la ceremonia religiosa que se celebrará (D.m.)
el día 21 de Diciembre a las seis y media de la tarde, en la Iglesia de
San Fermín de los Navarros, (Eduardo Dato, 10) y a la cena que se servirá
a continuación en el Palacio del Negralejo (Crta. de S. Fernando de
Henares a Mejorada del Campo, km. 3)

¿Qué apellidos tendrán los hijos e hijas de Pablo y Elena?

7. ¿Qué papeles desempeñan hoy día las mujeres en la sociedad? ¿Y los hombres?

8. ¿Qué prefieren hacer: un examen escrito o un trabajo? ¿Por qué? ¿Qué requiere más tiempo? ¿Les importa si sus compañeros/as leen sus trabajos? ¿Han escrito o leído alguna vez un trabajo sobre la situación de la mujer en la sociedad? Comenten.

9. ¿Qué periódico leen generalmente? ¿Lo leen solamente los domingos? ¿Han leído alguna vez un periódico extranjero? ¿Cuál? ¿Se puede saber qué ideas políticas tiene una persona por el periódico que lee? ¿Qué periódicos o revistas están dirigidos sólo al público masculino? ¿Y al femenino?

10. Digan tres cosas que les importan y otras tres que cuidan mucho (o no) y por qué.

    Ejemplos: Me importa la violencia doméstica porque...
    Cuido mucho mi computadora portátil porque...

¡ALTO! Antes de leer

Haz lo que se te indica a continuación.

1. Lee el primer párrafo de la lectura siguiente prestando atención al tono empleado. ¿Qué tipo de texto esperas que sea? ¿Autobiográfico, humorístico, filosófico, médico... ? ¿Puedes notar alguna relación entre el tono y el título?

2. En español la diferencia sexual entre los animales se expresa (a) con el género gramatical: el gato/la gata; (b) con palabras diferentes: el toro/la vaca o (c) añadiendo "macho" o "hembra" al sustantivo: el elefante macho / el elefante hembra. ¿Lo sabías? ¿Qué otros ejemplos conoces? Escribe tres.

3. ¿Cuántas palabras hay en español para decir *male*? ¿Y cuántas para *female*? ¿Es extraño esto?

EL TEXTO LIBRE DE PREJUICIOS SEXUALES

Isabel Pico e Idsa Alegría

1. Tratamientos de cortesía y apelativos[1]

En español los tratos de cortesía para la mujer recuerdan constantemente su dependencia del varón. A las mujeres se les llama "Señora" o "Señorita" según su estado civil, es decir, según su relación con el varón: casada o soltera. Lo ideal sería un apelativo femenino sin referencia masculina alguna. En español no lo tenemos.

En los países de habla española lo usual es que la mujer conserve su nombre civil: Señora Díaz Hernández. Al casarse añade el apellido del marido precedido de la partícula "de": Señora Rosa Díaz de Pérez. Se oye decir con frecuencia "Sra. de Pérez", expresión que no recomendamos por ser forma incorrecta en español y por recalcar[2] la idea de la mujer como "posesión del varón".

Utilicemos el apellido paterno y materno de la mujer, forma normal y corriente en el país, que refuerza la personalidad de la mujer por sí misma y no por la relación con el varón.

2. Nombres propios

En la literatura infantil los protagonistas en su gran mayoría son varones y reciben un nombre propio. Los familiares femeninos del protagonista son identificados como esposa, madre y hermana. No tienen nombre propio. Lo mismo sucede en los relatos históricos. ¿Será una mera costumbre inocente llamar a los varones por su apellido y a las mujeres por su nombre de pila[3]? Bonaparte y Josefina, Perón y Evita, son sólo algunos ejemplos.

Los nombres tienen una gran importancia en la imagen que nos formamos de las cosas y de las personas. Los nombres propios son parte esencial de la identidad de las personas. Las hacen "ser". Por eso muy pocas veces se cambia de nombre.

Pero ¿qué sucede en la mente de un niño o una niña que continuamente lee cuentos en los cuales los personajes femeninos no tienen nombre propio, mientras que los masculinos sí?

3. Adjetivos calificativos y estereotipos

En las lecturas escolares e infantiles, los adjetivos relacionados con la belleza son casi exclusivamente utilizados para describir a mujeres y a niñas. La mayoría de las mujeres son

---

[1] **Tratamientos... apelativos** *Polite ways of address* [2] **recalcar** = reforzar [3] **nombre de pila** *first name*

bellas y hermosas. Son también dulces, tiernas,[4] nobles y bondadosas.[5]

Los adjetivos "hacendosa" y "modesta" son símbolos de las virtudes femeninas en la cultura hispana. Nunca se usan para describir al varón. "Hacendosa" es un adjetivo exclusivo de la mujer: diligente en las faenas[6] de la casa. "Modesta" se aplica a la que no tiene una elevada opinión de sí misma, a la que no se cree de mucha importancia y valor. Tiene además relación con el pudor.[7]

Indiscutiblemente estos adjetivos responden al ideal femenino de otros tiempos y reflejan la posición de la mujer en esa determinada sociedad. Hoy la mujer ha rebasado esos límites.

4. Asociaciones lingüísticas, asociaciones de ideas

En situaciones de peligro como naufragios, fuegos, inundaciones, evacuaciones de emergencia, suele decirse: "Las mujeres y los niños primero." Esta asociación de las mujeres y los niños es otro lugar común. En cambio, la asociación de los hombres y los niños no lo es. La razón es muy sencilla.

Tradicionalmente las mujeres se han ocupado de los niños en la casa; los varones, no.

Así se constituyeron dos esferas separadas y unos modos lingüísticos que recogen estos hábitos sociales. El uso constante de la expresión "las mujeres y los niños" indiscutiblemente refuerza la imagen de que la mujer es como un niño, un ser débil, indefenso. Existe parecida asociación en los adjetivos para mujeres y niños. "Esta mujer es preciosa." "Este bebé es precioso." No se dice: "Este hombre es precioso." Los mismos adjetivos usados indistintamente[8] para la mujer y el niño hacen posible que persistan los hábitos sociales sexistas, tales como asignar el cuidado de los niños exclusivamente a las mujeres.

5. Palabras y frases peyorativas[9] o insultantes

Ciertas formas de expresión resultan ofensivas para la mujer. Señalan a la mujer como un objeto o posesión del varón o la excluyen del colectivo "gente" o "persona".

Por ejemplo, "En la reunión había un grupo de personas; también había mujeres" o "Los egipcios permitían a sus mujeres tener...".

La palabra "hembra" debe usarse exclusivamente para los animales de sexo femenino.

Llamar hembra a la mujer es un reflejo lingüístico de la creencia que el sexo define a la mujer y resulta en menosprecio[10] de su identidad.

6. Uso del masculino genérico "el hombre"

Por la estructura gramatical del español las voces[11] masculinas en sentido genérico se usan con mucha frecuencia. Originalmente "hombre" significaba persona. Pero gradualmente se ha identificado con varón, conservándose ambas acepciones.[12]

Es verdad que el masculino genérico "el hombre" es bien

expresivo y por la extraordinaria frecuencia de su uso entendemos perfectamente que incluye al varón y a la mujer. No obstante, el empleo sucesivo y reiterado ha producido una especie de masculinización en la mente y en la forma de concebir el mundo.

Las frases en que la voz "hombre" oculta a la mujer son numerosas. Sucede a menudo en las descripciones de las civilizaciones antiguas, los avances científicos y técnicos y los procesos gubernamentales.

En la "prehistoria" es imposible determinar con precisión si fueron hombres o mujeres quienes descubrieron el uso del fuego, manufacturaron las primeras herramientas, crearon los objetos de piedra o los grabados que se han encontrado en las cuevas.[13] Con el empleo del masculino genérico "el hombre" corremos el riesgo de que los lectores atribuyan sólo a los varones estas hazañas,[14] que bien podrían ser obra de hombres y mujeres por igual.

Todos sabemos que la historia de la cultura no se ha hecho sin la participación de la mujer.

---

[4] **tiernas** *affectionate, loving* [5] **bondadosas** *kindhearted* [6] **faenas** = trabajo [7] **pudor** *prudishness* [8] **indistintamente** *both, equally* [9] **peyorativas** *degrading, belittling* [10] **menosprecio** *contempt, scorn* [11] **voces** = palabras [12] **acepciones** = significados [13] **cuevas** *caves* [14] **hazañas** *heroic deeds*

Después de leer

5-2 ¿Entendido?

Explica, identifica o define los términos siguientes según el contenido de la lectura.

1. señorita/señora

2. Perón y Evita

3. bella, dulce, hacendosa, modesta

4. "Las mujeres y los niños primero"

5. hembra

6. el hombre

5-3 En mi opinión

En grupos de tres estudiantes, utilicen las preguntas siguientes como punto de partida para entablar una conversación.

1. ¿Qué sugerencias de las mencionadas en la lectura les parecen aceptables y cuáles no? Mencionen al menos tres y expliquen su posición.

2. ¿Están Uds. de acuerdo con quienes afirman que "el sexismo es una enfermedad social"? ¿Por qué sí o no?

3. ¿Creen que la discriminación sexual se puede evitar transformando el lenguaje? Las personas que usan un lenguaje sexista, ¿lo hacen conscientemente o porque es el uso habitual de la lengua? Por ejemplo, en México para elogiar (praise) algo se dice "Es padre o padrísimo", mientras que si se quiere criticar algo se dice "Está de toda madre".

4. Mencionen tres expresiones sexistas en inglés (por ejemplo, chairman) y tres en español. ¿En qué lengua hay que tener más cuidado para evitar el sexismo? ¿Les importa mucho a Uds.? ¿Por qué sí o no?

5. ¿Cuáles son algunos ejemplos de discriminación sexual? ¿Cómo se podría evitar este tipo de discriminación? Además de las mujeres, ¿conocen otros grupos dentro de la sociedad que luchan contra la discriminación en la lengua? Den ejemplos.

6. Los sustantivos "el sol y la luna", "el cielo y la tierra" tienen géneros opuestos en español y en otras lenguas. ¿Creen que tienen impacto en el subconsciente del/de la hablante estas oposiciones genéricas? ¿Condicionan la percepción del mundo o no?

7. ¿Qué es el feminismo? ¿Quiénes son los/las feministas? ¿Qué tipo de personas son? Mencionen tres características. ¿Conocen Uds. a algunos/as? ¿Se consideran Uds. feministas? ¿Por qué sí o no?

Estrategias comunicativas para presentar a alguien y presentarse uno/a mismo/a

Presentación formal

1. Quien presenta dice:	2. A quien es presentado/a dice:	3. Quien es presentado/a dice:
Le(s) presento al/a la señor/a, profesor/a, director/a...	**Encantado/a de conocerlo/la.**	**Igualmente.**
I'd like to introduce you to Mr./Mrs., Professor, Director . . .	*Delighted/Nice to meet you.*	*Likewise.*
	Mucho gusto.	**El gusto es mío.**
	It's a pleasure.	*The pleasure is mine.*
	Es un placer, ¿cómo está?	**Bien, gracias.**
	It's a pleasure. How do you do?	*Fine, thank you.*

Presentación informal

Mira, ésta es Mari Carmen.	**Hola. ¿Qué tal?**	**Estupendo. ¿Y tú?**
Look, this is Mari Carmen.	*Hi, how are you doing?*	*Great. And you?*

... para presentarse uno/a mismo/a

(Yo) Soy Paquita Morales.	**Hola, ¿cómo estás?**	**Muy bien. ¿Y tú?**

5-4 En (inter)acción

Realicen las siguientes actividades según se indica.

 1. **Presentaciones.** Toda la clase se pone de pie y en parejas van a ir presentándose unas (parejas) a otras. Los miembros de cada pareja se van alternando al hacer las presentaciones formales o informales, reales o falsas. Utilicen algunas de las expresiones de **Estrategias comunicativas.**

 2. **Términos no machistas.** En grupos de tres o cuatro estudiantes, propongan alternativas a las palabras siguientes para no ocultar, subordinar o excluir a las mujeres.

Ejemplo: En lugar de "los jóvenes" se puede decir "la juventud".

los hombres	los ancianos	los hermanos	los alumnos
los vecinos	los médicos	los hispanos	los deportistas
los niños	los adolescentes		

3. **¿Ideas preconcebidas?** Divididos en grupos de chicos y chicas (si es posible), dibujen a una mujer muy femenina y a un hombre muy macho. Luego comparen los dibujos y discutan sus implicaciones.

4. **Lo femenino en la prensa.** ¿Ha cambiado la manera como presenta la publicidad a la mujer en los últimos años? ¿Quiénes suelen anunciar productos para la casa, como detergentes, limpiacristales, etc.? ¿Quiénes están locos/as por ir de compras? En parejas, comenten alguna propaganda de la televisión que explote la imagen tradicional o estereotípica de la mujer mencionando, por ejemplo, dónde se detectan los prejuicios (en la lengua, en la presentación de la figura femenina/masculina, etc.).

5. **¿Lengua prejuiciada?** El español está lleno de refranes y expresiones que caracterizan negativamente tanto a la mujer como al hombre. En grupos de tres estudiantes, comenten los que aparecen a continuación. Digan si hay refranes equivalentes en inglés o no y por qué existen o no. Luego, añadan otros que conozcan en español o en inglés y también coméntenlos.

a. Al corazón de un hombre se llega por el estómago.

b. El hombre, como el oso, cuanto más feo más hermoso.

c. Mujer casada: la pierna quebrada y en casa.

d. La mujer y el oro lo pueden todo.

6.   **¡Por la boca muere el pez!** Analicen la siguiente tira cómica a la luz de las relaciones entre los sexos, la lengua y los estereotipos.

5-5 Práctica gramatical

Repaso gramatical
(Cuaderno):
La voz pasiva con **ser**
Estar + participio
pasado
La voz pasiva con **se**

Hagan los ejercicios siguientes prestando atención a los puntos gramaticales estudiados.

1.   **Antes y ahora.** En grupos de tres estudiantes y usando la voz pasiva con **ser**, mencionen tres tareas que eran antes realizadas por los hombres y ahora las realizan también las mujeres, o viceversa. Presten atención al tiempo verbal que deben emplear.

Ejemplos: Antes las empresas eran dirigidas por hombres, pero ahora algunas son dirigidas también por mujeres.
Los niños eran cuidados por sus madres, pero hoy día son cuidados también por sus padres.

2. **Un matrimonio arquetípico.** Llama a tu marido o esposa para averiguar si ya ha terminado con las tareas que le habías encargado antes de salir de casa esta mañana. Un/a estudiante hace el papel de la esposa y el/la otro/a, el del marido. Utilicen la estructura **estar** + participio pasado, como indica el ejemplo.

   Ejemplo: Esposa: Oye, cariño, ¿te has acordado de regar las plantas?
   Marido: Sí, querida, las plantas ya están regadas.

hacer la cama	arreglar el frigorífico	vacunar al perro
lavar las sábanas	sacar la basura	cortar la hierba del jardín
recoger la ropa	hacer la compra	pagar las cuentas
mandar las invitaciones para la fiesta de cumpleaños		limpiar el auto

3. **Nuevos tiempos.** En grupos de tres estudiantes y empleando la estructura con **se** que tiene significado pasivo, hablen de la nueva actitud en la sociedad hacia la mujer.

   Ejemplos: Se critica mucho la discriminación sexual.
   Se reivindican los mismos derechos para los hombres y las mujeres.
   No se margina tanto a las madres solteras.

4. **¿*Ser* o *se*?** Con la ayuda de un/a compañero/a busca en el texto oraciones pasivas con **ser** y con **se**. ¿Qué tipo de estructura pasiva predomina?

5-6 Creación

Escribe una composición de acuerdo con las instrucciones que siguen.

En español, a diferencia del inglés, todos los sustantivos —se refieran a seres humanos o no— son o masculinos o femeninos: el papel, la fiebre, la cucaracha. Es decir, no hay sustantivos neutros (**¡Ojo! Lo** + adjetivo —lo bueno, lo hermoso, etc.— no es un sustantivo *per se*, sino la nominalización de un adjetivo; tiene un significado abstracto y se traduce al inglés como *the + adj. + thing or part*.) Basándote en tu propia experiencia, comenta la diversión o dificultad que supone el género gramatical en el aprendizaje del español.

Atajo	**Phrases:**	*Stating a preference; Expressing irritation; Hypothesizing*
	Grammar:	*Verbs: subjunctive with **que**; Interrogatives: **¿qué?**; Nouns: irregular gender*
	Vocabulary:	*Animals; Body; Geography*

PALABREO
Gilda Holst

Gilda Holst (Ecuador, 1952) estudió literatura en la Universidad Católica de Guayaquil y hoy día se dedica a escribir narrativa breve. Sus cuentos se encuentran en dos colecciones, *Más sin nombre que nunca* (1989) y *Turba de signos* (1995), y en múltiples revistas y antologías publicadas en su país y en Estados Unidos. Como ha señalado la crítica, el humor y la ironía constituyen dos de los rasgos más destacados de su producción literaria.

     "Palabreo" recrea una conversación durante la cual uno de los interlocutores intenta conseguir algo del otro.

Palabra por palabra

atento/a	*attentive, cordial*	**la rodilla**	*knee*
el brazo	*arm*	**la ternura**	*tenderness*
burgués/esa	*middle class*	**tomar conciencia**	*to become aware*
hermoso/a	*beautiful*		

Mejor dicho

la solicitud	*the application form*	La **solicitud** debe mandarla por correo.
solicitar	*to apply for a job, a position, a fellowship*	Aurora no consiguió la ayuda económica que había **solicitado**.
aplicar	*all the other meanings of "to apply": to lay or spread on, be pertinent or suitable, use, employ, etc.*	Los resultados de la encuesta Hite no podían **aplicarse** a Latinoamérica.

la cuestión	*theme, subject, matter*	La nueva profesora es experta en **cuestiones** de física nuclear.
cuestionar	*to question, put in question*	**Cuestionas** todo lo que hago.
la pregunta	*question*	Contéstame estas **preguntas**.

¡Ojo! Recuerda que *to ask a question* se dice **hacer una pregunta**.

5-7 Práctica

En parejas, contesten las preguntas siguientes prestando atención a las palabras del vocabulario.

1. Digan con qué partes de su cuerpo están satisfechos y con cuáles no lo están. ¿Qué piensan hacer para cambiarlas?

2. Mencionen tres características de las familias burguesas. ¿Cómo define el gobierno a la clase media? ¿Están de acuerdo? ¿Por qué sí o no?

3. ¿Es la ternura únicamente una cualidad femenina? ¿Cuándo muestran ternura Uds.? ¿A quién o a qué le hablan con ternura?

4. ¿Tienen más ventajas las mujeres hermosas que las feas? ¿En qué situaciones? ¿Son hermosos sólo los jóvenes? ¿Cambia la percepción de lo que es hermoso según la época, el país, la edad? Expliquen.

5. ¿Deben aplicarse las mismas leyes a los delincuentes menores de edad y a los adultos? ¿Y a las mujeres? ¿Debe tenerse en cuenta el síndrome premenstrual o de posparto al dar el veredicto? ¿Por qué? ¿Es justo o no?

6. ¿Qué quiere decir "igualdad de oportunidades"? ¿Tienen más (des)ventajas unos grupos que otros cuando solicitan becas *(scholarships)*, préstamos bancarios *(bank loans)*, trabajos? ¿Por qué es así? ¿Les parece bien o mal? ¿Han solicitado alguna vez un trabajo o una beca? ¿Lo/La consiguieron? ¿Es justo o no que todos los que solicitan un trabajo tengan las mismas oportunidades?

7. ¿Por qué razón han llenado solicitudes? ¿Es legal preguntar cuál es la religión, raza, edad, estado civil, preferencia sexual del / de la solicitante? Expliquen por qué sí o no.

8. Mencionen tres cuestiones sociales o políticas que les interesan.

9. Ahora hagan tres preguntas sobre las cuestiones mencionadas en el número 8.

10. ¿Es cierto que hay "preguntas indiscretas" o sólo "respuestas indiscretas"? ¿Cuál sería una?

¡ALTO! Antes de leer

Haz lo que se te indica a continuación.

1. Con el sufijo **-eo** se forman sustantivos derivados, generalmente, de los verbos terminados en **-ear**.

    coquetear *(to flirt)*   →   coqueteo *(flirting, flirtation)*

    chismear o cotillear *(to gossip)*   →   chismorreo o cotilleo *(gossip)*

    bailotear *(to jiggle)*   →   baileto *(dancing around, dancing poorly)*

    Como este sufijo suele darle al sustantivo una connotación negativa, ¿qué significado tendrán "lloriqueo" (llorar, lloriquear) y "besuqueo" (besar, besuquear)? "Palabreo" ¿significará "erudición", "elocuencia", "verbosidad" o "verborrea"? Esta palabra aparece sólo en el título del cuento que vas a leer y no dentro de él. ¿Puedes conjeturar por qué?

2. Cuando hablas mentalmente contigo mismo/a, ¿qué pronombre empleas: **yo** o **tú**? ¿En qué situaciones o contexto utilizan algunas personas la tercera persona para referirse a sí mismas? Algo semejante ocurre en el texto que vas a leer. En él, la autora emplea la segunda persona gramatical (**tú**) en lugar de la tercera persona (**él**). Es decir, "tú le expusiste" debe entenderse como "él le expuso".

3. En español hay varias maneras de decir "hacer el amor". Lee el cuento con mucho cuidado y busca la que utiliza la narradora.

4. Busca las palabras en el texto que significan partes del cuerpo y observa si la autora ha usado un artículo o un posesivo. ¿Puedes explicar por qué?

5. En el cuento siguiente el lenguaje del cuerpo es también revelador. Por eso, al leer, debes tener en cuenta lo que hacen los personajes mientras hablan.

burguesa = middle class

¿Qué indica este gesto?

rodilla = knee/ get down on

lucha = fight/ struggle

PALABREO
Gilda Holst

Le expusiste con seriedad toda la problemática femenina latinoamericana para ayudarla
a tomar conciencia.

Entre cigarrillo y café y un perdón por tropezar con[1]
su rodilla, le decías que frente a[2] la situación de la mujer campesina, suburbana[3] u obrera, la lucha reivindica-
tiva de la mujer —aislada[4] de la lucha de la liberación
de los pueblos— es burguesa; ella te decía que estaba
de acuerdo y tu índice recogía[5] su pelo y lo llevaba detrás de su oreja.

Le decías que la lucha de la mujer burguesa casi
siempre se concentraba en[6] la relación de los sexos.

Y como repetías, un tanto angustiado,[7] que los resultados de la encuesta Hite[8] no podían aplicarse a Latinoamérica te respondió que tal vez tuvieras razón, y ba-
jaste tu mano por su brazo, cogiste su mano con ternura
y te molestó un poquito que se mordiera las uñas.[9]

Alzaste[10] la voz cuando observaste que las relaciones
sexuales no podían ser, ni eran nunca, políticas.[11]

Ella hablaba de su vida y tú la interrumpías graciosa-
mente para decirle que tenía una boca hermosa, una
voz con cadencia tropical y unos hombros[12] increíbles.

Ella te miraba atenta y retomaste el tema concretándolo[13] con ejemplos; ella tensó su cuerpo para es-
cucharte mejor y apoyó la barbilla en la mano; le dijiste,
quita esa cara[14] mujer, y te decidiste con voz muy
ronca[15] y muy baja a preguntarle si quería ir a la cama
contigo; cuando contestó que no, tú te sorprendiste.

---

[1] **por tropezar** *for bumping into* [2] **frente a** *in opposition to* [3] **suburbana** = de barrios periféricos pobres [4] **aislada** = aquí,
separada [5] **tu... recogía** *your forefinger took up* [6] **se concentraba en** = se limitaba a [7] **angustiado** = muy preocupado [8] La
encuesta realizada por Shere Hite en 1976 dio a conocer las prácticas sexuales de las mujeres norteamericanas. [9] **se...
uñas** *bit her nails* [10] **Alzaste** *You raised* [11] Es una alusión al célebre libro de Kate Millett titulado *Política sexual* (1970), en
el cual la feminista norteamericana mantiene que la relación entre un hombre y una mujer es siempre una relación de
poder. [12] **hombros** *shoulders* [13] **concretándolo** = precisándolo [14] **quita esa cara** *don't look so serious* [15] **ronca** *hoarse*

Después de leer

5-8 ¿Entendido?

Di si las oraciones siguientes son verdaderas o falsas de acuerdo con el contenido de la lectura.

1. Los personajes de este cuento están en una cafetería o en un bar.

2. El hombre (tú, en el cuento) y la mujer no están casados. Quizás sean amigos o bien acaben de conocerse.

3. El personaje masculino habla del feminismo y lo critica por ser una ideología burguesa.

4. La mujer sigue muy atenta la conversación y participa de vez en cuando.

5. El hombre, además de mover la lengua (para hablar), mueve las manos.

6. El hombre habla tanto porque cree que así va a convencer más fácilmente a la mujer.

7. Es posible que la mujer no sea tan atractiva como indica el hombre y que él sólo quiera hacérselo creer a ella.

8. El hombre menciona primero "la relación de los sexos", después "las relaciones sexuales" y por último "ir a la cama". Lo que quería él desde el principio era esto último.

9. Finalmente, la mujer rechazó la proposición que le hizo su acompañante.

5-9 En mi opinión

En grupos de tres estudiantes, utilicen las preguntas siguientes como punto de partida para entablar una conversación.

1. Piensen en cómo sería la narración desde la perspectiva femenina. ¿Creen que la reacción de un lector sería diferente a la de una lectora? ¿Se sentirán los hombres ofendidos con este relato? ¿Por qué sí o no? ¿Cuál sería la moraleja *(moral)* del cuento desde el punto de vista de los hombres y desde el de las mujeres?

2. ¿Tiene el personaje masculino una ideología feminista? ¿Qué parece entender él por feminismo? ¿Y Uds.? ¿Para qué emplea él sus conocimientos sobre el feminismo? ¿Es la actitud del hombre típicamente latina? ¿O es también frecuente en otras culturas? ¿Han observado alguna vez una situación similar a la que presenta el cuento? Cuéntensela a su grupo.

3. ¿Tienen reivindicaciones similares las mujeres burguesas y las del proletariado? Por lo general, ¿es el feminismo sólo un movimiento de las mujeres de la clase media y alta?

4. ¿En qué sentido puede estar una mujer "liberada"? ¿Y un hombre? El hecho de que una mujer esté "liberada" ¿qué consecuencias prácticas tiene para el hombre del cuento? ¿Hay muchos hombres y mujeres que piensan lo mismo?

5. En Estados Unidos, ¿tiene la palabra "feminista" connotaciones de promiscuidad o de lesbianismo? ¿Saben si es así en el mundo hispano?

6. En el texto de Holst, el hombre intenta influir a una amiga con sus palabras. ¿Qué hacen o dicen ustedes para manipular a sus novios/as, sus padres, sus profesores/as? ¿Cuáles son otros métodos de manipulación? ¿Hay situaciones en las que se sienten manipulados/as?

7. ¿Qué le diría un hombre a una mujer para seducirla? ¿Y viceversa? ¿Qué les gusta oír a los hombres? ¿Y a las mujeres?

8. Los hombres siempre se han preguntado qué quieren las mujeres. Las mujeres sólo ahora empiezan a decírselo. ¿Está claro qué quieren los hombres? Hagan una lista de tres cosas y compárenla con la de otro grupo.

Estrategias comunicativas para aceptar o rechazar enfáticamente algo

Sí	No
Por supuesto (que sí). *Of course.*	**Por supuesto que no.** *Of course not.*
Claro que sí. *Of course.*	**Claro que no.** *Of course not.*
Sin duda alguna. *Without a doubt.*	**Lo dudo mucho.** *I doubt it very much.*
Me encantaría. *I would love to.*	**De ninguna manera.** *No way.*
Cómo no. *Of course.*	**En absoluto.** *Absolutely not.*
¿Por qué no? *Why not?*	**Ni lo sueñes. / Ni loco/a.** *Not even in your dreams.*

5-10 En (inter)acción

Realicen las siguientes actividades según se indica.

1. **Propuestas.** En parejas, propóngale algo a un/a compañero/a. Él/Ella debe contestar con alguna de las expresiones de **Estrategias comunicativas**.

Ejemplo: Estudiante 1: ¿Quieres salir conmigo?
Estudiante 2: Ni loco/a.

Estudiante 1: ¿Por qué no lavas tú los platos hoy?
Estudiante 2: Cómo no. Ya que tú limpiaste el baño...

Estudiante 1: ¿Me prestas doscientos dólares?
Estudiante 2: ¡Ja! Ni lo sueñes.

2. **La zorra** (*fox*) **y las uvas verdes** (*unripe grapes*). En grupos de tres estudiantes, observen con mucha atención la tira cómica del humorista Quino y luego hagan las actividades de esta página y de la siguiente.

a. Describan viñeta a viñeta lo que ocurre.

b. Presten atención al tamaño de los dibujos. ¿Qué quiere indicar con esto el dibujante?

c. ¿Cuál es la relación entre la mujer y el hombre? ¿Son madre e hijo?

d. ¿Qué o a quién(es) critica el dibujante en esta tira cómica? ¿Es frecuente que un hombre critique a otros hombres?

e. Pónganle otro título a esta historieta cómica que refleje su contenido.

f. Relacionen la tira cómica con el cuento "Palabreo".

g. ¿Conocen la fábula de Esopo *(Aesop)* "La zorra y las uvas"? Dice así: "Una zorra vio unos hermosos racimos de uvas y empezó a saltar para coger uno y comérselo. No pudo alcanzar ninguno y, frustrada, dijo para consolarse: estas uvas no están maduras". ¿Por qué creen que le hemos puesto este título a la tira cómica? ¿Les parece apropiado?

3. **Casamenteros** *(Matchmakers).* Miren las fotos de esta página y de la siguiente y jueguen a hacer parejas entre ellas y ellos. Expliquen por qué creen que serán compatibles.

Carlota

Rosario

Eugenia

Beatriz

Eusebio

Fermín

Jorge

Luis

4. **Defensa verbal.** En grupos, inventen réplicas breves e ingeniosas para los siguientes comentarios o actitudes sexistas.

a. Alguien acaba de contar un chiste sexista delante de ti.

b. El mecánico de un taller de reparaciones te dice que las mujeres no entienden de carros.

c. Una mujer pide la cuenta en un restaurante y se la entregan a su acompañante masculino.

d. Un conductor acaba de hacer una maniobra peligrosa en la carretera y alguien dice que seguramente es una mujer.

e. Eres una mujer que viaja en avión. Alguien sentado en el asiento de al lado hojea una revista pornográfica.

f. Eres una mujer hermosa y caminando por la calle de una ciudad hispana alguien te grita un piropo *(compliment)*.

Ahora, continúen esta actividad añadiendo otros ejemplos.

 5. **Tu media naranja** *(Your better half).* Con toda la clase, hablen sobre los concursos de televisión que tratan de emparejar a un chico y una chica para que salgan juntos. ¿Son humillantes, ridículos, instructivos, necesarios?

 6. **Mujer, no llores...** En parejas, observen el folleto y contesten las preguntas que aparecen a continuación.

a. ¿A quién(es) está dirigido este consejo?

b. ¿A qué situación creen que alude este folleto informativo?

c. ¿Dónde o a quién debe hablar la mujer?

d. ¿Por qué no debe llorar la mujer? ¿Por qué no es bueno que llore?

e. ¿Creen que las mujeres abusan del llanto?

Repaso gramatical
(*Cuaderno*):
Formas del presente de
subjuntivo
El subjuntivo con
expresiones impersonales

5-11 Práctica gramatical

Hagan los ejercicios siguientes prestando atención a los puntos gramaticales
estudiados.

1. **¿Indicativo o subjuntivo?** ¿Cuáles de las formas verbales siguientes
    terminadas en **a** son del presente de indicativo y cuáles del presente
    de subjuntivo? Decídanlo con un/a compañero/a. Luego digan el in-
    finitivo de cada verbo.

    a. duela   f. sepa
    b. presenta   g. refleja
    c. haga   h. sienta
    d. se oculta   i. ponga
    e. refuerza   j. diga

2. **Una cita a ciegas** (*A blind date*). Tu compañero/a de clase quiere organizarte una cita
    a ciegas. Descríbele la persona ideal con la que te gustaría salir usando expresiones
    impersonales (es preciso, es importante, es necesario, es crucial, es recomendable)
    y el subjuntivo. Después deben invertir los papeles.

    Ejemplos: Es absolutamente imprescindible que sea alto/a.
    Me parece crucial que hable varias lenguas.

5-12 Creación

Escribe una composición de acuerdo con las instrucciones que siguen.

Redacta una breve narración que empiece así: "Desde el primer momento me di cuenta
de cuáles eran sus verdaderas intenciones... "

Atajo		
Phrases:	*Greeting; Inviting; Accepting & declining*	
Grammar:	*Personal pronouns; Article: neuter* **lo**; *Prepositions:* **a personal**	
Vocabulary:	*Face; Gestures; Postures*	

EVA
Cristina Peri Rossi

La escritora uruguaya Cristina Peri Rossi (1941) vive en España desde 1972, año en que se exilió de su país por razones políticas. Ha publicado más de diez libros, entre los que destacan *Indicios pánicos* (1970), *Descripción de un naufragio* (1975) y *Fantasías eróticas* (1991). Colabora en las revistas y periódicos más importantes de España y del extranjero.

El fragmento siguiente procede de su novela *La nave de los locos* (1984) y en él nos muestra lo pronto que en nuestras vidas nos inculcan ideas sexistas. En la versión original los/las niños/as cometen errores de ortografía al escribir. Hemos cambiado la ortografía del original para facilitarles la lectura.

Palabra por palabra

cazar	to hunt	**por culpa de**	because of, due to (blame intended)
coser	to sew		
encargarse de	to be in charge of	**portarse bien/mal**	to behave well/badly
fastidiar	to bother, pester	**tener ganas de** + inf.	to look forward to, feel like
hacer caso	to pay attention		
llevarse bien/mal	to get along well/badly		

Mejor dicho

educar	to raise, rear, bring up	Enseñar a los niños las normas de cortesía, las buenas costumbres, etc. para vivir en sociedad.	Mi madre no me **ha educado** tan mal.
criar	to rear, nurse, nourish, breed	Alimentar, dar de comer, cuidar a niños o animales.	Lo **criaron** sus abuelos paternos.
crear	to create	Hacer que empiece a existir una cosa.	¿Quién crees que **creó** el mundo?

cultivar	to grow (vegetables, flowers . . .)	¿**Cultivaba** Adán manzanas en el Paraíso?
crecer	to grow up (physically)	¡Hay que ver cuánto **has crecido** en los últimos meses!
madurar	to grow up (mentally)	Desafortunadamente no todo el mundo **madura** con los años.

5-13 Práctica

Hagan las actividades siguientes prestando atención a las palabras del vocabulario.

 1. Con toda la clase, hagan asociaciones con las palabras del vocabulario.

Ejemplo: cultivar — granja — campo — zanahorias — lluvia — fértil — cosecha

 2. En parejas, preparen dos preguntas referidas a la infancia utilizando el vocabulario. Luego, al azar, se elige a dos estudiantes que deben responder a las preguntas preparadas por sus compañeros/as.

Ejemplo: De pequeño/a, ¿qué te fastidiaba de los otros niños? ¿Y de las niñas?

¿Qué asocias con una manzana?

Antes de leer

Haz lo que se te indica a continuación.

1. Lee el primer párrafo y luego di a qué corresponden los párrafos siguientes precedidos de una letra: A, B, C, etc.

2. Fíjate en los nombres propios que aparecen a lo largo de la lectura y escríbelos a continuación. ¿Por qué supones que se repiten tanto esos nombres?

a. _____

b. _____

c. _____

3. Menciona tres cosas que ya sabes sobre Adán y Eva.

a. _____

b. _____

c. _____

4. ¿Dónde aprendemos a ser hombres y mujeres? ¿Qué es más importante en este aprendizaje: la familia, la escuela, la iglesia, los/las amigos/as?

EVA

Cristina Peri Rossi

I. Graciela propuso a cuarenta escolares, comprendidos entre[1] los siete y los doce años, que describieran a Adán y a Eva en el Paraíso. Luego recogió las respuestas.

Adán y Eva

A. Adán vivía feliz entre los árboles y las plantas hasta que llegó la Eva y le hizo comer la manzana porque quería matarlo y reinar[2] ella sola.

B. Dios sacó a Eva de una costilla[3] de Adán porque él se aburría un poco y tenía ganas de tener a quien mandar.

C. Adán estaba muy tranquilo jugando con los peces y las plantas hasta que llegó Eva y empezó a incordiar.[4] Tuvo que darle unos golpes para que se portara bien pero igual se comieron la manzana.

D. Él estaba solo y no lo pasaba muy bien porque no tenía con quien hablar pero cuando nació ella fue mucho peor.

E. Dios había creado a Adán y lo había rodeado de plantas, de aves y de peces, pero necesitaba un semejante.[5] Entonces Dios lo acostó, lo hizo dormir y de una costilla de su costado creó a Eva. Los problemas empezaron porque ella era un poco curiosa y le hizo caso a la serpiente. Por culpa de Eva las mujeres tenemos mala fama en este mundo.

F. A mí me parece que Adán era un buen tipo. Pescaba, cazaba y andaba por los bosques plantando plantas. Pero claro, ¿con quién iba a hablar? Entonces vino Dios y le dio unas pastillas[6] para que se durmiera y le quitó una costilla que después creció y se llamó Eva. Eva era mujer. Adán era hombre. Entonces pasó lo que tenía que pasar. De ahí nacimos nosotros.

G. Mi padre dice que Eva era como todas las mujeres que se pasan el día conversando con las vecinas y viven fastidiando a los hombres para que les compren cosas, ropas y eso.

H. La historia esa es un poco confusa, porque nadie entiende por qué a Dios se le ocurrió ponerle a Eva de compañera. Si en vez de ponerle una mujer le hubiera puesto a un hombre, como él, Adán lo habría pasado mucho mejor. Pescarían juntos, se irían de paseo a cazar fieras[7] y los sábados de farra.[8]

I. Dios como era muy machista lo primero que hizo dice mi mamá fue inventar al hombre y después encima dice que Eva le nació de un costado. Dice mi mamá que ojalá todos los partos del mundo fueran así; las mujeres lo pasaríamos más aliviadas.[9]

J. Yo creo que el asunto del Paraíso es una metáfora, porque la información que brinda[10] el Génesis no tiene visos de[11] realidad. En primer lugar, no se comprende por qué Dios, que había creado al hombre a su imagen y semejanza, hizo a Adán tan imperfecto que se aburría. En segundo lugar, la hipótesis de que le sacó una costilla es bastante increíble. ¿Para qué iba a usar este procedimiento una sola vez, dado que a partir de ahí nacemos siempre del vientre de la madre? Todos son símbolos, me parece. Ahora bien, lo que simbolizan yo no lo sé muy bien.

II. Tareas a las que se dedicaban Adán y Eva
Como segunda proposición, Graciela les sugirió que trataran de imaginar la vida cotidiana en tiempos de Adán

---

[1] **comprendidos entre** = entre [2] **reinar** *to reign* [3] **costilla** *rib* [4] **incordiar** = molestar [5] **semejante** = compañero/a [6] **pastillas** *pills*
[7] **fieras** = animales salvajes [8] **de farra** = de fiesta [9] **lo... aliviadas** *we would have an easier time of it* [10] **brinda** = ofrece
[11] **visos de** *resemblance to*

y Eva. Algunas de las respuestas fueron:

1. Adán se ocupaba de cazar fieras, leones, tigres y ovejas.[12] Eva limpiaba la casa y hacía las compras.

2. Eva cuidaba de la casa, que era una gruta[13] salvaje. Adán se iba de pesca y volvía tarde, pero ella siempre lo esperaba para cenar juntos y después lavaba los platos.

3. Cada uno se dedicaba a las labores[14] propias de su sexo. Que eran: el hombre cazaba, pescaba, encendía el fuego, exploraba los contornos[15] y de vez en cuando se fumaba un cigarrillo. Ella se quedaba en el Paraíso, limpiando y cosiendo porque ahora ya no estaban desnudos.

4. Como a ella le quedaba bastante tiempo libre (sólo tenía que esperarlo para limpiar el pescado y ponerlo a hervir[16]) se dedicó a andar entre los árboles y las serpientes y allí le vinieron los malos pensamientos.

5. Entonces Adán le dijo: si quieres estudiar las ciencias del bien y del mal, estúdialas, a mí no me importa, pero seguirás limpiando la casa y planchando,[17] que es tu deber.

6. Adán estaba muy ocupado; no sólo debía cuidar del paraíso que Dios le había dado sino que además... se encargaba de las relaciones públicas, porque él dialogaba directamente con Dios pero Eva no.

7. Yo creo que después del asunto de la manzana ya no se llevarían muy bien pero no se podían separar porque en esa época no había separación legal y además cada año tenían un hijo.

Acerca de las virtudes y defectos de Adán y de Eva, Graciela obtuvo los siguientes resultados: Adán es valiente (35), honrado (23), trabajador (38), inteligente (38), responsable (29), obediente (22). Su principal defecto es escuchar a las mujeres (33).

En cuanto a Eva, se le reconoció sólo una virtud: bella (30). Un alumno dijo que era curiosa, pero que no estaba seguro de que ésa fuera una virtud o un defecto. En cambio, la lista de sus defectos es más numerosa; 39 alumnos la juzgaron excesivamente curiosa, 33, charlatana[18] y 25, consideraron que tenía mal carácter, 22 dijeron que era holgazana[19] y 3, que era una frívola.

Después, los alumnos y las alumnas se fueron a jugar.

De madre a hija

---

[12] **ovejas** *sheep* [13] **gruta** *cave* [14] **labores** = tareas, trabajos [15] **contornos** *surroundings* [16] **hervir** *to boil* [17] **planchando** *ironing* [18] **charlatana** = que habla/charla mucho [19] **holgazana** = perezosa

Después de leer

5-14 ¿Entendido?

Completa las oraciones siguientes con tus propias palabras de acuerdo con el contenido de la lectura.

1. Aunque no todos/as los/las estudiantes tienen las mismas ideas sobre Adán y Eva, la mayoría... *Adán era valiente y Eva era curiosa excesivamente*

2. Las tareas no presentan una visión exacta de la época histórica en que supuestamente vivieron Adán y Eva. Por ejemplo,... *Eva planchaba y no era posible separa legalment*

3. Supongo que el párrafo... corresponde a una niña porque... *refiere tu madre machiste*

4. Supongo que el párrafo... corresponde a un niño porque... *refiere tu padre desgastar*

5. Graciela ha aprendido leyendo las tareas de sus estudiantes que... *las estudiantes pensan mal caras por la origind mejor*

6. El humor de la lectura radica en... *la primera párafo.*

5-15 En mi opinión

En grupos de tres estudiantes, utilicen las preguntas siguientes como punto de partida para entablar una conversación.

1. ¿Creen Uds. que Adán y Eva existieron realmente? Expliquen su respuesta.

2. ¿Existen otras explicaciones sobre el origen de los seres humanos? ¿Cuáles son?

3. ¿Quiénes han influido más en los niños a la hora de hacerse una idea de Adán y Eva? ¿Cómo lo saben Uds.?

4. ¿Han cambiado de opinión sobre algo que los mayores les dijeron o hicieron creer cuando Uds. eran niños/as? Den un ejemplo.

5. El género (gender) se define como una construcción social. ¿Qué quiere decir esto?

6. Elijan una de las tareas que aparecen en la lectura y analícenla. Luego pónganle una nota del 1 al 10 y expliquen por qué le han dado esa nota.

7. ¿Cuáles de las tareas escritas por los/las estudiantes resultan verosímiles (esto es, que un/a niño/a la podría haber escrito realmente) y cuáles son obviamente producto de la imaginación de la autora? ¿En qué se basan para pensar así?

8. Expliquen la oración final. ¿Por qué se van a jugar juntos? ¿Hay que tener en cuenta el sexo de la otra persona con la que uno/a juega? ¿Por qué sí o no? ¿Y los juegos a los que se juega? ¿Y los juguetes que se utilizan?

9. Digan si están de acuerdo o no con la idea que presenta el póster siguiente. Expliquen su respuesta.

Estrategias comunicativas para admitir responsabilidad y disculparse

Es culpa mía. *It's my fault.*	**Ha sido sin querer.** *It was an accident.*
Reconozco que estaba equivocado/a. *I admit that I was wrong.*	**Lo dije sin mala intención.** *I didn't mean any harm.*
Sé que mi conducta no tiene perdón. *I know that my behavior is unforgivable.*	**No era mi intención...** *I didn't mean . . .*
Me responsabilizo plenamente de... *I take full responsibility for . . .*	**Pensé que hacía bien...** *I thought I was doing the right thing . . .*
Admito que... *I admit that . . .*	**Tenía entendido que...** *I was under the impression that . . .*

5-16 En (inter)acción

Realicen las siguientes actividades según se indica.

 1. **Reprimendas.** La directora de la escuela y otros/as profesores/as quieren hablar con los padres de estos/as estudiantes con respecto a las tareas que han escrito. En grupos de tres estudiantes, cada estudiante elige un papel: directora, profesor/a, padre o madre y discuten los prejuicios y estereotipos sobre las mujeres que evidencian las tareas. Utilicen algunas de las expresiones de **Estrategias comunicativas.**

 2. **Descripciones.** En grupos de tres o cuatro estudiantes, hagan sus propias descripciones de Adán y Eva en el Paraíso. Traten de ser originales y graciosos/as.

 3. **Ortografía.** El párrafo que sigue es parte (no incluida) del texto "Eva". Contiene las faltas típicas de ortografía y puntuación que cometen los hispanohablantes, especialmente los niños. Con un/a compañero/a, subrayen los fallos que encuentren.

"Adán era aguerrido y valiente Salía solo de noche a espantar leones mientras Eba que era un poco holgasana dormía y después comían lo que El havia traido y con los cueros que sobraban se hasian la ropa que era muy difícil porque en aquellas lejanas epocas no havia ni luz eletrica ni máquina de coser. Todo era a mano."

¿Son las mismas que cometen los norteamericanos cuando están aprendiendo español? En el mundo hispano no se llevan a cabo *spelling bees.* ¿Por qué creen que no existe este tipo de competición escolar?

4. **En la consulta.** Adán y Eva han ido a consultar a un/a consejero/a matrimonial, pues discuten constantemente desde la expulsión del Paraíso. En grupos de tres estudiantes, distribúyanse estos papeles y representen una escena breve durante la consulta.

 5. **Mujer florero.** La canción de esta página y de la siguiente es de un dúo español llamado **Ella baila sola.** La protagonista nos dice lo que quiere ser cuando sea mayor. Pero ¿lo dice en serio? Comenten la canción con sus compañeros/as.

♪ MUJER FLORERO°   *flower vase*
De mayor quiero ser mujer
florero,
metidita en casita yo te espero,
las zapatillas de cuadros
preparadas,
todo limpio y muy bien
hecha la cama.
De mayor quiero hacerte la
comida,
mientras corren los niños
por la casa,
y aunque poco nos vemos

yo aquí siempre te espero
porque es que yo sin ti, es que yo,
es que no soy nada y...
Quiero ser tu florero
con mi cintura° ancha,   *waist*
muy contenta cuando
me das el beso
de la semana.
Es mi sueño: todo limpio
es mi sueño: estar en
bata°   *robe, house dress*
y contar a las vecinas
las desgracias que me pasan.
De mayor quiero ser mujer
florero,
serán órdenes siempre tus
deseos
porque tú sabes más de
todo, quiero
regalarle a tu casa todo mi tiempo.
Y por la noche te haré la cenita,
mientras ves el partido
o alguna revista,
y hablaré sin parar de mi día
casero, no me escuchas, no me
miras
¡ay! ¡Cuánto te quiero!
Quiero ser tu florero... ♪

Repaso gramatical
(*Cuaderno*):
El subjuntivo con
expresiones de duda y
negación
Los posesivos

5-17 Práctica gramatical

Hagan los ejercicios siguientes prestando atención a los puntos gramaticales estudiados.

 1. **Conocimiento bíblico.** En parejas, reaccionen a las siguientes afirmaciones expresando **duda** o **certeza**. Utilicen el indicativo o el subjuntivo en la cláusula subordinada, según corresponda.

      Ejemplo: —Dios creó al primer hombre con barro y maíz.
                  —Lo dudo. Creo que estás mezclando la teología cristiana con la maya.

   a. El Génesis habla de Lilit, la primera mujer de Adán.

   b. Judith, Raquel y Roberta son los nombres de tres figuras bíblicas.

   c. La palabra Biblia, que es griega, significa "los libros".

   d. El Paraíso terrenal se encuentra en el triángulo de las Bermudas.

   e. Monoteísmo significa "doctrina de los que creen en la existencia de muchos dioses".

2. **Cada oveja con su pareja.** Hoy es el último día del curso escolar y Graciela está intentando encontrar a los/las dueños/as de los objetos que ha ido recogiendo durante todo el año. Un/a estudiante hace el papel de Graciela y los/las demás, de los/las niños/as del cuento.

   Ejemplo: Graciela: A ver, ¿estas botas rojas de quién son?
              Estudiante A: No son mías; serán de Miguelito.

5-18 Creación

Escribe una composición de acuerdo con las instrucciones que siguen.

Redacta una composición sobre una figura femenina real o ficticia que, como Eva, tenga o haya tenido injustamente mala fama.

Atajo		
Phrases:	*Expressing irritation; Denying; Persuading*	
Grammar:	*Relatives; Verbs: transitives & intransitives*	
Vocabulary:	*Nationality; Dreams & aspirations; Traveling*	

Capítulo

6   *En familia*

 http://aquesi.heinle.com

LA COCINA DE ZUMBAGUA

Mary Weismantel

La antropóloga norteamericana Mary Weismantel (Northwestern University) ha estudiado las tradiciones alimenticias y culinarias de Zumbagua en su libro *Alimentación, género y pobreza en los Andes ecuatorianos* (1988). En la selección incluida, la autora describe la casa típica de una familia zumbagüeña y así evidencia la centralidad de la cocina en la vida y estructura familiar.

Palabra por palabra

el almacenamiento	*storage*	el/la esposo/a	*husband/wife*
añadir	*to add*	el lazo	*bond, tie, link*
cocinar	*to cook*	el marido	*husband*
cuanto más... más	*the more . . . more*	la pareja	*couple*
de acuerdo con	*according to,*	la queja	*complaint*
	in accordance with	repartir	*to give out, hand out, distribute*

Mejor dicho

el alimento	*food item*	Nos interesa saber el valor nutritivo de los **alimentos**.
la comida	*meal*	Dicen que la **comida** más importante es la del desayuno.

el pariente	*relative*	Tengo **parientes** en muchos lugares distintos.
el padre	*father*	¿Cuándo es el día del **Padre**?
los padres	*fathers*	Nuestra asociación ofrece ayuda jurídica y psicológica a **padres**, madres e hijos.
	parents	A mis **padres** les encantaba cocinar juntos.

| la manera, el modo | *way, manner* | Esa no es **manera** de comportarse en la mesa. ¿No te irrita su **modo** de hablar? |
| los modales | *manners* | Es una pena que Rubén no tenga buenos **modales**. |

¡Ojo! Otras expresiones con **manera/modo** son:

| de manera/modo que | *so, so that* |
| de todas maneras, de todos modos | *anyway* |

6-1 Práctica

Hagan las actividades a continuación en parejas, prestando atención a las palabras del vocabulario.

1. Hablen de lo que ven en la foto utilizando palabras de este vocabulario y de los anteriores.

En el mercado de Ambato (Ecuador)

2. Expliquen el significado del refrán "El que parte y reparte siempre se lleva la mejor parte".

3. Comenten cuáles de los siguientes modales son buenos y cuáles malos. Luego añadan dos ejemplos de cada uno.

   a. Comer con la boca abierta.

   b. Poner los codos (*elbows*) en la mesa.

   c. Utilizar cubiertos (cuchillo, cuchara, tenedor) al comer.

   d. Meterse el dedo en la nariz.

   e. Tocar la comida con las manos.

4. ¿Tienen una base sexista los buenos modales? Por ejemplo, el hecho de que los hombres abran las puertas, ayuden a las mujeres con el abrigo, etc., ¿es realmente cortesía o una manera de tratar a la mujer como a un ser inferior, aunque sea inconscientemente?

5. El famoso verso de Elizabeth Barrett Browning *Let me count the ways* se refiere a las maneras de expresar el amor. Mencionen tres modos en que Uds. lo expresan (por sus padres, sus parientes, etc.).

Antes de leer

Haz lo que se te indica a continuación.

1. La palabra "cocina" tiene más de un significado en español. ¿Sabes cuáles son?

2. ¿Qué tipo de cuartos hay en tu casa y qué se hace en ellos?

3. El siguiente texto describe la vida de una comunidad indígena y rural. A medida que leas, busca tres elementos que lo indican y escríbelos abajo.

   a. _____

   b. _____

   c. _____

4. Los sufijos (-**able**, -**dad**, -**eza**, -**ismo**, -**ista**, -**ción**, -**mente**, -**miento**…) son partículas que nos indi-can si una palabra es un sustantivo, un adjetivo o un adverbio. Además, cada sufijo tiene su propio significado. Busca en el texto tres palabras que terminen en -**mente** (adverbio, significado: "de modo o manera"), otras tres en -**miento** (sustantivo, significado: "acción y efecto") y otras tres en -**dad** (sustantivo, significado: "cualidad") y deduce su significado.

   a. _____

   b. _____

   c. _____

   d. _____

   e. _____

   f. _____

LA COCINA DE ZUMBAGUA

Mary Weismantel

En Zumbagua el fogón[1] define la casa. Reemplaza a la cama matrimonial como símbolo de la vida conyugal[2] y al lazo de sangre como el emblema del parentesco: la familia zumbagüeña la componen los que comen juntos. La importancia del fogón puede verse en el enorme significado atribuido al establecimiento de una nueva cocina. Un hombre y una mujer están listos para casarse después de un año de cortejo pero pueden pasar más de diez años antes de que empiecen a cocinar separados de sus padres y hermanos. Físicamente una vivienda familiar en Zumbagua consta de una serie de edificaciones individuales construidas alrededor de un patio. Dos de estos cuartos siempre son una cocina y un cuarto de almacenamiento. Los dormitorios adicionales se van añadiendo según la necesidad. La palabra "cocina" en sí implica mucho más que un cuarto donde se prepara la comida. Es allí donde viven el hombre y la mujer cabezas de familia, donde se bañan, se toman las decisiones, se vela a los muertos, donde nacen los bebés y los enfermos recuperan la salud. Las otras construcciones son cuartos de almacenamiento; únicamente la cocina es el hogar.

Los hogares de Zumbagua tienen un largo ciclo de vida, que pasa por fases distintas. En un primer momento, una pareja casada y sus hijos residen allí. Todos duermen en la cocina. Más tarde, a medida que los hijos van creciendo,

pueden empezar a dormir en el cuarto de almacenamiento o construirse pequeños dormitorios separados. Finalmente, a medida que se casan, si es que no se unen a la familia de su cónyuge, construirán un nuevo dormitorio más grande en el terreno de sus padres, alrededor del mismo patio en que se encuentra la cocina donde nacieron, donde todavía comen a diario y donde nacen sus propios hijos.

Los hijos casados cocinan, comen, trabajan y juegan con sus padres durante algunos años. La cocina llega a alimentar a tres generaciones. Cuando la joven pareja tiene varios hijos mayores de cinco años, construye una cocina separada, estableciendo de este modo su propia casa. Idealmente el hijo menor nunca abandona la casa. Finalmente el hogar original entra en la última fase: la pareja más joven y sus hijos duermen en la cocina central, mientras que la pareja mayor ocupa un dormitorio cercano y pequeño.

La familia nuclear es la base conceptual de la familia de Zumbagua, pero de hecho las relaciones biológicas entre sus miembros tienden a ser complejas. Las chicas de la familia pueden casarse con un hombre que no sea su primera pareja y dejar a los hijos de su primera unión para que sean criados por sus abuelos. Los abuelos también aceptan "mantener" nietos cuyos padres viven ahora en alguna otra parte. Además son comunes varias formas de adopción. Adoptar/ser adoptado no es motivo de vergüenza ni tampoco se considera una desventaja: en una sociedad en la que cuanto más grande es la familia, más rica es, añadir un pariente adoptado nunca parece mala idea.

El sexo pre-marital no está estigmatizado y se considera un comportamiento normal de la adolescencia. El motivo de vergüenza es abandonar a los padres mayores sin gente joven para ayudarlos en la casa y alegrarles la vida. Las mujeres jóvenes pueden verse considerablemente presionadas a dejar a su hijo en casa, incluso si nació después del matrimonio o si su esposo es el padre.

Por consiguiente, los términos "padres e hijos" se usan para referirse a la gente que comparte un fogón: la generación más vieja que alimenta y la más joven que es alimentada. Todos los niños que una pareja cría en su familia son considerados sus hijos e hijas. La comida, no la sangre, es el lazo que los une.

La organización del trabajo en la cocina es fundamentalmente un asunto femenino: aquí los hombres no intervienen en las relaciones entre mujeres. Sin embargo, una vez que la comida está lista para servirse, la cocina se convierte en el escenario de una interacción entre los sexos muy significativa y ritualizada.

Las casas de Zumbagua carecen de mesas, así que todos comen sobre bancos o sentados en el suelo, tomando la sopa en tazones[3] de lata y lanzando los huesos a los perros. A pesar de la aparente informalidad se observa una estricta jerarquía en cómo se sientan. Las sillas pequeñas las ocupan los comensales de más alta categoría, generalmente los hombres mayores. Luego, de acuerdo con una serie de flexibles criterios sociales se coloca a los ancianos antes que a los jóvenes, a los hombres antes que a las mujeres y al invitado antes que al anfitrión; los

---

[1] **fogón** *hearth* [2] **conyugal** = de esposos [3] **tazones** *mugs*

demás se sientan en asientos bajos, sobre mantas o paja esparcida por el suelo. Como regla general los hombres no se sientan nunca sobre la tierra misma, mientras que las mujeres sí lo hacen. Incluso si se ofrece la silla a una mujer mayor y no a un hombre joven, él no se sentará en la tierra sino que preferirá agacharse[4] de manera que únicamente sus pies se pongan en contacto con ella.

El orden en que se sirve a las personas es otro indicador del rango que tienen en la sociedad. Las decisiones referentes a este orden las toma la mujer que está sirviendo, normalmente la mayor de la casa. Si aquellos a quienes sirve son gente importante, por ejemplo padrinos, el esposo puede ser el que les sirva, pero lo hace bajo la dirección de su esposa.

La mujer que cocina no sólo controla el orden en el que se sirven los alimentos, sino que utiliza un verdadero arsenal de instrumentos para expresar su opinión sobre aquellos a quienes sirve. En primer lugar, existen grandes diferencias en tamaño, forma, diseño y materiales de tazones y cucharas.[5] Lejos de reflejar simplemente una secuencia esporádica de adquisición, las desigualdades en la cubertería y la vajilla[6] son necesarias para poner de relieve la jerarquía social de los que comen juntos. El plato más grande, nuevo y decorado debe ser para la persona a quien se sirve en primer lugar y así sucesivamente, subrayando de este modo las distinciones ya expresadas en el orden de servir. Los platos ofrecen otra escala con la cual medir el valor social de los comensales.

La sopa es otro indicador. Para los norteamericanos, por definición, una sopa es un plato homogéneo y amorfo: uno puede dudar al escoger entre dos chuletas de cerdo o dos pedazos de pollo, pero la sopa es siempre la misma. Los zumbagüeños simplemente ven la sopa de otro modo. Cada tazón de sopa es elaborado cuidadosamente, distribuyéndose los vegetales, la carne y el caldo[7] de acuerdo con los méritos de cada persona.

Los modales también adquieren usos interesantes cuando se trata de cónyuges que están enojados. La obligación de la mujer de tener la comida siempre lista y caliente, así como el acto de servirla cuando su esposo llega a casa causa discusiones durante las cuales se ventilan agravios[8] iniciados en alguna otra parte. Cuando uno de los esposos enojados, rodeado por un grupo de parientes del mismo sexo, decide abandonarse a lamentaciones completamente públicas, las acusaciones de que ella no tiene la comida cuando él llega con hambre, o que la comida espera y él nunca llega a casa a tiempo, se escuchan con más frecuencia que cualquier otra queja. Si la esposa le sirve la comida a su esposo, se supone que él, a su vez, debe comerla. Esta tarea parece ser lo suficientemente agradable, pero como la mayoría de los aspectos de la vida matrimonial, un cónyuge rencoroso puede convertirla en un verdadero tormento.

---

[4] **agacharse** *crouch down* [5] **cucharas** *spoons* [6] **cubertería y vajilla** *flatware and dishes* [7] **caldo** *broth* [8] **se ventilan agravios** *offenses are aired*

Después de leer

6-2 ¿Entendido?

Todas las oraciones siguientes son falsas. Corrígelas para que sean verdaderas.

1. Las casas de Zumbagua tienen una cocina, un comedor, dos dormitorios y un baño.

2. Los hijos siempre viven con sus padres.

3. Tener hijos fuera del matrimonio está mal visto.

4. Las familias de Zumbagua no quieren tener muchos hijos porque son muy pobres.

5. El estatus social de los comensales es evidente en el modo de vestir.

6. Los hombres prefieren comer de pie; las mujeres, sentadas.

7. Solamente se sientan a la mesa cuando hay sopa.

8. Los jóvenes son los más poderosos y respetados.

9. El que los tazones y platos sean diferentes no tiene mucha importancia.

10. A la hora de comer cada uno se sirve lo que quiere.

11. Servir comida al esposo es siempre una señal de amor.

6-3 En mi opinión

En grupos de tres estudiantes, utilicen las preguntas siguientes como punto de partida para entablar una conversación.

1. En inglés hay un refrán que dice *Blood is thicker than water*. Expliquen su significado. ¿Cómo contrasta con la noción que tienen de la familia en Zumbagua?

2. ¿Qué necesidades debe satisfacer la familia para justificar su supervivencia como unidad fundamental de la sociedad? Mencionen tres.

3. ¿Qué lengua(s) creen que se habla(n) en Zumbagua? ¿Cómo han cambiado las relaciones familiares indígenas (y su alimentación) en los últimos siglos?

4. Cuando se habla de la cocina, ¿en qué sexo se piensa y por qué? ¿Ha cambiado esto mucho en las últimas décadas? ¿Y en su familia?

5. Se ha dicho que *It takes a village to raise a child*. ¿Están de acuerdo? Comenten/discutan sus nociones sobre la estructura familiar que mejor satisface las necesidades de los niños.

6. ¿Han notado o experimentado los contrastes culturales con respecto a los distintos modos de comer en diferentes países? Discútanlo. Por ejemplo, en Europa se suele servir la ensalada después del plato principal y no al principio de la comida como en Estados Unidos.

7. En cuanto al modo de comer, describan alguna práctica peculiar de su familia cuando ustedes eran pequeños.

8. Aparte de su valor nutritivo, comenten algunos aspectos sociales/simbólicos/patológicos/rituales de la comida en Estados Unidos hoy día. ¿Saben Uds. cómo se dice en español *eating disorders*?

Estrategias comunicativas para pedir algo cortésmente

Perdona, ¿te importa si...?	*Excuse me, do you mind if . . .?*
¿Te molestaría que...?	*Would it bother you if . . .?*
Oye, ¿sería posible...?	*Listen, would it be possible to . . .?*
¿Me harías un favor?	*Would you do me a favor?*

...y para responder a una petición

Claro.	**De ningún modo.**
Sure.	*No way.*
Está bien.	**Lo siento.**
Fine.	*I'm sorry.*
No hay problema.	**Ni soñarlo.**
No problem.	*Not on your life.*
Desde luego.	**No puedo.**
Of course.	*I can't.*

6-4 En (inter)acción

Realicen las siguientes actividades según se indica.

1. **Por favor.** En grupos de tres estudiantes, y usando las **Estrategias comunicativas**, preparen un diálogo para una de las situaciones siguientes. Repartan los papeles de acuerdo con cada situación. Luego presenten el diálogo a toda la clase.

    a. Están en una cafetería y quieren sentarse a la mesa de un/a chico/a.

    b. Están en la zona de no fumadores de un restaurante y alguien se pone a fumar.

    c. Están en el cine y la pareja de al lado está hablando.

    d. Estás cenando en casa de tu novio/a y su hermano pequeño no deja de darte patadas por debajo de la mesa.

2. **Debate.** En grupos de cuatro estudiantes definan lo que es una familia. ¿Les parece válida la definición que nos ofrece Weismantel: "una familia la forman los que comen juntos"? Consideren, por ejemplo, si para ser una familia las dos personas deben:

    a. estar casadas.

    b. tener hijos juntas.

    c. ser de distintos sexos.

    d. vivir juntas.

Repaso gramatical
(Cuaderno):
El subjuntivo con
verbos de deseo y
emoción
Formas y usos del
presente perfecto de
subjuntivo

6-5 Práctica gramatical

Hagan los ejercicios siguientes prestando atención a los puntos gramaticales estudiados.

1. **Discrepancias.** En parejas, formen oraciones combinando palabras de las tres columnas para expresar desacuerdo entre Ud. y otros.

   Ejemplo: Yo quiero llegar a tiempo pero mis amigos quieren que lleguemos un poco tarde a la recepción.

yo	otros	cuestión
a. estudiar literatura	consejeros	estudiar informática
b. ir a Stanford	padres	ir a MIT
c. pasar las vacaciones en casa	amigas	ir a esquiar
d. viajar a Chile	familia	visitar Alemania
e. ver una película	vecinas	jugar a las cartas
f. pasear por el centro *(downtown)*	primos	montar en bicicleta
g. comprar una moto	banquero	invertir el dinero

2. **He aprendido...** Utilizando el presente perfecto de indicativo, un/a estudiante menciona algo que ha aprendido a hacer desde que llegó a la universidad y los/las otros/as reaccionan usando el presente perfecto de subjuntivo. Trabajen en grupos de tres estudiantes.

   Ejemplo: Estudiante 1: He aprendido a compartir el cuarto con otra persona.
   Estudiante 2: ¡Qué bueno que hayas aprendido a compartir el cuarto con otra persona!
   Estudiante 3: ¡Cuánto siento que hayas tenido que compartir tu cuarto con un/a extraño/a!

6-6 Creación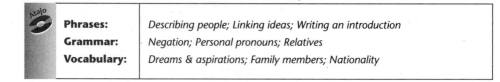

Escribe un párrafo de acuerdo con las instrucciones que siguen.

Un/a amigo/a tuyo/a que ha visto fotos de los Andes ecuatorianos y se ha quedado impresionado con su belleza quiere pasar seis meses en Zumbagua. Te ha pedido que le aconsejes ya que tú sabes más de esta población andina que él. Pero antes de responderle, investiga el tipo de comida habitual de la zona (papas, cuyes, wanlla…). Por último, anímale a que vaya o no de acuerdo con tu conocimiento del lugar y de tu amigo/a.

Phrases:	*Describing people; Linking ideas; Writing an introduction*	
Grammar:	*Negation; Personal pronouns; Relatives*	
Vocabulary:	*Dreams & aspirations; Family members; Nationality*	

En los Andes ecuatorianos se comen cuyes.

LA BRECHA
Mercedes Valdivieso

Mercedes Valdivieso consiguió un éxito rotundo con su novela *La brecha* (1960, traducida como *The Breakthrough*). En ella, la escritora chilena nos presenta a una mujer, poco convencional para su época, que decide romper con algunos de los papeles tradicionales que le ha asignado la sociedad.

El texto seleccionado corresponde a las primeras páginas de la novela y, en ellas, la protagonista nos habla de su matrimonio y del nacimiento de su primer hijo. Después de dar a luz, la narradora decide no tener más hijos. Esta decisión va en contra de la posición de la Iglesia católica con respecto al uso de los métodos anticonceptivos. Ya que en la Biblia Dios dice "creced y multiplicaos", los católicos no pueden recurrir a ninguno de estos métodos; de lo contrario, cometen un pecado mortal y cuando mueran irán directamente al infierno *(hell)*.

Palabra por palabra

arreglarse	*to manage, fix oneself up*	**el pañal**	*diaper*
así	*thus, like this/that*	**el parto**	*childbirth*
dar a luz/parir	*to give birth (to)*	**por lo tanto**	*therefore*
la luna de miel	*honeymoon*	**el refugio**	*shelter*
más vale... que	*it is better . . . than*	**el riesgo**	*risk*

Mejor dicho

embarazada	*pregnant*	Bárbara estaba **embarazada** de siete meses cuando la conocí.
embarazoso/a	*embarrassing (with situations)*	A mí sus preguntas me resultaron **embarazosas**.
avergonzado/a	*ashamed, embarrassed (with people)*	Se sienten **avergonzados** de su cobardía.
vergonzoso/a	*shy (with people)*	Diana no ha hablado nunca en público porque es muy **vergonzosa**.
	shameful, indecent (with things or situations)	¿No te parece **vergonzoso** cómo nos tratan?

| entonces | *right then, at that time* | Juanjo terminó el examen y **entonces** se acordó de la respuesta. |
| luego, después | *next, then, later* | Vivimos dos años en Montevideo y **luego/después** tres años en Ayacucho. |

¡Que vivan los novios!

6-7 Práctica

En parejas, contesten las preguntas siguientes. Presten atención a las palabras del vocabulario.

1. ¿Cuántos años usan los niños pañales? ¿Qué tipos de pañales hay? ¿Por qué los hay azules y rosas? ¿Por qué les preocupan a los/las ecologistas los pañales?

2. Mencionen dos riesgos que corre un/a niño/a estando en casa, en la escuela, en el parque. ¿Y los jóvenes? ¿Qué es lo más arriesgado que han hecho Uds. jamás?

3. ¿Es posible en los Estados Unidos dar a luz en casa? ¿Es mejor ir a un hospital? ¿Por qué? ¿Qué tópicos presentan los programas de televisión cuando una mujer va a dar a luz o bien está embarazada?

4. ¿Cuántas horas suele durar un parto? ¿Son todos los partos iguales? ¿Qué es "una cesárea"? ¿Qué hace el marido o compañero/a mientras la mujer da a luz? ¿Saben algo de las circunstancias de su propio nacimiento?

5. A continuación tienen una lista de situaciones **embarazosas**. Añadan cinco más y luego pónganlas en orden: de más a menos embarazosas.

   a. Romper algo muy valioso en casa de alguien.

   b. Confundirse de nombre al hablar con alguien.

   c. Tener comida entre los dientes.

   d. Tropezar y caerse en la calle.

6. Digan dos oraciones con el adverbio **entonces** y otras dos con **luego** o **después** mostrando la diferencia de significado que tienen en español.

¡ALTO! Antes de leer

Haz lo que se te indica a continuación.

1. Lee el primer párrafo de la lectura prestando atención a las formas verbales. ¿En qué persona están y en qué tiempo? ¿Qué puedes concluir sobre esto? ¿Puedes anticipar algo sobre lo que vas a leer? *pasado cuando era una niña*

2. Menciona tres ritos o prácticas ligadas *(linked)* a una determinada religión. *la boda=todos   el bautizo*
   Ejemplo: la confesión = el catolicismo; bar mitzvah = el judaísmo

3. ¿Ha cambiado la imagen de la mujer como madre en los últimos tiempos? ¿Por qué no es ya como antes? ¿Es lamentable o positivo este cambio? ¿Ha cambiado también la imagen del hombre como padre? *por que las mujeres tuvieron una revolución social en que tienen mas opciones afuera el papel de madre*

4. ¿Es esperar un/a hijo/a siempre motivo de alegría? ¿En qué situaciones no lo sería?

LA BRECHA

Mercedes Valdivieso

Me casé como todo el mundo se casa. Antes de los veinticinco años debía adquirir un hombre que velara por mí,[1] me vistiera, fuera ambicioso y del que se esperara, al cabo de cierto tiempo, una buena posición: la mejor posible.

Todo el mundo estaba de acuerdo en que un marido era absolutamente indispensable. Yo tenía diecinueve años, voluntad firme, pasión, belleza, un físico exuberante, de una gran sensualidad.

Mamá pesaba con autoridad sobre mis arrebatos[2] de libertad, limitándola con firmeza. [Yo] me defendía furiosamente. Los veintiún años me parecían tan lejanos como la luna. Comencé, entonces, a pensar en solucionar el problema.

Un día, acompañando a su prima, llegó Gastón, todo un joven y promisorio[3] abogado. Sabía por mi amiga que había obtenido durante todos sus años de universidad las calificaciones más altas. Me miró como deben abrirse los ojos en la luna, atónito.[4] Desde ese momento todo tenía que precipitarse porque la perspectiva de salir de casa me parecía de posibilidades ilimitadas. Bajé la cabeza, me tiré por la ventana, sin pensar que junto a ella estaba la puerta por abrirse.

[Varios meses después de haberse casado con Gastón]

Una de aquellas deliciosas mañanas en que me quedaba sola, tuve las primeras náuseas. Revisé mentalmente los motivos y los atribuí, desesperadamente, a las bebidas de la noche anterior. Mi estómago lo rechazaba todo; la empleada se asustó. Una hora después apareció mi madre, me tomó la temperatura, observó mi piel y se quedó luego pensativa[5] largo rato.

—Iremos al doctor.

Dentro de mí comenzaba a crecer una angustia desconocida, aterradora;[6] no quería pensar en nada que fuera más allá de un simple malestar[7] de estómago.

Todo pasó rápido. Preguntas van, respuestas se dan. Como en sueños oí que esperaba un hijo. No podía ser, si jamás lo había pensado. Esas cosas le sucedían al resto, ¿pero yo qué haría? ¿Y mi libertad? ¿Ese era el resultado de la luna de miel?

Sentí un rencor hondo,[8] feroz, contra Gastón. Preferible no verlo hasta más tarde.

[Meses después en una clínica]

Largo paréntesis. Pero no hay plazo que no se cumpla[9]...

Me dolió, me desgarró,[10] me aplicaron calmantes.[11] Nació sano, hermoso. Lo vi al volver de la anestesia un par de horas después. El cansancio era muy grande para tener manifestaciones de alegría. Y estaba contenta. Libre otra vez; al menos sola con mi propio cuerpo. Respiré hondo. Esa noche pedí a la enfermera que lo acercara. Tan chiquito, tan desamparado,[12] arrancado[13] de su primer refugio: de la carne al pañal, a horarios, a voces incoherentes. Lloraba, parecía aterrado.

—¡No lo coja,[14] señora; desde que nacen hay que disciplinarlos!

(¡Dios, qué flaco favor[15] le había hecho; empezaba la lucha contra él!)

Desoí[16] sus consejos y lo levanté. Su aliento agitado, sus manitas crispadas[17] en el aire pedían socorro.[18] Ahora yo era dos. Puse mi cara junto a la suya, rosada, tibia,[19] y se fue calmando. Sentí piedad, una ternura inmensa y desconocida.

—Bueno, chiquitito, ya nos arreglaremos, ya nos arreglaremos.

Afuera la noche de septiembre, limpia, fresca. Oía los coches correr por la Costanera. Quise ir en uno de ellos velozmente hacia la cordillera[20] acompañada de la risa fuerte y alegre de un hombre.

El departamento[21] que ocupaba, grande y lujoso, más parecía un hotel que una clínica, pero era una clínica. Apreté las manos contra mi vientre[22] sobre las sábanas: "Nunca más. Haré lo necesario para impedir que esto se vuelva a repetir. Nunca más."

—Los hijos son la corona[23] de las madres; evitarlos es un pecado. Más vale llegar pronto al cielo[24] que más tarde al infierno.

Así decía mi suegra, que pesaba mucho[25] en la conciencia de Gastón. Éste consideraría, por lo tanto, entre las terribles consecuencias futuras de mi decisión, la posibilidad de la condenación[26] eterna. Porque abstenerse ciertos días, la mayoría, para no correr riesgos ni pecar,[27] era demasiado duro a los veinticinco años.

---

[1] **velara por mí** *would watch over me* [2] **arrebatos** *outbursts* [3] **promisorio** *promising* [4] **atónito** = muy sorprendido [5] **pensativa** *pensive* [6] **aterradora** *terrifying* [7] **malestar** *discomfort* [8] **hondo** *deep* [9] **no hay... cumpla** *everything comes to an end* [10] **me desgarró** *ripped me* [11] **calmantes** *painkillers* [12] **desamparado** = sin ayuda [13] **arrancado** *yanked out* [14] **No lo coja** *Do not pick him up* [15] **flaco favor** *bad deal* [16] **Desoí** = Ignoré [17] **crispadas** *clenched* [18] **socorro** = ayuda [19] **tibia** *warm* [20] **cordillera** = montañas [21] **departamento** = cuarto [22] **vientre** *belly* [23] **corona** *crown* [24] **cielo** *heaven* [25] **pesaba mucho** = fig. tenía mucha influencia [26] **condenación** *damnation* [27] **pecar** *to sin*

¿Embarazada?

He aquí dos buenas razones para dejar de fumar.

¿Cuáles son las dos razones?

Después de leer

6-8 ¿Entendido?

Explica en tus propias palabras lo que la protagonista quiere expresar cuando dice lo siguiente.

1. "... me tiré por la ventana, sin pensar que junto a ella estaba la puerta por abrirse."

   ella tentó un otra opción, pero terminó todas opciones

2. "¿Y mi libertad? ¿Ese era el resultado de la luna de miel?"

   Su miedo por la noche de la boda en cuál perdizá su libertad

3. "... no hay plazo que no se cumpla."

   Todos placeres vienen a cabo.

4. "Libre otra vez; al menos sola con mi propio cuerpo."

   Tiene controlar de su mente, pero su cuerpo es atado

5. "... arrancado de su primer refugio: de la carne al pañal."

   El nacimiento de su hijo de su vientre

6. "Ahora yo era dos."

   Con el nacimiento de su hijo, no es soltera

7. "Nunca más."

   No va a ocurrió de novo

8. "Los hijos son la corona de las madres; evitarlos es un pecado."

   Los hijos proporciona una perspectativa para atender madres

9. "... [Una de] las terribles consecuencias de mi decisión [sería] la condenación eterna."

   Si ella va divorciar Gatem piensa que el infiero es certo

10. "... abstenerse ciertos días."

    no es un horario cotidiano pero casi.

Salud II
Maternidad / Paternidad
El embarazo

Salud III
La interrupción voluntaria
del embarazo

Salud II
Maternidad / Paternidad
El parto y el posparto

6-9 En mi opinión

En grupos de tres o cuatro estudiantes, utilicen las preguntas siguientes como punto de partida para entablar una conversación.

1. Comenten la diferencia entre la imagen ideal de la maternidad y la presentada en el texto. ¿En qué son distintas la imagen ideal y la real?

2. ¿Tienen todas las mujeres instinto maternal? ¿Es este instinto una construcción social o tiene una base biológica? ¿Todas las mujeres desean tener hijos? ¿Cómo se trata a las que no los quieren tener? ¿Por qué?

3. Mencionen tres características de una buena madre y tres de un buen padre. ¿Cuál debe ser el papel del padre y de la madre en la familia? ¿Cuál es el papel del padre y de la madre en la suya?

4. Si los miembros de una pareja ya no se quieren, ¿es preferible que se divorcien o que se queden juntos "por los niños"?

5. ¿Quién debe responsabilizarse de la contracepción: el hombre o la mujer? ¿Y si no están de acuerdo?

6. La religión que profesamos determina en gran parte nuestras creencias y prácticas cotidianas. Escriban tres cosas en las que creen o hacen que están motivadas por la religión. Si son Uds. ateos/as, mencionen tres principios éticos que siguen.

7. Relacionen la foto que sigue con el texto de Mercedes Valdivieso. ¿Podría ser ésta la protagonista?

La felicidad es...

Estrategias comunicativas para felicitar a alguien

Felicidades.	*Congratulations.*	Con hechos que ocurren anual o periódicamente y que no implican un esfuerzo por parte de la persona; por ejemplo, los cumpleaños, aniversarios, etc.
Enhorabuena.	*Congratulations.*	Con hechos favorables que ocurren una o pocas veces en la vida e implican el esfuerzo o la suerte por parte de la persona: bodas, graduaciones, nacimientos, etc.
Te felicito.	*I congratulate you.*	Cuando se ha conseguido un premio, se ha hecho algo muy bien, etc.
Feliz Navidad. **Felices Pascuas.**	*Merry Christmas.* *Happy Easter.*	Con celebraciones específicas.

6-10 En (inter)acción

Realicen las siguientes actividades según se indica.

1. **¡Cuánta felicidad!** Con tres compañeros/as, decidan qué expresión utilizarían para felicitar a las personas siguientes.

   a. A las jugadoras de un equipo de baloncesto que acaba de ganar la copa.

   b. A una amiga que acaba de tener un hijo.

   c. A un alumno que ha sacado la mejor nota en el examen de cálculo.

   d. A su padre por ser el día del Padre.

   e. A una montañista que subió a la cumbre del monte Everest.

   f. A su acompañante el día de Año Nuevo.

   g. A su vecina por haber recibido un ascenso en el trabajo.

   h. A su actor favorito por haber ganado un Óscar.

   i. A una conocida a quien le acaba de tocar la lotería.

2. **Tener o no tener.** Con un/a compañero/a, preparen el diálogo entre los esposos de *La brecha* cuando ella le dice que no quiere tener más hijos. Exploren con cuidado la reacción del marido. Luego preséntenlo delante de la clase. También pueden preparar otro diálogo en el que el esposo es el que no quiere tener más.

Ejemplo: —Mira, cariño, como Cristobalito nos da tanto trabajo, he pensado que no deberíamos tener más hijos.
—¿Y con quién va a jugar cuando sea mayor?
—No te preocupes. Le compraremos un perro.

3. **Amor de madre.** En parejas, comenten con muchos detalles las viñetas de esta tira cómica.

4. **Madre campesina.** Presten mucha atención a la letra de la canción siguiente. Luego, en grupos de tres estudiantes, preparen dos preguntas (sobre el contenido, el tema...) para hacer a sus compañeros/as.

♪ MADRE CAMPESINA
Sabiá

Una madre campesina
trabajaba y trabajaba en la labor,
ocho meses de embarazo,
qué le importa al patrón. (bis)
Agachada° y de rodillas   *bending over*
sin poderse defender,
llora en su vientre° un niño   *womb*
ya desde antes de nacer. (bis)
Trabajando en tierra ajena°   *que pertenece a otra*
por sus manos (bis)   *persona*
han de pasar aquellos preciados frutos
que nunca habrá de probar.
Ya se acabó la cosecha°,   *harvest*
cosecha para el patrón,
que cosechó la madre
con su trabajo y sudor°. (bis)   *sweat*
Pare un niño retardado,
desnutrido (bis) y sin honor
y mientras tanto goza y ríe
en la abundancia el patrón. (bis)
Otra madre campesina
trabajaba y trabajaba en la labor,
6 meses (7, 8...) de embarazo
qué le importa al patrón.
Pare un niño retardado,
desnutrido (bis) y sin honor.
Mil niños (2000, 3000...) retardados
no le importan al patrón. (bis) ♪

5. **Las lechugueras.** En parejas, relacionen la canción de Sabiá con este mural de Juana Alicia, que se encuentra en San Francisco.

Las lechugueras **de Juana Alicia**

 6. **Afirmaciones.** Discutan las siguientes afirmaciones en grupos o con toda la clase.

a. Para que un hombre/una mujer se sienta realizado/a, debe tener por lo menos un/a hijo/a.

b. Hay que educar a los niños y a las niñas de manera diferente.

c. La figura paterna es fundamental en una familia.

d. El contratar a mujeres para tener el bebé de una pareja debería ser ilegal, porque esta práctica presupone que el cuerpo femenino es una fábrica de hacer niños.

7. **Todo cambia.** Las tradiciones y costumbres que rigen la unión de dos personas van cambiando a lo largo del tiempo. En grupos, examinen los siguientes hechos de ayer y de hoy. Añadan otros que les gustaría comentar.

En el pasado:

a. Los padres elegían los maridos para sus hijas.

b. La mujer debía aportar una dote *(dowry)* al matrimonio.

c. El marido podía repudiar a su esposa si ésta no era virgen.

Hoy día:

a. En algunos países es legal el matrimonio entre parejas homosexuales.

b. Después de los 18 años uno/a se puede casar sin autorización paterna.

c. En algunos estados norteamericanos exigen a los contrayentes un análisis de sangre.

Repaso gramatical
(Cuaderno):
El imperativo
El verbo **ser** (segundo repaso)
El verbo **estar** (segundo repaso)
Contraste: **ser** y **estar** + **adjetivo** (segundo repaso)
Haber (segundo repaso)

6-11 Práctica gramatical

Hagan los ejercicios siguientes prestando atención a los puntos gramaticales estudiados.

1. **Recién nacido.** En parejas, un/a estudiante debe preparar tres preguntas referentes al modo de anunciar y celebrar un nacimiento *(birth)*. Otro/a debe contestarlas con un **mandato afirmativo** y otro **negativo**.

    Ejemplo: —¿Ponemos un anuncio en el periódico?
    —No, no pongamos un anuncio; mejor mandemos tarjetas.

2. **Estancia en el hospital.** En parejas, y desde el punto de uno de los personajes de la historia, describan la habitación del hospital donde estuvo la protagonista, a los/las enfermeros/as o al niño. Utilicen los tiempos del pasado y **ser**, **estar** y **haber**.

    Ejemplo: El niño **era** una preciosidad, pues se parecía a mí. (el padre)

6-12 Creación

Escribe una composición de acuerdo con las instrucciones que siguen.

Vuelve a escribir el texto de *La brecha* desde la perspectiva del marido, de la suegra o del bebé.

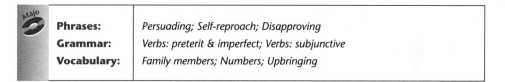

Phrases:	*Persuading; Self-reproach; Disapproving*
Grammar:	*Verbs: preterit & imperfect; Verbs: subjunctive*
Vocabulary:	*Family members; Numbers; Upbringing*

LOS DERECHOS HUMANOS Y LA CULTURA DEL TERROR

Eduardo Galeano

Eduardo Galeano (Uruguay, 1940) ha escrito extensamente sobre la injusticia, la pobreza y la opresión en América Latina. Su *Días y noches de amor y de guerra* (1978) es una crónica de los acontecimientos atroces que ocurrieron en los años 70 en Argentina, Chile y Uruguay. Su obra más famosa es *Memoria del fuego* (1982). En "Los derechos humanos" y "La cultura del terror" habla del tratamiento injusto que pueden padecer los niños por parte de su familia.

Palabra por palabra

la amenaza	*threat*	**contagiar**	*to infect, contaminate*
el ayuno	*fasting, fast*	**mentir (ie, i)**	*to lie*
la bofetada	*slap*	**pegar una paliza**	*to give a beating*
el castigo	*punishment*	**regalar**	*to give as a gift or present*

Mejor dicho

porque + verbo conjugado	*because*	Sus padres lo castigaban **porque** era muy desobediente.
a causa de + sustantivo	*because*	El avión se demorará **a causa de** la tormenta.

¡Ojo! **Porque** no se utiliza al principio de una oración. En su lugar se emplean las conjunciones **puesto que**, **ya que** y **como**.

hay que + inf.	expresa obligación; sujeto gramatical no específico	*one must, has to, needs to*	**Había que** intentarlo.
tener que + inf.	expresa obligación; sujeto gramatical específico	*to have, need to*	Los derechos humanos **tendrían que** empezar por casa.
deber (de) + inf.	sugerencia, suposición; sujeto gramatical específico	*ought to, should*	**Debemos** cambiar nuestra forma de pensar.
necesitar + sustantivo		*to need*	**Necesitamos** leche. ¿Podrías pasar por el mercado un momento?

¡Ojo! No se debe usar **necesitar** para sustituir a los tres primeros verbos.

6-13 Práctica

Hagan las siguientes actividades prestando atención a las palabras del vocabulario.

 1. En parejas, un/a estudiante le explica el significado de las palabras del vocabulario a su compañero/a y luego éste/a hace una oración con la palabra.

Ejemplo: bofetada = golpe dado en la cara con la mano abierta para castigar a alguien
Hace años los/las maestros/as podían darles bofetadas a los/las alumnos/as.

 2. En parejas, terminen las oraciones de forma original.

a. No volví a casa porque...

b. Jorge tenía miedo a causa de...

c. Hay padres abusivos porque...

d. Mi hermana no comió a causa de...

e. Gabriel se enfermó porque...

3. En grupos de tres o cuatro estudiantes, contesten las siguientes preguntas. Luego comparen sus respuestas con las de sus compañeros/as de clase.

a. ¿Qué hay que hacer para...

pasar el detector de metales en un aeropuerto?   sacar buenas fotos?

evitar una intoxicación (*food poisoning*)?   ser muy popular?

b. ¿Qué no debemos hacer nunca...

en público?   cuando estamos solos/as?

después de comer?   por teléfono?

c. Mencionen tres cosas que tienen que hacer...

hoy.   antes de salir de viaje.

todos los meses.

¿Por qué causa angustia el futuro?

Antes de leer

Haz lo que se te indica a continuación.

1. Mira los titulares *(headlines)* siguientes y escribe el/los tema/s con que se relacionan todos ellos.

2. ¿Hasta qué punto han sido tus padres autoritarios? ¿Y tus maestros/as o profesores/as?

3. ¿Qué opinas del castigo corporal? ¿Es eficaz o no como método de disciplina?

4. Observa la forma del primer texto. ¿Cómo es? ¿Por qué lo habrá escrito Galeano así?

5. Fíjate en el título del segundo texto. ¿De qué supones que tratará?

Supermercado de bebés

LOS MENORES QUE TRABAJAN (2)
Convención de los derechos del niño

LA POLÉMICA LEY DEL ABORTO
Insatisfactoria, insuficiente, injusta

LOS DERECHOS HUMANOS

Eduardo Galeano

La extorsión,
el insulto,
la amenaza,
el coscorrón,[1]
la bofetada,
la paliza,
el azote,
el cuarto oscuro,
la ducha helada,
el ayuno obligatorio,
la comida obligatoria,
la prohibición de salir,
la prohibición de decir lo que se piensa,
la prohibición de hacer lo que se siente
y la humillación pública
son algunos de los métodos de penitencia y tortura tradicionales en la vida de familia. Para castigo de la desobediencia y escarmiento[2] de la libertad, la tradición familiar perpetúa una cultura del terror que humilla a la mujer, enseña a los hijos a mentir y contagia la peste del miedo.

   —Los derechos humanos tendrían que empezar por casa —me comenta, en Chile, Andrés Domínguez.

_____

[1] **coscorrón** = golpe dado en la cabeza con la mano [2] **escarmiento** *chastisement*

LA CULTURA DEL TERROR

Eduardo Galeano

A Ramona Caraballo la regalaron no bien supo caminar.
Allá por 1950, siendo una niña todavía, ella estaba de
esclavita en una casa de Montevideo. Hacía todo,
a cambio de nada.
Un día llegó la abuela a visitarla. Ramona no la conocía,
o no recordaba. La abuela llegó desde el campo, muy
apurada porque tenía que volverse en seguida al pueblo.
Entró, pegó tremenda paliza a su nieta y se fue.
Ramona quedó llorando y sangrando.[3]
La abuela le había dicho, mientras alzaba el rebenque:[4]
—No te pego por lo que hiciste. Te pego por lo que vas a
hacer.

_____

[3] **sangrando** *bleeding* [4] **rebenque** *whip*

Después de leer

6-14 ¿Entendido?

Contesta las preguntas siguientes de acuerdo con el contenido de las lecturas.

1. ¿Cuántos castigos menciona el primer texto? ¿Conllevan todos el mismo grado de crueldad? Explica. *15 - Algunos son sobre buenio modales o todo mundo necisto controlar la voluntad.*

2. ¿Cuáles de los castigos mencionados en el primer texto son castigos físicos y cuáles no lo son? *el coscorrón, la paliza, el azote*

3. ¿A qué comportamientos supones que les corresponden los castigos mencionados en los dos textos? *miedo, confusado los abusados se convertirén los abusors*

4. ¿Se pueden clasificar estos castigos tradicionales como torturas? Explica. *Es difícil*

5. ¿Cuál es el mensaje de las dos selecciones? *los niños tienen pensamientos y derechos para vivir sin miedo y abuso*

6-15 En mi opinión

En grupos de cuatro estudiantes, utilicen las preguntas siguientes como punto de partida para entablar una conversación.

1. ¿Por qué enseñan los castigos a mentir a los niños? Expliquen las razones. *Para prevenir abuso, ellos mienten*

2. ¿Qué tipo de castigos se usaban en las escuelas primarias antes o cuando Uds. asistieron? *Fue aceptable para la maestro pega una paliza. por mal comportamiento.*

3. ¿Tienen los padres derecho a castigar físicamente a sus hijos/as para educarlos/las? ¿Y los abuelos? Den ejemplos de situaciones específicas. *No fue necesario, fue una parte tacita de la escuela disciplina*

4. ¿Hay alguna conexión entre el castigo corporal y la violencia en nuestra sociedad? Coméntenlo. *es un ciclo los abusado se convertirén los abusar*

5. ¿Hasta qué punto son los padres responsables de los actos violentos cometidos por sus hijos/as? Piensen, por ejemplo, en casos como la masacre de Columbine High School. *Asignar la culpa es inútil, Trabajando juntas para eradicar es mas útil*

6. Comparen la violencia política y la violencia social. ¿En qué tipo de sociedad será más difícil vivir? *Terrorismo es terrorismo y ni siquiera es político o social porque mismo desenlace/resultado terror.*

7. Comenten los títulos de los textos. ¿Son apropiados? ¿Qué otros títulos les pondrían Uds.? *No ver, no oir, solo abusar*

¿Qué enfermedad tiene el niño?

Estrategias comunicativas para protestar

¡Qué injusticia!	*How unfair!*
No hay derecho.	*It's not fair.*
Esto es un abuso.	*This is abusive.*
Los están explotando.	*They are exploiting them.*

6-16 En (inter)acción

Realicen las siguientes actividades según se indica.

1. **¿Abuso o disciplina?** En grupos, decidan si las acciones mencionadas a continuación constituyen abuso (A) de los niños/as o disciplina (D). Usen las expresiones de **Estrategias comunicativas** en la discusión.

    a. Asignarles tareas domésticas todos los días.

    b. Mandarlos/las a la cama sin comer por desobedientes.

    c. Escoger la ropa que se van a poner para ir al colegio.

    d. No comprarles un perro virtual.

    e. Censurar sus programas de televisión.

    f. Darles de comer hígado *(liver)*.

    g. No permitirles salir con sus amigos/as.

    h. No comprarles un teléfono móvil.

    i. Pegarles suavemente.

    j. Obligarlos/las a estudiar tres horas todas las noches.

    k. Encerrarlos/las en su habitación.

    l. No darles dinero propio.

2. **Demandas.** En los últimos años algunos niños han llevado a juicio a sus padres. Estos niños querían tener el derecho de decidir con quién querían vivir. En grupos de tres estudiantes (niño/a, padres), preparen las dos partes del caso y luego preséntenlo a la clase, que servirá de jurado.

3. **Debate.** En Japón el temor a la vergüenza pública es un factor importante en el control de las actividades criminales. Con toda la clase discutan las preguntas siguientes. ¿Qué tipo de castigo controlará la actividad criminal? ¿Creen que la pena de muerte servirá en este sentido?

4. **Manifestación.** En parejas, diseñen una pancarta para una marcha que va a haber en protesta de la violencia doméstica.

5. **Los derechos de la infancia.** Miren el póster siguiente y digan cuáles de los derechos no tienen los niños de los textos que han leído.

LOS DERECHOS DE LA INFANCIA

AUXILIO
Es saber que somos los primeros en recibir ayuda cuando hay un problema.

DENUNCIA
Es no permitir que nos exploten, maltraten o abusen de nosotros.

SOLIDARIDAD
Es trabajar para que todos tengamos estos derechos.

IDENTIDAD
Es ser uno mismo, tener un nombre, una nacionalidad.

PROTECCION
Es tener nuestras necesidades básicas cubiertas.

IGUALDAD
Es niños o niñas, altos o bajos, gordos o flacos, gitanos o payos, todos somos iguales en derechos.

EDUCACION Y JUEGO
Es disfrutar de espacios agradables para jugar y una educación íntegra.

AMOR
Es sentirnos queridos y comprendidos, querer y comprender.

INTEGRACION
Es vivir feliz entre los demás.

Repaso gramatical
(Cuaderno):
Para y **por**
El subjuntivo con
conjunciones de
propósito, excepción
y condición

6-17 Práctica gramatical

Hagan los ejercicios siguientes en parejas, prestando atención a los puntos gramaticales estudiados.

1. Digan oraciones usando **para** y **por** delante de las palabras siguientes. Luego expliquen el significado que tiene la preposición en cada una de las oraciones.

   Ejemplo: concierto
   ¿Han comprado ya las entradas para el concierto?
   (**para:** destino-cosa)

mí	familia	protección	Dios	cárcel
pegar	siempre	iglesia	domingo	mil pesos

2. Completen las oraciones siguientes. Recuerden que deben usar el subjuntivo con estas conjunciones.

   a. Te prestaré 100 dólares con tal de que...

   b. Voy a regalarle a mi nieto un videojuego salvo que...

   c. Estoy buscando una profesora de piano para que...

   d. Iremos todos al circo a no ser que...

   e. No hacemos nada sin que...

De excursión

6-18 Creación

Escribe una composición de acuerdo con las instrucciones que siguen.

En dos o tres párrafos, describe humorísticamente a los padres perfectos.

Ejemplo: Los padres perfectos están siempre pendientes de los/las niños/as.

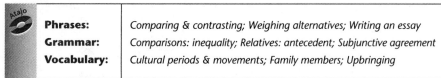

Phrases:	Comparing & contrasting; Weighing alternatives; Writing an essay
Grammar:	Comparisons: inequality; Relatives: antecedent; Subjunctive agreement
Vocabulary:	Cultural periods & movements; Family members; Upbringing

Infórmate con CNN®

Indigenous cultures: 5.2; *Gender issues:* 3.1, 3.2; *Rights of children:* 4.2; *Rights of young adults:* 4.1

colombiano/a
nicaragüense
cubano/a
dominicano/a
argentino/a
ecuatoriano/a
español/a
panameño/a
peruano/a
hondureño/a

costarricense
venezolano/a
puertorriqueño/a
salvadoreño/a
mexicano/a
chileno/a
uruguayo/a
guatemalteco/a
paraguayo/a
boliviano/a

ARGENTINA — Buenos Aires — pop: 37.000.000
BOLIVIA — La Paz / Sucre — pop: 8.800.000
COLOMBIA — Bogotá — pop: 44.700.000
COSTA RICA — San José — pop: 4.200.000
CUBA — La Habana — pop: 11.000.000
CHILE — Santiago — pop: 15.400.000
ECUADOR — Quito — pop: 12.600.000
ESPAÑA — Madrid — pop: 40.300.000
EL SALVADOR — San Salvador — pop: 8.200.000
GUATEMALA — Ciudad de Guatemala — pop: 14.300.000
HONDURAS — Tegucigalpa — pop: 6.600.000
MEXICO — Ciudad de México — pop: 101.500.000
NICARAGUA — Managua — pop: 5.800.000
PANAMA — Ciudad de Panamá — pop: 3.000.000
PARAGUAY — Asunción — pop: 6.000.000
PERU — Lima — pop: 27.700.000
PUERTO RICO — San Juan — pop: 4.000.000
REP. DOMINICANA — Santo Domingo — pop: 9.300.000
URUGUAY — Montevideo — pop: 3.500.000
VENEZUELA — Caracas — pop: 24.000.000

¡**Ojo!** Noten que la nacionalidad se escribe siempre con letra minúscula *(lowercase)* en español.

Patria / Nación: Acercamientos

INTRODUCCIÓN

En esta unidad nos centramos en diversas relaciones de los hispanohablantes con su patria/nación. Para unos, evocar la patria significa recordar sus orígenes, sus héroes, su geografía, su lengua; para los que han sido víctimas de gobiernos represivos o han tenido que exiliarse, su evocación está teñida *(tinged)* de dolorosos recuerdos; y para los que creen que su patria tiene que independizarse o bien renovar sus instituciones políticas, sociales o económicas, implica luchar por ella, aun a riesgo de la propia vida.

En el capítulo 7, **Geografía e historia**, uno de los textos seleccionados nos ofrece una reflexión personal de una escritora sobre lo que significa "patria" para ella ("Fiera patria") y los otros dos, la revisión de figuras históricas que una determinada nación ha encumbrado* ("Tres héroes") o denigrado ("La Malinche"). En **Represiones: denuncias y resistencias**, el capítulo 8, hemos recogido textos que denuncian la represión política ("Preso sin nombre, celda sin número"), el adoctrinamiento ideológico ("Epigrama") y las desigualdades sociales ("Un día en la vida") y, al mismo tiempo, nos muestran distintas formas de resistencia. En el capítulo 9, **Tomar las armas**, se presentan varios grupos que han optado por la lucha armada para conseguir sus objetivos políticos: la independencia ("La lucha armada de ETA"), el control del territorio nacional ("Noticia de un secuestro") y la instauración de un régimen político regido por principios democráticos ("La vuelta a casa").

————————

***encumbrado** = elogiado

Que yo sepa

En grupos de cuatro estudiantes, discutan los temas siguientes y contesten las preguntas. Después resuman lo que ha comentado su grupo al resto de la clase.

1. Patria/Nación/País/Estado son términos que se refieren a la misma entidad, pero cada uno posee una connotación diferente. Discutan los contextos y circunstancias en que se usa cada uno.

2. La identidad nacional es una construcción social y no el resultado de un proceso natural. ¿Quién(es) la construye(n) y cómo se perpetúa?

3. "La gente nace y luego recibe un pasaporte" dice el cineasta mexicano Alfonso Cuarón (*Y tu mamá también*). ¿Deberíamos esperar a cumplir la mayoría de edad para decidir a qué país queremos pertenecer? ¿Por qué sí o no?

4. Según Mark Twain la característica principal de sus compatriotas es su pasión por el agua con hielo. ¿Qué les parece a Uds. lo más auténticamente norteamericano? ¿Cuáles son algunas de las contribuciones de Estados Unidos a la cultura mundial?

5. ¿Hasta qué punto se puede comprender bien la historia de un país sin conocer su geografía? Comenten. Dicen que el lugar de nuestro nacimiento es un "error geográfico". ¿Están de acuerdo? ¿Por qué sí o no?

6. ¿Deben preocuparnos las violaciones de los derechos humanos en otros países? ¿Por qué sí o no?

7. Hablen sobre la violencia en nuestra época y en nuestra sociedad. Los medios de comunicación presentan abundantes ejemplos reales o ficticios. ¿Deben censurarse? ¿Cuál es su reacción a las acciones violentas? ¿Creen que la violencia engendra más violencia? Expliquen.

7

Geografía e historia

http://aquesi.heinle.com

FIERA PATRIA
Ángeles Mastretta

Ángeles Mastretta (1949, México) es autora de *Arráncame la vida* (1985) y *Mujeres de ojos grandes* (1990), entre otros textos narrativos. En "Fiera patria", que forma parte de su libro *El mundo iluminado* (2000), Mastretta reconoce la influencia de la patria en la formación de la identidad. Mediante viñetas breves y evocadoras de personas y lugares, la autora evidencia cómo México la ha marcado y la ha convertido en quién es actualmente.

Palabra por palabra

amanecer	*to dawn*	**la patria**	*homeland*
asegurar(se)	*to assure, make sure*	**preguntarse**	*to wonder*
el choque	*traffic accident*	**recoger**	*to pick up*
compartir	*to share*	**la risa**	*laughter*
entrañable	*very endearing*	**el sabor**	*taste, flavor*
oler (ue) (yo huelo)	*to smell*	**sano/a**	*healthy*
el olor	*smell*		

Mejor dicho

avisar	*to inform, warn, notify*	Nos **avisó** del huracán.
aconsejar	*to give advice, counsel*	Es muy difícil **aconsejar** a alguien que no conoces.

amar	*to love a person or thing (formal)*	Nos **amamos** desde que éramos niños.
querer*	*to love a person or animal (informal)*	**Quiere** mucho a los animales.
desear*	*to desire a person*	¿Quién te dijo que te **deseaba** apasionadamente?
encantar*	*to like a lot, love, be delighted by*	Les **encantaba** viajar.

*¡**Ojo!** Recuerda que **querer** y **desear** *(to wish)* son también verbos de deseo y emoción, y que requieren el uso del subjuntivo en la cláusula subordinada cuando hay cambio de sujeto: No **quieren** que nos casemos. *La estructura de **encantar** es como la de **gustar**: objeto indirecto + verbo + sujeto.

tomar	*to drink, intake*	Siempre **tomaba** Coca-Cola con el desayuno.
	to take (a form of transportation)	**Tomaremos** el tren de las diez de la mañana.
llevar *	*to carry, take (someone or something somewhere)*	Me van a **llevar** al aeropuerto.
traer *	*to bring (someone or something somewhere)*	Por favor, **tráeme** tus apuntes de clase cuando vengas.

*¡**Ojo!** El uso depende de la posición de la persona que habla:
    from here to there = **llevar**   *from there to here* = **traer**

7-1 Práctica

Hagan las actividades siguientes prestando atención a las palabras del vocabulario.

1. **Dibujitos.** Con un/una compañero/a de clase relacione los siguientes dibujos con una palabra del vocabulario y luego hagan una frase original describiendo cada uno.

2. **¿Adónde vamos?** En parejas, hagan planes para pasar un día entero en su ciudad con unos amigos que están de visita. Usen las palabras del vocabulario.

   Ejemplo: Primero los voy a llevar a ver el amanecer en la playa.

3. **Recuerdos** *(Souvenirs)*. Mencionen a la clase algunas cosas que sus padres les han traído de sus viajes y digan si les han gustado o no.

4. **Declaración de amor.** Con un/a compañero/a prepare un diálogo en el que una pareja se declara su amor.

5. **Me quiere, no me quiere.** En grupos de tres estudiantes, hagan una lista de los síntomas del amor. Luego comparen sus resultados con los de otros grupos. Después hagan otra lista con el sentimiento opuesto, el desamor, y también comparen los resultados.

Antes de leer

Haz lo que se te indica a continuación.

1. ¿De qué maneras te ha marcado a ti el país donde naciste? Piensa en tres.

2. ¿Lo sabes todo de México? ¿Conoces el nombre de tres ríos, tres montañas y tres estados mexicanos?

Ríos	Montañas	Estados
_____	_____	_____
_____	_____	_____
_____	_____	_____

3. El siguiente texto, compuesto de fragmentos, podría compararse con un telegrama debido a su estilo. Para entender un texto así debes buscar conexiones (temáticas o estilísticas) entre los distintos fragmentos. Anota dos conexiones que encuentras al leer el texto.

   a. _____

   b. _____

4. Hay textos que narran, otros que describen, otros que expresan un sentimiento o bien exponen una tesis. Mientras lees el de Mastretta decide cuál de estas funciones predomina aquí.

5. En el mapa que ves a continuación aparecen los nombres de los lugares mencionados en la lectura. Fíjate en su ubicación para entender mejor el texto.

MÉXICO

En blanco =
Estados indicados
con nombres en
mayúscula

QUINTANA
ROO

PUEBLA

CAMPECHE

México D.F.

Atlixco

Popocatépetl

FIERA PATRIA

Ángeles Mastretta

"La patria es el sabor de las cosas que comimos en la infancia," dice un proverbio chino.

Recojo ahora la sabiduría[1] de esa frase para asirme a ella[2] y asegurarme de que la patria es tantas cosas como nuestra memoria y nuestros afanes[3] puedan volverla.[4] La patria no es sólo el territorio que se pelean los políticos, asaltan los ladrones, quieren para sí los discursos y los manifiestos. No es sólo el nombre que exhiben como despreciable quienes llenan de horror y deshonra los periódicos. La patria es muchas otras cosas, más pequeñas, menos pasajeras, más entrañables.

Camino alrededor del alto lago de Chapultepec amaneciendo bajo un cielo claro. Sé, porque está en el periódico que recogí al salir, que hay ozono en el aire. Lo respiro.[5] Parece un aire sano. Lo respiramos voraces todos los corredores, patinadores, ciclistas, caminadores, perros, que ansiamos[6] la mañana junto al lago: la patria es el claro aire con ozono que todas las mañanas acompaña nuestro aplicado deambular[7] en torno a una laguna en la que nadan tranquilos muchos patos, viven en paz miles de peces, nos deseamos 'Buenos días' cientos de locos con afán de salud.

Mi abuelo era dentista pero sembraba[8] melones cerca de Atlixco. Largas filas de hojas verdes acunando esferas.[9] Un olor dulce y polvoso contra mi cara. La patria, en mis recuerdos, huele a ese campo.

Estamos cantando canciones de ardidos,[10] Recalamos[11] en un mundo

---

[1] **sabiduría** *wisdom* [2] **asirme a ella** *latch onto it* [3] **afanes** = deseos [4] **volverla** = convertirla [5] **Lo respiro** *I breathe it in* [6] **ansiamos** = deseamos [7] **aplicado deambular** *determined way of ambling about* [8] **sembraba** = plantaba [9] **acunando esferas** *cradling melons* [10] **ardidos** *men who have been hurt by women* [11] **Recalamos** = Entramos

raro, somos una paloma querida y otra negra. Nos gritan las piedras del campo, nos falla[12] el corazón, andamos de arrieros,[13] tenemos mil amores, del cielo nos cae una rosa, limosneamos[14] amor, Dios nos quita la vida antes que a todos.[15] La patria está en las voces desentonadas[16] que cantan "La Palma" a las cuatro de la mañana.

Fuimos en coche hasta Quintana Roo. Los colores de la tierra fueron cambiando con nosotros. De regreso, tras el mar, tomamos una carretera perfecta, pavimentada por el estado de Quintana Roo, que nos condujo a otra carretera perfecta, pavimentada por el estado de Campeche; entre las dos hubo un pedazo de baches[17] y piedras que

no pavimentó nadie. Las tres eran la patria.

Manejo contra el tránsito enfurecido de las ocho de la mañana. A mis espaldas oigo la voz de mi hija Catalina diciendo: "Estás largo, chiquito. Has crecido mucho. Ya no eres ése al que cargaba[18] con una mano, al que le daba de comer en la boca. Ya eres otro perro, y ni cuenta me di de cómo pasó el tiempo." Yo tampoco me di cuenta del tiempo haciendo despuntar en su pecho[19] los avisos de una adolescencia precoz, pero la patria estuvo ahí todo ese tiempo.

El señor de la casa regresa de un viaje. Ha estado lejos del país por casi tres semanas. Sin embargo, trae consigo a la patria.

Caminamos por el Parque México. Por ahí donde ayer acuchillaron[20] a un hombre frente a los ojos de mi comadre María Pía. Mateo quiere saber la razón de tal horror. Acostumbra a preguntar como si yo acostumbrara a saber las respuestas. Quién sabe cuántos meses le queden a esa costumbre. Yo puedo asegurar que ahí tuve una patria.

La antropóloga Guzmán avisó que saldría de Puebla en un autobús. Aseguró que llegaría a las tres. Cuando dan[21] las cinco sin que

aparezca me pregunto qué tipo de autobús habrá tomado, si se quedaría prendida[22] al cráter del Popocatépetl,[23] si un baño de lava borraría su camino, si habría un choque de esos que enlazan[24] kilómetros de automóviles. Estoy a punto de imaginar lo peor cuando aparece paseando los pies con su lenta elegancia. Mi sentido del tiempo comparte patria con el suyo.

Tenía 23 años cuando conocí a Emma Rizo, una gitana con tos cuya sabiduría mayor ha estado siempre en la fuerza invicta[25] con que sabe sonreír. Lectora implacable, escucha sin límite de tiempo, viciosa de[26] los juegos que nos brinda el azar,[27] trabajadora como el agua, buena como el pan hasta el último recoveco.[28] He tenido la fortuna de ser joven y empezarme a hacer vieja junto a su risa terca,[29] audaz, ineludible. Mi patria está anudada[30] al sonido de su risa.

---

[12] **nos falla** *skips around* [13] **arrieros** *muleteers* [14] **limosneamos** *beg for* [15] **un mundo raro... todos** = Todo el párrafo contiene títulos de canciones mexicanas muy populares. [16] **desentonadas** = inarmónicas [17] **baches** *potholes* [18] **cargaba** *held* [19] **despuntar... pecho** *emerge from her chest* [20] **acuchillaron** = herir con un cuchillo [21] **dan** = son [22] **prendida** *trapped in* [23] **Popocatépetl** = volcán cerca de la Ciudad de México [24] **enlazan** *tie together* [25] **invicta** *undefeated* [26] **viciosa de** = adicta a [27] **juegos... azar** *gambling* [28] **el último recoveco** *hidden places (in the soul here)* [29] **terca** *stubborn* [30] **anudada** = relacionada

Después de leer

7-2 ¿Entendido?

El texto presenta distintos aspectos de la patria. Relaciona cada uno de los términos siguientes con un párrafo distinto de la lectura y explica la idea principal (de esos párrafos) en tus propias palabras.

1. la violencia   *pelean los políticos, asaltan los ladrones*
2. el estado de las carreteras   *Campeche, entre*
3. los recuerdos infantiles   *mi abuelo*
4. los amigos   *Estamos ant*
5. las costumbres   *Quien sabe*
6. la puntualidad   *mi sentido el tiempo con*
7. la identidad mexicana   *mi patria est*

7-3 En mi opinión

En grupos de tres estudiantes, utilicen las preguntas siguientes como punto de partida para entablar una conversación.

1. Comenten el título de la lectura. ¿En qué sentido es "fiera" (*fierce*) la patria? ¿Qué otros adjetivos utilizarían Uds. para describirla?

2. Es sabido que la actitud hacia el tiempo/la hora es cultural. Por ejemplo, en EEUU se invita a los actos sociales a horas fijas (por ejemplo, de 6 a 8 de la tarde), lo cual no se usa en el mundo hispano, pues parecería mal indicar la hora de irse. Mencionen otros ejemplos que revelen una actitud diferente hacia el tiempo.

3. ¿Qué significa "aprovechar el tiempo" para ustedes? ¿Es igual en otras culturas y países? ¿Se acuerdan de lo que leyeron en la lectura "Los estereotipos"?

4. Digan si son puntuales cuando van a estas actividades o compromisos y por qué lo son o no.

a una fiesta	a una cena
a una boda	a una cita personal/profesional
al cine	a un partido de baloncesto

5. Teniendo en cuenta que en español nos referimos a "la madre patria" mientras que en inglés se dice *fatherland*, comenten el efecto que estas diferentes denominaciones pueden tener en el modo en que concebimos nuestro país.

6. Cuenten anécdotas sobre personas o hechos que han sido decisivos en su vida.

7. Comparen y contrasten la vida en México y en Estados Unidos basándose en el texto de Mastretta.

Estrategias comunicativas: el lenguaje del cuerpo

saludarse con besos (dos en España y uno en Latinoamérica)	*to greet with a kiss*
saludarse moviendo la mano de izquierda a derecha	*to greet waving the hand from left to right*
encogerse de hombros (despreocupación)	*to shrug one's shoulders (not caring)*
tocar la mesa con el codo (tacañería)	*touching the elbow to the table (stinginess)*
hacer un círculo con los dedos (aprobación)	*making a circle with the fingers (approval)*
señalar con el índice (amenaza)	*pointing with the index finger (threat)*

7-4 En (inter)acción

Realicen las siguientes actividades según se indica.

 1. **¡Qué casualidad!** Imagínate que viajando por un lugar remoto (por ejemplo, el Tibet) te encuentras con un/a compatriota tuyo/a. Con un/a compañero/a, improvisen una conversación en la que rememoren su país natal. Utilicen algunos de los gestos mencionados en **Estrategias comunicativas.**

 2. **Concurso.** En grupos de tres estudiantes, preparen tres preguntas (estilo *quiz show*) para luego hacer un concurso con toda la clase. Cada grupo se ocupa de una de las siguientes categorías:

   a. personas destacadas o heroicas de la historia de España, Latinoamérica o Estados Unidos

   b. hechos históricos

   c. geografía (ríos, mares, montañas, capitales, etc.)

   Ejemplo: ¿Qué reyes financiaron el viaje de Cristóbal Colón al Nuevo Mundo?
   Respuesta: los Reyes Católicos, Isabel y Fernando

 3. **El patriotismo.** ¿Es positivo o negativo? Examinen ambas posturas.

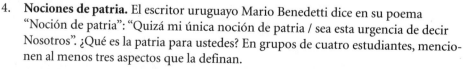 4. **Nociones de patria.** El escritor uruguayo Mario Benedetti dice en su poema "Noción de patria": "Quizá mi única noción de patria / sea esta urgencia de decir Nosotros". ¿Qué es la patria para ustedes? En grupos de cuatro estudiantes, mencionen al menos tres aspectos que la definan.

5. **Alta traición** *(High treason).* Lean en voz alta el poema de José Emilio Pacheco. Luego comparen y contrasten su noción de patria con la de su compatriota, Ángeles Mastretta.

ALTA TRAICIÓN
José Emilio Pacheco

No amo mi Patria. Su fulgor° abstracto   *sparkle*
es inasible°.   *hard to grasp*
Pero (aunque suene mal) daría la vida
por diez lugares suyos, cierta gente,
puertos, bosques de pinos, fortalezas,
una ciudad deshecha°, gris, monstruosa,   *en ruinas*
varias figuras de su historia, montañas
(y tres o cuatro ríos).

 6. **Folclore mexicano.** El Popocatépetl y el Ixtaccíhuatl son volcanes que se encuentran cerca de México D.F. Dice la leyenda que eran jóvenes enamorados ("Popo" el hombre e "Ixta" la mujer) a quienes los dioses convirtieron en volcanes. ¿Conocen algún lugar de su país que tenga su propia leyenda? Cuéntensela a un/a compañero/a.

Repaso gramatical
(Cuaderno):
Las cláusulas de
relativo: restrictivas
y no restrictivas
Los relativos

7-5 Práctica gramatical

Hagan el ejercicio siguiente prestando atención al punto gramatical estudiado.

 Todo es relativo. En parejas, formen oraciones con **pronombres relativos** relacionadas con el tema de esta lectura. Luego escríbanlas en la pizarra con un espacio en blanco donde debe ir **el relativo** para que sus compañeros/as las completen.

Ejemplo: En la Ciudad de México hay mucha contaminación; a pesar de _____ la autora sale a caminar todas las mañanas.
(lo cual)

7-6 Creación

Escribe una composición de acuerdo con las instrucciones que siguen.

Imitando el estilo de Mastretta, describe a alguien o algo que te ha influido profundamente.

Atajo		
Phrases:	*Expressing a need; Hypothesizing*
Grammar:	*Personal pronouns; Prepositions:* **a, de, por, para**
Vocabulary:	*Working conditions; Dreams and aspirations; Calendar*

TRES HÉROES

José Martí

José Martí (1853–1895) ha sido llamado "el apóstol" de la independencia cubana, aunque vivió casi toda su vida fuera de la isla. Compaginó su actividad política con la de poeta, novelista, ensayista, periodista y traductor. Sus colecciones de poesía incluyen *Ismaelillo* (1882), *Versos sencillos* (1891) y *Flores de destierro* (1932). "Nuestra América" (1891) continúa siendo uno de sus ensayos más leídos y comentados.

El ensayo que sigue apareció en 1889 en *La Edad de Oro* ("publicación mensual de recreo e instrucción dedicada a los niños de América" según la portada de la revista que Martí fundó y editó en Nueva York) y en él elogia la actuación de Simón Bolívar, Miguel Hidalgo y José de San Martín durante las guerras de Independencia (1810–1824).

Palabra por palabra

acercarse a	to approach, come near	echar	to throw out
el anochecer	dusk, nightfall	el ejército	army
la bandera	flag	la guerra	war
cansarse	to become or get tired	honrado/a	honest, honorable
derrotar	to defeat	montar a caballo	to ride horseback
descalzo/a	barefoot, without shoes	vencer	to conquer, defeat

Mejor dicho

pensar	to think, believe	Un hombre que oculta lo que **piensa** no es un hombre honrado.
pensar + inf.	to intend, plan	Nunca **había pensado** estudiar arquitectura.
pensar en	to have something or someone in mind, think about	El corazón se llena de ternura al **pensar en** esos gigantescos fundadores.
*pensar de	to have an opinion about	¿Qué **piensas de** la valentía de estos tres héroes?

*¡Ojo! Para contestar preguntas con esta estructura se usa **pensar que**.

mismo/misma	*same = coinciding (before the noun)*	Benjamín y yo habíamos crecido en la **misma** aldea.
nombre o pronombre + mismo/a	*myself, himself, herself . . .*	Siempre defendió el derecho de los hombres a gobernarse por sí **mismos.**
igual	*same = alike, similar, equal (after the noun)*	Nosotros comprábamos cosas **iguales.**

la lucha **luchar**	*struggle* *to struggle*	La **lucha** de clases es un concepto marxista. **Luchemos** por la paz.
el combate **combatir**	*fight (combat)* *to fight*	Las tropas están listas para el **combate.** Les enseñaremos a **combatir** los incendios forestales.
la pelea **pelear**	*fight (quarrel)* *to fight*	Muchas veces una **pelea** entre niños termina pronto. Los generales **peleaban** a su lado con valor sobrenatural.

7-7 Práctica

En parejas, hagan las actividades siguientes o contesten las preguntas prestando atención a las palabras del vocabulario.

1. Mencionen tres cosas que las personas honradas hacen y tres que nunca harían.

2. ¿Se cansan Uds. fácilmente? ¿Qué hacen cuando están cansados/as? ¿De qué no se cansan nunca?

3. ¿Adónde van descalzos/as? ¿Les gusta caminar descalzos/as? ¿Por qué sí o no?

4. Den sinónimos o antónimos de estas palabras y después úsenlas en una oración.

   la paz   triunfar   perder   alejarse de   el amanecer

5. ¿Qué piensan de la decisión del presidente George W. Bush de iniciar una guerra contra Iraq?

6. Maruja y Paquita son gemelas *(identical twins)*. Hablen de ellas utilizando los adjetivos **igual** y **mismo/a**.

   Ejemplos: Cumplen años el mismo día.
   Todo el mundo piensa que son iguales.

7. ¿En qué o quién piensan a menudo? Expliquen.

8. ¿Qué piensan hacer después de graduarse?

9. ¿Con quién(es) pelean mucho? ¿Por qué se pelean? ¿Cuándo se pone seria una pelea? ¿Están de acuerdo con el dicho "Dos no pelean si uno no quiere"? Expliquen.

10. ¿Qué constituye una "lucha diaria" para mucha gente? Den tres ejemplos. ¿Y para Uds. en estos momentos de su vida? ¿Se consideran personas luchadoras o no?

11. Dígale a su compañero/a dos maneras de combatir:
    a. el correo basura *(spam)*   c. la obesidad
    b. la piratería musical   d. el frío

¡ALTO! Antes de leer

Haz lo que se te indica a continuación.

1. En términos políticos, ¿cómo se define "colonia"?

2. ¿Qué sabes de la lucha por la independencia latinoamericana (s. XIX)?

3. Un símil es una figura retórica que consiste en comparar una cosa con otra. Se utiliza la palabra "como" entre los términos comparados. Subraya tres símiles que encuentres en el texto. ¿Añaden algo a la oración? ¿Se podrían eliminar sin más?

TRES HÉROES

José Martí

Cuentan que un viajero llegó un día a Caracas al anochecer, y sin sacudirse[1] el polvo del camino, no preguntó dónde se comía ni se dormía, sino cómo se iba a donde estaba la estatua de Bolívar. Y cuentan que el viajero, solo con los árboles altos y olorosos[2] de la plaza, lloraba frente a la estatua, que parecía que se movía, como un padre cuando se le acerca un hijo. El viajero hizo bien, porque todos los americanos deben querer a Bolívar como a un padre. A Bolívar y a todos los que pelearon como él porque[3] la América fuese del hombre americano. A todos: al héroe famoso y al último soldado, que es un héroe desconocido. Hasta hermosos de cuerpo se vuelven los hombres que pelean por ver libre a su patria.

Bolívar era pequeño de cuerpo. Los ojos le relampagueaban[4] y las palabras se le salían de los labios. Parecía como si estuviera esperando siempre la hora de montar a caballo. Era su país, su país oprimido,[5] que le pesaba en el corazón y no le dejaba vivir en paz. La América entera estaba como despertando. Un hombre solo no vale nunca más que un pueblo entero; pero hay hombres que no se cansan cuando su pueblo se cansa, y que se deciden a la guerra antes que los pueblos, porque no tienen que consultar a nadie más que a sí mismos, y los pueblos tienen muchos hombres, y no pueden consultarse tan pronto. Ése fue el mérito de Bolívar: que no se cansó de pelear por la libertad de Venezuela, cuando parecía que Venezuela se cansaba. Lo habían derribado[6] los españoles; lo habían echado del país. Él se fue a una isla, a ver su tierra de cerca, a pensar en su tierra.

Un negro generoso lo ayudó cuando ya no lo quería ayudar nadie. Volvió un día a pelear, con trescientos héroes, con los trescientos libertadores. Libertó a Venezuela. Libertó a Nueva Granada. Libertó al Ecuador. Libertó al Perú. Fundó una nación nueva, la nación de Bolivia. Ganó batallas sublimes con soldados descalzos y medio desnudos. Todo se estremecía[7] y se llenaba de luz a su alrededor. Los generales peleaban a su lado con valor sobrenatural. Era un ejército de jóvenes. Jamás se peleó tanto, ni se peleó mejor en el mundo, por la libertad. Bolívar no defendió con tanto fuego el derecho de los hombres a gobernarse por sí mismos como el derecho de América a ser libre. Los envidiosos exageraron sus defectos. Bolívar murió de pesar del corazón,[8] más que de mal de cuerpo, en la casa de un español en Santa Marta.[9] Murió pobre y dejó una familia de pueblos.

México tenía mujeres y hombres valerosos que no eran muchos, pero valían por muchos: media docena[10] de hombres y una mujer preparaban el modo de hacer libre a su país. Eran unos cuantos jóvenes valientes, el esposo de una mujer liberal y un cura de pueblo que quería mucho a los indios, un cura de sesenta años. Desde niño fue el cura Hidalgo de la raza buena, de los que quieren saber. Los que no quieren saber son de la raza mala. Hidalgo sabía francés, que entonces era cosa de mérito, porque lo sabían pocos. Leyó los libros de los filósofos del siglo XVIII, que explicaron el derecho del hombre a ser honrado y a pensar y hablar sin hipocresía. Vio a los negros esclavos y se llenó de horror. Vio maltratar a los indios, que son tan mansos y generosos, y se sentó entre ellos como un hermano viejo, a enseñarles las artes finas que el indio aprende bien. Le veían lucir[11] mucho de cuando en cuando los ojos verdes. Todos decían que hablaba muy bien, que sabía mucho nuevo, que daba muchas limosnas[12] el señor cura del pueblo de Dolores.[13] Decían que iba a la ciudad de Querétaro, una que otra vez, a hablar con unos

---

[1] **sacudirse** *dusting off* [2] **olorosos** = fragantes [3] **porque** = aquí significa "para que" [4] **relampagueaban** *flashed* [5] **oprimido** *oppressed* [6] **derribado** = derrotado [7] **se estremecía** *shuddered* [8] **pesar del corazón** *heartache* [9] **Santa Marta** = ciudad de Colombia [10] **docena** *dozen* [11] **lucir** = brillar [12] **limosnas** *alms* [13] **Dolores** = un pueblo de México

cuantos valientes y con el marido de una buena señora. Un traidor le dijo a un comandante español que los amigos de Querétaro trataban de hacer a México libre. El cura montó a caballo, con todo su pueblo, que lo quería como a su corazón; se le fueron juntando los caporales[14] y los sirvientes de las haciendas, que eran la caballería;[15] los indios iban a pie, con palos y flechas,[16] o con hondas[17] y lanzas.

Se le unió un regimiento y tomó un convoy de pólvora[18] que iba para los españoles. Entró triunfante en Celaya, con música y vivas.[19] Al otro día juntó el Ayuntamiento,[20] lo hicieron general y empezó un pueblo a nacer. Él fabricó lanzas y granadas de mano. Él dijo discursos que dan calor y echan chispas,[21] como decía un caporal de las haciendas. Él declaró libres a los negros. Él les devolvió sus tierras a los indios. Él publicó un periódico que llamó *El Despertador Americano*. Ganó y perdió batallas. Él les avisaba a los jefes españoles que, si los vencía en la batalla que iba a darles, los recibiría en su casa como amigos. ¡Eso es ser grande! Se atrevió a ser magnánimo, sin miedo a que lo abandonase la soldadesca, que quería que fuese cruel. Su compañero Allende tuvo celos[22] de él y él le cedió el mando[23] a Allende. Iban juntos buscando amparo en su derrota cuando los españoles les cayeron encima. A Hidalgo le quitaron uno a uno, como para ofenderlo, los vestidos de sacerdote. Lo llevaron detrás de una tapia[24] y le dispararon[25] los tiros de muerte a la cabeza. Cayó vivo, revuelto en la sangre y en el suelo lo acabaron de matar. Le cortaron la cabeza y la colgaron en una jaula,[26] en la Alhóndiga[27] misma de Granaditas, donde tuvo su gobierno. Enterraron los cadáveres descabezados. Pero México es libre.

San Martín fue el libertador del Sur, el padre de la República Argentina, el padre de Chile. Sus padres eran españoles y a él lo mandaron a España para que fuese militar del rey. Cuando Napoleón entró en España con su ejército, para quitarles a los españoles la libertad, los españoles todos pelearon contra Napoleón: pelearon los viejos, las mujeres, los niños. San Martín peleó muy bien en la batalla de Bailén y lo hicieron teniente coronel. Hablaba poco: parecía de acero;[28] miraba como un águila;[29] nadie lo desobedecía: su caballo iba y venía por el campo de pelea como el rayo[30] por el aire. En cuanto supo que América peleaba por hacerse libre, vino a América: ¿qué le importaba perder su carrera si iba a cumplir con su deber? Llegó a Buenos Aires; no dijo discursos; levantó un escuadrón de caballería; en San Lorenzo fue su primera batalla; sable en mano se fue San Martín detrás de los españoles, que venían muy seguros, tocando el tambor[31] y se quedaron sin tambor, sin cañones y sin bandera. En los otros pueblos de América los españoles iban venciendo: a Bolívar lo había echado Morillo el cruel de Venezuela. Hidalgo estaba muerto. O'Higgins salió huyendo[32] de Chile. Pero donde estaba San Martín siguió siendo libre la América. Hay hombres así, que no pueden ver esclavitud. San Martín no podía y se fue a libertar a Chile y al Perú. En dieciocho días cruzó con su ejército los Andes altísimos y fríos: iban los hombres como por el cielo, hambrientos, sedientos:[33] abajo, muy abajo, los árboles parecían hierba, los torrentes rugían[34] como leones. San Martín se encuentra al ejército español y lo deshace en la batalla de Chacabuco, lo derrota para siempre en la batalla de Maipú. Liberta a Chile. Se embarca con su tropa y va a libertar al Perú. Pero en el Perú estaba Bolívar y San Martín le cede la gloria. Se fue a Europa triste y murió en brazos de su hija Mercedes. Escribió su testamento en una cuartilla de papel, como si fuera el parte[35] de una batalla. Le habían regalado el estandarte que el conquistador Pizarro trajo hace cuatro siglos y él le regaló el estandarte en el testamento al Perú.

Un escultor es admirable, porque saca una figura de la piedra bruta: pero esos hombres que hacen pueblos son como más que hombres. Quisieron algunas veces lo que no querían querer; pero ¿qué no le perdonará un hijo a su padre? El corazón se llena de ternura al pensar en esos gigantescos fundadores. Esos son héroes; los que pelean para hacer a los pueblos libres, o los que padecen en pobreza y desgracia por defender una gran verdad. Los que pelean por la ambición, por hacer esclavos a otros pueblos, por tener más mando, por quitarle a otro pueblo sus tierras, no son héroes, sino criminales.

---

[14] **caporales** *farm managers* [15] **caballería** *cavalry* [16] **palos... flechas** *sticks and arrows* [17] **hondas** *slings* [18] **pólvora** *gunpowder* [19] **vivas** = gritos de "viva" [20] **juntó el Ayuntamiento** *put together the town council* [21] **chispas** *sparks* [22] **tuvo celos** *was jealous* [23] **mando** *command* [24] **tapia** = pared [25] **dispararon** *shot* [26] **jaula** *cage* [27] **Alhóndiga** *corn exchange* [28] **acero** *steel* [29] **águila** *eagle* [30] **rayo** *lightning bolt* [31] **tambor** *drum* [32] **huyendo** = escapando [33] **sedientos** *thirsty* [34] **rugían** *roared* [35] **parte** = informe

Después de leer

7-8 ¿Entendido?

Escribe en el espacio en blanco Simón Bolívar, Miguel Hidalgo o José de San Martín, según corresponda. **¡Ojo!** A veces tendrás que escribir más de un nombre.

1. Pensadores franceses lo inspiraron. _Hidalgo_

2. Los españoles lo decapitaron. _Hidalgo_

3. Fundó el país de Bolivia. _Bolívar_

4. No murió en su país de origen. _San Martín_

5. Le habían dado el estandarte de Pizarro. _San Martín_

6. Devolvió sus tierras a los indios. _Hidalgo_

7. Cruzó los Andes con su ejército en menos de dos semanas. _San Martí_

8. No se cansó de luchar por la libertad de Venezuela. _Bolívar_

9. Tenía un cargo militar. _San Martí y Bolívar_

10. Liberó al Perú, al Ecuador, a la Nueva Granada. _Bolívar_

11. Le quitaron la ropa antes de matarlo. _Hidalgo_

12. Primero peleó con los españoles y después contra ellos. _San Martín_

7-9 En mi opinión

En grupos de tres estudiantes, utilicen las preguntas siguientes como punto de partida para entablar una conversación.

1. Martí define el término "libertad" de la siguiente manera: "Libertad es el derecho que todo hombre tiene a ser honrado, y a pensar, y a hablar sin hipocresía. Un hombre que oculta lo que piensa, o no se atreve a decir lo que piensa, no es un hombre honrado. Un hombre que obedece a un mal Gobierno, sin trabajar para que el Gobierno sea bueno, no es un hombre honrado." ¿Están de acuerdo con él? Expliquen.

2. "En Venezuela por decreto del 18 de noviembre de 1872, emitido por el entonces presidente de la República, el general Antonio Guzmán Blanco, las plazas principales de todos los pueblos venezolanos deben, obligatoriamente, llevar el nombre de 'Plaza Bolívar' y un retrato del 'Libertador' debe, obligatoriamente, figurar en la pared de toda oficina pública" (Nikita Harwich, "Un héroe para todas las causas: Bolívar en la historiografía", *Iberoamericana* 3.10 [2003]: 7). ¿Qué piensan de este decreto? ¿Habrá también estatuas de Bolívar en otras ciudades latinoamericanas? ¿Qué suponen Uds.?

3. ¿Por qué es importante visitar monumentos? ¿Qué monumentos han visitado Uds. últimamente? ¿Cómo se sintieron al verlos?

4. El ensayo menciona a "los héroes desconocidos". ¿Quiénes serían éstos?

5. ¿Es importante o no tener días feriados dedicados a los héroes de la patria? ¿Qué hacen Uds. esos días libres? ¿Se celebra en su estado o universidad el día de Martin Luther King, Jr.? Comenten.

6. ¿Se puede decir que los hombres de los que habla Martí son inmortales? ¿Por qué sí o no? ¿Cómo se consigue la inmortalidad?

7. ¿Qué significaba (e implicaba) ser patriota en otras épocas? ¿Significa lo mismo que ahora? Mencionen dos diferencias y dos semejanzas.

8. ¿Cómo utiliza Martí el término "americano"? ¿Les sorprendió? ¿Por qué sí o no?

9. ¿Por qué les da tanta importancia Martí a los ojos? ¿Qué revelan los ojos de una persona?

10. Relacionen el Grito de Dolores (cuando Hidalgo llamó a las armas la madrugada del 16 de septiembre de 1810) con la Fiesta del Grito, sobre la cual leyeron en "El mexicano y las fiestas".

11. ¿Puede uno morir de tristeza, de dolor, de soledad, de un desengaño amoroso? Expliquen su respuesta.

Estrategias comunicativas para elogiar a alguien

Estoy muy orgulloso/a de ti.	*I am very proud of you.*
¡Qué trabajo tan magnífico hiciste!	*What a terrific/great job you did!*
Eres increíble, sobresaliente...	*You are amazing, outstanding, . . .*

7-10 En (inter)acción

Realicen las siguientes actividades según se indica.

1. **El día de la Hispanidad o día de la Raza (el 12 de octubre).** Todos Uds. colaboraron en alguna de las actividades que tuvieron lugar ese día (colgando banderitas, organizando un espectáculo musical, etc.). En grupos de tres estudiantes, cuéntenle a la clase lo que hicieron; ésta reaccionará empleando algunas de las expresiones de **Estrategias comunicativas**.

2. **¿Trivial?** En grupos de cuatro estudiantes, completen el cuadro siguiente con información sobre el país hispano que Uds. elijan. Después compartan esta información con el resto de la clase.

geografía	moneda (*currency*)	figura histórica	persona famosa actualmente

3. **Símiles.** "Miraba como un águila" dice el escritor cubano de José de San Martín. Describan a los/las compañeros/as de la clase utilizando un símil semejante (con un animal).

 4. **¿Quién soy yo?** La clase se divide en dos grupos. Cada grupo elige a cinco personas conocidas y selecciona tres pistas *(clues)* para poder identificarlas. Un grupo le dice al otro las pistas una por una y el otro tiene que adivinar quién es.

> **Ejemplo:** a. Escritor argentino que murió en 1986.
> b. Se quedó ciego muy joven.
> c. Uno de sus cuentos se titula "Tlön, Uqbar, Orbis Tertius"
> Respuesta: Jorge Luis Borges

 5. **Un héroe del siglo XX.** La siguiente canción es sobre un héroe mexicano contemporáneo: el subcomandante Marcos. Lean la letra (o, si es posible, escuchen la canción) atentamente y luego comenten entre todos/as las ideas que presenta. ¿Cómo eran los héroes del siglo XIX? ¿Cómo serán los del XXI?

Emiliano Zapata de Diego Rivera

México Insurgente

♪ Cantante: Ismael Serrano

En el estado de Chiapas
muy cerca de Guatemala,
las masas de campesinos
se han levantado en armas.
El subcomandante Marcos
se llama aquel que les manda
y lucha junto a los indios
para liberar la patria.
Los milicos° le persiguen   los soldados
y quisieran que acabara
como aquel héroe del pueblo
comandante Che Guevara.°   líder revolucionario que luchó con Castro en
                                   la Revolución Cubana y murió en Bolivia
El primer día de enero
bajaron de las montañas
guerrilleros zapatistas
para lanzar sus proclamas.°   *demands*
Piden tierra y libertad
como Emiliano Zapata°   Emiliano Zapata, indio zapoteca y líder de la
y a lomos° de su caballo   Revolución Mexicana 1910–1917
                                   back
toda América cabalga.°   *rides*
Los hijos de mil derrotas

y su sangre derramada

van a rescribir la historia

y han empezado con Chiapas.

Piden tierra y libertad

como Emiliano Zapata

y declaran este estado

zona revolucionaria.

Mejor que morirse de hambre

es pelear con dignidad

y que sirva cada bala°   *bullet*

para defender la paz.

¡Vivan los héroes de Chiapas

y el subcomandante Marcos!

¡Que vivan Villa° y Zapata y que   Pancho Villa, otro héroe de la
                                         Revolución Mexicana
caigan los tiranos! (Bis) ♪

Repaso gramatical
(Cuaderno):
Formas y usos del im-
perfecto de subjuntivo
Los verbos de comu-
nicación con el indica-
tivo y el subjuntivo

7-11 Práctica gramatical

Hagan los ejercicios siguientes prestando atención a los puntos gramaticales
estudiados.

1. Todos/as los/las estudiantes escriben en su cuaderno tres infinitivos.
    Luego se forman grupos de tres estudiantes y empieza uno/a diciendo
    el verbo que ha elegido. Los/Las otros/as dos tienen que dar las formas
    del **imperfecto de subjuntivo** en **-ra**. Se van alternando hasta que to-
    dos los miembros hayan participado.

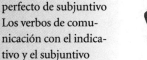

2. En parejas, mencionen dos cosas que José Martí dijo sobre Simón
    Bolívar, Miguel Hidalgo y José de San Martín usando verbos de
    comunicación como **decir**, **repetir**, **comentar**, **indicar**, **señalar** y el
    indicativo.

    Ejemplo: José Martí **dijo** que Miguel Hidalgo perdió algunas
    batallas.

3.   Imagínense a San Martín en los Andes: hace un frío atroz, no queda casi comida, sus hombres están cansadísimos y la altura los está afectando a todos. En grupos de tres estudiantes, recreen la escena. Utilicen **los verbos de comunicación** con el indicativo (para transmitir información) y con el subjuntivo (para ordenar).

Ejemplos: Les dijo que ya faltaba poco para llegar al otro lado de la cordillera.
Les dijo a sus hombres que siguieran adelante.

¿Quién será?

7-12 Creación

Escribe una composición de acuerdo con las instrucciones que siguen.

Busca información sobre uno de los tres héroes mencionados en la lectura o sobre José Martí y escribe su biografía. Destaca sus esfuerzos como líderes de la independencia de América Latina. También puedes comparar esa figura con otra que tú conozcas.

Atajo		
Phrases:	*Weighing evidence; Sequencing events; Describing (people, the past)*	
Grammar:	*Preterit and Imperfect; Relatives; Next:* **siguiente**, **que viene**, **próximo**	
Vocabulary:	*Upbringing; Personality; Dreams and aspirations*	

LA MALINCHE (1500?–1527)

S. Suzan Jane

La Malinche (también conocida como Malintzin y doña Marina) es una de las pocas mujeres indígenas de la época de la conquista que se ha salvado del anonimato. Un soldado y cronista del siglo XVI, Bernal Díaz del Castillo, la menciona y elogia frecuentemente en su libro *Historia verdadera de la conquista de la Nueva España*. De ella nos dice el autor: "Doña Marina en todas las guerras de la Nueva España fue una mujer excelente y buena intérprete, y por eso siempre la llevaba Cortés consigo. Sin doña Marina ninguno de nosotros podría haber entendido la lengua de la Nueva España y México" (México, D.F.: Porrúa, 1960, pp. 61–62). Al contrario del cronista español, el pueblo mexicano no ha apreciado tanto a esta figura histórica.

Palabra por palabra

apoderarse de	to seize, get control of, take over	**no tener más remedio que**	to have no choice but
el arma (*fem.*)	weapon	**las privaciones**	hardships, deprivation
conseguir (i, i)	to attain, obtain, get, achieve	**la represalia**	reprisal, retaliation
ileso/a	unhurt, unharmed, unscathed	**la riqueza**	wealth
		traicionar	to betray

Mejor dicho

aguantar, soportar, tolerar	to tolerate, put up with	No **aguanto** (**soporto, tolero**) a la gente que habla mucho.
soportar, sostener	to support physically	Este puente **soportará** un peso de 30 toneladas. Estaba muy débil. Las piernas no me **sostenían**.
mantener	to support economically	—¿Quién te **mantiene**? —Nadie, me **mantengo** sola.
apoyar	to support emotionally, ideologically	El senador Samuel Ortiz ganó porque todos lo **apoyamos**.

el hecho	fact	El **hecho** es que no me devolviste el paraguas.
el dato	piece of information, datum, figure	Estos **datos** contradicen tu teoría.
la fecha	date	Ahora mismo no me acuerdo de la **fecha** de esa batalla.

7-13 Práctica

Hagan las actividades siguientes prestando atención a las palabras del vocabulario.

1. Con toda la clase, digan sinónimos o antónimos de estas palabras.

la riqueza	traicionar	ileso/a	la represalia
conseguir	apoderarse de	el arma	las privaciones
el hecho	no tener más remedio que		

2. Dígale a su compañero/a tres cosas que no soporta de:

   los/las políticos/as   los/las profesores/as

   los actores y las actrices   sus otros/as compañeros/as de clase

   los/las jugadores/as de béisbol los/las dentistas

3. En grupos de tres o cuatro estudiantes, digan qué propuestas de ley apoyarían y por qué.

   a. el límite de velocidad a 80 millas por hora

   b. la legalización del aborto

   c. la reducción del presupuesto de defensa nacional

   d. el seguro médico nacional

   e. la pena de muerte

   f. un mes de vacaciones para todos/as los/las que trabajan

4. En parejas, mencionen algunos de los datos que debemos proporcionar para:

   a. sacar la licencia de manejar

   b. solicitar un trabajo

   c. sacar dinero del banco

   d. matricularse (register) en un curso

Antes de leer

Haz lo que se te indica a continuación.

1. Echa una ojeada a los números de la lectura. ¿Sobre qué época histórica vas a leer?

2. Observa en qué tiempo están las formas verbales. ¿Puedes relacionar esto con la pregunta anterior?

3. Fíjate, al leer, en cómo se escribe *Aztecs* en español. ¿Con mayúscula o minúscula? ¿Es una palabra masculina o femenina?

4. Añade en los espacios en blanco los nombres de otras tres parejas famosas de ayer y de hoy.

   Cleopatra y Marco Antonio   _____

   Felipe el Hermoso y Juana la Loca   _____

   Luis XVI y María Antonieta   _____

5. ¿Cuál crees que debe ser el papel de la esposa o del esposo de una figura pública? ¿Y el de su amante (lover)?

LA MALINCHE (1500?–1527)

S. Suzan Jane

La princesa indígena llamada Malintzin, pero conocida popularmente como la Malinche, es una figura que presenta contradicciones históricas; por un lado, es considerada una traidora a su raza por haber ayudado a Hernán Cortés en la conquista de México y en el sometimiento[1] de los aztecas y, por otro, es vista como la "Eva mexicana", la madre de la gente mestiza.

La Malinche nació en Viluta, pueblo de México, a principios del siglo XVI. Su riqueza y condición social le permitieron recibir una esmerada educación —privilegio que no estaba al alcance[2] de las hijas de padres menos poderosos. Pero durante un período de guerra, fue vendida o capturada por los mayas y luego vendida como esclava a los aztecas. Así perdió los privilegios de los que había gozado hasta entonces, que fueron reemplazados por dificultades y privaciones.

La Malinche se distinguía de las otras esclavas por su belleza, su inteligencia y el conocimiento de varias lenguas; estas cualidades resultaron ser[3] sus mejores armas cuando Hernán Cortés llegó a México al mando de la expedición española. Cuando Cortés desembarcó en 1519, tenía dos misiones: conquistar el país y apoderarse de sus riquezas, y convertir a los indígenas al cristianismo. La Malinche formaba parte de un tributo mandado a Cortés con la vana esperanza de detener su avance. Cortés reconoció la capacidad intelectual y verbal de la Malinche, y prometió concederle la libertad si se convertía en su aliada[4] y lo ayudaba a establecer buenas relaciones con los pueblos indígenas de México.

Siendo una esclava, la Malinche no tuvo más remedio que aceptar. Viajaba con Cortés, acompañándolo a todas las expediciones. Al principio, Cortés dudaba de la lealtad[5] de la Malinche, pero sus dudas se disiparon[6] cuando ella le contó la emboscada[7] que el emperador Montezuma pensaba tenderle a las tropas españolas. Al enterarse, Cortés mandó en represalia atacar a los aztecas que vivían entre los españoles y los aztecas perdieron a sus mejores guerreros.

Durante los años siguientes, la Malinche continuó apoyando a Cortés. Gracias a su poder de persuasión, ayudó a Cortés a reunir un ejército para luchar contra los aztecas. Con el tiempo, consiguió convencer a Montezuma mismo de que se dejara apresar[8] por los españoles, lo cual les permitió a éstos dominar por completo la capital azteca, Tenochtitlán. Pero en una caótica escaramuza,[9] Montezuma murió, apedreado[10] por su propia gente y los aztecas lanzaron[11] un ataque feroz contra los conquistadores españoles.

Aunque la mayoría del ejército español pereció[12] durante la huida nocturna de la ciudad,[13] la Malinche y Cortés resultaron ilesos. Cortés volvió a reunir a sus hombres y lanzó un contrataque masivo. El día 13 de agosto de 1521 caía la ciudad de Tenochtitlán y con ella el imperio azteca.

Los españoles empezaron inmediatamente a reconstruir la ciudad que habían ganado la Malinche

La Malinche de Rosario Marquardt

y Cortés. En 1522 la Malinche dio a luz un hijo, fruto de su relación con Cortés, dando así comienzo a la población denominada mestiza. Mezcla de sangre española e indígena, este grupo racial predomina hoy día en México. Cortés se aseguró de darle a la Malinche bastantes tierras y oro para que viviera desahogadamente,[14] y le pidió que siguiera sirviéndole de intérprete en la expedición a Honduras. En 1527, poco después de volver de Honduras, la Malinche murió.

Sin duda, el éxito que Cortés consiguió en México hay que atribuirlo directamente a la ayuda que le prestó[15] la Malinche. Los aztecas a quienes ella traicionó no eran su pueblo, aunque todos los indígenas de México fueron conquistados con el tiempo por los invasores a los que apoyó. La Malinche fue testigo del fin de una civilización y el auge de otra nueva y se convirtió en la madre simbólica del nuevo grupo étnico que ha predominado en México hasta nuestros días.

---

[1] **sometimiento** *subjugation, enslavement* [2] **no... alcance** *was not available* [3] **resultaron ser** *turned out to be* [4] **aliada** *ally* [5] **lealtad** *loyalty* [6] **se disiparon** = desaparecieron [7] **emboscada** *ambush* [8] **apresar** *to become a prisoner* [9] **escaramuza** *skirmish* [10] **apedreado** *stoned* [11] **lanzaron** *launched* [12] **pereció** *was lost* [13] **huida... ciudad** = Este hecho histórico es conocido como "La noche triste". [14] **desahogadamente** *comfortably* [15] **prestó** = dio

Después de leer

7-14 ¿Entendido?

Pon en orden cronológico estos diez hechos de acuerdo con el contenido de la lectura.

4 — 1. La Malinche es entregada a Cortés como tributo.

6 — 2. Montezuma es apedreado por los aztecas.

10 — 3. La Malinche y Cortés vuelven de una expedición a Honduras.

8 — 4. Caída de la ciudad de Tenochtitlán.

7 — 5. Los españoles son atacados por los aztecas.

2 — 6. La Malinche es vendida o capturada por los mayas.

9 — 7. Nacimiento de Martín Cortés, hijo de la Malinche y el conquistador español.

5 — 8. Los españoles atacan a los aztecas por primera vez.

1 — 9. La Malinche vive como una princesa; sus padres son poderosos y ricos.

3 — 10. Hernán Cortés llega a lo que hoy conocemos como México.

7-15 En mi opinión

En grupos de tres estudiantes, utilicen las preguntas siguientes como punto de partida para entablar una conversación.

1. Expliquen la referencia a la Malinche como "Eva". ¿Qué características tendrían en común? Acuérdense de la lectura "Eva" (pp. 129–130).

2. Se suele oponer la Virgen de Guadalupe a la figura de la Malinche. ¿En qué se basaría esta oposición?

3. En la formación de una pareja, ¿qué papel juegan la suerte y el destino? Den ejemplos.

4. ¿Es posible el amor entre personas que pertenecen a jerarquías sociales diferentes, como en el caso de la Malinche y Hernán Cortés? ¿Por qué sí o no? ¿Creen que hubo amor entre ellos dos o simplemente abuso de poder por parte del conquistador español? ¿Por qué sí o no?

5. En oposición a Bernal Díaz del Castillo, Cortés no menciona a la Malinche en sus escritos. ¿Cómo explicarían este silencio por parte del segundo? ¿Pueden suponer por qué no se casó Hernán Cortés con la Malinche?

6. Hay muy pocos monumentos en México dedicados a la Malinche. En Villa Oluta, Veracruz, por ejemplo, se encuentra uno de ellos. ¿Por qué no habrá más? ¿Saben si en México hay monumentos dedicados a Cortés? ¿Y en otros países hispanos?

Estrategias comunicativas para expresar probabilidad

Es posible/probable que...	**No me sorprendería que...**
It's possible/probable that . . .	*It wouldn't surprise me if . . .*
Seguramente...	**Lo más seguro/probable es que...**
Probably . . .	*It's very likely that . . .*
Posiblemente...	**Debe haber salido (comido...).**
Possibly . . .	*He/She must have gone out (eaten . . .).*
Probablemente...	**Parece ser que...**
Probably . . .	*It seems that/looks like . . .*

7-16 En (inter)acción

Realicen las siguientes actividades según se indica.

 1. **Debate.** Debatan con toda la clase el papel de la Malinche en la historia. ¿Qué hay que tener en cuenta a la hora de juzgar su actuación?

2. **Tomar la palabra.** Con un/a compañero/a, improvisen un diálogo entre la Malinche y Pocahontas (o Sacagawea) y preséntenlo delante de la clase. Hablen, por ejemplo, sobre el papel que desempeñaron en la colonización del continente americano.

3. **El sueño de la Malinche.** Edward Lucie-Smith dice que el cuadro siguiente de Antonio Ruiz titulado *El sueño de la Malinche* (1939) implica que "el pasado indígena de México todavía duerme bajo los adornos del presente europeo" (*Arte latinoamericano del siglo XX.* Barcelona: Destino, 1993, p. 102). En grupos de tres estudiantes, observen detenidamente el cuadro y expliquen cómo ha llegado a esa interpretación Lucie-Smith. Por último, digan si están de acuerdo con él o no.

Antonio Ruiz,
El sueño de la
***Malinche,* 1939**

4. **Desciframiento.** Las imágenes siguientes son reproducciones de un famoso códice azteca que narra la conquista de México. Ahora, como si fueran profesores/as de historia y basándose en lo que han leído, en grupos de tres estudiantes describan lo que representa cada dibujo. Utilicen algunas de las expresiones de **Estrategias comunicativas**.

7-17 Práctica gramatical

Hagan los ejercicios siguientes prestando atención a los puntos gramaticales estudiados.

1. **Entrevista.** En grupos de tres estudiantes, preparen varias preguntas que les gustaría hacerles a la Malinche o a Hernán Cortés. Usen **verbos de petición** y **mandato** en el pasado en la cláusula principal y el imperfecto de subjuntivo en la subordinada. Después elijan a un/a compañero/a de otro grupo para que conteste las preguntas utilizando **el imperfecto de subjuntivo.**

    Ejemplos: ¿Por qué te **pidió** Cortés que **te casaras** con el capitán Juan Jaramillo?
    ¿Te **ordenó** alguien que **te bautizaras**?

2. **Contradicciones.** Con un/a compañero/a formen **oraciones recíprocas** cuyos sujetos sean dos estudiantes de la clase. Luego lean una de las oraciones en voz alta y uno/a de los/las dos estudiantes niega la información que ha oído utilizando la primera persona del plural (nosotros).

    Ejemplos: —Beatriz y Marisa no se aguantan.
    —Pero ¡qué dices! Marisa y yo nos adoramos.
    —Sergio y David se conocen desde la escuela primaria.
    —¡En absoluto! David y yo nos conocimos hace sólo un mes.

    Otros verbos que pueden emplear:

ayudar	entender	llamar por teléfono	visitar a menudo	pelear
admirar	odiar	apoyar en todo	traicionar	estimar

7-18 Creación

Escribe una composición de acuerdo con las instrucciones que siguen.

Otras figuras incluidas en el libro *Mujeres que cambiaron la historia* son Isabel la Católica, Sor Juana Inés de la Cruz, Frida Kahlo, La Pola, Gabriela Mistral, Eva Perón, Violeta Chamorro, Rigoberta Menchú. Busca en la biblioteca información sobre una de estas mujeres u otra que te sugiera tu profesor/a. Después escribe un informe que pueda servir también de presentación oral. (O si lo prefieres puedes utilizar la forma de una entrevista.) Antes de empezar a escribir, observa cómo ha organizado y presentado la autora de esta lectura la información.

¿Vas a seguir un orden cronológico? ¿Qué tipo de datos y hechos vas a ofrecer de su vida? ¿Vas a evaluar las consecuencias que tuvieron sus acciones? ¿Vas a dar tu opinión sobre lo que has leído o vas a presentar la de otros/as autores/as?

Atajo		
Phrases:	*Describing people; Linking ideas; Writing an introduction*	
Grammar:	*Negation; Personal pronouns; Relatives*	
Vocabulary:	*Dreams & aspirations; Family members; Nationality*	

Represiones: denuncias y resistencias

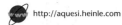 http://aquesi.heinle.com

PRESO SIN NOMBRE, CELDA SIN NÚMERO
Jacobo Timerman

Jacobo Timerman, un conocido escritor y periodista argentino de familia judía, nació en Ucrania en 1923. En 1928 su familia se trasladó a Buenos Aires. Durante la dictadura militar de Jorge Rafael Videla, Roberto Viola y Leopoldo Galtieri (1976–1983) fue secuestrado por comandos del ejército argentino y llevado a una cárcel clandestina donde fue interrogado y torturado repetidamente. Estuvo preso dos años y medio (1977–1979). Después de pasar varios años exiliado en Israel, volvió a Argentina tras la restauración de la democracia. Murió en 1999.

En *Preso sin nombre, celda sin número* (1980) Timerman ha relatado sus experiencias en la cárcel. En las páginas siguientes nos habla de los espacios en que vivió confinado y de un encuentro inolvidable.

Palabra por palabra

acostarse (ue)	*to lie down, go to bed*	**el odio**	*hatred*
asustar	*to frighten*	**la oración**	*prayer*
la cárcel	*jail, prison*	**peligroso/a**	*dangerous*
débil	*weak*	**el secuestro**	*kidnapping*
desnudo/a	*nude, naked*	**la soledad**	*loneliness*
el llanto	*crying*		

Mejor dicho

el sentimiento	*emotional feeling*	El odio es un **sentimiento** destructivo.
la sensación	*physical feeling*	¡Qué **sensación** de libertad!
el sentido*	*meaning*	No entiendo el **sentido** de esta oración.
	sense	Tenemos cinco **sentidos**.
	consciousness	El paciente perdió el **sentido** y se cayó.

*¡**Ojo!** Recuerde que **tener sentido** significa *to make sense*. Otras expresiones con sentido son: **sentido común**, **sentido del humor** y **sexto sentido**.

el policía, el guardia	policeman, police officer, male guard	Muchas veces algún **guardia** me da la comida sin vendarme los ojos.
la policía, la guardia	policewoman, police officer, female guard	
la policía	police (force)	La disciplina de la **guardia** no es muy
la guardia	guard	buena.

8-1 Práctica

Hagan las actividades siguientes prestando atención a las palabras del vocabulario.

 1. En parejas, asocien ideas, situaciones o emociones con las palabras del vocabulario.

Ejemplo: débil—cansancio—hambre—sed—vitaminas—caerse—vulnerable

 2. En parejas, decidan si las palabras a continuación constituyen una sensación o un sentimiento.

Ejemplo: el rencor
        El rencor es un sentimiento.

el dolor	el frío	el calor	la furia
el placer	el hambre	la ternura	la alegría
la náusea	la sed	el miedo	la nostalgia

 3. En parejas, digan con cuál/es de los cinco sentidos apreciamos las cosas siguientes.

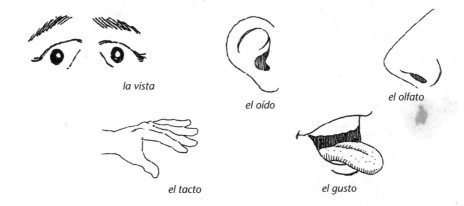

la vista

el oído

el olfato

el tacto

el gusto

Ejemplo: La seda *(silk)*... con el sentido del tacto.

la nieve	los chiles verdes	el sol	la lana *(wool)*
un caramelo	un perfume	una sonata	la piel de un bebé
los gritos	una obra de arte	un mango	unas cataratas *(waterfalls)*
un limón	una alarma	una rosa	la hierba recién cortada

4. En grupos de cuatro estudiantes, digan qué **sensación/sentimiento** tendrían Uds. en las siguientes circunstancias. Comparen sus respuestas con las de otros grupos de la clase.

a. con los ojos vendados *(blindfolded)*

b. después de comer bien

c. al recuperar sus objetos perdidos

d. durmiendo en el suelo

PARE LA TORTURA

Amnesty International U.S.A.
La Campaña Para Abolir la Tortura

"**C**uando llegaron las cien primeras cartas, los guardias me devolvieron mis ropas. Luego, doscientas cartas más llegaron, y el director de la prisión vino a verme. Cuando llegó el siguiente montón de cartas, el director se puso al habla con su superior. Y las cartas siguieron llegando, tres mil en total. El Presidente fue informado del hecho, mientras tanto las cartas seguían llegando. Entonces el Presidente llamó a la prisión y les dijo que me dejaran ir."

Un prisionero de conciencia de la República Dominicana que fue liberado

AMNISTIA INTERNACIONAL USA

5. En grupos de cuatro estudiantes, hagan una lista de cinco cosas que para Uds. no tienen sentido en esta vida. Comparen la suya con las de otros grupos.

Ejemplos: la guerra, la tortura...

6. Toda la clase debe inventar una historia sobre la persona que aparece en el cuadro del pintor mexicano David Alfaro Siqueiros, *El sollozo (The Sob)*, 1939. Mencionen cómo se siente y qué le ha ocurrido. ¿Es una mujer o un hombre?

El Sollozo de David Alfaro Siqueiros

Antes de leer

Haz lo que se te indica a continuación.

1. Subraya los adjetivos y cláusulas adjetivales al leer. ¿Hay muchos/as o no?

2. ¿Has oído hablar de "los desaparecidos"? ¿Y de la llamada Guerra Sucia en Argentina (1976–1983)? Si no lo has hecho, busca información en la biblioteca o en Internet.

3. Al preso de esta selección le faltan muchas cosas. Busca tres y fíjate en el uso del vocabulario para expresar ausencia o falta.

4. La narración está dividida en varias partes. A medida que lees, decide dónde empieza y termina cada una.

PRESO SIN NOMBRE, CELDA SIN NÚMERO

Jacobo Timerman

La celda es angosta.[1] Cuando me paro[2] en el centro, mirando hacia la puerta de acero,[3] no puedo extender los brazos. Pero la celda es larga. Cuando me acuesto, puedo extender todo el cuerpo. Es una suerte, porque vengo de una celda en la cual estuve un tiempo —¿cuánto?— encogido,[4] sentado, acostado con las rodillas dobladas.[5]

La celda es muy alta. Saltando,[6] no llego al techo. Las paredes blancas, recién encaladas.[7] Seguramente había nombres, mensajes, palabras de aliento,[8] fechas. Ahora no hay testimonios, ni vestigios.[9]

El piso de la celda está permanentemente mojado.[10] Hay una filtración[11] por algún lado. El colchón[12] también está mojado. Yo tengo una manta.[13] Me dieron una manta y para que no se humedezca la llevo siem-

pre sobre los hombros. Pero si me acuesto con la manta encima, quedo empapado[14] de agua en la parte que toca el colchón. Descubro que es mejor enrollar el colchón, para que una parte no toque el suelo. Con el tiempo la parte superior se seca. Pero ya no puedo acostarme y duermo sentado. Vivo, durante todo este tiempo, —¿cuánto?— parado o sentado.

La celda tiene una puerta de acero con una abertura[15] que deja ver una porción de la cara, o quizás un poco menos. Pero la guardia tiene orden de mantener la abertura cerrada. La luz llega desde afuera, por una pequeña rendija[16] que sirve también de respiradero.[17] Es el único respiradero y la única luz. Una lamparilla prendida[18] día y noche, lo que elimina el tiempo, produce una semipenumbra[19] en un ambiente de aire viciado,[20] de semi-aire.

Extraño la celda desde la cual me trajeron a ésta —¿desde dónde?—, porque tenía un agujero en el suelo para orinar y defecar.[21] En ésta que estoy ahora tengo que llamar a la guardia para que me lleve a los baños. Es una operación complicada y no siempre están de hu-

---

[1] **La... angosta.** *The cell is narrow.* [2] **me paro** *I stand* [3] **acero** *steel* [4] **encogido** *hunched up* [5] **rodillas dobladas** *bent knees* [6] **Saltando** *Jumping* [7] **encaladas** *whitewashed* [8] **aliento** *encouragement* [9] **vestigios** *traces* [10] **mojado** *wet* [11] **filtración** *leak* [12] **colchón** *mattress* [13] **manta** *blanket* [14] **quedo empapado** *I get soaked* [15] **abertura** *opening* [16] **rendija** *crack* [17] **respiradero** *air vent* [18] **prendida** *lit* [19] **semipenumbra** *semi-darkness* [20] **viciado** *foul* [21] **agujero... defecar** *hole in the floor to urinate and defecate*

mor: tienen que abrir una puerta que seguramente es la entrada del pabellón[22] donde está mi celda, cerrarla por dentro,[23] anunciarme que van a abrir la puerta de mi celda para que yo me coloque[24] de espaldas a ésta,[25] vendarme los ojos,[26] irme guiando hasta los baños y traerme de vuelta repitiendo toda la operación. Les causa gracia[27] a veces decirme que ya estoy sobre el pozo[28] cuando aún no estoy. O guiarme —me llevan de una mano o me empujan[29] por la espalda— de modo tal que hundo[30] una pierna en el pozo. Pero se cansan del juego y entonces no responden al llamado. Me hago encima.[31] Y por eso extraño la celda en la cual había un pozo en el suelo.

Me hago encima. Y entonces necesito permiso especial para lavar la ropa y esperar desnudo en mi celda hasta que me la traigan ya seca. A veces pasan días porque —me dicen— está lloviendo. Estoy tan solo que prefiero creerles. Pero extraño mi celda con el pozo dentro.

La disciplina de la guardia no es muy buena. Muchas veces algún guardia me da la comida sin vendarme los ojos. Entonces le veo la cara. Sonríe. Les fatiga hacer el trabajo de guardianes, porque también tienen que actuar de torturadores, interrogadores, realizar las operaciones de secuestro. En estas cárceles clandestinas sólo pueden actuar ellos y deben hacer todas las tareas. Pero, a cambio, tienen derecho a una parte del botín[32] en cada arresto. Uno de los guardianes lleva mi reloj. En uno de los interrogatorios, otro de los guardianes me convida con[33] un cigarrillo y lo prende con el encendedor[34] de mi esposa. Supe después que tenían orden del Ejército de no robar en mi casa durante mi secuestro, pero sucumbieron a las tentaciones. Los Rolex de oro y los Dupont[35] de oro constituían casi una obsesión de las fuerzas de seguridad argentinas en ese año de 1977.

En la noche de hoy, un guardia que no cumple con el Reglamento[36] dejó abierta la mirilla[37] que hay en mi puerta. Espero un tiempo a ver qué pasa, pero sigue abierta. Me abalanzo,[38] miro hacia afuera. Hay un estrecho pasillo,[39] alcanzo a divisar[40] frente a mi celda, por lo menos dos puertas más. Sí, abarco[41] completas dos puertas. ¡Qué sensación de libertad! Todo un universo se agregó a mi Tiempo, ese largo tiempo que permanece[42] junto a mí en la celda, conmigo, pesando[43] sobre mí. Ese peligroso enemigo del hombre que es el Tiempo cuando se puede casi tocar su existencia, su perdurabilidad, su eternidad.

Hay mucha luz en el pasillo. Retrocedo un poco enceguecido,[44] pero vuelvo con voracidad. Trato de llenarme del espacio que veo. Hace mucho que no tengo sentido de las distancias y de las proporciones. Siento como si me fuera desatando.[45] Para mirar debo apoyar la cara contra la puerta de acero, que está helada.[46] Y a medida que[47] pasan los minutos, se me hace insoportable el frío. Tengo toda la frente[48] apoyada contra el acero y el frío me hace doler la cabeza. Pero hace ya mucho tiempo —¿cuánto?— que no tengo una fiesta de espacio[49] como ésta. Ahora apoyo la oreja, pero no se escucha ningún ruido. Vuelvo entonces a mirar.

Él está haciendo lo mismo. Descubro que en la puerta frente a la mía también está la mirilla abierta y hay un ojo. Me sobresalto:[50] me han tendido una trampa. Está prohibido acercarse a la mirilla, y me han visto hacerlo. Retrocedo y espero. Espero un Tiempo, y otro Tiempo, y más Tiempo. Y vuelvo a la mirilla. Él está haciendo lo mismo.

Y entonces tengo que hablar de ti, de esa larga noche que pasamos juntos, en que fuiste mi hermano, mi padre, mi hijo, mi amigo. ¿O eras una mujer? Y entonces pasamos esa noche como enamorados.[51] Eras un ojo, pero recuerdas esa noche, ¿no es cierto? Porque me dijeron que habías muerto, que eras débil del corazón y no aguantaste la "máquina",[52] pero no me dijeron si eras hombre o mujer. Y, sin embargo, ¿cómo puedes haber muerto, si esa noche fue cuando derrotamos a la muerte?

---

[22] **pabellón** *cell block* [23] **por dentro** *from inside* [24] **me coloque** = me ponga [25] **de... ésta** *with my back to it (door)* [26] **vendarme los ojos** *blindfold me* [27] **Les causa gracia** = Les divierte [28] **pozo** *hole* [29] **empujan** *push* [30] **hundo** *I sink* [31] **Me hago encima.** *I soil myself.* [32] **botín** *booty* [33] **me convida con** = me ofrece [34] **encendedor** *lighter* [35] **Dupont** = marca de encendedor [36] **no... Reglamento** *does not follow the rules* [37] **mirilla** *peephole* [38] **Me abalanzo** *I rush* [39] **estrecho pasillo** *narrow hallway* [40] **alcanzo a divisar** = logro ver [41] **abarco** = veo [42] **permanece** *remains* [43] **pesando** *weighing* [44] **Retrocedo... enceguecido** *I step back somewhat blinded* [45] **como... desatando** *as if I were breaking free* [46] **helada** = muy fría [47] **a medida que** = mientras [48] **frente** *forehead* [49] **fiesta de espacio** *feast of space* [50] **Me sobresalto** *I am startled* [51] **enamorados** *lovers* [52] **máquina** = aparato de tortura

Tienes que recordar, es necesario que recuerdes, porque si no, me obligas a recordar por los dos y fue tan hermoso que necesito también tu testimonio. Parpadeabas.[53] Recuerdo perfectamente que parpadeabas y ese aluvión[54] de movimientos demostraba sin duda que yo no era el último ser humano sobre la Tierra en un Universo de guardianes torturadores. A veces, en la celda, movía un brazo o una pierna para ver algún movimiento sin violencia, diferente a cuando los guardias me arrastraban[55] o me empujaban. Y tú parpadeabas. Fue hermoso.

Eras —¿eres?— una persona de altas cualidades humanas y seguramente con un profundo conocimiento de la vida, porque esa noche inventaste todos los juegos; en nuestro mundo clausurado[56] habías creado el Movimiento. De pronto te apartabas[57] y volvías. Al principio me asustaste. Pero en seguida comprendí que recreabas la gran aventura humana del encuentro y el desencuentro.[58] Y entonces jugué contigo. A veces volvíamos a la mirilla al mismo tiempo y era tan sólido el sentimiento de triunfo que parecíamos inmortales. Éramos inmortales.

Volviste a asustarme una segunda vez cuando desapareciste por un momento prolongado. Me apreté[59] contra la mirilla, desesperado. Tenía la frente helada y en la noche fría —¿era de noche, no es cierto?— me saqué la camisa para apoyar la frente. Cuando volviste, yo estaba furioso y seguramente viste la furia en mi ojo porque no volviste a desaparecer. Debió ser un gran esfuerzo para ti, porque unos días después, cuando me llevaban a una sesión de "máquina", escuché que un guardia le comentaba a otro que había utilizado tus

muletas[60] como leña. Pero sabes muy bien que muchas veces empleaban estas tretas[61] para ablandarnos[62] antes de una pasada[63] por la "máquina", una charla con la Susana,[64] como decían ellos. Y yo no les creí. Te juro que no les creí. Nadie podía destruir en mí la inmortalidad que creamos juntos esa noche de amor y camaradería.

Eras —¿eres?— muy inteligente. A mí no se me hubiera ocurrido más que mirar y mirar. Pero tú de pronto colocabas tu barbilla frente a la mirilla. O la boca. O parte de la frente. Pero yo estaba muy desesperado. Y muy asustado. Me aferraba[65] a la mirilla solamente para mirar. Intenté, te aseguro, poner por un momento la mejilla, pero entonces volvía a ver el interior de la celda y me asustaba. Era tan nítida[66] la separación entre la vida y la soledad, que sabiendo que tú estabas ahí, no podía mirar hacia la celda. Pero tú me perdonaste, porque seguías vital y móvil. Yo entendí que me estabas consolando y comencé a llorar. En silencio, claro. No te preocupes, sabía que no podía arriesgar ningún ruido. Pero tú viste que lloraba, ¿verdad?, lo viste, sí. Me hizo bien llorar ante ti, porque sabes bien cuán triste es cuando en la celda uno se dice a sí mismo que es hora de llorar un poco, y uno llora sin armonía, con congoja,[67] con sobresalto. Pero contigo pude llorar serena y pacíficamente. Más bien era como si uno se dejara[68] llorar. Como si todo se llorara en uno y entonces podría ser una oración más que un llanto. No te imaginas cómo odiaba ese llanto entrecortado[69] de la celda. Tú me enseñaste, esa noche, que podíamos ser Compañeros del Llanto.

---

[53] **Parpadeabas** *You blinked* [54] **aluvión** = avalancha [55] **arrastraban** *dragged* [56] **clausurado** = cerrado [57] **te apartabas** *you moved away* [58] **encuentro y desencuentro** *meeting and parting* [59] **Me apreté** *I pressed myself* [60] **muletas** *crutches* [61] **tretas** *tricks* [62] **ablandarnos** *to weaken us* [63] **una pasada** *a session* [64] **Susana** = nombre sarcástico para un aparato de tortura [65] **Me aferraba** *I clung to* [66] **nítida** *sharp* [67] **congoja** = angustia [68] **se dejara** = se permitiera [69] **llanto entrecortado** *choking sobs*

Después de leer

8-2 ¿Entendido?

Contesta las preguntas siguientes de acuerdo con el contenido de la lectura.

1. Describe o dibuja la celda donde está el prisionero ahora. ¿Cómo es diferente de la de antes? ¿Por qué extraña la otra celda?

2. ¿Por qué se pregunta el protagonista/prisionero "¿cuánto?" y "¿desde dónde?"?

3. ¿Cuáles son las torturas y las condiciones infrahumanas que sufre el prisionero?

4. ¿Qué beneficios reciben los guardias a cambio de su trabajo en las cárceles clandestinas?

5. Según Timerman, ¿cómo es el otro preso? ¿Cuál es la reacción de Timerman al ver a otro ser humano en las mismas circunstancias?

6. ¿Qué hacen juntos los presos? ¿Es extraño eso?

7. ¿Por qué no quería Timerman ver el interior de la celda esa noche?

8. ¿Llora Timerman? ¿Es diferente su llanto esa noche? ¿Por qué?

8-3 En mi opinión

En grupos de tres estudiantes, utilicen las preguntas siguientes como punto de partida para entablar una conversación.

1. Comenten el título del libro de Timerman. Luego mencionen tres situaciones en que es mejor ser un número que un nombre.

2. Discutan la importancia del nombre propio. ¿Les gusta su nombre? ¿Tienen algún apodo *(nickname)*? ¿Hay otros modos de identificación? ¿En qué consiste la identidad? ¿Y "el robo de la identidad"?

3. El juego es un concepto muy importante en el relato de Timerman. ¿Por qué? ¿En que se diferencia el juego de los guardias del de los presos? ¿A qué juegan? ¿Y Uds.? ¿Todavía les gusta jugar? ¿A qué? Explíquenle el juego a sus compañeros/as.

4. ¿Qué nos dice el autor del Tiempo? ¿Por qué utiliza letras mayúsculas *(capital)*? ¿Es ése el uso normal de las mayúsculas en español? ¿Cuándo pasa despacio el tiempo y cuándo rápido? ¿Es a veces el tiempo algo palpable? ¿En qué circunstancias?

5. Relean el párrafo que describe las sensaciones del prisionero cuando dejaron abierta la mirilla. Explíquenlo en sus propias palabras.

6. Timerman se da cuenta durante su detención de que el ser humano puede producir con su cuerpo, al menos, dos tipos de movimientos: violentos y no violentos. Los empujones *(pushing)* de los guardias corresponden al primer tipo y el parpadeo *(blinking)* del otro preso sería un ejemplo del segundo. Ahora, siguiendo esta distinción que establece Timerman, den más ejemplos del cuerpo o partes del cuerpo en movimiento. ¿Son violentos esos movimientos o no? ¿Se podría establecer otra distinción entre los movimientos corporales?

7. También habla Timerman de dos tipos de llanto: llorar y sollozar *(to sob)*. Contrasten Uds. las diferentes maneras de llorar en las siguientes situaciones:

   a. viendo una película romántica y en un funeral

   b. cuando tenemos un dolor muy fuerte y como víctimas de una catástrofe natural

   c. durante una confesión muy personal y cuando se tiene un ataque de risa

Estrategias comunicativas para expresar certeza

Seguro que...	*I´m sure that . . .*
Estoy seguro/a de que...	*I'm sure that . . .*
Está claro que...	*It´s obvious that . . .*
Sin duda alguna, sin lugar a dudas...	*Without a doubt . . .*
Por supuesto que...	*Of course . . .*

8-4 En (inter)acción

Realicen las siguientes actividades según se indica.

1. **¡Qué trauma!** En grupos de cuatro estudiantes, ordenen las experiencias siguientes empezando por la más traumática. Comenten si alguna le ha sucedido a alguno/a de Uds. Usen algunas de las expresiones de **Estrategias comunicativas.**

   Ejemplo: Sin duda alguna la menos traumática es la tercera.

   a. quedarse encerrado/a en un ascensor

   b. no tener con quién salir o adónde ir el 31 de diciembre

   c. montarse en el avión equivocado

   d. caminar solo/a por el campus a las 4 de la madrugada

   e. recibir un regalo precioso el 14 de febrero de alguien que no le gusta

   f. quedarse sin gasolina de noche en la autopista

   g. perder la mochila *(backpack)* con todo dentro el primer día de sus vacaciones

   h. recibir llamadas obscenas

   i. encontrar un ladrón armado al entrar en su casa

   j. ir solo/a a una fiesta donde no conoce a nadie

2. **¿Un museo o no?** Hace años que quieren construir un museo en memoria de los desaparecidos en Buenos Aires, pero la gente no se ha puesto de acuerdo todavía. Hay quienes piensan que los sucesos aciagos (desgraciados) del pasado es mejor olvidarlos y están en contra de su construcción; otros mantienen que preservar en la memoria colectiva la violación de los derechos humanos durante la llamada "Guerra sucia" es fundamental para que esas violaciones no se repitan. ¿Se debe construir el museo o no? ¿Por qué sí o no? ¿Qué debería contener? Debatan este tema entre todos/as. Evalúen también la eficacia de un museo para prevenir futuras represiones y genocidios.

3. **¿Amnistía = amnesia?** Muchos militares argentinos responsables de torturas y asesinatos durante la dictadura no han cumplido hasta ahora condenas de cárcel por causa de dos leyes aprobadas durante el gobierno de Raúl Alfonsín: la de la Obediencia Debida (es decir, los militares cumplían órdenes superiores) y la de Punto Final (ponía una fecha límite para presentar las denuncias). Pero en el 2003 los diputados argentinos anularon dichas leyes. ¿Ha sido una buena decisión anular esas leyes que exculpaban a los militares de sus crímenes? Discútanlo con los/las demás compañeros/as.

4. **Ingeniosidad.** Un/a estudiante lee en voz alta el siguiente cuento de Eduardo Galeano mientras los/las demás estudiantes, que tienen el libro cerrado, escuchan. Luego toda la clase lo comenta. ¿Presenta algún aspecto en común con el relato de Timerman?

   "1976, en una cárcel de Uruguay: pájaros prohibidos"
   Los presos políticos uruguayos no pueden hablar sin permiso, silbar, sonreír, cantar, caminar rápido ni saludar a otro preso. Tampoco pueden dibujar ni recibir dibujos de mujeres embarazadas, parejas, mariposas, estrellas ni pájaros.

Didaskó Pérez, maestro de escuela, torturado y preso por tener "ideas ideológicas", recibe un domingo la visita de su hija Milay, de cinco años. La hija le trae un dibujo de pájaros. Los censores se lo rompen a la entrada de la cárcel.

Al domingo siguiente, Milay le trae un dibujo de árboles. Los árboles no están prohibidos y el dibujo pasa. Didaskó le elogia la obra y le pregunta por los circulitos de colores que aparecen en las copas de los árboles, muchos pequeños círculos entre las ramas:

—¿Son naranjas? ¿Qué frutas son?

La niña lo hace callar:

—Ssshhh.

Y en secreto le explica:

—Bobo. ¿No ves que son ojos? Los ojos de los pájaros que te traje a escondidas."

8-5 Práctica gramatical

Repaso gramatical
(Cuaderno):
El subjuntivo en
cláusulas adjetivales
El imperfecto de
subjuntivo en **-se**

Hagan los ejercicios siguientes prestando atención a los puntos gramaticales estudiados.

1. **El/La compañero/a de cuarto ideal.** En parejas, contrasten el pasado con el presente utilizando **cláusulas adjetivales**. Sigan los ejemplos.

    Ejemplos: —Antes quería tener un/a compañero/a de cuarto que fuera atento/a y ahora prefiero tener uno/a que respete mi intimidad *(privacy)*.

    —Antes buscaba a alguien que me comprendiera y ahora busco a alguien que simplemente me escuche.

2. **Competición.** La clase se divide en dos grupos; una mitad debe usar **el imperfecto de subjuntivo** con **-ra** y la otra con **-se**. El/La profesor/a dirá un número (combinando un número de la columna izquierda con uno de la derecha) y el grupo que conteste primero ganará.

    Ejemplo: Profesor/a: 35 (= él + mostrar)
    Grupo A: mostrara
    Grupo B: mostrase

1. yo	1. oler
2. tú	2. derrotar
3. él/ella/Ud.	3. sentir
4. nosotros/as	4. nacer
5. vosotros/as	5. mostrar
6. ellos/ellas/Uds.	6. decir

8-6 Creación

Escribe una composición de acuerdo con las instrucciones que siguen.

Explica el valor del nombre propio en una composición de una o dos páginas. Piensa en el título de esta lectura y en el impacto que tiene en los visitantes el monumento a los muertos en Vietnam (Washington, D.C.) en contraste con los monumentos dedicados al soldado desconocido, que se encuentran en muchas ciudades del mundo.

Phrases:	*Asserting & insisting; Expressing an opinion; Stating a preference*	
Grammar:	*Comparison: equality; Possessive adjectives:* **mi(s)**, **tu(s)**; *Verbs:* **ser** & **estar**	
Vocabulary:	*Cultural periods & movements; Face; Numbers*	

EPIGRAMA
Reinaldo Arenas

Reinaldo Arenas (1943–1990) era un escritor cubano que al principio apoyó la revolución castrista (de Fidel Castro). Desilusionado después, logró escaparse de la isla y fue a vivir a Nueva York. Se suicidó en 1990 porque tenía SIDA y sus últimas palabras fueron "Cuba será libre; yo ya lo soy". En 1999 el director de cine estadounidense Julian Schnabel filmó una película, *Antes de que anochezca*, basada en su vida.

En "Epigrama" Arenas muestra su desacuerdo con el trabajo manual que realizan los niños cubanos como parte de su educación escolar.

Palabra por palabra

desfilar	*to walk in file, march, parade*	**la libertad de expresión**	*freedom of speech*
en balde	*in vain*		
el hada (*fem.*)	*fairy*	**el martillo**	*hammer*
hambriento/a	*hungry, starving*	**la pantalla**	*(television, computer,*
la inquietud	*worry, concern, anxiety*		*projection . . .) screen*

Mejor dicho

rechazar + sustantivo	*to reject something*	**He rechazado** su oferta porque no me convenía.
no querer (en pret.) + inf.	*to refuse + inf.*	Fernando **no quiso** revelar el secreto.
negarse a + inf.	*to refuse + inf.*	No entiendo por qué **te niegas a** comerte la sopa con lo buena que está.

¡Ojo! También existe el verbo **rehusar** + sust. o inf. *(to refuse)*, pero es más formal que los anteriores.

abajo (adv.)	*down, below*	Mira lo que pone **abajo**.
bajo (prep.)	*under (government/ authority)*	¡Cuánto ha cambiado la vida de los cubanos **bajo** Castro!
	under	No hay nada nuevo **bajo** el sol.
debajo de, abajo de (prep.)	*under, underneath*	Se ha escondido **debajo de** la mesa.

8-7 Práctica

Hagan las actividades siguientes prestando atención a las palabras del vocabulario.

 1. En grupos de tres estudiantes, describan las ilustraciones siguientes utilizando palabras del vocabulario.

 2. En parejas, completen las oraciones siguientes de tres maneras diferentes. Sean originales.

   a. Nunca he rechazado...

   b. Los sábados por la mañana me niego a...

   c. Yo no quise... y ahora...

Antes de leer

Haz lo que se te indica a continuación.

1. Un epigrama es un poema corto que trata de un solo tema y normalmente termina con un pensamiento ingenioso o satírico. Acuérdate de esta definición al leer el texto a continuación y decide si, de verdad, es un epigrama.

2. ¿Qué sabes de la Revolución Cubana de 1959? ¿Y de Cuba ahora? ¿Y de lo que es un régimen comunista?

3. Al leer, busca algunas frases irónicas que emplea el autor y subráyalas.

4. Presta atención a las formas verbales (conjugadas) que ha empleado el escritor. ¿Cuál predomina? ¿Por qué ha empleado ese tiempo? ¿Recuerdas cuándo se usa?

5. Observa las palabras que se repiten múltiples veces en el poema. ¿Qué efecto busca producir Arenas con la repetición?

EPIGRAMA

Reinaldo Arenas

Un millón de niños condenados bajo la excusa de "La escuela al campo" a ser no niños, sino esclavos agrarios.[1] Un millón de niños condenados a repetir diariamente consignas[2] humillantes. Un millón de niños rapados[3] y marcados con una insignia.

Un millón de niños reducidos a levantar el pie a noventa grados y bajarlo marcialmente mientras repiten ¡hurra!

Un millón de niños para los cuales la primavera traerá la aterradora señal[4] de que hay que partir hacia la recogida[5] de frutos menores.

Un millón de niños enjaulados,[6] hambrientos y amordazados,[7] apresuradamente[8] convirtiéndose en bestias para no perecer de un golpe.

Un millón de niños para los cuales ni las hadas ni los sueños, ni la rebeldía, ni "la libertad de expresión" serán inquietudes trascendentales pues no sabrán que pudieron existir tales cosas. Un millón de niños para los cuales jamás habrá niñez, mas sí el odio, las vastas plantaciones que hay que abatir.[9]

¿En qué trabajan? ¿Qué edad tendrán?

Un millón de niños manejando un martillo descomunal,[10] para quienes toda posibilidad de belleza o expansión o ilusión será un concepto irrisorio, mariconil,[11] o más bien reaccionario. Un millón de niños perennemente desfilando ante una pantalla y una polvareda y un estrépito[12] ininteligible.

No en balde, oh, Fifo,[13] has abarrotado[14] la isla con inmensas pancartas[15] que dicen LOS NIÑOS NACEN PARA SER FELICES.

—Sin esa explicación, ¿quién podría imaginarlo?

(La Habana, febrero de 1972)

---

[1] **agrarios** *agricultural* [2] **consignas** *slogans* [3] **rapados** *with shaved heads* [4] **aterradora señal** *terrifying signal* [5] **recogida** *harvest* [6] **enjaulados** *caged* [7] **amordazados** = silenciados [8] **apresuradamente** = rápidamente [9] **abatir** = cortar [10] **descomunal** = enorme [11] **irrisorio, mariconil** *laughable, effeminate* [12] **una polvareda... estrépito** *a dust cloud and a roar* [13] **Fifo** = Fidel Castro [14] **abarrotado** *crammed full* [15] **pancartas** *posters*

Después de leer

8-8 ¿Entendido?

Contesta las preguntas siguientes de acuerdo con el contenido de la lectura.

1. ¿Qué hacen/dicen los niños al desfilar?

2. ¿Qué tienen que hacer los niños en el campo?

3. ¿Por qué dice el autor que los niños se convertirán en bestias? ¿Es una exageración? ¿Por qué sí o no?

4. Según Arenas, ¿de qué se les priva *(deprive)* a los niños en Cuba?

5. ¿Cuál es el propósito oficial de las pancartas que dicen "Los niños nacen para ser felices"? ¿Y según Arenas?

6. ¿Cuáles son tres frases claves del texto? Explica por qué te lo parecen.

Una escuela primaria de Cuba

8-9 En mi opinión

En grupos de tres estudiantes, utilicen las preguntas siguientes como punto de partida para entablar una conversación.

1. ¿Qué deberíamos aprender en la escuela? ¿Qué es algo que no se aprende? ¿Qué cambiarían del sistema educativo de su país?

2. ¿Saben qué productos se cultivan en Cuba? ¿A qué creen que se refiere Arenas cuando habla de "los frutos menores"? ¿En qué época van los niños a recogerlos? ¿Por qué no en otras épocas? ¿Tienen que faltar a clase esos días? ¿Terminarán valorando realmente el trabajo agrícola? ¿Por qué sí o no?

3. ¿Han trabajado antes de los 18 años, por ejemplo, repartiendo periódicos o paseando al perro de algún vecino? ¿Qué aprendieron de esa experiencia? ¿Los hizo más responsables? ¿Les parece mal que los niños trabajen? ¿Por qué sí o no?

4. Otra de las pancartas que pueden verse en Cuba dice: "Doscientos millones de niños en el mundo duermen hoy en las calles; ninguno es cubano." ¿Qué relación tiene con la pancarta mencionada por Arenas? ¿Es buena propaganda para el régimen comunista? Expliquen.

5. ¿Creen que el autor tiene una visión idealizada de la niñez? ¿Por qué sí o no? ¿Y Uds.? ¿Hasta qué punto se puede proteger a los niños de los desencantos de la vida?

6. El control de la mente y la censura, ¿se dan sólo en las sociedades totalitarias? ¿De qué otros modos se controla o manipula a la gente en las sociedades actuales? ¿Qué es un lavado de cerebro *(brainwashing)*? ¿Y un mensaje subliminal?

Estrategias comunicativas para pedir opiniones o sugerencias

¿Alguna idea?	*Any ideas?*
¿Tú qué dices?	*What do you say?*
¿A ti qué te parece?	*What do you think?*
¿Se te ocurre algo?	*Can you think of anything?*
¿Tienes alguna sugerencia al respecto?	*Do you have any suggestions?*

8-10 En (inter)acción

Realicen las siguientes actividades según se indica.

1. **Años después.** Presten atención al segmento del video "La escuela al campo en Cuba" *(Infórmate con CNN)*. Luego, en grupos de cuatro estudiantes, comparen la visión que nos dan los niños con la que ofrece Arenas en "Epigrama". ¿Por qué difieren tanto las dos visiones? ¿Con cuál están Uds. más de acuerdo? Empleen algunas de las expresiones de **Estrategias comunicativas**.

2. **¿Educación pública, privada u hogareña?** Debatan con toda la clase las ventajas y desventajas de ser educado/a en casa en lugar de en una institución pública o privada.

3. **Reforma educativa.** En grupos de cuatro estudiantes, hagan una lista de actividades escolares o universitarias que les resulten absurdas, insoportables o innecesarias. Después coméntenlas con toda la clase.

4. **La granja-escuela.** En España muchos niños que viven todo el año en la ciudad asisten a una granja-escuela durante el verano. Allí se familiarizan con el medio rural: plantan y recogen verduras y frutas, cuidan de animales y aprenden a hacer pan, quesos, papel, objetos de madera, etc. En grupos de tres estudiantes, mantengan una conversación telefónica con el/la director/a de uno de estos centros educativos e infórmense de lo que ofrece. Uno/a de los/las tres estudiantes hace el papel del / de la director/a.

5. **Libre como un pájaro.** En grupos de tres estudiantes, describan lo que ocurre en cada cuadro de la tira cómica de Quino (un famosísimo humorista gráfico argentino) que aparece a continuación. Luego expliquen la relación de la tira con el tema de "la libertad de expresión" o, más bien, su falta *(lack)*.

8-11 Práctica gramatical

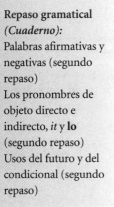

Repaso gramatical
(Cuaderno):
Palabras afirmativas y
negativas (segundo
repaso)
Los pronombres de
objeto directo e
indirecto, *it* y **lo**
(segundo repaso)
Usos del futuro y del
condicional (segundo
repaso)

Hagan los ejercicios siguientes prestando atención a los puntos gramaticales
estudiados.

1. **Los dos extremos.** Imagínense que la mitad de la clase asiste a un
   colegio (o a una academia militar) muy estricto con la disciplina y, en
   cambio, la otra mitad asiste a otro muy tolerante. El/La estudiante de
   un grupo menciona algo de ese colegio y el otro grupo debe decir lo
   contrario. Utilicen expresiones **afirmativas** y **negativas**.

   Ejemplo: —A nosotros/as nunca nos permiten comer en clase.
   —Pues a nosotros/as sí nos lo permiten, aunque no siempre.

2. **Bola de cristal.** Toda la clase hace predicciones sobre sus compañeros/as
   teniendo en cuenta la educación recibida (ver ejercicio 1). ¿Qué
   tiempo verbal deben usar?

3. **Sembrar y cantar.** En parejas, preparen tres preguntas referidas a la
   lectura utilizando **el condicional** para indicar probabilidad en el
   pasado. Luego hagan esas preguntas a otro grupo, que debe responder-
   las usando **pronombres de objeto directo**, **indirecto** o con el neutro **lo**,
   según corresponda.

   Ejemplo: ¿Les encantaría a los niños realizar trabajos agrícolas?
   No, supongo que la mayoría los realizaría en contra de su
   voluntad.

8-12 Creación

Escribe una composición de acuerdo con las instrucciones que siguen.

En el 2000 hubo un conflicto político entre Cuba y Estados Unidos debido a un niño
de seis años: Elián González. Su madre murió ahogada mientras intentaba llegar desde
Cuba a Estados Unidos en una balsa *(raft)*. El niño fue rescatado por el servicio de
guardacostas estadounidense y unos familiares suyos que vivían en Miami se hicieron
cargo de él. El gobierno cubano solicitó la devolucion del niño. ¿Sabes cómo terminó el
conflicto? Busca en Internet algunas de las noticias que aparecieron en los primeros
meses de ese año. Escribe un ensayo sobre cómo se ha utilizado y utiliza la imagen de
los niños en la política o en los medios publicitarios.

Phrases:	*Expressing an opinion; Persuading; Disapproving*	
Grammar:	*Verbs:* **conocer** & **saber**; *Verbs: Future; Passive with* **se**	
Vocabulary:	*Fairy tales and legends; Dreams & aspirations; Family members*	

UN DÍA EN LA VIDA
Manlio Argueta

La novela del escritor salvadoreño Manlio Argueta (1935), *Un día en la vida* (1987),
constituye una de las presentaciones más enternecedoras de la situación política en El
Salvador durante los años de la guerra civil (1981–1992). Los personajes principales son
tres mujeres de una misma familia que reflexionan sobre su existencia diaria y el
inevitable y trágico impacto de la política en su vida. En la siguiente selección, en
cambio, la protagonista, Lupe, nos habla del papel tan decisivo que ha tenido la Iglesia
católica para los campesinos salvadoreños.

Palabra por palabra

averiguar	*to find out*	**mejorar**	*to improve*
la confianza	*trust*	**el oído**	*(inner) ear, (sense of) hearing*
el cura	*priest*		
la desgracia	*misfortune*	**preocuparse por/de**	*to worry about*
en el fondo	*deep down*	**rezar**	*to pray*
la esperanza	*hope*	**tener (ie) la culpa**	*to be guilty, be one's fault*
la(s) fuerza(s)	*strength*		

Mejor dicho

revisar	*to inspect, check, edit*	Amnistía Internacional ha **revisado** muchos casos documentados de tortura.
reseñar	*to review a creative work*	¿Quién **reseñó** la película *La historia oficial*?
repasar	*to go over or review, such as notes for a test*	Tenemos que **repasar** tres capítulos para el examen.

desde	*since (time)*	Los candidatos llevan hablando **desde** las 5:00 de la tarde.
	from (space)	**Desde** San Salvador hasta Chalatenango hay 79 kilómetros.
puesto que, ya que, como*	*since (cause), because*	**Puesto que (Ya que, Como)** conoces tan bien esta ciudad, ¿por qué no nos sirves de guía?

*¡Ojo! Recuerda que las conjunciones **puesto que**, **ya que** y **como** se utilizan al principio de una oración en
lugar de **porque** *(because)*.

8-13 Práctica

Hagan las actividades siguientes prestando atención a las palabras del vocabulario.

 1. En parejas, formen grupos de cuatro palabras; una de ellas debe ser del vocabulario de esta lección. Luego, sus compañeros/as deben decidir cuál de ellas no corresponde al grupo.

   Ejemplo: averiguar   convencer   enterarse   saber   (convencer)

 2. Con un/a compañero/a preparen breves diálogos (dos oraciones por estudiante) en los que empleen las palabras de este vocabulario y las de otros anteriores. Después, preséntenlos delante de la clase.

   Ejemplo: Estudiante 1: ¿Quién tuvo la culpa del choque?
   Estudiante 2: Te aseguro que no fui yo.

***Ángel de la guarda* de Mirta Toledo**

Antes de leer

Haz lo que se te indica a continuación.

1. ¿Cómo ayuda la religión a los pobres y a los que sufren injusticias? ¿Es suficiente tener paciencia y resignación? ¿Cómo se debe reaccionar ante una injusticia?

2. La "teología de la liberación" es un movimiento político-religioso surgido en el seno de la Iglesia católica en la década de los 60 en Latinoamérica. Su misión es promover la justicia social y, en especial, ayudar a los pobres a entender su opresión y a luchar contra ella. Aunque la narradora no menciona el nombre de este movimiento, observa, mientras lees, que prácticamente todo lo que dice es una referencia a la "teología de la liberación".

3. El texto siguiente tiene la forma de un diario. ¿Qué cosas escribirías tú en un diario si fueras uno de los pobres de la tierra?

4. En el lenguaje cotidiano es frecuente el uso de diminutivos para indicar el tamaño reducido de un objeto o persona. También se emplean para mostrar cariño, ternura y compasión. A veces, con adjetivos, pueden implicar desprecio o ironía. Las terminaciones del diminutivo son varias: **-ito/a**, **-illo/a** e **-ico/a**, pero la más común es la primera. Si la palabra termina en **-o/a**, **-l** o **-s**, se emplea **-ito/a** (añito, arbolito, Tomasito); si termina en **-e**, **-n** o **-r**, se utiliza **-cito/a** (cafecito, cancioncita, amorcito); y después de palabras monosilábicas, **-ecito** (pececito). Se pueden formar diminutivos no sólo de sustantivos y adjetivos, sino también de adverbios: ahora → ahorita, cerca → cerquita, luego → lueguito. Observa el cambio gráfico que sufren las palabras terminadas en: **c → qu, g → gu, z → c**. Escribe en los espacios en blanco los diminutivos que encuentres.

_____   _____   _____

_____   _____

UN DÍA EN LA VIDA

Manlio Argueta

6 A.M.

Nosotros somos de Chalatenango. De las afueras de Chalate, un andurrial[1] que está a como a diez cuadras del pueblo. Por eso le decimos el Kilómetro. A la gente de acá le gusta cantar. Y reírse por nada. Casi todos somos pobres pero no lo tomamos como una desgracia. Ni lo admitimos como algo meritorio. Nunca nos ha importado porque desde hace muchos años, cientos de años, la vida ha pasado igual, sin mayores cambios. Todos nos conocemos y nos tratamos de igual a igual, lo mismo vale el que tiene carreta como el que sólo tiene su machete para trabajar.

A nosotros nos gustan las rancheras[2] porque tienen letras bonitas que se entienden. Ha sido despuesito que oí otra clase de canciones, cuando llegaron los muchachos a la iglesia, acompañando al cura. Cantan unas canciones llamadas de protesta. Sí, pues en los últimos tiempos todo cambió.

Antes, cuando venían los curas a dar misa, nos daban nada más que esperanzas. Que no nos preocupáramos, que el cielo[3] era de nosotros, que en la tierra debíamos vivir humildemente pero que en el reino de los cielos íbamos a tener felicidad. Y cuando le decíamos al cura que nuestros hijos estaban muriendo por las lombrices[4] nos recomendaban resignación. La cantidad de lombrices es tanta que se los van comiendo por dentro y llegan a arrojarlas[5] por la boca y la nariz. El padre decía tengan paciencia, recen sus oraciones y traigan limosnita.[6]

---

[1] **andurrial** = lugar [2] **rancheras** = tipo de canción muy popular en México y Centroamérica [3] **cielo** *heaven* [4] **lombrices** *intestinal worms* [5] **arrojarlas** *to throw them up* [6] **limosnita** *alms*

Hasta que de pronto los curas fueron cambiando. Nos fueron metiendo en grupos cooperativistas, para hacer el bien al otro, para compartir las ganancias.[7] Es una gran cosa hacer el bien a otros, vivir en paz todos, conocerse todos, levantarse antes que el sol para ir a trabajar con los cipotes,[8] arriar a los chanchos[9] y vender los huevos a buen precio. Todo fue mejorando por aquí. También cambiaron los sermones y dejaron de decir la misa en una jerigonza[10] que no se entendía. Ahora todo es serio en la misa pues los padres comenzaron a abrirnos los ojos y los oídos. Uno de ellos nos repetía siempre: para ganarnos el cielo primero debemos luchar por hacer el paraíso en la tierra. Fuimos comprendiendo que la cosa estaba mejor así.

Le fuimos perdiendo miedo al cura. Antes nos daban miedo; creíamos que eran una especie de magos,[11] que con un gesto podían aniquilarnos.[12] Además no nos daban confianza. Hablaban con una voz ronca,[13] del otro mundo o de las profundidades de dios. Parecía que caminaban en el aire, de aquí para allí con sus grandes sotanas[14] negras. Nos pedían gallinitas[15] y algunas libras de maíz.

"Yo te bautizo en el nombre del Padre..."

Después de un congreso en no sé dónde,[16] según nos explicaron los padres jóvenes que comenzaron a llegar a Chalate, ya la religión no era lo mismo. Los curas llegaban en pantalones corrientes y vimos que eran como la gente de carne y hueso, sólo que mejor vestidos y ya su voz era normal y no andaban pidiendo gallinitas y, por el contrario, ellos nos regalaban algún recuerdo de la ciudad cuando venían.

Bajaban al Kilómetro y venían a ver cómo vivíamos; los anteriores padres nunca vinieron a nuestros ranchos, todo lo recibían en la capilla,[17] allí se desmontaban de sus yips[18] y luego, al terminar la misa, de nuevo agarraban[19] su carro y se perdían en el polvo[20] del camino.

Estos nuevos curas amigos, aunque también llegaban en yip, sí nos visitaban, que cómo vivís, que cuántos hijos tenés, que cuánto ganás[21] y si queríamos mejorar nuestras condiciones de vida.

En ese entonces ocurrió algo que nunca había pasado: la guardia comenzó a asomarse[22] por el andurrial. Y comenzaron a decirnos que los curas nos habían insolentado,[23] nos habían metido ideas extrañas. Y ya no les bastaba pedir los documentos y revisarnos si andábamos con machete sino que lo primero en preguntar era si íbamos a misa. ¿Qué cosas nos decían los curas en misa? Y nosotros al principio no entendíamos nada porque los guardias podían ir a misa y darse cuenta por sus propios oídos.

Era sólo para atemorizarnos,[24] para que fuéramos retirándonos de la iglesia. Y que si este domingo iba a haber cantantes comunistas en la iglesia. Y nosotros no sabíamos nada, que íbamos porque éramos católicos activos. El odio que les tenían a los curas se lo desquitaban con[25] nosotros. No se atrevían a tocar al padre pues en el fondo le tenían miedo.

6:10 A.M

Nunca habíamos recibido nada de la iglesia. Sólo darle. Cosas pequeñas, es cierto. Y ellos que tuviéramos conformidad. Pero nunca llegamos a pensar que los curas tuvieran culpa de nuestra situación. Si un cipote se nos moría, nosotros confiábamos que el cura lo iba a salvar en la otra vida. A lo mejor nuestros hijos muertos están en el cielo.

Ellos siempre gorditos y chapuditos.[26]

No les preguntábamos si eran felices en la tierra. No nos importaba la vida ajena, menos la de un sacerdote.

Y cuando ellos cambiaron, nosotros también comenzamos a cambiar. Era más bonito así. Saber que existe algo llamado derecho. Derecho a medicinas, a comida, a escuela para los hijos.

Si no hubiera sido por los curas no averiguamos la existencia de esas cosas que le favorecen a uno. Ellos nos abrieron los ojos, nada más. Después nos fuimos solos. Con nuestras propias fuerzas.

---

[7] **ganancias** *profits* [8] **cipotes** = niños [9] **arriar... chanchos** *herd the pigs* [10] **jerigonza** *jargon (referring to Latin)* [11] **magos** *magicians* [12] **aniquilarnos** = destruirnos [13] **ronca** *harsh-sounding* [14] **sotanas** *priest's robes* [15] **gallinitas** *hens* [16] **congreso en no sé dónde** = Conferencia Episcopal celebrada en 1968 en Medellín, Colombia, a partir de la cual se comienza a difundir la "teología de la liberación". [17] **capilla** *chapel* [18] **yips** *jeeps* [19] **agarraban** *got back into* [20] **polvo** *dust* [21] **vivís, tenés, ganás** = vives, tienes, ganas (voseo) [22] **asomarse** = venir [23] **nos habían insolentado** *had made us disrespectful* [24] **atemorizarnos** = darnos miedo [25] **se lo desquitaban con** *they took it out on* [26] **chapuditos** *rosy-cheeked*

Después de leer

8-14 ¿Entendido?

Indica si las oraciones a continuación se refieren a los curas tradicionales o a los nuevos (que eran partidarios de la llamada teología de la liberación).

	tradicionales	nuevos
1. Decían la misa en latín.	✓	
2. Decían la misa en español.		✓
3. Llevaban pantalones corrientes.		✓
4. Llevaban sotana.	✓	
5. Eran de carne y hueso.	✓	✓
6. Eran como fantasmas.	✓	
7. Pedían gallinas, huevos y otros productos a los campesinos.	✓	
8. Regalaban cosas a los campesinos.		✓
9. Iban a ver cómo vivían los campesinos.		✓
10. No se relacionaban mucho con los campesinos.	✓	
11. Predicaban revolución/cambios.		✓
12. Predicaban paciencia y resignación.	✓	
13. La vida de estos curas no les importaba mucho a los campesinos.	✓	
14. Les enseñaron a los campesinos a mejorar sus condiciones de vida.		✓
15. Les enseñaron que existen derechos básicos: medicina, comida, educación, etc.		✓

8-15 En mi opinión

En grupos de tres estudiantes, utilicen las preguntas siguientes como punto de partida para entablar una conversación.

1. ¿Conocen alguna canción (de) protesta (en español o en inglés)? ¿Creen que tiene hoy día mucho poder este tipo de canciones que empezaron a surgir en la década del 60?

2. ¿Han visto la película *Romero* (Dir. John Duigan, 1989)? Es sobre el arzobispo Óscar Romero, quien fue asesinado por miembros de la guardia nacional salvadoreña en 1980 mientras celebraba misa. Otros muchos religiosos (sacerdotes, monjas...) fueron asesinados también en esa época. ¿Qué relación tienen estos asesinatos con el texto de Argueta?

3. En su opinión, ¿ha sido positivo para los campesinos este cambio ideológico de la Iglesia católica? ¿Y para la Iglesia?

4. ¿Qué papel debe tener la Iglesia en la comunidad, en la enseñanza, en la vida pública? ¿Pueden ser sus representantes del sexo femenino u homosexuales? ¿Por qué sí o no?

5. ¿Cuáles creen que deben ser los derechos y obligaciones de los ciudadanos de cualquier país? ¿Es la rebelión uno de esos derechos? ¿Por qué hay ciudadanos apáticos: que no votan, no saben quiénes son sus representantes políticos, etc.? ¿Qué se podría hacer para concienciarlos *(raise their awareness/involvement)*?

6. Después de la Guerra Civil española muchas personas se hicieron fervientes practicantes del catolicismo, mientras otras dejaron la Iglesia por completo. ¿Cómo se explicaría esta doble reacción a una misma experiencia histórica?

Estrategias comunicativas para animar a alguien a hacer algo

¡Anda!, sólo tienes que... *Come on! You only have to . . .*	**Es crucial. Debemos participar.** *It's crucial. We must participate.*
¿No ves que... ? ¿No te das cuenta de que... ? *Don't you see/realize that . . . ?*	**Pero ¿qué te cuesta... ?** *But, is it really so hard for you to . . . ?*
Si no lo hacemos nosotros/as, ¿quién lo hará? *If we don't do it, who will?*	**¡Venga! No te va a pasar nada.** *Come on! Nothing is going to happen to you.*

8-16 En (inter)acción

Realicen las siguientes actividades según se indica.

1. **Salir de pobre.** En grupos de cuatro estudiantes, supongan que Uds. son campesinos/as que quieren mejorar su situación económica. Dos de Uds. han pensado formar una cooperativa, pero los/las otros/as dos no están muy convencidos/as de que ése sea el mejor método de conseguirlo ya que el capitalismo "salvaje" triunfa como modelo económico. Utilicen algunas de las expresiones que se encuentran en **Estrategias comunicativas.**

2. **Encuesta.** Cada estudiante hará una de las preguntas siguientes a los/las demás y, al final, se escribirán los resultados en la pizarra para que la clase los comente.

1. ¿Cuál es tu religión o la de tu familia?

   musulmana ○   baptista   ○   azteca   ○   ninguna   ○

   católica   ○   mormona ○   evangelista ○   otra _____

   judía   ○   budista   ○   rafastariana ○

2. ¿Practicas tu religión?

   Sí ○   No ○   A veces ○   No contesta ○

3. ¿Te cambiarías de religión para poder casarte con alguien?

   Sí ○   No ○   Depende ○

4. ¿Crees que la religión debe influir en la política de una nación?

   Sí ○   No ○   No sé ○

5. ¿Te importaría asistir a una universidad religiosa?

   Sí ○   No ○   No sé ○

6. ¿Crees que en la mayoría de las religiones las mujeres tienen un papel secundario?

   Sí ○   No ○   No sé ○

7. ¿Qué comidas/bebidas te prohíbe tu religión o la de tus padres?

   _____ Ninguna ○

8. ¿Cómo se llama el movimiento político-religioso que combina el catolicismo con el marxismo?

   _____ No sé ○

9. En tu opinión, ¿quiénes suelen ser más religiosos: los pobres o los ricos?

   Los pobres ○   Los ricos   ○   No sé ○

10. En tu opinión, ¿quiénes suelen ser más religiosos: los hombres o las mujeres?

    Los hombres ○   Las mujeres ○   No sé ○

11. ¿Cuál es uno de tus principios éticos (ethical)?

    _____

12. ¿Hay persecuciones religiosas en la actualidad?

    Sí ○   No ○   No sé ○

13. ¿Te preocupan las sectas (cults)?

    Sí ○   No ○   Depende ○

14. Para ti, ¿es mentir un pecado?

    Sí ○   No ○   Depende ○

15. ¿Recuerdas alguna película que tenga como protagonistas curas, monjas, rabinos, etc.?

    ¿Cuál? _____

16. Si los miembros de una pareja profesan religiones diferentes, ¿qué religión deben tener los/las hijos/as?

    La de la madre ○   La del padre ○   Otra ○

3. **¿A o B?** En grupos de cuatro estudiantes, decidan cuál de estos derechos es el más básico para la sociedad. Luego pónganlos en orden de importancia y expliquen su decisión.

   a. la libertad de expresión o el bienestar físico

   b. el derecho a llevar/comprar armas o el derecho a la vida

   c. el derecho a una educación o el derecho a medicinas

   d. el derecho a entrar y salir del país libremente o reunirse con otras personas

8-17 Práctica gramatical

Hagan los ejercicios siguientes prestando atención a los puntos gramaticales estudiados.

1. **A contrarreloj.** En parejas, encuentren en un minuto los nueve **tiempos progresivos** que hay en la lectura. Observen su formación y su uso.

2. **¿A qué horas?** Con un/a compañero/a, reconstruyan un día completo en la vida de la protagonista hora por hora. Utilicen **estaba + un gerundio.** No repitan ningún verbo.

   Ejemplo: A las siete de la mañana **estaba dando de comer** a los chanchos.

3. **Lupe.** En parejas, contesten las preguntas siguientes relacionadas con la lectura. Presten atención a la estructura gramatical que deben emplear.

   a. ¿Qué tipo de canciones le encantaba a la narradora? ¿Por qué?

   b. ¿Qué les faltaba a los hijos de la protagonista?

   c. ¿Le fascinaba a Lupe la voz de los curas? ¿Por qué sí o no?

   d. ¿Cuándo empezaron a importarle los derechos humanos a la narradora?

   e. ¿Qué le interesaba saber a la guardia?

8-18 Creación

Escribe una composición de acuerdo con las instrucciones que siguen.

En Internet, o en una enciclopedia, investiga qué es la "teología de la liberación". ¿Qué tiene que ver el sacerdote peruano Gustavo Gutiérrez con esa teología? ¿Crees que la Iglesia católica está a favor o en contra de ella? Escribe una página sobre lo que hayas averiguado.

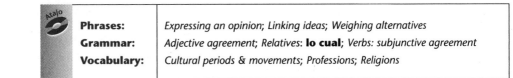

Phrases:	*Expressing an opinion; Linking ideas; Weighing alternatives*	
Grammar:	*Adjective agreement; Relatives:* **lo cual**; *Verbs: subjunctive agreement*	
Vocabulary:	*Cultural periods & movements; Professions; Religions*	

9

Tomar las armas

http://aquesi.heinle.com

LA LUCHA ARMADA DE ETA
Ramón Nieto

Sabino Arana (1865–1903) fue el primer ideólogo del nacionalismo vasco. Para él "raza y lengua eran los fundamentos de la nacionalidad; la religiosidad, un componente esencial de la misma; y la soberanía vasca, el corolario político, legitimado no tanto ya por la voluntad popular como por la historia" (Julio Eyara, ed. *Antología de Sabino Arana*, San Sebastián: Roger, 1999, pág. 71). A lo largo del siglo XX la ideología nacionalista vasca se fue transformando y matizando. En la actualidad, se habla de dos tipos de nacionalismos vascos: el moderado —adoptado por el Partido Nacionalista Vasco (PNV), partido fundado por Arana— y el radical —propugnado por el grupo terrorista ETA. A continuación el escritor Ramón Nieto nos ofrece un breve resumen de la historia del segundo grupo.

Palabra por palabra

el atentado	*assassination attempt*	**la huelga**	*strike*
el disparo	*shot*	**la manifestación**	*political demonstration*
conducir	*to lead, drive*	**el/la partidario/a**	*supporter, partisan*
entrenar(se)	*to train*	**el principio**	*principle, beginning*
estar dispuesto/a a	*to be prepared/*	**la sigla***	*acronym*
	willing to	**la tregua**	*truce*

*¡Ojo! Una sigla se lee en español como una palabra normal si la combinación de consonantes y vocales lo permite (ONU se pronuncia "o-nu"); si no, se deletrea cada letra (PP se pronuncia "pe-pe").

Mejor dicho

matar*	*to kill*	**Han matado** a todas las vacas locas.
morir (ue)	*to die in accidents, wars, etc., a violent death*	Muchos miembros de la oposición **morían** todos los años.

morirse (ue)	*to die by natural causes or in a figurative sense*	Un vecino mío **se murió** de repente. Siempre que veo la película *La muerte de un burócrata* **me muero** de risa.

*¡**Ojo!** En español **matar** no se usa en la voz pasiva: Lo **mataron** a sangre fría. *(He was killed in cold blood.)*

querer (ie) decir	*to mean (animate and inanimate subjects)*	Yo no **quise decir** eso. En euskera la palabra "ata" **quiere decir** "pato".
significar	*to mean (only inanimate subjects)*	¿Qué **significa** "neoliberalismo"?

9-1 Práctica

Hagan las actividades siguientes prestando atención a las palabras del vocabulario.

1. En grupos de tres estudiantes, escriban oraciones que podrían aparecer impresas en un periódico o ser leídas en un noticiero. Utilicen más de una palabra del vocabulario en cada oración.

    Ejemplo: Durante la manifestación de ayer se oyeron algunos disparos.

2. En parejas, escriban tres listas de gente famosa: (a) a la que han matado, (b) que se murió de muerte natural (vejez, infarto) y (c) que murió en un accidente (de coche, avión). Después, cada uno/a de los/las estudiantes lee un nombre a la clase, que tendrá que responder: **lo/la mataron, se murió** o **murió.**

    Ejemplo: Pablo Escobar   Lo mataron.
    Ricky Valens   Murió.

¡ALTO! Antes de leer

Haz lo que se te indica a continuación.

1. Sabiendo que vas a leer sobre el terrorismo, anticipa cinco palabras que van a aparecer en el texto. Escríbelas abajo y comprueba, al terminar de leer, si han aparecido.

    _____   _____   _____   _____   _____

2. El presente histórico es el uso de ese tiempo verbal para narrar un hecho del pasado. Busca en el texto siguiente varios ejemplos. ¿Qué efecto produce su uso?

3. Fíjate en el mapa de la página 1 dónde está situado el País Vasco.

4. Por el contexto en que aparecen y por su relación con otras palabras de la lectura, intenta deducir el significado de éstas a medida que leas.

        Euskadi   euskera   etarra(s)

Ejemplo: franquismo—el dictador Francisco Franco (España 1939–1975)—puede significar el período durante el cual gobernó o bien la ideología política que él sustentaba.

LA LUCHA ARMADA DE ETA

Ramón Nieto

I

El 31 de julio de 1959 nace Euzkadi ta Azkatasuna (ETA), Euskadi y Libertad. El nombre propuesto en un principio fue Aberri ta Azkatasuna (ATA), es decir, Patria y Libertad, pero en euskera la palabra "ata" quiere decir "pato"[1] y Álvarez Emparanza, siempre un purista del lenguaje, expuso razonablemente que la sigla ATA se prestaba a interpretaciones jocosas,[2] por lo que se aceptó la sustitución de Aberri por Euzkadi, y la expresión "Euskadi y Libertad" sustituiría ya para siempre a la inicial "Patria y Libertad".

La ideología de ETA, como la del PNV (Partido Nacionalista Vasco), se inspiró en Sabino Arana, pero con un tinte social más acusado[3] y un acercamiento a la clase obrera, que para muchos militantes se traducía en[4] una solidaridad con sus planteamientos[5] y un alineamiento[6] con los postulados de la lucha de clases.

He aquí algunos de los principios de ETA, publicados en 1962:

Euzkadi ta Azkatasuna (ETA) es un Movimiento Revolucionario Vasco de Liberación Nacional, creado en la Resistencia patriótica, e independiente de todo otro partido, organización u organismo.

ETA proclama que el Pueblo Vasco tiene los mismos derechos que asisten a cualquier otro pueblo a su autogobierno y afirma que para la consecución de[7] éste se deberán emplear los medios más adecuados que cada circunstancia histórica dicte.

II

El primer dirigente[8] de ETA fue José Antonio Echebarrieta, alias Lumumba, quien tras haber sido encarcelado en 1959 se marchó a París, donde estudió en el Instituto de Estudios Políticos los fenómenos del nacionalismo a escala mundial. Echebarrieta era partidario de la lucha armada.

Varios miembros de la incipiente ETA se desplazaron[9] a Irlanda para entrenarse en el manejo de armas y explosivos con los combatientes del IRA (*Irish Republican Army*). Mientras tanto, Lumumba quería establecer contactos en París con militares norteamericanos, pero éstos consideraron poco sensato firmar[10] tratados con Franco y al mismo tiempo ayudar a sus enemigos.

A finales de 1961 los jóvenes "separados" de EGI (Euzko Gaztedi Indarra) —que procedían del PNV— firmaron un documento con los representantes de ETA por el que reconocían que "para conseguir la libertad de Euzkadi habrá que hacer uso de la violencia y de las armas, o por lo menos estar dispuestos a hacerlo así".

Pero no será hasta 1964 cuando se identifiquen liberación nacional y revolución social, se expongan los principios de la lucha armada y se rompan los lazos con el Partido Nacionalista Vasco, al que se acusa de burgués capitalista.

En junio de 1968 Txavi Etxebarrieta cae acribillado[11] por los disparos de la Guardia Civil,[12] y entonces comienza la espiral de la lucha armada, que tiene su represalia inmediata en el atentado mortal contra el comisario Melitón Manzanas en el mes de agosto.

A lo largo del año 1969 la policía "liquida"[13] a cinco miembros de ETA, detiene a 1.953 personas, obliga a exiliarse a 300 etarras, lleva a 53 procesados[14] ante los Tribunales militares, que les imponen un total de 558 años de cárcel. Las Fuerzas de Seguridad del Estado celebran aquellos éxitos y creen haber descabezado[15] a la rebelde serpiente sin darse cuenta de que aquello era sólo el comienzo de una carrera desenfrenada[16] hacia el odio y el crimen.

Las acciones violentas de ETA tuvieron su máxima expresión y su momento culminante el 20 de diciembre de 1973 en el atentado con 75 kilos de explosivo en la calle Claudio Coello de Madrid que costó la vida al almirante Carrero Blanco, a la sazón[17] presidente del gobierno y hombre de confianza del dictador (Franco), cuya salud empezaba a resquebrajarse.[18]

---

[1] **pato** *duck* [2] **jocosas** = humorísticas [3] **un tinte... acusado** *a pronounced social overtone* [4] **se traducía en** = significaba [5] **planteamientos** = aquí, reivindicaciones [6] **alineamiento** *alignment* [7] **la consecución de** = conseguir [8] **dirigente** = líder [9] **se desplazaron** = fueron [10] **firmar** *to sign* [11] **acribillado** *riddled* [12] **Guardia Civil** = En España, cuerpo de seguridad destinado principalmente a mantener el orden público en las zonas rurales, y a vigilar las fronteras marítimas o terrestres, así como las carreteras y ferrocarriles. [13] **liquida** = mata [14] **procesados** = acusados [15] **haber descabezado** = dejar sin cabeza [16] **carrera desenfrenada** *frenzied race* [17] **a la sazón** = en ese tiempo [18] **resquebrajarse** = deteriorarse

Se puede decir que con aquella acción ETA alcanzó su punto álgido[19] de popularidad y de apoyo en amplias capas de la sociedad vasca. Los nacionalistas no violentos, integrados en asociaciones vecinales, entidades culturales, grupos estudiantiles, organizaciones profesionales y luchadores sindicales,[20] se sentían unidos en un planteamiento ideológico común: la oposición al franquismo y a su perpetuación. Manifestaciones, huelgas de hambre, marchas y protestas proliferaron en las calles de las principales ciudades vascas. Cientos de miles de personas llegaron a reunirse en alguna ocasión; los lemas[21] comunes eran la legalización de la ikurriña,[22] la plena libertad de utilización del euskera como lengua de expresión y de enseñanza, la autorización de todos los partidos políticos y la urgente puesta en vigor[23] de la autonomía vasca.

En septiembre de 1974 se produjo el atentado contra la cafetería de la calle del Correo de Madrid, cercana a la Dirección General de Seguridad y frecuentada por policías, que ocasionó once víctimas mortales, ninguna de ellas policía. Argala, dirigente de "los milis" (miembros de ETA V Asamblea), calificó de chapuza[24] aquella acción, pues el comando ignoraba algo tan elemental como saber quién frecuentaba a aquellas horas el establecimiento.[25] Las divergencias condujeron a la escisión[26] de ETA en dos organizaciones: ETA militar y

ETA político-militar. Los principios eran los mismos, pero las formas de actuación diferían. Sin embargo, durante los meses anteriores a la muerte de Franco (noviembre de 1975) ambas ramas[27] de ETA prosiguieron sus atentados contra las fuerzas de seguridad. El Gobierno central decretó el estado de excepción[28] en abril de 1975 y promulgó la Ley Antiterrorista en agosto del mismo año. Destacados miembros de ETA cayeron muertos o fueron apresados.

III

Nuevos métodos puestos en práctica por la organización, como el coche-bomba, volvieron a incrementar el número de víctimas en 1987, año en que se produce el más mortífero de los atentados de ETA, que causa 15 muertos y una treintena de heridos[29] graves: el del supermercado de Hipercor de Barcelona. Junto a los coches-bomba, se extiende la práctica del secuestro tanto de empresarios[30] —para obtener fondos con que engrosar las arcas,[31] a veces exhaustas, de la organización— como a políticos y militares. El "impuesto revolucionario" (exigencia de dinero a cambio de respetar a la familia y no hacerla objeto de atentados o secuestros) alcanza tales proporciones que los empresarios optan por[32] una de estas dos vías: o abandonar el País Vasco o plantar cara a[33] la extorsión etarra, negándose en bloque a pagar y al mismo tiempo tomando rigurosas medidas

de seguridad para ellos y sus familiares.

En la primavera de 1989 se produjo en Argelia[34] un intento de negociación por parte de autoridades españolas y dirigentes etarras, que no condujo a nada positivo al haberse roto la tregua pactada por la organización y producirse una serie de atentados contra vías férreas[35] y el envío de cartas-bomba a un policía de Irún y al director de la cárcel de Herrera de la Mancha.

Las acciones contra objetivos turísticos, con el fin de dañar la principal fuente de recursos[36] con que cuenta el Estado español, han sido una constante de todos los comienzos de verano desde aquella época. Avisos de bombas provocaron el temor en playas, hoteles y transportes.

Con motivo de la Exposición Universal de Sevilla en 1992 y la celebración de los Juegos Olímpicos en Barcelona ese mismo año, las autoridades españolas obtuvieron de la policía francesa la colaboración más decidida, que llevó a la detención de los principales dirigentes de ETA, cuando asistían a una reunión del comité ejecutivo.

Sin embargo, el tiempo ha demostrado que tras un período de inactividad, ETA recompone sus cuadros[37] y consigue, como una hidra,[38] hacer brotar de su cuello sesgado[39] una nueva cabeza.

(Texto adaptado)

---

[19] **álgido** = máximo [20] **luchadores sindicales** *union members* [21] **lemas** *slogans* [22] **ikurriña** = bandera vasca [23] **puesta en vigor** = instauración [24] **chapuza** *botched job* [25] **establecimiento** = aquí, cafetería [26] **escisión** = división
[27] **ramas** = organizaciones [28] **excepción** = emergencia [29] **heridos** *injured* [30] **empresarios** = dueños de empresas
[31] **engrosar las arcas** *swell the coffers* [32] **optan por** = eligen [33] **plantar cara a** = resistir [34] **Argelia** = *Algeria*
[35] **vías férreas** *railroad tracks* [36] **recursos** *resources* [37] **sus cuadros** = la organización
[38] **hidra** = monstruo de la mitología griega [39] **sesgado** = cortado

Después de leer

9-2 ¿Entendido?

Contesta las preguntas siguientes de acuerdo con el contenido de la lectura.

1. ¿Por qué se rechazó "Aberri ta Azkatasuna" como nombre de la organización?

   amisama significa pato

2. Comenta los dos principios de la organización citados en la lectura.

   deredos de autogobierno y

3. ¿Por qué rompió ETA con el PNV?

   la chapuza

4. ¿Qué ocurrió en la década de los 60?   *acto*

   a espiral de lucha armada · contra acto

5. Compara el atentado de 1973 con el de 1987.

   1973 incluyen obreros, sindicales, estudiantales 1987 terror

6. ¿En qué momentos de la historia ha gozado de popularidad la banda etarra? ¿Por qué?

7. ¿Contra quiénes ha atentado ETA? ¿Por qué motivos lo ha hecho?

8. ¿Cuál ha sido la posición del gobierno español hacia la organización etarra? Da ejemplos. ¿Ha tenido éxito?

9. ¿Qué procedimientos violentos utiliza últimamente la banda?

10. ¿Qué afirma el autor sobre el futuro de la organización terrorista?

9-3 En mi opinión

En grupos de tres estudiantes, utilicen las preguntas siguientes como punto de partida para entablar una conversación.

1. ¿Creen que la lectura ofrece suficiente información para evaluar la lucha armada de ETA? ¿Y de los nacionalismos vascos? ¿Qué otros hechos o datos necesitarían saber (o bien ya saben)? ¿Les parece objetivo el autor?

2. Algunos políticos defienden la idea de que ningún nacionalismo merece la muerte de una persona. ¿Qué opinan? ¿Habría excepciones?

3. ¿Significa lo mismo "nacionalismo" que "patriotismo"? ¿Cómo demuestra uno/a que es nacionalista o patriota?

4. Cataluña es otra región de España donde el nacionalismo ha tenido también una gran trascendencia. Antoni Batista sintetiza las bases modernas del nacionalismo catalán con estas palabras: "Es catalán el que vive y trabaja en Cataluña y se siente catalán y quiere serlo" (*Euskadi. Sin prejuicios*. Barcelona: Plaza & Janés, 2001. pág. 80). Comparen los requisitos para ser catalán con los que mencionaba Sabino Arana para ser vasco.

5. ¿Representan los procesos globalizadores una amenaza para los movimientos nacionalistas? ¿Por qué sí o no?

6. Desde los atentados del 11 de septiembre del 2001 en Nueva York, ¿cómo ha cambiado la atención política y social que recibe la cuestión del terrorismo en Estados Unidos?

7. Comparen los objetivos e ideología de la organización ETA con los de otros grupos terroristas de los que hayan oído hablar.

8. ¿Saben algo sobre la situación política de algún país hispano? ¿Cómo y dónde lo han aprendido?

9. ¿Leen regularmente la sección sobre política internacional que aparece en los periódicos? ¿Es ésta la mejor manera de enterarse de lo que ocurre en un país extranjero?

10. ¿Hasta qué punto representan las acciones de un gobierno la opinión de los ciudadanos? Den algunos ejemplos en los que ha habido claras discrepancias.

Estrategias comunicativas para dar explicaciones

Debido a...	*Due to . . .*
A causa de...	*Because of . . .*
Como...	*As/since . . .*
Puesto que/Ya que...	*Since/Because . . .*
Como resultado/consecuencia de...	*As a result/consequence of . . .*
Por este motivo...	*For this reason . . .*
Y por lo tanto...	*And therefore . . .*
Por razones (de seguridad, médicas...)...	*For (security, medical . . .) reasons . . .*

9-4 En (inter)acción

Realicen las siguientes actividades según se indica.

1. **Noticias de última hora.** La clase se divide en tres grupos. Cada uno preparará un boletín informativo sobre un tema de actualidad y luego lo presentará a la clase. Utilicen algunas de las expresiones de **Estrategias comunicativas.**

2. **Una nación la forman las personas que...** En grupos de cuatro estudiantes, completen esta oración con algunas de las frases que se encuentran más abajo y otras que consideren oportunas.

    ...pertenecen al mismo grupo racial o étnico.

    ...hablan la misma lengua.

    ...practican la misma religión.

    ...comparten las mismas costumbres y tradiciones.

    ...tienen un pasado común.

    ...residen en el mismo territorio.

    ...están dispuestas a morir luchando por la patria.

    ...pagan impuestos *(taxes)*.

3. **En la prensa.** Relacionen los titulares *(headlines)* y noticias de los periódicos con el texto que han leído. ¿Les ha ayudado la lectura anterior a entender estos titulares y noticias?

ETA ha realizado 11 campañas contra el turismo desde 1979

ETA vuelve a atentar contra el turismo en las playas de Alicante y Benidorm

■ Los terroristas colocaron sendos artefactos explosivos que causaron trece heridos

■ La Policía atribuye el delito al etarra Troitiño, hijo de un integrante del comando que atentó contra el Hipercor de Barcelona

Los etarras Santi Potros y Caride, condenados a 790 años por Hipercor

JOSÉ YOLDI, **Madrid**
La Audiencia Nacional condenó ayer a Santiago Arróspide, *Santi Potros,* y a Rafael Caride Simón, a 790 años de prisión, a cada uno, por su participación en la mayor masacre cometida por la banda terrorista ETA a lo largo de su historia, la matanza de Hipercor, ocurrida el 19 de junio de 1987 en Barcelona, en la que murieron 21 personas y otras 45 resultaron heridas de diversa gravedad.

4. **Encuesta.** En numerosas encuestas suele aparecer el terrorismo como una de las mayores preocupaciones de la población española, junto con el desempleo y la inmigración. Hagan una encuesta para averiguar cuáles son las preocupaciones de los/las estudiantes de la clase. He aquí algunos temas, a los que pueden añadir otros.

las drogas	el calentamiento global
el aborto	las armas de destrucción masiva
el terrorismo	la superpoblación
el SIDA	los virus informáticos
la inmigración ilegal	la seguridad ciudadana

 5. **Poder de observación.** Fíjense atentamente en la siguiente sinopsis de la película *Yoyes* (2000). ¿Pueden entender algunas de las palabras del vasco/euskera?

> *Yoyes, ETA erakundean erantzukizun-postuak bete zituen lehen emakumea, Mexikoko erbestealditik itzuli eta bere bizitza berregiten saiatuko da. Baina itzulera ez zaio batere samurra gertatuko. Berak eboluzionatu egin du, karrera bat ikasi, ama izan da. Bitartean, bere herrian bortizkeriak indarrean dirau. Yoyesek iragana satén saiatuko da, baina ausentziak mito bihurtu du eta bere lehengo armakideek itzulera traiziotzat jotzen dute.* (http://www.sansebastianfestival.ya.com/2000/eu/662.html)

Yoyes, la primera mujer que ocupó puestos de responsabilidad en ETA vuelve de su exilio en México e intenta rehacer su vida. Pero su regreso no es fácil. Ella ha evolucionado, ha estudiado una carrera, ha sido madre. Mientras, en su país, la violencia sigue vigente. Yoyes ha intentado olvidar pero su ausencia la ha convertido en un mito y sus antiguos compañeros de armas interpretan su retorno como una traición. (http://www.sansebastianfestival.ya.com/2000/es/662.html)

9-5 Práctica gramatical

Repaso gramatical *(Cuaderno):* El pluscuamperfecto de subjuntivo Las oraciones condicionales

Hagan los ejercicios siguientes prestando atención a los puntos gramaticales estudiados.

 1. **Reproches.** En parejas, díganle a su compañero/a dos cosas que no hizo ayer y que ahora lamenta no haberlas hecho. Utilicen **Ojalá + el pluscuamperfecto de subjuntivo.**

Ejemplo: Ayer no fui a hacer la compra porque no tenía ganas. **Ojalá hubiera ido;** ahora tendría algo que comer.

2. **Toponimia vasca.** En parejas, completen las oraciones condicionales siguientes de manera original. Presten atención al modo y tiempo verbal que deben usar.

a. Si alguna vez vas al Festival de Jazz de San Sebastián-Donostia,...

b. Si nosotros hubiéramos nacido en el País Vasco-Euskadi,...

c. ...como si ella fuera de allí.

d. Mi mejor amigo viviría en Vitoria-Gasteiz si...

e. ¿Habrían visitado Uds. el Museo Guggenheim de Bilbao si...?

Izadia arriskuan dago. ¡ZAIN EZAZU!

Este mensaje ecologista en vasco dice: "La naturaleza está en peligro. ¡Cuídala!"

9-6 Creación

Escribe una composición de acuerdo con las instrucciones que siguen.

Encuentra artículos y ensayos aparecidos en periódicos y revistas digitales sobre el nacionalismo vasco y ETA. ¿Qué ideología es evidente o bien subyace en esos artículos y ensayos? Examina la manera cómo se presentan estos temas. O si lo prefieres, puedes comparar cómo los periódicos del País Vasco/Euskadi lo hacen en oposición a los de otras comunidades autonómicas.

Atajo		
Phrases:	*Weighing alternatives and the evidence; Expressing indecision*	
Grammar:	*Accents: general rules; Verbs: Compounds tenses usage; Contractions al, del*	
Vocabulary:	*City; Languages; Media: newsprint*	

COLOMBIA: NOTICIA DE UN SECUESTRO

Sonia Aparicio

La atmósfera de violencia que vive Colombia desde la segunda parte del siglo XX algunos historiadores la consideran una continuación de la que experimentó el país entre 1948–1958; otros autores sitúan su inicio a principios del siglo XIX, es decir, a partir de la independencia (1819). Pese a lo compleja que es la situación, los gobernantes actuales están empeñados en buscarle una solución duradera al conflicto.

Sonia Aparicio, corresponsal del periódico *El Mundo*, nos resume en el artículo siguiente los hechos más recientes ocurridos en este país latinoamericano.

Palabra por palabra

el acuerdo	*agreement*	**plantear**	*to pose (a question)*
el bando	*side, camp*	**principal**	*main*
el chantaje	*blackmail*	**el/la rehén**	*hostage*
el desarrollo	*development*	**sin embargo**	*nevertheless, however*
el informe	*report*	**el suministro**	*supply*
pésimo/a	*dreadful, terrible*		

Mejor dicho

el crimen	*(attempted) murder, (attempted) homicide* = matar o herir gravemente a alguien	No nos enteramos de quién había cometido el **crimen** hasta el final de la película.
el/la criminal	*person who commits a crime*	El **criminal** recibió la pena máxima.
el delito	*offense, misdemeanor, crime* = cualquier acción ilegal que no es un crimen	Robar una tienda es un **delito**.
el/la delincuente	*person who commits a* delito	Mantuvieron encarcelada a la **delincuente** 48 horas.
solo/a *(adj.)*	*alone*	Nos extrañó que viviera **sola**.
sólo, solamente *(adv.)*	*only*	**Sólo/Solamente** desde 1985, tres millones de personas han abandonado sus hogares.
único/a*	*the only (+ noun)*	El **único** problema es la falta de viviendas.

*¡Ojo! *An only child* se dice **hijo/a único/a**.

el argumento	*plot*	El **argumento** del cuento era muy simple.
	reason for support	Ninguno de estos **argumentos** nos resulta convincente.
la discusión	*discussion, argument*	Mis tíos empezaron a hablar de política y tuvieron una **discusión** tremenda.

9-7 Práctica

Hagan las actividades siguientes prestando atención a las palabras del vocabulario.

1. En parejas, digan antónimos y sinónimos de estas palabras.

   el progreso   excelente   la discrepancia   no obstante   la exposición

2. Con un/a compañero/a completen las series siguientes con una palabra del vocabulario que tenga un significado similar.

   a. soborno *(bribery)*   negocio ilegal   extorsión   _____

   b. prisionero   secuestrado   devuelto por dinero   _____

3. En grupos de tres estudiantes, contesten estas preguntas.

   a. ¿Han presenciado Uds. (o alguien que conocen) algún delito? Descríbanlo.

   b. Hablen de algunos de los crímenes más espantosos de la historia. ¿Quiénes los cometieron? ¿Dónde? ¿Por qué motivo?

   c. ¿Qué programas de la televisión presentan delitos y crímenes? ¿Qué efecto tiene tanta violencia en el público?

4. En parejas, completen estas oraciones añadiendo cinco palabras o más.

   a. Yo soy el/la único/a...

   b. A veces me gusta ir al cine solo/a porque...

   c. Sólo tengo...

   d. La única clase a la que falto es...

   e. Muchos/as hijos/as únicos/as...

5. En grupos de tres estudiantes, hagan una lista de 3–5 razones por las que los jóvenes discuten con sus padres. Después comparen su lista con la de otro grupo.

6. Cuéntenles a los cuatro miembros de su grupo argumentos de películas, novelas o canciones para que adivinen el título.

7. Entre todos/as, busquen dos argumentos convincentes...

   a. para legalizar la marihuana o no.

   b. para cambiar la edad de beber o no.

   c. para eliminar las cárceles o no.

   d. para abolir los exámenes escritos o no.

¡ALTO! Antes de leer

Haz lo que se te indica a continuación.

1. Busca las siglas AUC, FARC y ELN en el texto. ¿Qué significan?

2. ¿Qué sabes de Colombia (además de que es el primer productor de cocaína del mundo)?

3. ¿Qué es una guerrilla?

4. ¿Por qué razones se realizan secuestros hoy día?

5. Hay muchos números en la lectura. ¿A qué se refieren?

¿Estás de acuerdo con lo que dice la señal?

COLOMBIA: NOTICIA DE UN SECUESTRO

Sonia Aparicio

El título de la novela de Gabriel García Márquez[1] sobre el secuestro real de 10 personas ordenado por Pablo Escobar[2] recoge la esencia del drama que vive su propio país. Porque Colombia es una nación secuestrada. Tres ejércitos ilegales, el negocio del narcotráfico y la delincuencia común hacen de esta república suramericana uno de los lugares más peligrosos del mundo. El conflicto, que dura ya cuatro décadas, arroja un balance estremecedor:[3] Sólo desde 1985, más de 60.000 muertos y 4.000 desaparecidos, además de los casi 3.000.000 de desplazados que han abandonado sus hogares para escapar de extorsiones, chantajes, secuestros y asesinatos. Sin olvidar el drama de los más de 11.000 niños soldado —una de las cifras más altas del mundo— que, según *Human Rights Watch*, combaten en uno u otro bando.

Las dos principales guerrillas izquierdistas (FARC y ELN) y los

___
[1] **Gabriel García Márquez** = escritor colombiano, ganador del premio Nobel de literatura [2] **Pablo Escobar** = uno de los principales protagonistas del narcotráfico colombiano (1949–1993) [3] **estremecedor** = terrorífico

paramilitares que las combaten (AUC) han convertido las zonas rurales en un territorio sin ley que escapa a las fuerzas de seguridad del Estado, mientras el clima de violencia generalizada ha favorecido el desarrollo de la delincuencia común en las áreas urbanas. Muchos de los desplazados se han instalado en los suburbios de grandes ciudades —a estos deplazamientos los llaman popularmente "invasiones"—, donde malviven en pésimas condiciones sanitarias y sociales, pero logran, al menos, escapar de la violencia de guerrilleros y "paracos".[4] Un informe de la Consultoría para los Derechos Humanos y el Desplazamiento (Codhes) cifra[5] en 412.533 el número de desplazamientos forzados durante el año 2002. Y el conflicto puede desbordarse[6] hacia países vecinos como Ecuador, Panamá y Venezuela, que desde el año 2000 han acogido cerca de 50.000 refugiados colombianos.

Las Fuerzas Armadas Revolucionarias de Colombia (FARC) y el Ejército de Liberación Nacional (ELN) surgen[7] en la década de los 60, ante la creciente demanda de un reparto más equitativo de la riqueza y de la tierra, en un país donde siempre han existido grandes diferencias entre una oligarquía acomodada y los sectores más desfavorecidos. Cuando en los 80 empiezan a perder el apoyo del pueblo, recurren a[8] extorsiones y secuestros —"retención revolucionaria", según la guerrilla— para financiarse. Industriales y

narcotraficantes amenazados empiezan entonces a financiar milicias paramilitares, hoy agrupadas en las Autodefensas Unidas de Colombia (AUC). Acusadas de actuar con la "complicidad" del Ejército colombiano, las AUC son responsables de numerosas masacres contra civiles "sospechosos" de colaborar o pertenecer a la guerrilla.

Todos los bandos se nutren principalmente con dinero del narcotráfico —ya sea por el impuesto revolucionario que imponen a los narcos o por la explotación de los cultivos de coca que existen en sus zonas de influencia—, y de las extorsiones y los secuestros tanto de nacionales como extranjeros. Se conocen casos de civiles retenidos por las AUC para trabajar en las plantaciones de coca; incluso pequeños delincuentes realizan secuestros en las zonas urbanas para "cobrar" después su presa[9] a la guerrilla. Pero la práctica más generalizada y temida es la "pesca milagrosa": el "abordaje" de coches en carreteras solitarias, donde los rebeldes seleccionan sus rehenes según la marca del coche, sus tarjetas de crédito y su aspecto pudiente[10] o acento extranjero.

Veinte años de negociaciones

El proceso de paz, iniciado en 1983 bajo la presidencia de Belisario Betancur, vivió uno de sus momentos más optimistas en 1998, año en que el presidente Pastrana y el jefe de las FARC, Manuel Marulanda, "Tirofijo", se sentaron cara a cara para relanzar las negocia-

ciones. Pero éstas quedaron suspendidas en febrero del 2002 —y hasta hoy— después de que la guerrilla iniciara una oleada de atentados y secuestrara un avión comercial. Las FARC, que se han negado al diálogo mientras no se desarme a los grupos paramilitares, pueden quedarse sin "excusas" si se cumple el acuerdo de Santa Fe de Ralito, un compromiso alcanzado en julio del 2003 entre el Gobierno de Álvaro Uribe y las AUC para el desarme gradual de los paramilitares, hasta su desmovilización total, antes del 31 de diciembre del 2005. Sin embargo la violencia continuada durante las dos últimas décadas, incluso en las épocas de mayor acercamiento, plantea dudas de que la guerrilla tenga realmente voluntad de abandonar las armas, pues más allá de sus ideologías fundacionales, la violencia se ha convertido en una forma de vida difícil de erradicar.

Por otra parte, Amnistía Internacional ha alarmado sobre la fractura civil que puede causar el plan de Uribe por "reclutar"[11] informantes civiles y "soldados campesinos". También existen recelos[12] sobre el Plan Colombia de lucha contra el narcotráfico —financiado, principalmente, por Colombia, EEUU y la Unión Europea—, pues la aportación estadounidense (1.500 millones de dólares) se destina casi en su totalidad al entrenamiento de tropas y suministro de material militar. Una "excusa", según la guerrilla, para permitir a EEUU intervenir en el conflicto.

---

[4] **paracos** = paramilitares, llamados así por los campesinos [5] **cifra** = estima [6] **desbordarse** = extenderse
[7] **surgen** = aparecen [8] **recurren a** *they resort to* [9] **presa** *prey* [10] **pudiente** = de persona rica [11] **reclutar** *recruit*
[12] **recelos** = desconfianza

Después de leer

9-8 ¿Entendido?

Contesta estas preguntas según el contenido del artículo.

1. ¿Por qué dice Sonia Aparicio que "Colombia es una nación secuestrada"? *3 ejercitos ilegales, el negocio del narcotráfico*

2. ¿Por qué abandonaron sus casas casi tres millones de personas? *escapar de extorsiones, chantajes, secuestros y asesinato, delincuencia*

3. ¿Qué son "las invasiones"? *los desplazamientos por los suburbios de grande ciudades*

4. ¿Adónde se han ido los cerca de 50.000 refugiados? *sur Ecuador, Panama, Venezuela*

5. ¿Cuáles eran las demandas de las FARC y del ELN en los 60? *Un reparto más equitativo de la riqueza de la tierra*

6. ¿A qué se llama "retención revolucionaria"? ¿Por qué recurren a esta táctica los guerrilleros? *extorsiones y secuestros*

7. ¿Cómo tratan de protegerse los industriales y los narcotraficantes?

8. ¿De qué tienen la culpa las AUC? *Se unen*

9. ¿Cómo escogen los rebeldes a sus rehenes?

10. ¿Por qué no se ha conseguido llegar a un acuerdo con la guerrilla?

11. ¿Por qué será difícil erradicar la violencia en Colombia?

12. ¿Cómo contribuye EEUU a la guerra contra las drogas? ¿Para qué se usa el dinero que envía ese país?

9-9 En mi opinión

En grupos de tres estudiantes, utilicen las preguntas siguientes como punto de partida para entablar una conversación.

1. ¿Hay alguna diferencia entre un/a guerrillero/a y un/a terrorista? ¿Lo aclara el texto?

2. ¿Por qué es difícil erradicar el terrorismo? ¿Cómo puede una persona o una nación prevenir los atentados?

3. ¿Qué es una oligarquía? ¿Dónde existen todavía?

4. El texto menciona a los niños soldados. ¿Por qué se utiliza a los jóvenes? ¿Tienen futuro? ¿Podrán incorporarse a la sociedad civil si sobreviven? ¿Por qué sí o no?

5. ¿Qué opinan Uds. de la contribución de EEUU a Colombia? ¿Cuál debería ser su papel en este conflicto?

¿Qué edad tendrán?

6. *Patria se escribe con sangre* se titula el libro de Elvira Sánchez-Blake (Barcelona: Anthropos, 2000) en el cual recoge los testimonios de dos mujeres colombianas. ¿Creen que la historia de todas las naciones se escribe así (con sangre)? Comenten.

Estrategias comunicativas para expresar compasión

¡Qué pena! ¡Qué lástima!	*What a pity!, Too bad!*
¡Cuánto lo siento!	*I am so sorry!*
Es terrible.	*That is terrible/awful.*
La/El pobre.	*Poor thing.*

9-10 En (inter)acción

Realicen las siguientes actividades según se indica.

  1. **Sin hogar.** Busquen información sobre la situación de los niños sin hogar y tráiganla a clase para informar a sus compañeros/as. Éstos/Éstas responderán a lo que hayan encontrado empleando algunas de las expresiones de **Estrategias comunicativas.**

  2. **Video.** Miren el segmento "La última moda colombiana: Anti-bala" de *Infórmate con CNN* y entre todos/as coméntenlo.

3. **Debate.** ¿Les parece una buena idea la destrucción de los campos de coca en Colombia? Debatan esta cuestión, divididos en tres grupos: (a) los indígenas, (b) el gobierno colombiano y (c) el gobierno norteamericano.

4. **En busca de la paz.** En grupos de cuatro estudiantes (dos representan al gobierno colombiano y los otros, a las FARC y al ELN) y teniendo en cuenta el texto, negocien un tratado de paz. Propongan soluciones al conflicto, determinen las concesiones que tienen que hacer los dos grupos, etc. Cada grupo presentará sus sugerencias al resto de la clase, que escogerá las mejores.

5. **Títulos.** En grupos de tres estudiantes, piensen en dos títulos de obras literarias famosas (o de películas) que también podrían aplicarse a la situación de Colombia y expliquen por qué. Si no se les ocurre ninguno, inventen Uds. mismos los títulos.

6. **Frases lapidarias.** Lean la cita siguiente del escritor Gabriel García Márquez y decidan si habla en broma o en serio:

    "Nunca hablo de literatura, porque no sé lo que es, y además, estoy convencido de que el mundo sería igual sin ella. En cambio estoy convencido de que sería completamente distinto si no existiera la Policía. Pienso, por tanto, que habría sido más útil a la Humanidad si en vez de escritor fuera terrorista."
    LOS DIEZ MANDAMIENTOS DE G. G. MÁRQUEZ. BUENOS AIRES, 1996.

    ¿Realmente tiene algún poder la literatura? ¿En qué sentido?

9-11 Práctica gramatical

Repaso gramatical
(Cuaderno):
La voz pasiva con **ser**
(segundo repaso)
La voz pasiva con **se**
(segundo repaso)
Los números
(segundo repaso)

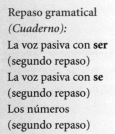

Hagan los ejercicios siguientes prestando atención a los puntos gramaticales estudiados.

 1. **Comprendido.** En parejas, contesten las preguntas siguientes utilizando **la voz pasiva con ser** según el contenido de la lectura. Un/a estudiante lee la pregunta y otro/a la responde. Altérnense.

Ejemplo: —¿Escribió Sonia Aparicio la novela *Noticia de un secuestro*?
—Ah no, esa novela fue escrita por Gabriel García Márquez.

a. ¿A quién(es) amenazó la guerrilla en los 80?

b. ¿Qué países acogen a los refugiados colombianos?

c. ¿Para qué retienen las AUC a ciertas personas?

d. ¿Cómo seleccionan los rebeldes a los rehenes?

e. ¿Ha asesinado el gobierno a civiles?

f. ¿Quién secuestró a diez personas?

 2. **¡Qué misterio!** En parejas, utilicen **oraciones pasivas con se** para informar de un hecho misterioso que ocurrió anoche en la residencia universitaria, apartamento o ciudad donde viven. Primero escriban la noticia y luego léansela a la clase. He aquí algunas formas verbales que podrían emplear.

se encontró	se oyeron	se vio
se sabe	se desconocen	se dice
se sospecha	se calculan	se supone
se castigará	se buscarán	se investigará

 3. **Uno, dos y tres.** En grupos de cuatro estudiantes, lean en voz alta todos **los números** del artículo.

9-12 Creación

Escribe una composición de acuerdo con las instrucciones que siguen.

Pablo Escobar Gaviria (1949–1993) es considerado por algunas personas un criminal mientras que otras lo ven como un héroe. Busca información en Internet sobre esta figura. En un ensayo explica por qué existen estas dos imágenes opuestas de él.

Atajo		
Phrases:	*Expressing an opinion; Weighing evidence; Describing (people)*	
Grammar:	*Relative clauses; Verbs: preterit & imperfect; Comparisons: inequality*	
Vocabulary:	*Upbringing; Personality; Emotions: positive and negative; Violence*	

LA VUELTA A CASA
Caitlin Bird Francke

Desde los años 30 hasta 1992 El Salvador vivió en constante terror. Los regímenes dictatoriales se sucedieron unos a otros y las violaciones de los derechos humanos fueron frecuentes. Durante la guerra civil (1981–1992) miles de mujeres salvadoreñas se unieron a grupos guerrilleros para luchar contra la opresión del gobierno militar presidido por José Napoleón Duarte. Algunas de ellas llegaron a tener un papel destacado en las guerrillas.

En 1993 la periodista norteamericana, Caitlin Bird Francke, fue a entrevistar a varias ex guerrilleras salvadoreñas. Su intención era averiguar qué planes tenían para el futuro estas mujeres que habían participado en la contienda bélica.

Palabra por palabra

el ama de casa (fem.)	housewife	por mi (tu, su...)	on my (your, his/her . . .)
culpar	to blame	cuenta	own
decepcionar	to disappoint	seguro/a de mí	self-confident
enfrentarse a/con	to face, confront, deal with	(ti, sí...) mismo/a	
		unirse a	to join
el fracaso	failure	la visión	view, perspective
orgulloso/a	proud	la vuelta	return

Mejor dicho

parecer	to seem, look	**Parecía** que íbamos a ganar.
aparecer	to appear, show up	¿Cuándo irá a **aparecer** el anestesista?
parecerse a	to look like, resemble	No sé **a** quién **me parezco.** Y tú, ¿lo sabes?

retirar	to withdraw, take away	Anda, **retira** los libros de la mesa un momento para que podamos limpiarla.
retirarse	to retreat	Finalmente los enemigos **se retiraron** del pueblo.
jubilarse	to retire from work	Yo no pienso **jubilarme** hasta los 80 años.

9-13 Práctica

Hagan las actividades siguientes prestando atención a las palabras del vocabulario.

 1.   En parejas, digan a qué palabra del vocabulario corresponden los sinónimos o antónimos siguientes.

acusar	arrogante	separarse de
inseguro/a	la ida	desilusionar
evitar	solo/a	la perspectiva
con otros/as		

 2.   **Anécdotas.** Nárrele a un/a compañero/a una anécdota o situación en la que se ha sentido orgullosísimo/a, fracasado/a o decepcionado/a.

 3.   **Separados al nacer.** Busquen en la clase parecidos entre sus compañeros/as y gente conocida. Utilicen el verbo **parecerse a.**

4.   **Lejos del mundanal ruido.** Algunos/as artistas se retiran a las montañas para trabajar mejor. ¿Adónde se retirarían Uds. si quisieran...

a. componer una canción?   c. superar una adicción?

b. olvidar a alguien?   d. diseñar una autopista?

¡ALTO! Antes de leer

Haz lo que se te indica a continuación.

1.   Busca en la lectura diez cognados referentes al mundo militar.

_____   _____   _____

_____   _____   _____

_____   _____

_____   _____

2.   En el mapa de Centroamérica localiza los nombres geográficos mencionados en la lectura.

3.   ¿El término "guerrillero/a" tiene connotaciones negativas o positivas para ti? ¿Qué imágenes o ideas asocias con esta palabra? ¿Por qué?

4.   ¿Sabes ya lo que quieres hacer/ser en el futuro? ¿Es lo mismo que cuando eras pequeño/a? ¿Qué tipo de persona quieres ser?

5.   ¿En qué circunstancias te alistarías en el ejército o tomarías las armas? ¿Qué causas consideras justas? ¿Cuáles no?

LA VUELTA A CASA

Caitlin Bird Francke

He venido a ver a una mujer conocida con el nombre de guerra de
Alta Gracia. Es una de las pocas mujeres con una posición importante
en la guerrilla de El Salvador, el
Frente Farabundo Martí para la Liberación Nacional (FMLN). Cuando
tenía 18 años, en 1978, el alto
mando de una de las facciones del
FMLN la eligió para que realizara un
entrenamiento militar en Cuba. De
allí, la mandaron a Nicaragua a
luchar junto con los sandinistas.[1]
Armada con un lanzamisiles, Alta
Gracia guió a sus tropas hasta la
frontera con Costa Rica y defendió
satisfactoriamente la zona de operaciones que le habían asignado en el
sur de Nicaragua contra la Guardia
Nacional de Somoza.[2] Cuando
volvió a El Salvador, la pusieron al
frente de uno de los batallones más
grandes de la historia del FMLN.
Partidaria[3] de una disciplina férrea,[4]
les decía ella a menudo a sus
tropas, "Cuanto más sudor[5] haya
en el entrenamiento, menos sangre
habrá en el campo de batalla".

Los 12 amargos años de guerra
civil en El Salvador terminaron en
1992, después de dos años de
negociaciones para alcanzar un
acuerdo de paz. En la actualidad, el
FMLN es un partido político más.
Tanto Alta Gracia como sus 2.500
hermanas de armas se enfrentan
ahora con la vuelta a la vida civil.

La guerra ha agravado[6] las dificultades económicas de las mujeres de
este país centroamericano. Según
nos informan grupos feministas salvadoreños, el 55 por ciento de las
mujeres son madres solteras, viudas
o han sido abandonadas. Más del
50 por ciento son maltratadas regularmente por sus compañeros y
muchas viven en extrema pobreza.
Todas son víctimas de la actitud
machista que persiste en la
sociedad salvadoreña.

Yo soy feminista e hija de feminista, y me enseñaron que las
mujeres deben luchar por su propia
independencia e identidad. Por lo
tanto he llegado a la conclusión de
que Alta Gracia y las otras guerrilleras salvadoreñas son heroínas.
Con sus uniformes de camuflaje,
con sus armas automáticas, van
y vienen por el campamento
seguras de sí mismas y con un en-
tendimiento del poder que les falta
a sus hermanas civiles. Me imagino
yo que después de la guerra aspi-
rarán a ser doctoras, abogadas e
incluso presidentas.

A medida que[7] Alta Gracia se
acerca a mí, me doy cuenta de que
la transición no va a ser como yo
esperaba. Alta Gracia está embarazada de siete meses. De la
guerra a la paz y de comandante a
madre, Alta Gracia ha sustituido el
uniforme de faena[8] por un traje de
premamá y sus botas de combate
por Wallabees y calcetines[9] azul
claro. La imagen que yo tenía de la
tenaz Alta Gracia presentándose de
candidata para un cargo político se
tambaleó[10] cuando me dijo:

"Lo primero que tengo que hacer
es buscar un lugar donde vivir.
Supongo que tendré que pasar un
tiempo de ama de casa."

Ama de casa. Soltera. Criando a
sus hijos por su cuenta. Sembrando
frijoles y maíz.[11] Barriendo el suelo
de tierra[12] de la casa. Haciendo tortillas tres veces al día. "Me gustaría
combinarlo con algo más, pero no
sé qué todavía", me dice.

Aferrada a[13] mi visión idealista,
busqué a otra guerrillera más joven
que tuviera una visión distinta del
futuro. Encontré a Beatriz, de 17
años, miembro de las fuerzas espe-
ciales del FMLN. Ella me cuenta
orgullosa que ha logrado escalar
una pared más rápido que ninguno
de los hombres. Sonríe con entu-
siasmo cuando le pregunto sobre su
futuro. "Siempre he querido ser esteticista",[14] me responde.

Mis heroínas me han decep-
cionado. Debido a mi frustración,
me pongo a culpar a estas mujeres
por no ser bastante ambiciosas.
Pero de regreso a San Salvador, me
doy cuenta de la presencia constante de mujeres y niños al lado de
la carretera recogiendo leña y con
jarras de agua en la cabeza. Y
entonces empiezo a comprender
que las mujeres no se unieron a las
guerrillas por creer en Marx o
Lenin. Tampoco lucharon para
poder ser doctoras o abogadas.
Algunas lucharon para vengar la
muerte de sus seres queridos y
otras se armaron para poder protegerse. La mayoría luchó con la
esperanza de una vida mejor para
su familia.

---

[1] **sandinistas** = partidarios de Augusto César Sandino, líder revolucionario nicaragüense asesinado en 1934 [2] **Somoza** = Anastasio Somoza Debayle (Nicaragua, 1925–1980), hijo del dictador Anastasio Somoza García (1896–1956), ambos fueron asesinados [3] **Partidaria** = A favor de [4] **férrea** = muy estricta [5] **sudor** *sweat* [6] **agravado** = empeorado [7] **A medida que** = Mientras [8] **uniforme de faena** *fatigues* [9] **calcetines** *socks* [10] **se tambaleó** *faltered* [11] **frijoles y maíz** *beans and corn* [12] **suelo...tierra** *dirt floor* [13] **Aferrada a** *Firm in* [14] **esteticista** *beautician*

De hecho, más allá de un lugar tradicional en la casa, hay muy poco a lo que pueden aspirar las mujeres que han recibido un entrenamiento militar. ¿Cuántas telegrafistas o lanzadoras de morteros puede absorber una fuerza de trabajo cuyo índice de desempleo es el 50 por ciento? Como sólo ha estudiado hasta el tercer grado, Alta Gracia no puede ni siquiera incorporarse a la nueva policía, mucho menos llegar a ser doctora o abogada. Había confun-

dido yo el poder de llevar armas con el poder de tomar decisiones. Mi feminismo y mis criterios surgieron en una realidad socioeconómica muy diferente. Lo que les importa ahora a las antiguas combatientes no es la política sexual, sino la oportunidad de recuperar, después de tantos años de guerra, el tiempo perdido con sus familias.

Estas mujeres aún son mis heroínas. Puede que les lleve bastante tiempo ser doctoras o abogadas, pero hay que reconocer que han

sembrado en El Salvador las semillas[15] del cambio. "Sin la revolución mi vida habría sido un fracaso", afirma Alta Gracia. "Habría tenido hijos y nada más. Me siento muy orgullosa de haber participado en la guerra, en lugar de vivir una vida pasiva." Para Alta Gracia, y otras mujeres como ella, el primer triunfo es haber sobrevivido la guerra. En la paz, el jardín crecerá a su ritmo, no al mío.

---

[15] **semillas** *seeds*

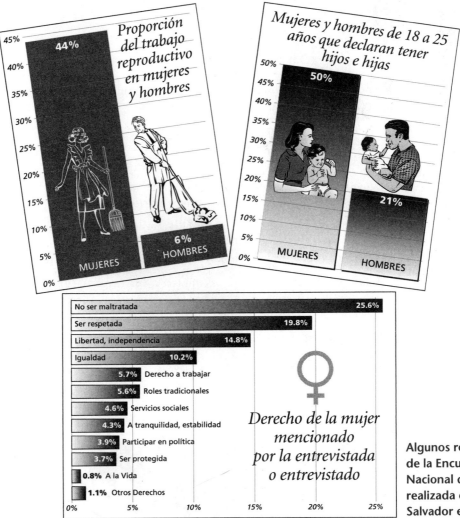

Proporción del trabajo reproductivo en mujeres y hombres

MUJERES 44%
HOMBRES 6%

Mujeres y hombres de 18 a 25 años que declaran tener hijos e hijas

MUJERES 50%
HOMBRES 21%

Derecho de la mujer mencionado por la entrevistada o entrevistado

No ser maltratada	25.6%
Ser respetada	19.8%
Libertad, independencia	14.8%
Igualdad	10.2%
Derecho a trabajar	5.7%
Roles tradicionales	5.6%
Servicios sociales	4.6%
A tranquilidad, estabilidad	4.3%
Participar en política	3.9%
Ser protegida	3.7%
A la Vida	0.8%
Otros Derechos	1.1%

Algunos resultados de la Encuesta Nacional de Género realizada en El Salvador en 1999.

Después de leer

9-14 ¿Entendido?

Identifica los términos siguientes según el contenido de la lectura.

1. Alta Gracia

2. El Salvador 1981–1992

3. FMLN

4. Abogadas, doctoras, presidentas

5. Traje de premamá

6. Esteticista

7. Más del 50% maltratadas

8. Pobreza

9-15 En mi opinión

En grupos de tres estudiantes, utilicen las preguntas siguientes como punto de partida para entablar una conversación.

1. ¿Por qué creen que fue Alta Gracia a entrenarse a Cuba? ¿Y por qué fue a luchar a Nicaragua si ella era salvadoreña? ¿Suele haber conexión entre los grupos armados y revolucionarios de diferentes países? ¿Por qué?

2. ¿Son los grupos guerrilleros similares a las llamadas milicias que han surgido en Estados Unidos? Comenten. ¿Son grupos patriotas o no? ¿Y terroristas? Expliquen.

3. ¿Hay muchas mujeres con cargos importantes en las instituciones políticas de su país? ¿Saben cuántas diputadas y senadoras hay en este momento? ¿Por qué razones no participan más mujeres en la política? Mencionen tres.

4. ¿Están Uds. de acuerdo con que las mujeres no participen en los combates? ¿O que ciertas academias militares no permitan la entrada a las mujeres? Expliquen su posición.

5. Algunas mujeres (como Rosa Parks) no han tenido que recurrir a las armas para tener impacto social y político. ¿Creen que son necesarias la fuerza y la violencia? ¿En qué casos? ¿Qué alternativas hay?

6. ¿Es una contradicción que una mujer que da la vida se dedique a quitarla también? ¿Les resulta chocante la ilustración siguiente? ¿Por qué razón?

Alaiyo Bradshaw

7. Hasta ahora, ¿cuál ha sido una decisión importante en su vida? Expliquen la situación, las opciones que tenían y su decisión final. ¿Están contentos/as con la decisión que tomaron o creen que se equivocaron?

8. En inglés existe el dicho de que "uno nunca puede volver a casa." ¿Creen que en el caso de Alta Gracia sería diferente? ¿Por qué sí o no?

9. ¿Por qué considera la periodista norteamericana "heroínas" a las guerrilleras salvadoreñas? Relacionen la heroicidad de estas mujeres con la de otras figuras (femeninas y masculinas) que conozcan. ¿Qué características tienen en común todos los héroes?

Estrategias comunicativas para ordenar algo

Autoridad	Cortesía
Abra la puerta.	**Por favor, ¿puede/podría abrir la puerta?**
Open the door.	*Could you open the door, please?*
No me llames más.	**Te agradecería que no me llamaras más.**
Don't call me anymore.	*I would appreciate it if you did not call me anymore.*
Dame una aspirina.	**Quisiera una aspirina.**
Give me an aspirin.	*I would like (to have) an aspirin.*
Vámonos.	**No me importaría que nos fuéramos ahora mismo.**
Let's go.	*I would not mind if we left right now.*

9-16 En (inter)acción

Realicen las siguientes actividades según se indica.

1. **Decisiones.** En grupos de tres estudiantes, decidan primero si utilizarían mandatos o expresiones de cortesía en las situaciones que se mencionan a continuación. Luego, digan dos oraciones para cada situación. Miren primero las expresiones que se encuentran en las **Estrategias comunicativas**.

   Ejemplos: Si estuviera comprando en una tienda, utilizaría expresiones de cortesía.
   ¿Me podría probar estos pantalones?
   ¿Le importaría traerme una talla más grande?

en un entrenamiento militar	en una clase de danza
en un restaurante	en un banco
en un quirófano *(operating room)*	en casa con su perro
en un taxi	en la calle ayudando a alguien que está perdido

2. **Máximas.** En grupos de cuatro estudiantes, compongan máximas como la de Alta Gracia —"Cuanto más sudor haya en el entrenamiento, menos sangre habrá en el campo de batalla"— para cualquier aspecto de la vida. Después preséntenlas delante de la clase.

   Ejemplos: Más vale perder cinco minutos en la vida que la vida en cinco minutos.
   Es mejor morir de pie que vivir de rodillas.

3. **Entrevista.** Han pasado quince años desde que la guerra civil terminó en El Salvador. ¿Qué estará haciendo ahora Alta Gracia? El periódico para el que trabajas te ha pedido que vayas a averiguarlo. Entrevístala. Un/a estudiante hace el papel del/la periodista y el/la otro/a, el de la ex guerrillera.

4. **Nadie es perfecto.** Tienen que organizar una expedición a la selva amazónica y estos son los/las candidatos/as interesados. Aunque todos son problemáticos, no tienen más remedio que escoger a tres de ellos/as. Con otros tres compañeros/as, decidan a quiénes elegirán para que los/las acompañen. Expliquen su decisión.

a. Esmeralda no aguanta el color verde.

b. Perico tiene alucinaciones con frecuencia.

c. Felicidad se marea si ve sangre.

d. A Adrián le dan miedo las serpientes.

e. Horacio no tiene sentido de la orientación.

f. Diego sufre de vértigo.

g. Eustaquio está sordo.

h. Dolores se cansa en seguida.

i. Neli no sabe nadar.

j. Miguel es alérgico a casi todo.

5. **Test de personalidad.** Con la clase dividida en cuatro grupos, cada grupo elige una profesión diferente y escribe cinco preguntas que harían a una persona para saber si está capacitada o motivada para esa profesión. Una vez que tengan las preguntas, los miembros de un grupo hacen el test a los/las compañeros/as de otro grupo sin decirles de qué profesión se trata hasta que hayan terminado. Al final, comenten los resultados.

6. **¿Ayuda?** Estados Unidos envió a El Salvador las siguientes cantidades de dinero en ayuda militar, es decir, para entrenar a la guardia nacional y a los llamados escuadrones de la muerte *(death squads)* durante la guerra civil.

1980 $6 millones
1982 $26 millones
1983 $61,3 millones
1989 $600 millones

¿Qué piensan Uds. de la intervención norteamericana en El Salvador? ¿Y en otros países?

ALGUNAS INTERVENCIONES MILITARES DE EE UU EN CENTROAMÉRICA

NICARAGUA	PANAMÁ	HONDURAS	CUBA	R. DOMINICANA
1850, 1852,1854, 1857, 1894, 1896, 1898, 1899, 1810, 1912, 1925, 1926, 1933, 1982	1856, 1865, 1903, 1904, 1912, 1914, 1918, 1920, 1921, 1925, 1945, 1989	1903, 1907, 1911, 1912, 1919, 1924 1925	1898, 1906, 1912, 1917, 1922, 1933, 1961	1903,1904, 1914, 1916, 1924, 1955
		GRANADA 1983	**GUATEMALA** 1920, 1954	**HAITÍ** 1888, 1891 1914, 1915, 1934

¿En qué países de Centroamérica y el Caribe no han intervenido los Estados Unidos?

7. **La vida no vale nada.** Pablo Milanés y Silvio Rodríguez son los cantautores más representativos de un movimiento musical denominado la Nueva Trova, surgido en Cuba después de 1959. Con sus canciones, intentaban concienciar políticamente al público. Mientras leen, piensen sobre qué quiere concienciarnos Pablo Milanés.

La vida no vale nada
si no es para merecer
que otros puedan tener
lo que uno disfruta y ama.
La vida no vale nada
si yo me quedo aquí sentado
después que he visto y soñado
que en otras partes me llaman.
La vida no vale nada
cuando otros están matando y
yo sigo aquí cantando
cual si no pasara nada.
La vida no vale nada
si escucho un grito mortal
y no es capaz de tocar
mi corazón que se apaga.°   *is deadened*
La vida no vale nada
si ignoro que el asesino
cogió por otro camino
y preparó otra celada.°   *ambush*
La vida no vale nada
si se sorprendió a tu hermano
cuando supe de antemano°   *beforehand*
lo que se le preparaba.
La vida no vale nada
si cuatro caen por minuto
y al final por el abuso
se decide la jornada.°   asunto *(fig.)*
La vida no vale nada
si tengo que posponer
otro minuto de ser
y morirme en una cama.
La vida no vale nada
si en fin lo que me rodea°   *surrounds*
no puedo cambiar cual fuera
lo que tengo y que me ampara.°   protege
Y por eso para mí,
la vida no vale nada.

Repaso gramatical
(Cuaderno):
La posición de los
adjetivos (segundo
repaso)
Las preposiciones
(segundo repaso)
Los pronombres
preposicionales
(segundo repaso)

9-17 Práctica gramatical

Hagan los ejercicios siguientes prestando atención a los puntos gramaticales estudiados.

 1. En parejas, busquen en la lectura diez **adjetivos** y expliquen la posición que ocupan. ¿Qué porcentaje de estos **adjetivos** van antepuestos? ¿Y pospuestos a los sustantivos?

 2. Con un/a compañero/a, busquen ocho **preposiciones** en la lectura. Dos de ellas deben ir delante de un pronombre personal, dos delante de un infinitivo, dos delante de un sustantivo y dos deben acompañar a un verbo.

9-18 Creación

Escribe una composición de acuerdo con las instrucciones que siguen.

En la conocida comedia de Aristófanes titulada *Lisístrata* las mujeres se negaron a acostarse con sus maridos hasta que hubiera paz. Inventa una estrategia semejante para acabar con una guerra, un conflicto, una pelea, una riña. Escribe por lo menos dos párrafos.

Atajo		
Phrases:	*Weighing alternatives; Linking ideas; Apologizing*	
Grammar:	*Verbs: if clauses; Verbs: subjunctive with* **ojalá que;** *Adverbs ending in* **-mente**	
Vocabulary:	*Traveling; Working conditions; Professions*	

Infórmate con CNN®

Children: 4.2; *Violence*: 4.4; *Women's issues*: 3.1, 4.3

De acá para allá

INTRODUCCIÓN

A lo largo del siglo XX, pero muy particularmente en la última mitad, millones de personas han abandonado su tierra natal por razones políticas (exiliados y refugiados) o económicas (emigrantes). Por eso, el siglo XX es conocido como el siglo de los éxodos masivos. En esta unidad, titulada **De acá para allá**, examinaremos diversas experiencias migratorias. Nos fijaremos en las consecuencias que ha tenido la convivencia con personas de distintas costumbres, procedencia y lengua en la identidad y en la apreciación de la propia cultura.

El capítulo 10, **Lengua e identidad**, muestra la importancia de la lengua a la hora de identificarnos e identificar a alguien. "Dime cómo hablas y te diré de dónde eres" es una guía para reconocer la procedencia de los hispanohablantes según la elección de unas palabras u otras; "Cuento (extremeño) de Navidad" nos muestra la traición a uno mismo que supone dejar de hablar una lengua para hablar otra; y "El spanglish" evidencia que atacar la lengua que habla alguien es lo mismo que atacar su identidad.

Desarraigos, palabra derivada del verbo "desarraigar"—el cual significa literalmente "arrancar de raíz" *(to uproot)*—es el título del capítulo 11, y en él se presentan tres tipos diferentes de desplazamientos masivos. En el poema "Mujer negra", la escritora cubana Nancy Morejón habla de las mujeres africanas traídas al Nuevo Mundo en condición de esclavas. "Usted estuvo en San Diego" narra el tremendo susto que se lleva una inmigrante ilegal en los Estados Unidos. Y, finalmente, "La vuelta al mundo en Lavapiés" y "Mamá" presentan un barrio céntrico de Madrid donde conviven inmigrantes de todas partes del planeta.

En el último capítulo, **En primera persona**, se encuentran textos autobiográficos escritos por hispanos emigrados a Estados Unidos. "¡Ay, papi, no seas coca-colero!" es un cuento sobre los primeros meses de un exiliado cubano en Miami. "La historia de mi cuerpo" recoge las impresiones de una joven puertorriqueña que se muda a Nueva Jersey y se da cuenta de que las diferencias son más profundas que simplemente el idioma y la temperatura. E "*In Between*" relata la identificación de una exiliada argentina con una mendiga debido a su sentimiento de alienación y de aferramiento al pasado.

Que yo sepa

La clase se divide en dos grupos para debatir los temas siguientes. Luego ambos deben presentar sus ideas al resto de la clase.

1. ¿Cuáles son algunas consecuencias de la proximidad entre las razas, las lenguas y las culturas hoy en día? Mencionen al menos tres.

2. ¿Conocen personalmente a algún/a exiliado/a o emigrante? ¿Se ha mudado recientemente su familia a EEUU de otro país? Comenten.

3. Antiguamente tener que dejar la patria por cualquier razón era el peor castigo que una persona podía sufrir. Ahora nos parece inconcebible quedarnos toda la vida en el lugar donde nacimos. Mencionen ventajas y desventajas de ambos estilos de vida: el sedentario y el nómada.

4. Hagan una lista de las diferencias entre emigrantes y exiliados (sus razones, esperanzas, actitud, orientación, educación, situación económica, etc.).

5. ¿Saben cuáles son los tres grandes grupos de inmigrantes latinoamericanos en Estados Unidos y las razones de su presencia aquí? ¿De qué otros países hispanohablantes ha venido mucha gente?

http://aquesi.heinle.com

DIME CÓMO HABLAS Y TE DIRÉ DE DÓNDE ERES

Ni un uruguayo habla como un mexicano, ni una mexicana como una puertorriqueña. Es cierto que todos hablan español, pero la pronunciación de ciertos sonidos, la entonación que les dan a las frases, la rapidez o la lentitud con que hablan y las palabras que utilizan los diferencian.

Como a Estados Unidos llegan hispanohablantes de todos los países latinoamericanos y de España, podrás identificar su procedencia fácilmente si prestas atención a las peculiaridades del español que hablan. El texto siguiente te servirá de guía.

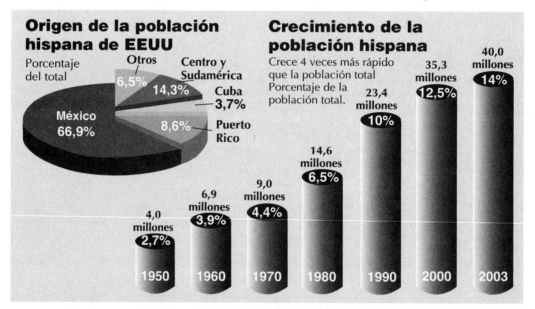

Origen de la población hispana de EEUU
Porcentaje del total
Otros 6,5%
Centro y Sudamérica 14,3%
Cuba 3,7%
México 66,9%
Puerto Rico 8,6%

Crecimiento de la población hispana
Crece 4 veces más rápido que la población total
Porcentaje de la población total.

Año	Millones	Porcentaje
1950	4,0 millones	2,7%
1960	6,9 millones	3,9%
1970	9,0 millones	4,4%
1980	14,6 millones	6,5%
1990	23,4 millones	10%
2000	35,3 millones	12,5%
2003	40,0 millones	14%

Palabra por palabra

cotidiano/a	daily	es decir	that is
la creencia	belief	equivocarse	to make a mistake, be wrong
dirigirse a	to address (someone), go toward	por un/otro lado	on the one/other hand
el disparate	nonsense	la semejanza	similarity
en cambio	on the other hand, but, however	la tarea	task, homework

Mejor dicho

ser confuso/a	to be unclear, confusing (inanimate subject)	Estas instrucciones para armar la bici **son** muy **confusas**.
estar confuso/a y confundido/a	to be confused, mixed up (animate subject)	Después de leer a Kant **estábamos** bastante **confusos/confundidos**.

tratar a alguien	to treat someone	¿Cómo te **está tratando** la vida últimamente?
tratar de + inf.	to try to	Siempre **he tratado de** no **ser** pesado (a pain in the neck).
tratar de + sust.	to deal with	¿**De** qué **trata** la novela?
tratarse de	to be a question of, be about, be	**Se trataba de** ganar el campeonato.

10-1 Práctica

Hagan las siguientes actividades, prestando atención a las palabras del vocabulario.

 1. **Preguntas.** En grupos de tres estudiantes, contesten las preguntas siguientes.

   a. ¿Quiénes dicen más disparates: los políticos o los abogados? Den ejemplos de algunos disparates que han oído y por qué creen que lo son.

   b. ¿Quiénes se equivocan más: los jóvenes o la gente mayor? Expliquen. Al saber que se han equivocado en algo, ¿qué hacen? Den ejemplos.

   c. ¿Qué semejanzas hay entre los demócratas y los republicanos? ¿Y entre los/las estudiantes de Yale y los/las de Harvard? ¿Entre los actores y actrices de la televisión y los/las del cine?

   d. ¿Qué actividades tienen que hacer cotidianamente? ¿Cuáles son las más fáciles? ¿Y las más difíciles? ¿Son aburridas todas las tareas cotidianas? ¿Cuáles sí y cuáles no?

   e. ¿Recuerdan cuáles eran algunas de las creencias de la santería? ¿Cómo afectan las creencias el comportamiento de una persona? ¿Es posible cambiar las creencias de alguien? ¿Cómo?

 2. *¿Es confuso o está confundido?* En parejas, reaccionen a las situaciones que aparecen a continuación con una de estas dos expresiones.

   Ejemplo: Desde el accidente mi vecino tiene amnesia.
   Está muy confundido.

a. Santiago contestó que "blanco" se dice *black* en inglés.

b. El timbre del teléfono acaba de despertar a Iván de un profundo sueño.

c. Al trabajo escrito de Carola le faltan varias páginas.

d. Gabriel no sabe si doblar a la izquierda o la derecha para llegar al estadio.

e. El uso del subjuntivo depende de múltiples factores.

 3. **Rey/Reina por un día.** En grupos de tres estudiantes, digan cómo les gustaría que los/las trataran ese día.

Ejemplo: Me gustaría que me trataran con cariño.

4. **Intentos.** Con un/a compañero/a, digan lo que **tratan de hacer** en estas circunstancias.

a. Estás en el cuarto de baño y alguien necesita entrar urgentemente.

b. Estás hablando por teléfono en una cabina pública y alguien quiere llamar.

c. Vas por la calle y ves a un niño caerse de la bicicleta.

d. Tienes que llegar urgentemente a casa y en la autopista el tráfico es horrible.

e. Llegas tarde al aeropuerto y pierdes el vuelo.

¡ALTO! Antes de leer

Haz lo que se te indica a continuación.

1. Lee la primera oración de cada párrafo. ¿Qué relación hay entre ellas?

2. La lengua a veces causa situaciones cómicas o confusión (por ejemplo, cuando una palabra tiene más de un significado). ¿Cuál sería un ejemplo?

3. ¿Entiendes bien el inglés que hablan en otros países o estados? ¿De qué países/estados sí y de cuáles no? ¿Por qué? ¿Entenderían tus abuelos todo lo que dicen tus amigos/as?

¿De qué estarán hablando?

DIME CÓMO HABLAS Y TE DIRÉ DE DÓNDE ERES

Algunas personas consideran a los hispanos un grupo homogéneo por el hecho de hablar la misma lengua. Para darnos cuenta del disparate que representa tal percepción bastaría aplicar la misma regla a Inglaterra y Estados Unidos. Aunque, sin duda, existen muchas semejanzas, estos países distan de poseer costumbres y creencias idénticas. En el mundo hispano la situación se complica aún más por tratarse de veinte países. Al viajar por ellos o conocer a personas de España o de Latinoamérica las diferencias se hacen inmediatamente evidentes. Una de las más sutiles e interesantes es el uso del español, que da cabida[1] a múltiples acentos y variantes léxicas dentro de una sola lengua.

Para averiguar de dónde es un hispanohablante, observe cómo pronuncia palabras como **za**pato, **ce**rdo, **ci**nco, **zo**ológico y **zu**rdo. Si pronuncia el primer sonido como /z/ (esto es, como la "th" de *think*), no hay duda de que se trata de un español (excepto de Andalucía y de las islas Canarias). Pero si escuchó /s/ en su lugar, entonces esa persona puede ser de cualquier país de Latinoamérica, de Andalucía o de las islas Canarias. El fenómeno lingüístico de pronunciar za, ce, ci, zo, zu como sa, se, si, so, su, se llama "seseo".[2]

El seseo crea situaciones ambiguas y, a veces, cómicas. Imagínese el diálogo tan absurdo que pueden tener dos hispanohablantes en el caso de que uno le comunique al otro que "se va a casar". Aunque puedan sonar igual, "casarse" y "cazar" son dos actividades bastante diferentes.

En segundo lugar, preste atención a los pronombres y a las formas verbales. Si charlando con sus amigos, una persona se dirige a ellos usando el pronombre "vosotros" o las formas verbales correspondientes "sois/tenéis/vivís/estáis", entonces puede asegurar, sin miedo a equivocarse, que la persona es española. En Latinoamérica, en las mismas circunstancias, se diría "ustedes son/tienen/viven/están". Por otro lado, si utiliza el singular "vos sós/tenés/vivís/estás" para la segunda persona en lugar de "tú eres/tienes/vives/estás", este individuo habrá nacido en un país centroamericano o en la región del Río de la Plata (Argentina, Paraguay y parte de Uruguay). Esta segunda peculiaridad lingüística se denomina "voseo" y se extiende por casi dos

"Vos" se usa en lugar de "tú" con familiares y amigos.

En Chile la distinción es de clase social. "Vos" lo usa la gente de un nivel económico bajo.

terceras partes del mundo hispanohablante.

En cuanto al vocabulario, si oye decir a alguien que no tiene "coche", pero sí "carnet de conducir", no puede ser más que de la Península Ibérica. En cambio, si oye decir que no tiene "carro", pero sí "licencia o permiso de manejar", indudablemente se trata de un latinoamericano.

---

[1] **da cabida** *has room for* [2] El fenómeno de pronunciar la /s/ como /z/ (señor como "ceñor" /th/) se llama "ceceo" y se limita a unas cuantas zonas de Andalucía.

Otras palabras que sitúan al hablante en el área europea o americana son:

España		Latinoamérica
sellos	*stamps*	estampillas
chaqueta	*jacket*	saco
fontanero	*plumber*	plomero
tirar, echar	*to throw out*	botar
zumo	*juice*	jugo
manzana	*(street) block*	cuadra
días de fiesta	*holidays*	días feriados

Aún podría ser más precisa la identificación geográfica del hispano si el tema de conversación fuera sobre los medios de transporte. Para referirse al mismo tipo de vehículo que puede transportar a más de 10 personas a la vez, un mexicano mencionará la palabra "camión"; un paraguayo o un peruano, "ómnibus"; un cubano o un puertorriqueño, "guagua";[3] un guatemalteco, "camioneta"; un argentino, "colectivo"; un español, "autobús"; y un colombiano, "bus".

Sin duda alguna, dentro de los productos alimenticios es donde existe mayor diversidad léxica en español y, por tanto, resulta ser el área más compleja. Pero, por otro lado, es más fácil saber, mediante el uso de una palabra, dónde nació una determinada persona. Si bien hay productos conocidos en todas partes con el mismo sustantivo (por ejemplo, arroz), en otros casos la variedad léxica es sorprendente. Sirva como ilustración el tipo de verduras conocido en inglés como *green beans*: según el país o la región del mundo hispano, se llamarán judías verdes, ejotes, vainitas, chauchas, porotos verdes,

habichuelas, etc. A esta riqueza de vocabulario ha contribuido la incorporación al español de términos del quechua, náhuatl, guaraní, es decir, de las lenguas habladas por los pobladores indígenas de América.[4]

Aunque la multiplicidad de palabras que reciben ciertos productos puede crear confusión, también resulta desconcertante el que dos hispanohablantes usen la misma palabra para referirse a diversas entidades. Por ejemplo, si Ud. va a un restaurante en Acapulco y pide "tortillas", el mesero le traerá unas sabrosas tortas hechas de maíz; pero, si va a un bar de Barcelona y pide una "tortilla", el camarero le servirá algo parecido a una pizza pero hecho de patatas y huevos, es decir, una *omelette.* Más aún, si un mexicano intenta comer en España la comida típica de su país, "los tacos", se enterará de que allí "los tacos" no se comen sino que se dicen. Así se llaman las malas palabras. ¡La simple tarea de comer puede convertirse en una aventura con estos obstáculos!

Otra manera de saber de dónde es alguien es observar su reacción a ciertas palabras cotidianas,

aparentemente inocentes, como "tirar" *(to throw out),* "fregar" *(to scrub),* "coger" *(to take).* Si al oír alguno de estos términos la persona abre desmesuradamente los ojos, se sonroja[5] o se ríe, es posiblemente porque para ella estas palabras tienen connotaciones sexuales. Aunque el primer término tiene más impacto en la zona central de los Andes (Bolivia, Perú, Ecuador); el segundo, en el cono sur (Chile, Argentina, Uruguay); y el tercero, en México, estos vocablos son también conocidos en otras partes de Latinoamérica.

Por último, los términos que se usan para insultar son a menudo particulares de ciertos lugares y, por lo tanto, útiles para distinguir entre los hispanohablantes. Por supuesto, también sirven para otros propósitos. Además de los insultos internacionales, y posiblemente intergalácticos, como estúpido, idiota, imbécil o tonto, existen otros más característicos de las regiones del mundo hispánico: en la zona del Caribe se emplea "pendejo" (estúpido); en Chile y Perú, "huevón" (lento, perezoso); en Argentina, "boludo" (tonto, pesado); en España, "gilipollas" (estúpido).

Después de leer estas observaciones sobre el español, quizás se encuentre Ud. un poco desconcertado sobre el tipo de español que ha aprendido hasta el momento y se pregunte si lo entenderán, o no, en algunos países de habla española. En realidad, aproximadamente el 90 por ciento del español es común a todas las naciones hispanohablantes. El 10 por ciento que es diferente se asimila fácilmente viviendo en cualquiera de los países o conversando con personas procedentes de esas regiones, quienes seguramente le explicarán con orgullo las peculiaridades de su lengua.

---

[3] Cuidado con la palabra "guagua" pues en muchos lugares, excepto en estas islas del Caribe y en Las Canarias, significa "niño/a". [4] Algunas palabras del quechua son coca, papa, alpaca; del náhuatl, chicle, tomate, chocolate; del guaraní, piraña, ananá. [5] **se sonroja** *blushes*

Después de leer

10-2 ¿Entendido?

Completa el cuadro de acuerdo con el contenido de la lectura.

peculiaridades lingüísticas	Latinoamérica	España
la pronunciación		
la gramática		

el vocabulario:
    ropa
    transportes
    insultos
    connotaciones sexuales
    otros ejemplos		

10-3 En mi opinión

En grupos, utilicen las preguntas siguientes como punto de partida para entablar una conversación.

1. Presten atención a la pronunciación de su profesor/a de español (y de otros/as hispanohablantes si fuera posible). Si es de origen hispano, ¿pueden determinar de dónde es? Si es de otra procedencia, ¿pueden notar si el español que ha aprendido es peninsular (llamado también "castellano") o latinoamericano? ¿Cómo lo saben? ¿Es posible tener dos acentos distintos al mismo tiempo?

2. Así como ocurre en español, ¿cuáles son algunas palabras inglesas que significan algo diferente en Inglaterra, Estados Unidos y Australia? ¿Hay otras con significados divergentes en distintas partes del mismo país?

3. Se ha dicho, medio en broma, medio en serio, que Inglaterra y Estados Unidos son dos naciones separadas por un mismo idioma. ¿Creen que se podría decir lo mismo de los países latinoamericanos y España? ¿Por qué sí o no?

4. ¿Qué impresión les causa el acento de una persona? ¿Tienen creencias estereotipadas sobre la gente con acento sureño o de Nueva York o de Boston, por ejemplo?

Estrategias comunicativas para que alguien repita lo que ha dicho

Perdone, no lo/la entendí.	*Sorry, I did not understand you.*
¿Cómo ha dicho?	*What did you say?*
¿Qué dice?	*What are you saying?*
¿Cómo?	*How's that?*
¿Puede repetírmelo por favor?	*Can you repeat that please?*

10-4 En (inter)acción

Realicen las siguientes actividades según se indica.

 1. Hablar por teléfono es una de las cosas más difíciles de hacer para alguien que está aprendiendo una nueva lengua. Mantengan una conversación telefónica en español entre dos personas que no se entienden. Por ejemplo, un/a estudiante puede hacer el papel de un/a vendedor/a y el/la otro/a, de un/a posible cliente/a. Usen algunas de las expresiones de **Estrategias comunicativas**.

Hay diversos modos de contestar el teléfono en español. ¿Sabes cuáles son?

2. Con toda la clase, lean en voz alta las siguientes oraciones según las pronunciarían una persona que sesea y otra que no lo hace.

   a. Cinco y cinco son diez.

   b. Me fascinan el arroz, los garbanzos y el azúcar.

   c. Hemos visto ciervos en el zoológico.

3. En parejas, lean el siguiente anuncio de RENFE, que es muy ingenioso en términos de la ambigüedad del lenguaje. ¿En qué consiste su ingenio? ¿Cuáles son algunas ventajas de viajar en tren según este anuncio?

 4. Vean dos segmentos diferentes de *Infórmate con CNN* en clase. Fíjense no sólo en el vocabulario sino también en la rapidez, claridad y gracia con que hablan los/las entrevistados/as. Comenten otras cosas que observen (los gestos de la cara y de las manos, por ejemplo).

5. **Trivia.** La clase se divide en cuatro grupos. Los grupos compiten para ver cuál acierta más respuestas en cinco minutos. **¡Ojo!** No pueden mirar la lectura. Contesten según lo que recuerden o sepan.

---

1. A los hispanoamericanos les sorprende que los españoles usen:
   - vosotros
   - gracias
   - señor/a

---

2. ¿Cómo se dice en México "autobús"?
   - guagua
   - camión
   - colectivo

---

3. ¿Cuántas lenguas oficiales hay en España?
   - una
   - tres
   - cuatro

---

4. ¿De dónde es característico "el seseo"?
   - de España
   - de España y Latinoamérica
   - de Latinoamérica

---

5. ¿Cuántas personas hablan español en el mundo?
   - más de cien millones
   - más de doscientos millones
   - más de cuatrocientos millones

---

6. ¿Cuál es el insulto típico de Chile y Perú?
   - gilipollas
   - huevón
   - pendejo

---

7. ¿De qué lengua procede la palabra "coca"?
   - del náhuatl
   - del guaraní
   - del quechua

---

8. A los latinoamericanos les sorprende que los españoles pronuncien:
   - la eñe.
   - la ce y la zeta.
   - la hache.

---

9. ¿Cómo se dice *to throw out* en Latinoamérica?
   - botar
   - echar
   - tirar

---

10. ¿Qué significa "vos sos"?
    - tú eres
    - Uds. son
    - Vosotros sois

---

11. ¿Dónde se utiliza "el voseo"?
    - en España
    - en el Caribe
    - en el Cono Sur

---

12. ¿Qué es "el seseo"?
    - la pronunciación de **c + e, i** y de **z + a, o, u** como ese (/s/)
    - la pronunciación de **sa, se, si, so, su** como **za, ce, ci, zo, zu**
    - la pronunciación de la ese (/s/) como ce o zeta (/th/)

---

13. ¿Cómo se puede decir *green bean* en español?
    - chauchas
    - ejotes
    - habichuelas

---

14. ¿En qué lugar "guagua" significa "niño/a"?
    - en Chile
    - en Las Canarias
    - en Puerto Rico

10-5 Práctica gramatical

Hagan los ejercicios siguientes prestando atención a los puntos gramaticales estudiados.

1.   **Concurso.** La clase se divide en dos grupos. Cada grupo escribe cinco preguntas sobre Latinoamérica para hacérselas al otro grupo y ver cuál de los dos sabe más. Deben usar cinco palabras interrogativas diferentes.

   Ejemplo: ¿Qué idioma se habla en Brasil?
   En Brasil se habla portugués.

2.   **Sesión de chismes.** En grupos de tres estudiantes, hagan exclamaciones con adjetivos, sustantivos y adverbios sobre sus compañeros/as de clase o de residencia. Usen palabras exclamativas diferentes.

   Ejemplos: ¡Cómo me exasperan sus costumbres!
   ¡Qué chica más disciplinada es Azucena!

3.   **Concordancia.** En parejas, los/las estudiantes escriben diez sustantivos con los cuales suelen hacer errores de concordancia (por ejemplo, los terminados en **-e,** en **-ión,** en **-ma**). Luego cada estudiante se junta con el miembro de otra pareja y se examinan mutuamente. Un/a estudiante dice el sustantivo y el/la otro/a lo repite junto con el artículo masculino o femenino, según corresponda. Cada acierto vale un punto.

   Ejemplo: Estudiante 1: sangre
   Estudiante 2: la sangre
   Estudiante 1: correcto.

10-6 Creación

Escribe un diálogo de acuerdo con las instrucciones que siguen.

En la página siguiente hay una lista de expresiones que emplean la juventud española y la latinoamericana. Usando algunas de ellas, y otras palabras aprendidas en esta lectura, inventa un diálogo entre dos hispanohablantes que no se entienden. Decide dónde ocurre el encuentro (en la calle, en un bar, en un museo) y sobre qué están hablando. Escribe al menos 6–7 frases para cada uno/a de los/las interlocutores/as.

Phrases:	*Apologizing; Attracting attention; Making an appointment*
Grammar:	*Prepositions; Articles: definite & indefinite*
Vocabulary:	*Traveling; Senses; Telephone*

Madrid	Bogotá	Buenos Aires	Caracas	México D.F.	Santiago de Chile	Significado
ir de marcha	salir a brillar baldosas	irse de joda, irse de gira	salir de rumba, pachanguera	irse de revén, de reventón	carretear	*to go partying and dancing at night*
hortera, cutre	lobo, charro	grasa	niche	naco	rasca, orduca	*uncool, tacky*
pijo	gomelo, niño de papá	concheto, cheto	sifrino	fresa	culca, taquilla	*obnoxious rich kid*
guay, me mola	bacano, la berraquera	grosso, copado, me recopa	de pinga, chévere, arrecho	buena onda, qué chido	buena onda, macanudo	*cool, great*
gilipollas	güevón, cabezón	boludo	pendejo, gafo	pendejo	güevón, gil	*jerk*
copas	tragos	tragos	palos, tragos	alcoholitos, pistear, chupes	copetes	*drinks*
currar	camellar	laburar	chambear, matar un tigre	chambear	ir a la pega	*to work*
colega	pana, llave, mi llavería	viejita, fiera, máquina	pana, panadería, burda	cuate, cuaderno	compadre, socio	*man, guy, friend*
ligar, echar los tejos	tirando boleta	levantar, estar de levante	atacar, echar los perros	echar los perros	pinchar, incursionar	*to pick up with sexual intentions*
vale	to'bien, okey	listo	okey	órale	¿cachai?	*okay*

Adaptado de "Diccionario hispano: algunos vocablos del argot nocturno en cinco capitales de Latinoamérica", *El País (Tentaciones)*, 21 de noviembre, 1997.

CUENTO (EXTREMEÑO) DE NAVIDAD

Gonzalo Hidalgo Bayal

Gonzalo Hidalgo Bayal (1950) es autor de poemas, cuentos y novelas. Por *Amad a la dama*, una versión actualizada de *El celoso extremeño* de Miguel de Cervantes, la Junta de Extremadura le otorgó en el 2003 un importante premio.

En el cuento siguiente el narrador relata un hecho extraordinario ocurrido en Extremadura (una de las comunidades autonómicas de España) y las consecuencias que tiene no sólo en la región extremeña sino en todo el mundo. Para no revelar la trama, te diremos solamente que la lengua inglesa es uno de sus protagonistas.

Palabra por palabra

el acontecimiento	*event*	el/la consejero/a	*advisor*
el alboroto	*commotion, racket, stir*	la exigencia	*demand*
alcanzar	*to attain, reach*	levantar	*to raise, lift, cause*
aprovechar	*to take advantage, make good use of*	la picardía	*craftiness, wiliness*
		tal	*such*
atragantarse	*to choke*	la ventaja	*advantage*

Mejor dicho

pretender	*to intend, try*	No consiguieron hacer lo que **pretendían**.
fingir	*to pretend, feign, fake*	A la persona que **finge** ingenuidad o debilidad se le dice "mosca o mosquita muerta".

el orden	*order = disposition of things, succession, sequence*	El locutor indicaba el **orden** en que se debían comer las uvas.
la orden	*order = command, mandate*	No se trata de una **orden** sino de una noticia.
	religious order	La Compañía de Jesús, una **orden** religiosa católica, fue fundada en 1534.

el chiste	*joke = a funny story*	Los **chistes** de Jaimito son muy populares entre los niños españoles.
la broma	*a practical joke, trick, prank*	Nora, ¡basta ya de **bromas!**
gastar bromas	*to play pratical jokes*	¿Te apuntas? Vamos a **gastarle** una **broma** a Pilar.

10-7 Práctica

Hagan las siguientes actividades. Presten atención a las palabras del vocabulario.

1. El/La profesor/a escribe en unas fichas *(index cards)* de un determinado color las palabras del vocabulario y se las entrega a los/las estudiantes de la clase para que las definan en otra ficha de otro color. Cuando han terminado de escribir la definición, el/la profesor/a las recoge todas y entrega las fichas con las definiciones a los/las estudiantes para que escriban la palabra que su compañero/a intentaba definir. Al final el/la profesor/a lee las definiciones y las palabras. Los/Las estudiantes tienen que decidir si la correspondencia es correcta o no.

2. En parejas, utilicen una de las oraciones siguientes en un diálogo. Demuestren que saben lo que significan las palabras de **Mejor dicho.**

   a. ¿Qué pretendes?

   b. No finjas, que te conozco.

   c. Propongo otro orden.

   d. ¡A sus órdenes!

3. Cuéntale un chiste a tu compañero/a. Si no te acuerdas de ninguno, cuéntale alguna broma que te hayan gastado o que hayas gastado tú. ¿Cómo reaccionaste tú? ¿Y cómo reaccionó la otra persona?

Antes de leer

Haz lo que se te indica a continuación.

1. Fíjate en el título del cuento. ¿De qué supones que va a tratar?

2. A medida que lees, identifica las causas y los efectos. Ten en cuenta estos elementos, además de la cronología, al hacer un esquema del cuento.

3. ¿Cuánto tiempo se necesita como mínimo para aprender a hablar bien una nueva lengua?

4. ¿Cómo celebran en tu país la llegada del Año Nuevo? ¿Y en otros países? En España se suelen comer doce uvas *(grapes)* cuando dan las doce de la noche (una uva por campanada). ¿Lo sabías?

CUENTO (EXTREMEÑO) DE NAVIDAD

Gonzalo Hidalgo Bayal

Se supo en todo momento que el presidente de la junta de Extremadura, a veces solo, a veces acompañado por algunos de sus consejeros (concretamente, los de educación y cultura), mantuvo contactos periódicos y extraños con personajes esotéricos. La prensa regional dio cuenta puntual de tales reuniones con objetividad ejemplar, esto es, sin entrar jamás en el contenido de las mismas, limitándose a certificar notarialmente que, en efecto, tal día, a tal hora y en tal sitio, el presidente y algunos consejeros se habían reunido con los señores X, Y o Z. Por eso precisamente, porque tales encuentros no habían sido clandestinos ni secretos, sorprendieron tanto las palabras del presidente en el tradicional mensaje navideño a la región soberana. "A partir del día primero de enero", dijo, "en Extremadura sólo se hablará inglés".

El revuelo[1] que se levantó al día siguiente alcanzó magnitudes de comedia en el ámbito mediático. La prensa nacional al unísono arremetió contra[2] el autoritarismo del presidente. El portavoz de la presidencia, acosado por las llamadas de todos los periódicos y por las exigencias de numerosas emisoras privadas, tuvo que improvisar para el presidente una agenda apresurada en la que incluso participó la primera televisión pública con un corte de quince se-

Así en Broadway como en la Puerta del Sol

gundos. Todos solicitaban desesperadamente rectificaciones o ratificaciones y, en su caso, matizaciones[3] que consolaran al pobre mensajero, pero las matizaciones, sin embargo, aunque las hubo, no apuntaron en la dirección que pretendían los gestores[4] de la información. De hecho, ante la lluvia de acusaciones que se abatió[5] sobre la figura del presidente, éste se atrincheró[6] en la repetición compulsiva de una sola frase. "No se trata de una orden", dijo, "sino de una noticia".

Entonces los yugos y las flechas[7] se dispararon en varias direcciones. Se acusó a la clase política en general y al mandatario autonómico[8] en particular de no saber qué hacer para recabar[9] la atención de los medios, que, como es notorio, se deben a más altos menesteres.[10] Pese a todo, y aun cuando se censuraba agriamente la actitud del presidente de la junta y de sus con-

sejeros, el nombre de Extremadura se mantuvo encendido sobre los fríos extremos de diciembre: editoriales y viñetas, columnas de opinión y cartas al director, ideólogos en nómina[11] y espontáneos al teléfono, glosaron y desglosaron, en serio o en broma, con ingenio o con histeria, las nobles esencias del carácter extremeño, historias épicas de conquistadores y machorros, ásperas intrahistorias de cerdos y bellotas, la calidad sublime y exquisita del jamón ibérico.[12] La oposición mostró su más enérgica repulsa a las declaraciones del presidente. Los profesores de inglés de todos los centros de enseñanza firmaron un manifiesto bilingüe contra el presidente en el que solicitaban su *impeachment* por interferir de forma tan grotesca en sus tareas pedagógicas. Los profesores de lengua y literatura castellana se soliviantaron[13] igualmente y pidieron

---

[1] **revuelo** = alboroto [2] **arremetió contra** = criticó [3] **matizaciones** = aclaraciones [4] **gestores** = creadores [5] **se abatió** = cayó [6] **se atrincheró** = se defendió [7] **los yugos y las flechas** = aquí, las acusaciones [8] **al... autonómico** = al presidente de la junta [9] **recabar** = ganar [10] **menesteres** = tareas [11] **ideólogos en nómina** *intellectuals on the payroll* [12] **historias... ibérico** = figuras y productos típicos de Extremadura [13] **se soliviantaron** = se rebelaron

dimisiones[14] inmediatas. Guiados por la mano ciega de dirigentes políticos y sindicales, representantes de los sectores primario, secundario, terciario y cuaternario, contribuyeron a mantener viva la llama de la discordia regional con tales aportaciones[15] de indignación y cólera que el presidente, echando más leña al fuego, según titularon los rotativos regionales en primera y los nacionales en regiones, comentó: "Si sólo por anunciar que los extremeños hablaremos inglés se arma[16] tanto alboroto, ¿qué no ocurrirá cuando realmente lo hablemos?"

La noche vieja empezó con el crepúsculo, al hilo triangular de la tradición: cena, gula y cotillones, champán, turrón y mazapanes.[17] Las televisiones transmitieron las campanadas y las uvas.[18]

Aprovechando el alboroto desencadenado por el presidente de la junta, una televisión privada tuvo la picardía geopolítica de colocar sus cámaras en la plaza de la capital autonómica extremeña. Era evidente que no batiría marcas de audiencia. Sin embargo, la transmisión desbordó todos los presagios. El locutor, un comediante extremeño de proyección nacional, se proclamó eco verbal del reloj del consistorio[19] para indicar con números el orden de ingestión de uvas. Y así cantó la primera campanada: "Una", dijo. Entonó igualmente la segunda: "Dos". Pero en la tercera, seguramente por llevar el reloj algún desajuste con respecto al meridiano, se produjo el advenimiento[20] del año nuevo. El locutor dijo: *Three,* con un leve acento

californiano. Articuló la cuarta con pulcritud fonética: *Four.* Y así siguió, *five, six, seven,* hasta *twelve.*

Los espectadores autonómicos no percibieron ninguna anomalía, pero en el resto del estado español se expandió una sobredosis de sorpresa y de estupor. La mezcla atragantada de alegría y patriotismo, de uvas y cava,[21] bloqueó todas las centralitas[22] del país con insultos a la cadena privada por mancillar[23] el honor extremeño y pisotear el buen nombre de una región tan entrañable. Nada de ello era cierto, sin embargo, porque, en efecto, cuando el reloj de la plaza de la capital autonómica dio la tercera campanada y la gente se atascaba con[24] la uva tercia, los extremeños dejaron de hablar castellano y empezaron a hablar inglés.

Se sucedieron días de agitación regional, nacional e internacional. El prodigio, sólo equiparable al episodio bíblico de la construcción de Babel, alcanzó difusión planetaria. Los periodistas de información informaron, los periodistas de opinión opinaron y los periodistas de investigación investigaron. Pudo verse al presidente extremeño desfilar por todas las televisiones con auricular para la traducción simultánea y a muchos entrevistadores avergonzarse del sonotone[25] inverso. En las pantallas de todos los hogares apareció el presidente de la junta con subtítulos. Los observadores políticos valoraron el acontecimiento como positivo o negativo según adscripción, ideología o sueldo. Y los periodistas de investigación se perdieron en inefables conjeturas. La conferencia epis-

copal[26] difundió un comunicado ambiguo sobre los designios de la providencia, las lenguas de fuego, la legendaria fe mariana[27] de la región y la benevolencia milagrosa de la Virgen de Guadalupe, en tanto los cibernautas, por su parte (consúltense páginas web a este respecto), hablaban de encuentros en la quinta fase, de abducciones colectivas, de manipulación filogenética y de la implantación de un gen lingüístico en el ADN autonómico.

Enseguida los extremeños radicales se pusieron en pie de guerra y reclamaron privilegios, desarrollos estatutarios, soberanía e incluso un referéndum para convertirse en Puerto Rico. "Somos diferentes", argumentaron. Como era previsible, rápidamente llegaron presiones del gobierno central.

En los fríos de enero se celebraron manifestaciones espontáneas en Madrid y otras capitales de provincias, se exhibieron pancartas reivindicativas con mucho "Viva Extremadura" y mucho "Extremadura española", pero el pacto estaba hecho y el presidente estaba dispuesto a cumplir la palabra empeñada.[28] "Pura envidia", dijo el hombre de la calle extremeña, que sólo lamentaba no entender los programas de televisión. El presidente, por su parte, se enfrentó al gobierno del centro y pronunció una frase enérgica, con sabor a historia. "Los que hablamos la lengua que Shakespeare habló, habremos de ser libres o morir", dijo.

A fecha de hoy, cabe asegurar que fue un acierto[29] político del presidente, cuya clarividencia nebri-

---

[14] **dimisiones** *resignations* [15] **aportaciones** = contribuciones [16] **se arma** = se causa [17] **turrón y mazapanes** = dulces típicos navideños [18] **las campanadas... y las uvas** *bell strokes and the (eating of) grapes* [19] **consistorio** = Ayuntamiento [20] **advenimiento** = llegada [21] **cava** = champán [22] **centralitas** *switchboards* [23] **mancillar** = ensuciar [24] **se atascaba con** = se atragantaba con [25] **sonotone** = aquí, auricular [26] **conferencia episcopal** = aquí, la Iglesia católica [27] **mariana** = en la Virgen María [28] **empeñada** = prometida [29] **acierto** *shrewd decision*

jana[30] puso de manifiesto que lo que no se consigue como hombre se consigue como hablante y que no basta con pertenecer al género humano, sino que es necesario conocer la gramática del imperio. De hecho, las ventajas del cambio no dejan de percibirse día tras día, en todos los sectores, primario, secundario, terciario y cuaternario, aunque sólo sean las derivadas de haberse constituido en la única sucursal[31] legítimamente anglófona del páramo peninsular. Incluso muchos extremeños aprenden ahora castellano y portugués, por razones de vecindad y porque no dejan de acudir estudiantes de Portugal, Andalucía y las dos Castillas para perfeccionar la lengua universal.

«A su regreso a Trujillo, en 1529, Francisco Pizarro fue objeto de un recibimiento auténticamente triunfal. Sus hermanos, hijos legítimos e ilegítimos de Don Gonzalo, varios de los cuales se alistarían para marchar con él a América, le reconocieron como el primogénito y le hospedaron en la casa solariega de la familia».

«Francisco Pizarro, el conquistador del fabuloso Perú» Biblioteca Iberoamericana

¿Sabes quién era Pizarro? ¿Y de dónde era?

---

[30] **nebrija** = de Antonio de Nebrija, autor de la *Gramática de la lengua castellana*, 1492
[31] **sucursal** *branch*

Después de leer

10-8 ¿Entendido?

Contesta estas preguntas según el contenido de la lectura anterior.

1. ¿Podría haber alguna relación entre las reuniones que mantuvo el presidente de la junta con "personajes esotéricos" y lo que él declaró el 24 de diciembre? ¿Cuál?

2. ¿Fue unánime la reacción de la prensa, de los políticos y de los profesores al mensaje del presidente? Explica.

3. ¿Mentía el presidente cuando dijo que "hablar inglés no era una orden"? ¿Por qué sí o no?

4. ¿Qué ocurrió exactamente el 31 de diciembre a medianoche?

5. ¿Cuál fue la reacción de la prensa y de los políticos en esta ocasión?

6. ¿Cómo interpretó la Iglesia católica "el prodigio"?

7. ¿Qué explicaciones al fenómeno aparecieron difundidas en Internet?

8. Una vez que todos los extremeños hablan inglés, ¿cuáles son los objetivos políticos del presidente?

9. ¿Se vuelve a hablar español en la comunidad extremeña? ¿Lo lamenta alguien?

10. ¿A qué va la gente ahora a Extremadura?

10-9 En mi opinión

En grupos de tres estudiantes, utilicen las preguntas siguientes como punto de partida para entablar una conversación.

1. El cuento que han leído, ¿lo considerarían fantástico? ¿Por qué sí o no? ¿Qué elementos realistas contiene? ¿Sería un ejemplo de realismo mágico? (El realismo mágico es un movimiento literario hispanoamericano surgido a mediados del siglo XX que se caracteriza por la introducción de elementos fantásticos en una narrativa realista.)

2. ¿Cuál es la actitud del narrador hacia los medios de comunicación? ¿Están de acuerdo con él? ¿Por qué sí o no?

3. Desde el punto de vista del narrador, ¿es beneficioso el cambio ocurrido en Extremadura? ¿Y desde el de Uds.? Expongan sus razones.

4. Antonio de Nebrija en su prólogo a la *Gramática de la lengua castellana* (1492), dirigido a la reina Isabel la Católica, advirtió que "siempre la lengua fue compañera del imperio". ¿A qué lengua se refería Nebrija? ¿Y a qué imperio? ¿A qué lengua y a qué imperio se refiere el narrador? ¿Están Uds. de acuerdo con Nebrija?

5. ¿Qué relación hay entre la lengua y la identidad? ¿No debería haber cambiado la personalidad de los extremeños al hablar inglés? ¿Cómo?

6. ¿Por qué creen que el esperanto —una lengua inventada por el doctor L. Zamenhof en 1887— no ha tenido éxito como lengua universal?

7. ¿Por qué utiliza el narrador la palabra *impeachment* en inglés? ¿Por qué medios se introducen términos de unas lenguas en otras? (En lingüística se denominan "préstamos".) ¿Por qué ocurre esto? ¿Qué es un "anglicismo"? Den tres ejemplos.

8. Según una organización norteamericana *(Modern Language Association)*, el número de estudiantes de lenguas extranjeras era en 1960 el doble que en 2002. ¿Por qué creen que hay menos estudiantes norteamericanos/as interesados/as en aprender otras lenguas? ¿A qué atribuirlo? ¿Están a favor o en contra de que el estudio de las lenguas extranjeras sea un requisito de todas las universidades? ¿Por qué sí o no?

9. Relacionen este anuncio con lo leído en el cuento.

Estrategias comunicativas para dar una noticia

¿A que no sabes...? *I bet you don't know . . .*	**No te lo vas a creer...** *You are not going to believe . . .*
¿Sabes una cosa...? *Guess what . . .*	**Te va a parecer mentira...** *It will seem incredible . . .*
¿A que no te imaginas...? *I bet you cannot guess . . .*	**Te vas a quedar de piedra...** *You will be stunned . . .*
¿No te has enterado todavía de...? *Haven't you heard . . . ?*	**Es increíble, pero...** *Unbelievable, but . . .*

10-10 En (inter)acción

Realicen las siguientes actividades según se indica.

 1. En grupos de tres estudiantes, uno/a utiliza una de las expresiones de **Estrategias comunicativas** para dar una noticia inesperada o sorprendente. Los/Las otros/as responden usando alguna de las expresiones aprendidas en capítulos previos. Practiquen la conversación en grupos y luego preséntensela a la clase.

> **Ejemplo:** Estudiante 1: ¿A que no saben que me han tocado doscientos millones de dólares en la lotería?
> Estudiante 2: Vaya, ¡qué suerte!
> Estudiante 3: Lo siento mucho, pero yo no me lo creo.

 2. **Debate televisivo.** La creciente presencia del inglés en otras lenguas es motivo de preocupación y alarma para individuos y organizaciones que auguran el fin de la diversidad lingüística del planeta. Dentro de cien años ¿hablará todo el mundo inglés o spanglish? Formen un panel de expertos (lingüistas, antropólogos/as, políticos/as, psicólogos/as...) y debatan las ventajas y desventajas de la existencia de una sola lengua en todo el planeta.

 3. **Programas de español en el extranjero.** Tu trabajo como consejero/a en la oficina de programas en el extranjero consiste en revisar los planes de estudios que los/las estudiantes te presenten. Debes aceptar o rechazar esas propuestas. Una vez aceptada la propuesta, debes decidir si les vas a dar crédito por los cursos que van a tomar o no (por ejemplo, una clase de tango, de cocina regional, un cursillo sobre la matanza del cerdo, etc.). En parejas, discutan las opciones hasta llegar a un acuerdo.

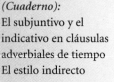 4. **Posturas encontradas.** Dividida la clase en dos grupos, uno defiende la educación bilingüe para sus futuros hijos e hijas y el otro, la ataca.

Repaso gramatical
(Cuaderno):
El subjuntivo y el
indicativo en cláusulas
adverbiales de tiempo
El estilo indirecto

10-11 Práctica gramatical

Hagan los ejercicios siguientes prestando atención a los puntos gramaticales estudiados.

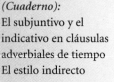 1. En parejas, completen las oraciones siguientes según el cuento que han leído. Presten atención al tiempo verbal y al tipo de conjunción temporal empleada.

> **Ejemplo:** —El presidente se dirigía a los extremeños siempre que...
> —...llegaba la Navidad.

a. Nadie supo lo que el presidente se traía entre manos *(was up to)* hasta que...

b. Los medios de comunicación se movilizaron en cuanto...

c. Los profesores de inglés reaccionaron enérgicamente tan pronto como...

d. El año nuevo llegó antes de que el reloj...

e. Todos los extremeños empezaron a hablar inglés en cuanto...

    f. Se acordaban de los cerdos y del jamón ibérico cuando...

    g. Los periodistas hicieron pública su opinión antes de que...

    h. Los cibernautas seguirán discutiendo el fenómeno mientras...

 2. Con un/a compañero/a pongan en el estilo indirecto estas oraciones sacadas del cuento.

    a. "A partir del día primero de enero en Extremadura sólo se hablará inglés."

    b. "No se trata de una orden, sino de una noticia."

    c. "Somos diferentes."

    d. "Los que hablamos la lengua que Shakespeare habló, habremos de ser libres o morir."

10-12 Creación

Escribe una composición de acuerdo con las instrucciones que siguen.

La metamorfosis II. Escribe un breve relato sobre una persona (puedes ser tú mismo/a) que se despierta por la mañana y descubre ¿horrorizada? que sólo habla español o bien una lengua que nadie más entiende.

Atajo		
Phrases:		*Asking for help; Reassuring; Self-reproaching*
Grammar:		*Interrogatives; Verbs: Reflexives; Personal pronoun* **mismo, -a**
Vocabulary:		*Body: gestures; Languages; Emotions: positive & negative*

EL SPANGLISH ENFRENTA A ACADÉMICOS Y LINGÜISTAS
Álvaro Santiago

Al entrar en contacto las lenguas, como las personas, se influyen mutuamente. La mezcla del español y el inglés se conoce como spanglish. Álvaro Santiago, uno de los colaboradores de la revista *Amanecer del nuevo siglo*, comenta este fenómeno lingüístico que, aunque está adquiriendo aceptación en muchas partes de los Estados Unidos y del mundo hispanohablante, sigue siendo un tema muy controvertido.

Palabra por palabra

analfabeto/a	*illiterate*	la frontera	*border, frontier, boundary*
controvertido/a	*controversial*	gravemente	*seriously*
desatar	*to unleash*	la jerga	*jargon, slang*
descartar	*to rule out, dismiss, reject the possibility*	pasajero/a *(adj.)*	*temporary, passing*
		el porvenir	*future*

Mejor dicho

la lengua, el idioma	*language*	El spanglish solamente será considerado una **lengua** cuando tenga su propio *Quijote*.
el lenguaje	*specialized language*	Este artículo está escrito con un **lenguaje** periodístico.
comprobar	*to check, find out, verify*	Ilán Stavans **comprobó** que la interrelación del español con el inglés daba lugar a una nueva forma de comunicación verbal.
probar	*to test, prove*	Fue imposible **probar** esa tesis.
	to taste	Debes **probar** este pastel; he utilizado una receta nueva.
probarse	*to try on*	Este suéter es precioso; **pruébatelo**.
próximo/a	*next (for future actions)*	El spanglish seguirá extendiéndose en los **próximos** años.
siguiente	*next (for past actions)*	Fuimos de vacaciones a la semana **siguiente**.

¡Ojo! **Próximo/a** y **siguiente** pueden ir delante o detrás de los sustantivos que acompañan.

10-13 Práctica

Hagan las siguientes actividades en parejas. Presten atención a las palabras del vocabulario.

1. ¿Conocen a personas analfabetas? ¿Qué dificultades tienen los analfabetos? ¿Saben cuántos analfabetos hay en Estados Unidos? ¿Cómo es posible que haya analfabetos en el primer mundo en el siglo XXI?

2. Mencionen tres temas que consideran controvertidos hoy en día. ¿Por qué lo son?

3. ¿Cuáles son algunas palabras de la jerga de los jóvenes estadounidenses? ¿Son las jergas algo pasajero? ¿Por qué?

4. En las elecciones, ¿por qué descartan a algunos/as de los/las candidatos/as? ¿El hablar más de una lengua beneficia a los/las candidatos/as durante su campaña? ¿Es justo esto o no?

5. ¿Han estado Uds. (o alguien que conocen) gravemente enfermos/as alguna vez? ¿Qué les pasó?

6. ¿Cómo son las ciudades y los pueblos de la frontera entre los EEUU y México? ¿Saben si ha estado la frontera entre esos dos países siempre en el mismo lugar? ¿Para qué sirven las fronteras? ¿Y las aduanas *(customs)*?

7. ¿Tienen Uds. abuelos o parientes que hablen otra lengua? ¿Entienden Uds. lo que dicen? Cuando ellos hablan en la otra lengua, ¿a veces usan palabras en inglés? ¿Cuáles?

8. Se dice que cada profesión tiene su propio lenguaje. Den ejemplos.

9. ¿Comprueban si los médicos, los profesores, los amigos les dicen la verdad? ¿Cuándo es recomendable comprobar la información que recibimos?

10. ¿Les gusta probar cosas nuevas? ¿Por qué sí o no? Antes de comprar ropa nueva, ¿se la prueban o se la llevan a casa sin habérsela probado? Expliquen.

11. Dile a tu compañero/a qué piensas hacer...

    a. el próximo fin de semana.

    b. el verano próximo.

    c. las próximas Navidades.

    d. la próxima vez que llueva.

    e. los próximos cinco años.

12. Y ahora dile a tu compañero/a qué hiciste al día siguiente de...

    f. tener tu primer coche.

    g. tener tu primer accidente.

    h. llegar a la universidad.

    i. quedarte sin ropa limpia.

    j. empezar una dieta.

Al final, pueden comparar sus respuestas con las de otras parejas de la clase.

Antes de leer

Haz lo que se te indica a continuación.

1. ¿Has oído alguna vez una canción de *rap* en spanglish? ¿La entendiste?

2. ¿Usas algunas palabras del español al hablar inglés? ¿Cuáles? Algunas palabras del español ya son parte del inglés, como "siesta" y "plaza". ¿Hay otras?

3. ¿Qué temas supones que surgirán al hablar del spanglish?

4. El texto habla de "académicos" (miembros de la Real Academia Española, organización dedicada al estudio de la lengua española y a su buen uso) y de "catedráticos", esto es, profesores universitarios *(full professors)*. ¿Cuál de los dos grupos va a aceptar más fácilmente el spanglish? ¿Por qué lo crees?

EL SPANGLISH ENFRENTA A ACADÉMICOS Y LINGÜISTAS

Álvaro Santiago

La reciente publicación en EEUU del libro *Spanglish: La creación de un nuevo lenguaje americano*, del que es autor el escritor y catedrático mexicano Ilán Stavans, ha vuelto a desatar el debate sobre el controvertido tema del "spanglish", término con el que se denomina a la mezcla del inglés y el castellano, que mantiene enfrentados a académicos y profesores sobre si este fenómeno lingüístico es una forma transitoria de comunicación o una jerga que va camino de convertirse en dialecto.

Catedrático de Filología y Estudios Culturales en el Amherst College de Massachusetts (EEUU), donde desde hace cuatro años imparte un curso titulado "Los sonidos del spanglish", Ilán Stavans lleva años investigando este fenómeno lingüístico que se ha popularizado entre la comunidad hispana de EEUU y que amenaza con extenderse por todo el hemisferio gracias al poder de las nuevas tecnologías que permiten, por ejemplo, que programas de emisoras de radio y televisión con base en EEUU puedan recibirse en países como México, Puerto Rico o Cuba.

Stavans, nacido en Ciudad de México en 1961 y de ascendencia judía, se ha convertido en el más ilustre de los embajadores del spanglish gracias a los ensayos que ha escrito sobre el tema ("La condición hispánica" y "Los sonidos del spanglish: un léxico ilustrado"); los artículos que publica periódicamente en su columna "El heart en la palabra" dentro de la revista *Cuadernos Cervantes*, una publicación que se distribuye en América Latina; y la multitud de conferencias y charlas que sobre este híbrido de inglés y español ha venido ofreciendo en los últimos años en universidades de todo el mundo.

Este "abanderado del spanglish" abandonó su México natal en 1985 para fijar su residencia en Nueva York, ciudad donde comprobó que la interrelación del español con el inglés, fundamentalmente entre la comunidad hispanoparlante, estaba dando lugar a una nueva forma de comunicación verbal debido a la progresiva introducción de términos surgidos de localismos, anglicismos y expresiones que los propios inmigrantes hispanos llevaron hasta EEUU desde sus países de origen. El pasado año, durante una tertulia radiofónica en una emisora española, Stavans recogió el guante[1] que le lanzó un académico español de la lengua al espetarle[2] que "el spanglish solamente sería considerado como una lengua cuando tuviera su propio *Quijote*". En ese mismo programa, Stavans improvisó la traducción de lo que sería el comienzo de la magistral obra de Cervantes en versión spanglish: "In un placete de La Mancha of which nombre no quiero remembrearme, vivía, not so long ago, uno de esos gentlemen who always tienen una lanza in the rack, una buckler antigua, a skinny caballo y un greyhound para el chase...".

Rechazo académico

La osadía[3] de este filólogo mexicano, ahora plasmada[4] en un libro, desató las protestas entre los académicos, filólogos y lingüistas

---

[1] **recogió el guante** = aceptó el desafío [2] **al espetarle** *on blurting out to him* [3] **osadía** *daring* [4] **plasmada** = presentada

más puristas de la lengua castellana, quienes calificaron la traducción de Stavans como una aberración y un ataque contra la considerada como obra cumbre[5] de la literatura universal. El director de la Real Academia de la Lengua, Víctor García de la Concha, afirmó que no se trata de una lengua sino de "un experimento de laboratorio" y que la aparición de ciertas voces entre las comunidades hispanas de EEUU son tan sólo el producto del contacto entre el español y el inglés, pero que distan mucho de constituir un idioma. Escritores como Álvaro Mutis, Premio Cervantes de Literatura, o Francisco Umbral, académico español de la lengua, se sumaron a la multitud de voces que rechazaron la iniciativa al considerar que el spanglish no existe como tal idioma sino que se trata de una invasión del inglés en el español. Umbral, que ha llegado incluso a calificar al spanglish como "el nuevo idioma de los esclavos" en EEUU, mostró en un artículo periodístico su más absoluta oposición a la traducción del *Quijote*.

La mayoría de los académicos y lingüistas de la lengua castellana coinciden en calificar el spanglish como una aberración idiomática consistente en trasladar (que no traducir) palabras del inglés al español, y viceversa, saltándose a la torera[6] cualquier norma semántica, sintáctica u ortográfica. Así han aparecido entre las comunidades hispanas estadounidenses términos como "carpeta" (alfombra, de *carpet*), "culear" (enfriar, de *cool*), "chopear" (ir de tiendas, de *shop*), "enjoyar" (divertirse, de *enjoy*), "gasetería" (gasolinera, de *gas station*), "jaifai" (radiocassette, de-*hi-fi*), "jaigüey" (autopista, de *highway*), "marqueta" (mercado, de *market*) o "vacunar" (pasar la aspiradora, de *vacuum*) y expresiones tales como "jugársela frío" (tomárselo con calma, de *play it cool*), "llamar pa´tras" (devolver la llamada, de *call back*), "parquear el carro" (aparcar el coche, de *parking the car*) o "el rufo del bildin" (el techo del edificio, de *the roof of the building*), entre otras muchas.

Hablar spanglish es para ciertos lingüistas una forma de devaluar el español y representa un grave peligro para el progreso de la cultura hispánica dentro de la corriente anglosajona mayoritaria en EEUU.

Para Roberto Cantú, del departamento de Estudios Chicanos de la Universidad de California, el spanglish no es una lengua sino un fenómeno típico que se suele producir en fronteras donde se hablan dos o más idiomas, como es el caso de EEUU y México. Cantú cree que "nos encontramos ante una particular forma de comunicarse que quizá, actualmente con el flujo migratorio de peruanos, argentinos y colombianos a Los Ángeles va a desaparecer, es decir, que se afianzará[7] el castellano".

Todo lo contrario opina Raquel León, profesora de la UNED en Cantabria y autora del libro *Identidad multilingüe. El cambio de código como símbolo de la identidad en la literatura chicana* (Logroño, 2003), ya que prevé que el spanglish seguirá extendiéndose en los próximos años a costa del inglés y no, como se cree, del español. "Desde España —afirma León— se piensa que el spanglish puede impedir que el español sea la segunda lengua en EEUU, cuando no hace sino reforzarlo. Desde la comunidad anglosajona estadounidense, acostumbrada a imponer sus criterios al mundo, se muestra un rechazo aún más profundo, porque cree que pone en duda su poder."

Diversos spanglish

Aunque en EEUU residen cerca de 40 millones de latinos y se calcula que la mayoría utiliza en mayor o menor medida el "spanglish", hay que decir que éste no es un fenómeno lingüístico uniforme y que, bajo dicha denominación, se suele englobar a un conjunto de dialectos tan variados como sus comunidades de hablantes. Los términos o vocablos utilizados cambian según el origen de sus hablantes y así, por ejemplo, poco o nada tienen en común el spanglish —conocido también como *cubonics*— de Miami con el *nuyorrican* de los puertorriqueños de Manhattan o el caló pachuco de San Antonio.

Roberto González Echevarría, profesor de literaturas hispánicas y comparadas en la Universidad de Yale, establece diferencias entre el spanglish que hablan los hispanos pobres y analfabetos y el de aquellos que poseen cierta educación y mayor nivel económico. Para González Echevarría el spanglish propiamente dicho es "la lengua de los hispanos pobres, muchos de los cuales son casi analfabetos en los dos idiomas (español e inglés). Incorporan palabras y construcciones inglesas a su habla cotidiana porque carecen del[8] vocabulario y la educación en español para adaptarse a la cambiante cultura que los rodea". "Los hispanos educados —afirma— tienen una motivación diferente: algunos se avergüenzan de su origen e intentan parecerse al resto usando palabras inglesas y traduciendo directamente las expresiones inglesas. Hacerlo, piensan, es reclamar la calidad de miembro de la corriente mayoritaria" ["Hablar spanglish es devaluar el español", *Clarín* y *New York Times*, 1997].

Hay algunos estudiosos de este fenómeno que hacen una distinción

---

[5] **cumbre** = máxima [6] **saltándose a la torera** = no haciendo caso de [7] **se afianzará** *will be consolidated* [8] **carecen del** = no tienen

entre el spanglish formal y el informal. El primero sería aquel que emplean las personas que ya no tienen una clara percepción de qué es inglés, spanglish o español y que utilizan términos como "buche" (arbusto, *bush*), "groserías" (comestibles, *groceries*) o "yarda" (jardín, *yard*) o frases que afectan gravemente a las estructuras sintácticas y lógicas de la lengua castellana. Este spanglish correspondería principalmente al que utiliza cierta población hispanohablante de los EEUU.

El spanglish informal sería el que utilizamos todos alguna vez en nuestra vida cuando mantenemos una conversación sobre cuestiones técnicas referidas a nuevas tecnologías, como "disco removible" en vez de "disco extraíble", "hacer un link" en lugar de "hacer un enlace", etc., o cuando utilizamos anglicismos que se han popularizado gracias a la publicidad.

Esta versatilidad y diferenciación dentro del spanglish ha llevado a muchos especialistas y expertos a reforzar su opinión de que nos encontramos ante una forma transitoria de comunicación basada en una serie de jergas, más o menos convenidas,[9] pero que en ningún caso constituyen la base de una lengua en gestación.

Xosé Castro, miembro de la American Translators Association, considera que el spanglish nace para cumplir una función claramente comunicadora que se da cuando existe una carencia de vocabulario por parte de alguna de las dos partes que forman un diálogo. "Cuando existe alguna duda o algo que obstaculice la comprensión —asegura Castro—, se echa mano de[10] la versión inglesa, idioma que ambos interlocutores comprenden, para poder completar la comunicación."

Otro argumento esgrimido[11] por los detractores del spanglish para negar su consideración de dialecto o lengua universalmente aceptada es su propia marginalidad, ya que excluye al hispano que no entiende inglés y al angloparlante que no entiende español.

De las calles a Internet

Sea jerga, dialecto, lengua o una forma transitoria de comunicación, lo cierto es que el spanglish se ha extendido por todas partes. Los términos y expresiones en spanglish han pasado de las calles a los programas de radio y televisión, los anuncios publicitarios, las letras de las canciones de algunos artistas (la mexicana Paulina Rubio o el boricua Ricky Martin); existen escritores que escriben en spanglish, como las puertorriqueñas Giannina Braschi y Ana Lydia Vega; se publican revistas especializadas en el tema y algunas universidades, como la de Texas, ya ofrecen cursos de spanglish.

Y como no podía ser de otra manera, después de utilizarse en revistas, emisoras de radio y televisión e incluso en anuncios publicitarios dirigidos a la comunidad hispana, el spanglish ha pasado ahora a la red de redes. Internet se está llenando de sitios web escritos en spanglish y que ofrecen desde diccionarios hasta traductores gratuitos para aquellos que deseen iniciarse en este "lenguaje".

Con respecto al futuro del spanglish, las opiniones son claramente divergentes. Mientras que destacados académicos, como Víctor García de la Concha, opinan que el spanglish es una moda pasajera y sin futuro alguno, los defensores de este mestizaje lingüístico le auguran[12] un futuro prometedor. Así, Ilán Stavans asegura que el spanglish en EEUU tendrá más futuro que el español y no descarta que dentro de 200 ó 300 años se escriban grandes obras literarias en este "idioma". Por su parte, la investigadora Raquel León no cree que sea un fenómeno pasajero y le augura al spanglish un gran porvenir, incluso no descarta que se convierta en el futuro en una lengua culta.

---

[9] **convenidas** *agreed upon* [10] **se echa mano de** = se utiliza [11] **esgrimido** = usado [12] **auguran** = predicen

Después de leer

10-14 ¿Entendido?

Todas estas oraciones son falsas; corrígelas según el texto.

1. El spanglish, la lengua que mezcla el español y el inglés, surgió en México.

2. No existen dialectos del spanglish; es decir que es una lengua sin variantes regionales.

3. Hoy en día ningún autor escribe en spanglish.

4. El spanglish es sólo un fenómeno de los latinos que viven en EEUU.

5. Algunos catedráticos piensan que el spanglish reemplazará al inglés en EEUU.

6. "Los sonidos del spanglish" es un curso enseñado por Roberto Cantú.

7. El spanglish consiste en traducir las palabras, la ortografía y la sintaxis españolas al inglés.

8. Todos los que hablan *cubonics*, *nuyorrican* y caló se entienden perfectamente cuando hablan entre sí.

9. Ejemplos del spanglish formal son: "disco extraíble", "hacer un link" y "disco removible".

10. Todos los hispanos entienden el spanglish.

10-15 En mi opinión

En grupos de tres estudiantes, utilicen las preguntas siguientes como punto de partida para entablar una conversación.

1. ¿Por qué se mezclan las lenguas? ¿Cuáles son algunos beneficios (lingüísticos, sociales, psicológicos) de esta mezcla?

2. ¿Están ustedes de acuerdo con que "hablar spanglish es devaluar el español" como afirma Roberto González Echevarría? Expliquen.

3. Si alguien dijera "oído público" para *public hearing*, ¿estaría hablando en spanglish o realizando una pésima traducción? Expliquen su respuesta. ¿Qué tipo de error hay en los letreros que ven abajo?

4. "Califican el spanglish como aberración idiomática consistente en trasladar (que no traducir)...". ¿Por qué dice esto último (trasladar/traducir) el autor? ¿Entienden el juego de palabras?

5. ¿Es correcta/legítima la distinción entre el spanglish "formal" y el "informal"? Expliquen.

6. Adivinen lo que significan estas palabras del spanglish: printear, deletear, dragear, emilio.

7. ¿Qué piensan que ocurrirá con el spanglish? ¿Será algo pasajero o permanente?

8. El texto menciona varias definiciones de spanglish como (a) "híbrido de inglés y español", (b) "el producto del contacto entre el español y el inglés", (c) "una invasión del inglés en el español", (d) "un torrente de anglicismos que está afectando al español," (e) "un fenómeno típico que se suele producir en fronteras donde se hablan dos o más idiomas". ¿Cuál de estas definiciones es la mejor? Discútanlo y luego presenten su opinión a la clase.

Estrategias comunicativas para agradecer algo

Gracias.	*Thanks.*
De nada.	*You're welcome.*
Muchas gracias por...	*Thanks a lot for . . .*
No sabes cuánto te lo agradezco.	*You have no idea how much I appreciate it.*
Un millón de gracias, ahora sí...	*Thanks so much, now . . .*

10-16 En (inter)acción

Realicen las siguientes actividades según se indica.

1. **Lo que siempre quisiste saber sobre el español y nunca te atreviste a preguntar.** En grupos de cuatro estudiantes, preparen explicaciones reales o ficticias a algunos hechos curiosos y enigmáticos del español. Luego preséntenselas a sus compañeros/as, quienes se lo agradecerán usando las expresiones de **Estrategias comunicativas**.

   a. ¿Por qué se escribe México con -x- pero se pronuncia como una -j-?

   b. ¿Por qué se dice en español "En boca cerrada no entran moscas" y en inglés "*Silence is golden*"?

   c. ¿Por qué se dice "mi media naranja" en español y "*my better half*" en inglés?

   d. ¿Por qué se dice "los hombres se ponen el sombrero" en español y "*the men put on their hats*" en inglés?

   e. ¿Por qué aparece en los diccionarios la forma masculina de los adjetivos antes de la femenina (por ejemplo, "limpio, -a") si la -a precede a la -o alfabéticamente?

   f. ¿De dónde procede y qué significa la palabra "gringo"?

   g. ¿Por qué unos/as profesores/as dicen "español" y otros/as, "castellano"?

2. **Debate.** La clase se divide en dos grupos: los que le ven futuro al spanglish frente a los que no se lo ven. Cada grupo debe usar la información del texto y añadir otros argumentos para defender su postura.

3. En grupos, pongan en español el fragmento de *Don Quijote de la Mancha* que Ilán Stavans improvisó en spanglish y luego comprueben si se acerca a lo que escribió Cervantes.

> In un placete de la Mancha of which nombre no quiero remembrearme, vivía not so long ago, uno de esos gentlemen who always tienen una lanza in the rack, una buckler antigua, a skinny caballo y un greyhound para la chase...".

4. En grupos de tres estudiantes, expliquen lo que pasa en este partido de béisbol. Luego, hagan tres listas: una con palabras del spanglish; otra, con las del español; y otra, con las del inglés. ¿Cuáles predominan?

> En el sexto inning le dieron un roller entre tercera y short, que fue el primer single del juego [...]. Los del Marianao batearon mucho más, pero anoche tanto los outfielders como los infielders realizaron magníficas cogidas [...]. Formental bateó un roller por el box. [...] Era un hit con todas las de la ley [...]; la cuarta entrada que abrió Pearson con hit de roller para el center. (Emilio Lorenzo. "El anglicismo en la España de hoy," en *El español de hoy, lengua en ebullición,* Madrid, Gredos, 1980, 3ra ed., p. 97).

5. "Casteyanqui", "inglañol", "espanglés," "argo sajón", "español bastardo", "papiamento gringo" son algunos nombres que el spanglish tiene en México y otros países latinoamericanos según Ilán Stavans. (Ilán Stavans. "Spanglish: Tickling the Tongue" *World Literature Today* Summer 2000, vol. 74/3, p. 555.) En grupos de tres estudiantes discutan estas maneras de referirse al spanglish y decidan cuál es la mejor. Presenten sus opiniones a la clase.

10-17 Práctica gramatical

Repaso gramatical (Cuaderno):

Las expresiones de comparación (segundo repaso)

El superlativo absoluto y relativo (segundo repaso)

Los relativos (segundo repaso)

Hagan los ejercicios siguientes prestando atención a los puntos gramaticales estudiados.

1. **Medidas.** Háganle las siguientes preguntas a un/a compañero/a, quien debe contestar utilizando **una expresión de comparación**. Altérnense.

   a. ¿Quién pesa más: alguien que pesa 100 libras o alguien que pesa 60 kilos?

   b. ¿Quién es menos alto: alguien que mide 7 pies o alguien que mide 2 metros?

¿100 libras?

¿60 kilos?

¿7 pies?

¿2 metros?

c. ¿Qué es más larga: una calle que mide 3 millas o una que mide 6 kilómetros?

d. ¿Qué cuesta menos: un litro de leche o un galón de leche?

e. ¿Qué es más pequeña: una pulsera (*bracelet*) de 2 pulgadas o una de 5 centímetros?

f. ¿Dónde hace más frío: en un lugar donde el termómetro marca 32 grados Fahrenheit o en otro donde marca 0 Celsius?

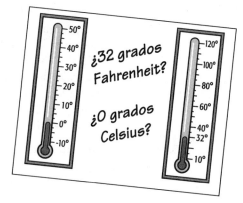

 2. **Ísimo.** En parejas, completen las oraciones siguientes utilizando un **superlativo absoluto** diferente:

a. Algunos/as lingüistas utilizan una terminología....

b. Sus explicaciones gramaticales a veces resultan...

c. En comparación con el inglés, la conjugación verbal del español me parece...

d. Aprender a poner acentos en español es...

e. Hay expresiones coloquiales...

 3. **El mejor de todos.** En grupos de tres estudiantes, expliquen por qué compraron los objetos siguientes utilizando **el superlativo relativo**.

Ejemplo: Compré este reloj porque era el más elegante de la tienda.

a. el diccionario de español

b. un ejemplar de *Don Quijote*

c. los zapatos con luces

d. la cámara digital

e. el carro deportivo

f. las obras completas de Cervantes

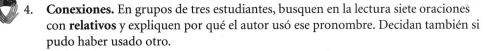

4. **Conexiones.** En grupos de tres estudiantes, busquen en la lectura siete oraciones con **relativos** y expliquen por qué el autor usó ese pronombre. Decidan también si pudo haber usado otro.

Ejemplo: Hay algunos estudiosos de este fenómeno **que** hacen una distinción entre el spanglish formal y el informal.
Ha usado "que" porque es una cláusula restrictiva. Su antecedente es "estudiosos". En este caso no se puede usar ningún otro relativo. En inglés se utilizaría *who*.

10-18 Creación

Escribe una composición de acuerdo con las instrucciones siguientes.

Estudia estos refranes del español y sus equivalentes en inglés. En una composición explica cómo reflejan una actitud cultural diferente. Después mezcla las dos versiones de un mismo refrán e inventa uno nuevo o da una versión modernizada de uno de ellos.

Ejemplo: Dios los cría y ellos se juntan.   *Birds of a feather flock together.*
Dios los cría y el Internet los junta.

Ir de Guatemala a Guatepeor.	*To go from bad to worse.*
A quien madruga Dios lo ayuda.	*The early bird catches the worm.*
Les das un dedo y se toman el brazo.	*Give them an inch and they take a mile.*
De tal palo, tal astilla.	*Like father, like son.*
Mucho ruido y pocas nueces.	*Much ado about nothing.*

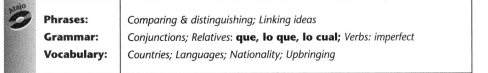

Phrases:	*Comparing & distinguishing; Linking ideas*	
Grammar:	*Conjunctions; Relatives:* **que, lo que, lo cual;** *Verbs: imperfect*	
Vocabulary:	*Countries; Languages; Nationality; Upbringing*	

http://aquesi.heinle.com

MUJER NEGRA
Nancy Morejón

Nancy Morejón (Cuba, 1944) se ha dedicado a la poesía toda su vida. Parte de su obra poética se encuentra recogida en *Mutismos* (1962), *Octubre imprescindible* (1982) y *Elogio y paisaje* (1997). También ha realizado traducciones de varios poetas franceses y norteamericanos. Vive en La Habana.

"Mujer negra" traza la trayectoria de las mujeres africanas desde el momento en que fueron traídas al Nuevo Mundo como esclavas (s. XVI–XIX) hasta su participación en la Revolución Cubana (1959).

Palabra por palabra

acordarse de/recordar	*to remember*	**rebelarse**	*to rebel*
atravesar	*to cross*	**la sierra**	*mountain range,*
el hueso	*bone*		*mountains*
olvidar/olvidarse de	*to forget*	**el/la testigo**	*witness*
padecer	*to suffer*	**la tierra**	*land, ground, earth, soil*

Mejor dicho

otra vez, de nuevo	*again*	**Otra vez (De nuevo)** huelo la espuma del mar.
volver a + infinitivo	*verb + again*	Aquí **volví a** sufrir el mismo tratamiento.

la madera	*wood, timber*	Tocaré **madera** por si acaso (*just in case*).
la leña	*firewood*	No teníamos **leña** para hacer un fuego.
el bosque	*wood(s), forest*	Caperucita se encontró con el lobo en el **bosque**.

el capital	dinero y propiedades	Invierta su **capital** en el negocio de la construcción.
la capital	ciudad principal y cabeza de un estado, provincia o distrito	Santiago de Cuba fue la primera **capital** de la isla.

11-1 Práctica

Hagan las siguientes actividades. Presten atención a las palabras del vocabulario.

 1. En grupos de tres estudiantes, describan los dibujos siguientes utilizando palabras del vocabulario.

 2. En parejas, contesten las siguientes preguntas.

a. ¿Qué recuerdan más de su niñez? ¿Por qué creen que se acuerdan de esas cosas?

b. ¿Se han roto Uds. (o alguien que conocen) un hueso alguna vez? ¿Cuál fue y cómo se lo rompieron? ¿Saben en qué parte del cuerpo están el fémur, la tibia y el omoplato?

c. ¿De qué cosas se olvidan con facilidad? ¿De cuáles no? ¿Utilizan alguna técnica para no olvidar? ¿Cuál? ¿Hay algo que quisieran olvidar? ¿Qué es?

d. ¿Se han prometido alguna vez a sí mismos/as no volver a hacer algo? ¿Qué fue? ¿Lo consiguieron?

e. ¿Por qué se construyen más casas con madera que con piedras? ¿Qué resulta más barato? ¿Es mejor usar productos de madera que de plástico? ¿En qué tipo de objetos? ¿Por qué sí o no?

f. ¿Por qué están desapareciendo los bosques del planeta? ¿Les da lástima su desaparición? ¿Por qué sí o no?

g. ¿Debería ser la capital de un país la ciudad más grande que hay en él? ¿Por qué sí o no? ¿Suele estar la capital en el centro del país? Den ejemplos y contraejemplos.

¡ALTO! Antes de leer

Haz lo que se te indica a continuación.

1. Fíjate en el título del poema (y en el de este capítulo) unos segundos y trata de anticipar el tema y el tono del mismo.

2. Al final de varias estrofas (*stanzas*) del poema aparecen una o dos palabras. Léelas primero e intenta imaginar lo que contiene la estrofa.

3. ¿Qué sabes del tratamiento de los africanos traídos a los EEUU? ¿Cuándo fue abolida la esclavitud en Cuba: en 1838, 1865 ó 1886?

4. Escucha a la propia autora recitar el poema en la página de Cervantes Virtual: http://www.cervantesvirtual.com/bib_autor/Nancy/voces.shtml

MUJER NEGRA

Nancy Morejón

Todavía huelo la espuma[1] del mar que me hicieron atravesar.
La noche, no puedo recordarla.
Ni el mismo océano podría recordarla.
Pero no olvido al primer alcatraz que divisé.[2]
Altas, las nubes, como inocentes testigos presenciales.
Acaso no he olvidado ni mi costa perdida, ni mi lengua ancestral.
Me dejaron aquí y aquí he vivido.
Y porque trabajé como una bestia,
aquí volví a nacer.
A cuánta epopeya mandinga intenté recurrir.[3]

Me rebelé.

Su Merced[4] me compró en una plaza.
Bordé la casaca[5] de Su Merced y un hijo macho le parí.
Mi hijo no tuvo nombre.
Y Su Merced, murió a manos de un impecable lord inglés.[6]

Anduve.

Ésta es la tierra donde padecí bocabajos[7] y azotes.
Bogué[8] a lo largo de todos sus ríos.
Bajo su sol sembré, recolecté[9] y las cosechas no comí.
Por casa tuve un barracón.[10]
Yo misma traje piedras para edificarlo,
pero canté al natural compás[11] de los pájaros nacionales.

Me sublevé.[12]

---

[1] **espuma** *foam* [2] **alcatraz que divisé** *gannet that I saw* [3] **A cuánta... recurrir** *How many Mandingo epics did I try to cling to*
[4] **Su Merced** *Your Grace (here her owner), old form of address* [5] **Bordé la casaca** *I embroidered the overcoat* [6] **lord inglés** = se trata probablemente de piratas [7] **bocabajos** = castigo de azotes (*whippings*) que se daba a los esclavos haciéndoles tenderse boca abajo [8] **Bogué** *I rowed* [9] **recolecté** *I harvested* [10] **barracón** *ramshackle hut* [11] **compás** = ritmo [12] **Me sublevé** = Me rebelé

En esta misma tierra toqué la sangre húmeda
y los huesos podridos[13] de muchos otros,
traídos a ella, o no, igual que yo.
Ya nunca más imaginé el camino a Guinea.
¿Era a Guinea? ¿A Benín? ¿Era a Madagascar? ¿O a
Cabo Verde?

              Trabajé mucho más.

Fundé mejor mi canto milenario y mi esperanza.
Aquí construí mi mundo.

              Me fui al monte.

Mi real independencia fue el palenque[14]
y cabalgué entre las tropas de Maceo.[15]
Sólo un siglo más tarde,

junto a mis descendientes,
desde una azul montaña,
bajé de la Sierra[16]
para acabar con capitales y usureros,
con generales y burgueses.
Ahora soy: sólo hoy tenemos y creamos.
Nada nos es ajeno.
Nuestra la tierra.
Nuestros el mar y el cielo.
Nuestras la magia y la quimera.[17]
Iguales míos, aquí los veo bailar
alrededor del árbol que plantamos para el
comunismo.
Su pródiga[18] madera ya resuena.

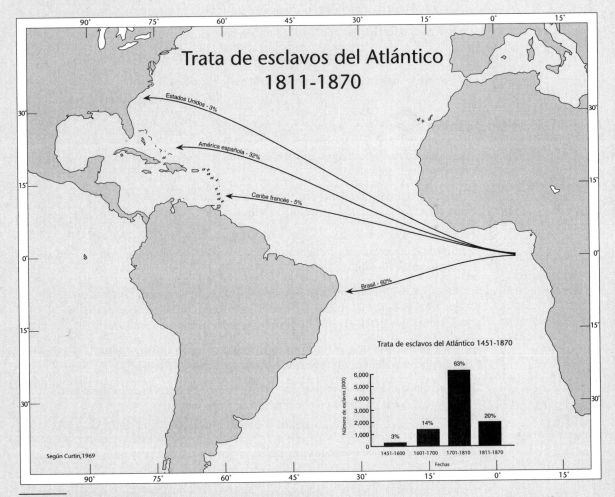

Trata de esclavos del Atlántico
1811-1870

Estados Unidos - 3%

América española - 32%

Caribe francés - 5%

Brasil - 60%

Según Curtin, 1969

Trata de esclavos del Atlántico 1451-1870

Número de esclavos (000)

6,000
5,000
4,000
3,000
2,000
1,000
0

3%   14%   63%   20%

1451-1600   1601-1700   1701-1810   1811-1870

Fechas

---

[13] **podridos** *rotten* [14] **el palenque** = lugar alejado y de difícil acceso en el que se refugiaban los esclavos fugitivos [15] **Maceo** = héroe independentista cubano de descendencia africana (1845–1896) [16] **Sierra** = Sierra Maestra, montañas al este de Cuba desde las cuales Fidel Castro y otros revolucionarios planearon el derrocamiento del dictador Fulgencio Batista (1959) [17] **quimera** = ilusión, fantasía [18] **pródiga** = generosa, abundante

Después de leer

11-2 ¿Entendido?

Contesta las preguntas siguientes de acuerdo con el contenido de la lectura.

1. ¿Por qué dice la mujer "el mar que me hicieron atravesar" y no "atravesé"? ¿A qué mar se refiere?

2. ¿Qué quiere decir con "Aquí volví a nacer"? ¿No deseaba volver a su país natal?

3. ¿Para quién y por qué trabajó "como una bestia"?

4. ¿Qué son: Guinea, Benín, Madagascar y Cabo Verde? ¿Dónde están?

5. ¿Cuándo empezó a mejorar su situación? ¿Qué verso o estrofa lo indica?

6. ¿Participó en las luchas por la independencia de Cuba? ¿Cómo lo sabes?

7. ¿Qué palabras indican cuál era su ideología política? Menciona cuatro.

8. ¿Qué verso sugiere que la mujer se siente parte del nuevo país?

11-3 En mi opinión

En grupos de cuatro estudiantes, utilicen las siguientes preguntas como punto de partida para entablar una conversación.

1. Busquen algunas imágenes positivas en el poema y contrástenlas con las negativas. ¿Por qué las incluye Morejón? ¿De dónde saca estas imágenes? Expliquen la mezcla.

2. ¿Cuál es la actitud de la protagonista hacia su amo? Indiquen por qué lo creen así mencionando ejemplos concretos del poema.

3. ¿Por qué dice "Mi hijo no tuvo nombre"? ¿Qué entienden por "nombre" aquí: el nombre propio o el apellido? ¿Recibirían los hijos de las esclavas el apellido del padre/amo? ¿Qué creen? ¿Es posible no tener nombre ni apellido?

4. En la última parte del poema la voz poética no utiliza la primera persona del singular (yo) sino la del plural (tenemos, nosotros, nuestra). ¿Por qué?

5. ¿Hasta qué punto puede representar la vida de una persona la de todo un pueblo? ¿Y si esa persona es una mujer? Coméntenlo y den ejemplos.

6. ¿Qué emociones y sentimientos quiere provocar Morejón en los/las lectores/as?

7. ¿Qué piensa la autora del comunismo? ¿Les extraña a Uds.? ¿Por qué sí o no?

8. ¿Por qué creía la protagonista que "las epopeyas mandingas" podían animarla o reconfortarla? ¿Cuál es, por lo general, el contenido de los poemas épicos? Piensen en *La Ilíada* y *La Odisea*.

9. ¿Han oído hablar de la "diáspora" (africana, judía...)? ¿Qué significa exactamente esta palabra? ¿Y "éxodo"?

10. ¿Creen Uds. que el trato recibido por los africanos durante el período colonial en los EEUU fue muy diferente del que recibieron en América Latina? ¿Por qué sí o no?

11. Relacionen esta lectura con la titulada "La santería: una religión sincrética". Conjeturen por qué Morejón no menciona la religión en su poema.

Estrategias comunicativas para señalar semejanzas y diferencias

Es exactamente lo mismo/igual. *It's exactly the same.*	**Hay mucha diferencia entre...** *There is a lot of difference between . . .*
Más o menos... *More or less . . .*	**No es tan(to)... como...** *It's not as . . . as . . .*
Es parecido/a, similar a... *It's similar to . . .*	**Es muy diferente, distinto/a de...** *It's very different from . . .*
Lo mismo puede decirse de... *The same can be said of . . .*	**Se diferencia/distingue de... en...** *The difference between . . . and . . . lies in*

11-4 En (inter)acción

Realicen las siguientes actividades según se indica.

1. **Citas célebres.** En grupos de tres estudiantes, relacionen las citas siguientes con el tema de esta lectura y unidad. Usen algunas de las expresiones de **Estrategias comunicativas**.

   a. "La vida es un viaje experimental hecho involuntariamente." Fernando Pessoa

   b. "Nada nos destruye más certeramente que el silencio de otro ser humano." George Steiner

   c. "Los recuerdos nos acuden como la luz de las estrellas apagadas, cuyo resplandor nos sigue llegando mucho después de haberse extinguido." David Horowitz

2. **Porcentajes.** En grupos de tres estudiantes, comenten las siguientes estadísticas sobre la población esclava africana en las plantaciones cubanas (Manuel Moreno Fraginals. *África en América Latina.* México: Siglo Veintiuno, 1977, pág. 20). ¿Se pueden sacar algunas conclusiones de ellas?

   Distribución según los sexos:

años	hombres	mujeres
1746–1790	90.38%	9.62%
1791–1822	85.03%	14.97%
1840–1849	69.70%	30.30%
1860–1869	59.80%	40.20%

3. **No hay mal que por bien no venga** *(Every cloud has a silver lining).* En grupos de cuatro estudiantes, hablen de alguna experiencia desagradable o dolorosa que Uds. hayan tenido. Digan si tuvo algunas consecuencias positivas.

4. **Restitución.** ¿Recuerdan algunos hechos históricos específicos de la esclavitud? ¿Creen que los descendientes merecen ser recompensados por lo mucho que sufrieron sus antepasados? Discútanlo con toda la clase.

5. **Justicia poética.** En grupos de cuatro estudiantes, escriban un poema sobre la vida estudiantil que termine con la expresión "Me rebelé".

11-5 Práctica gramatical

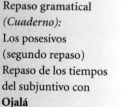
Repaso gramatical
(Cuaderno):
Los posesivos
(segundo repaso)
Repaso de los tiempos
del subjuntivo con
Ojalá

Hagan los ejercicios siguientes prestando atención a los puntos gramaticales estudiados.

1. **Cambalache** *(Bartering).* En grupos de tres estudiantes, busquen en sus mochilas *(backpacks)* cosas que quieran cambiar por otras que tienen sus compañeros/as. Usen **los posesivos** al negociar el intercambio.

    Ejemplo: Te cambio mi almuerzo por tu agenda electrónica.

 2. **Soñar despiertos/as.** Todos los miembros de la clase expresan sus deseos para el futuro utilizando **ojalá** y **el presente de subjuntivo**.

    Ejemplo: ¡Ojalá volvamos a vernos!

3. **Confesiones.** Díganle a un/a compañero/a una oración afirmativa y otra negativa con **ojalá** y **el imperfecto de subjuntivo**.

    Ejemplos: ¡Ojalá me llevara mejor con mi compañera de cuarto!
    ¡Ojalá no gastara (yo) tanto en ropa!

4. **Lamentos.** En parejas, lamenten los hechos ocurridos utilizando **ojalá** y **el pluscuamperfecto de subjuntivo**.

    Ejemplos: Se enteró de que íbamos a hacer una barbacoa e invitó a todos sus amigos.
    ¡Ojalá no se hubiera enterado! ¡Ojalá no los hubiera invitado!

    a. No les dijeron dónde era la manifestación y no fueron.
    b. Les robaron la bicicleta y tuvieron que regresar de la sierra andando.
    c. Los estudiantes se burlaron de los novatos (los nuevos) y el maestro los castigó.
    d. Intentó ayudar a cruzar la calle a un viejo y éste le dio una bofetada.
    e. El dependiente de la tienda se equivocó y les cobró el doble.

11-6 Creación

Escribe una composición de acuerdo con las instrucciones que siguen.

Probablemente has estado alguna vez en una situación incómoda, angustiosa, inquietante. Escribe un monólogo interior *(stream of consciousness)* describiendo tus pensamientos y emociones durante esos momentos.

Atajo		
Phrases:	*Sequencing events; Talking about the recent past; Weighing alternatives*	
Grammar:	*Adverbs; Personal pronouns; Verbs:* **dar**	
Vocabulary:	*Gestures; Personality; Working conditions*	

USTED ESTUVO EN SAN DIEGO

Eduardo González Viaña

Eduardo González Viaña (1942) nació en Perú, donde se crió y estudió derecho. Más tarde se mudó a Europa y estudió literatura en Francia y España. Actualmente reside en Estados Unidos y es profesor de la Universidad de Oregón. Entre sus obras literarias se encuentran *Sarita Colonia viene volando* (1990), *Sombras y las mujeres* (1996) y *Correo del milenio* (1999).

En el cuento incluido aquí, que forma parte de su libro *Los sueños de América* (2000), uno de los personajes tiene que tomar una decisión importantísima en pocos minutos.

Palabra por palabra

adivinar	*to guess*	**estacionar**	*to park*
la cobardía	*cowardice*	**el/la jefe/a**	*boss, person in charge*
desafiar	*to challenge*	**los papeles**	*papers, identification documents*
el destino	*fate*		
esconder(se)	*to hide*	**perseguir (i, i)**	*to persecute*

Mejor dicho

dejar	*to leave (someone or something)*	No me **dejes** nunca. **Dejó** sus papeles en casa.
dejar de + inf.	*to stop doing something*	¡**Deja** ya **de** decir estupideces!
salir (de)	*to leave an enclosed space*	**Saldremos** muy temprano **de** casa.
irse	*to leave, go away*	**Nos vamos** con ellos.

suponer	*to assume, presuppose*	**Supongo** que será su esposa.
asumir	*to accept responsibility*	El hijo **asumió** la presidencia de la compañía al morir su padre.

el personaje	*character in a novel, story, film, TV show, play*	Carla quería representar a un **personaje** mudo.
el carácter	*temperament, personality*	Mis vecinos tienen muy mal **carácter**.

11-7 Práctica

Hagan las siguientes actividades. Presten atención a las palabras del vocabulario.

1. En parejas, digan qué palabras del vocabulario son antónimas o sinónimas de las de la lista siguiente. Luego hagan oraciones usando cada una de las palabras del vocabulario.

aparcar	aceptar	revelar	ocultarse
la suerte	la valentía	el pasaporte	el director

2. En grupos de tres o cuatro estudiantes, formen palabras derivadas de las del vocabulario. Luego, con toda la clase, comparen las listas y feliciten al grupo que haya encontrado más.

    Ejemplo: suponer = suposición, presuponer, supuestamente

3. En grupos de tres o cuatro estudiantes, contesten las preguntas siguientes.

    a. ¿Creen ustedes que nuestro destino está escrito? ¿Creen en la predestinación? Expliquen.

    b. ¿Hay cosas que dejan siempre olvidadas? ¿Qué hacen para encontrarlas?

    c. ¿Están intentando dejar de hacer algo? ¿Qué es y por qué quieren dejar de hacerlo?

    d. ¿Conocen a alguien que tenga mal carácter? ¿Cómo se manifiesta?

    e. ¿Hay algún personaje de la TV o de la literatura con el que se identifiquen? Expliquen por qué.

    f. ¿Qué grupos de personas han sido perseguidos a través de la historia? Mencionen tres y digan las razones de su persecución.

¡ALTO! Antes de leer

Haz lo que se te indica a continuación.

1. ¿Qué sabes de la situación de los inmigrantes hispanos en los Estados Unidos? ¿Por qué han venido? ¿Cómo se puede saber si alguien está ilegalmente en el país?

2. Algunos de los sufijos más comunes en español son:

SUFIJO	PARTE DE LA ORACIÓN	SIGNIFICADO	INGLÉS	EJEMPLOS
-ción	sustantivos (femeninos)	acción, efecto	*-tion*	atender → la atención intentar → la intención
-ista	sustantivos (masculinos o femeninos) y adjetivos	partido, profesión, cualidad	*-ist*	social → el/la socialista masaje → el/la masajista impresión → impresionista
-mente	adverbios	modo	*-ly*	fácil → fácilmente

Busca en el texto palabras terminadas en estos sufijos y trata de adivinar su significado.

_____   _____   _____

_____   _____   _____

3. En el cuento hay párrafos que interrumpen la narración de los hechos. Al leer, subráyalos. ¿De qué tratan?

¿Van o vienen de México?

USTED ESTUVO EN SAN DIEGO

Eduardo González Viaña

Usted estuvo allí, ¿se acuerda? Era una de esas tardes gloriosas del otoño en las que un color rojo invade lentamente el mundo. Había hojas rojas y amarillas en el cielo y en la tierra, y el ómnibus avanzaba indolente[1] por las calles de San Diego en la California púrpura y soñolienta[2] de octubre. Era como una gira[3] por el otoño. El carro iba lento como flotando para que los turistas observaran el vuelo de las hojas, exploraran recuerdos en el aire y se extraviaran[4] buscando el sentido de sus propias vidas.

Usted estuvo allí. No diga que no. El otoño es una estación de la memoria, aquí y allá y en cualquier parte, bien sea en un París amarillo de los setenta, en un San Francisco de fin de siglo, en algún puerto del Pacífico en Sudamérica, en un pueblo cercano al Escorial, en una estancia[5] próxima a Buenos Aires, o si no estuvo en ninguno de esos lugares, aun en una casa sin ventanas donde de todas formas se cuelan[6] las evocaciones y el otoño. Por eso, de todas maneras, usted tiene que recordar.

Para Hortensia Sierra, aquél era el día más resplandeciente[7] de su vida. Había llegado esa misma mañana a California, y después de mucho tiempo pensaba que era feliz. Era un día que la hacía sentirse leve[8] y libre como cuando uno es un niño, o como cuando uno se va a morir, aunque tan sólo se tengan veintiséis años. Cuando entraba en una de las calles principales de la ciudad, el bus súbitamente[9] se detuvo y la puerta inmediata al chofer se abrió para dejar pasar a un grupo de seis individuos uniformados.

Era gente del Servicio de Inmigración, y andaba buscando extranjeros ilegales.

—Que todo el mundo saque sus papeles. Sus papeles, por favor —dijo el que parecía ser el jefe.

Resultaba fácil reconocer a los foráneos[10] porque eran los mejor vestidos. Las señoras se habían hecho peinados de moda y los caballeros[11] se habían comprado ropa nueva para confundir a los "americanos", quienes suponen siempre que los "hispanos" son sucios y pobres. Pero los agentes sabían esto y, aunque el carro estaba colmado[12] de personas de pelo negro, únicamente solicitaban documentos a los mejor vestidos y a los que posaban[13] los pies en el suelo. Por su forma de sentarse, los que lo hacían a la manera de yogas con los pies sobre el asiento o apoyándolos contra el respaldar delantero[14] podían ser chicanos o latinos poseedores de un visado legal que ya estaban adecuados[15] a los modales de los gringos, y no había por qué molestarlos.

Los policías no habían llegado todavía hasta Hortensia y no podían notar que la muchacha estaba temblando[16] y que las lágrimas se le salían sin que pudiera contenerse, pero el caballero sentado junto a ella sí lo advirtió. La miró un instante extrañado,[17] pero no se decidió a preguntarle por qué lloraba.

No la habría creído ilegal porque la chica era rubia y desafiaba el estereotipo norteamericano según el cual todos los hispanos son "personas de color". Además, en el caso improbable de adivinar que estaba en problemas y de querer ayudarla, eso le habría resultado peligroso.

Por su parte, cuando Hortensia fuera aprehendida, no iba a ser enviada solamente a su tierra, sino a encontrarse con su destino. ... La muerte estaba cerca de ella por motivos que ahora desfilaban velozmente por su memoria.

Unos meses atrás, en su país, un pelotón[18] de soldados había forzado la puerta de su casa a medianoche. Buscaban a un terrorista, según dijeron después, pero la verdad era que estaban interesados en repartirse la bien surtida[19] tienda que Hortensia y su esposo poseían. Se acercaba la Navidad y los militares querían llevar algunos regalos a sus familias. El marido fue asesinado de un balazo,[20] pero a la muchacha no la vieron al comienzo. Cuando terminaron de desvalijar[21] todo lo que encontraron, movieron un mueble y apareció la joven.

—¿Y esta gringuita? ¿De dónde ha salido? ... No estaba en el inventario pero no está nadita mal.

---

[1] **indolente** = sin prisa [2] **soñolienta** = tranquila [3] **gira** = viaje [4] **se extraviaran** = perdieran [5] **estancia** = hacienda [6] **se cuelan** = entran [7] **resplandeciente** = brillante [8] **leve** *carefree* [9] **súbitamente** = de repente [10] **foráneos** = extranjeros [11] **caballeros** = hombres [12] **colmado** = lleno [13] **posaban** = ponían [14] **respaldar delantero** *back of the seat in front* [15] **adecuados** = acostumbrados [16] **temblando** *shaking* [17] **extrañado** = sorprendido [18] **pelotón** = grupo [19] **surtida** *stocked* [20] **balazo** = disparo [21] **desvalijar** *ransacking*

Vamos a tirar una moneda al aire para ver a quién le toca primero.[22]

En su desesperación por escapar, Hortensia había levantado el fierro[23] de la puerta y había dado con él en la cabeza del comandante, que cayó pesadamente. ... Después todo en su vida había sido correr y esconderse, esconderse y correr a lo largo de un continente largo y colmado de fronteras, arruinado, espacioso y maldito. Había llegado a México con documentos falsos, pero en la última ciudad de ese país, la más próxima a Estados Unidos, tiró a un basurero los papeles y pasó hacia una calle de San Diego, vestida con blusa y jeans, y parecida a cualquier otra joven de su edad nacida en el norte. En la esquina de las calles Maple y Main abordó[24] el bus y fue a sentarse cerca de usted.

La joven seguía llorando y el señor sentado a su lado no pudo contener la pregunta sobre su estado de salud.

—No es eso. Lo que pasa es que no tengo papeles. Soy ilegal y los agentes van a detenerme.

¿Qué hizo usted entonces? Usted sabe que, según las leyes de inmigración, a los ilegales se les envía a su país de origen, pero quienes los ayudan pueden ser considerados contrabandistas[25] de seres humanos y enviados a prisión por algunos años.

El hombre miró alternativamente a los soldados y a la mujer que estaba a su lado, y luego no pudo

contenerse. Una mueca[26] de cólera se dibujó en su cara. Se puso extrañamente rojo, tan rojo como aquella tarde de otoño en San Diego.

—¡Y qué piensas, estúpida! ¡Qué estás pensando, perra! ¡Cómo se te ocurre seguir sentada a mi lado!

Tal vez me equivoco y de veras[27] usted que me lee no estuvo allí. Quizás tampoco yo estuve. Es posible que esta historia la haya leído en alguna parte, lejos de aquí, pero no la estoy inventando.

Cuando usted va hacia algún lado, no tiene por qué preocuparse porque no pertenece a ninguno de los grupos humanos que sufren o han sufrido persecución y odio. Y, sin embargo, usted comparte el mismo mundo, o acaso el mismo bus, y hay siempre una opción o una tarea que lo está esperando. Y usted y yo estábamos en ese bus, aunque tratemos de negarlo.

A veces la tarea requiere sacrificio personal y riesgo, y entonces usted camina hacia delante y se encuentra con su destino, lo cual no significa que usted tenga que asumirlo. Significa solamente que usted va a saber exactamente en qué mundo está viviendo y quién es usted de veras.

Creo recordar a un rabino de Berkeley que nos decía que uno no ejercita la libertad solamente haciendo lo que uno quiere. La cobardía, por ejemplo, no es un ejercicio de la libertad. Pero cuando usted acepta la tarea que el destino

le ha puesto delante, entonces usted se convierte en una persona libre. Quizás ésa sea la única forma de ejercer la libertad. Puede ocurrir en... cualquier lado y momento en que por cualquier motivo se odie o se torture, se maltrate o se viole, se insulte o se persiga, se encarcele o se asesine a alguien que viene al costado[28] de usted, sentado dentro del mismo mundo.

—¡Estúpida! ¡Y se te ocurre decírmelo a estas horas![29]

El hombre no podía contener la ira[30] y, cuando los agentes de inmigración se acercaron a preguntarle por qué armaba tanto escándalo,[31] levantó sus papeles de identidad norteamericanos con la mano derecha mientras seguía gritando:

—¡Llévensela! Mi mujer ha olvidado sus papeles otra vez... y otra vez vamos a perder el tiempo en la oficina de ustedes... y yo estoy que me muero de hambre. Ella siempre hace esto... ¡Ustedes deberían llevársela para que yo vuelva a ser soltero!

Los agentes se rieron, hicieron una broma, mascaron más chicle y bajaron del carro. Años después, en Oregón, Hortensia Sierra contaba que nunca más había vuelto a ver a su benefactor. Ni siquiera supo alguna vez su nombre. Se lo contó a alguien que me relató la historia con algunos detalles adicionales, y por eso conozco algunos secretos de usted y le pregunto de nuevo: ¿Está seguro de que nunca ha estado en San Diego?

---

[22] **le toca primero** *gets the first turn* [23] **fierro** *(piece of) iron* [24] **abordó** = subió [25] **contrabandistas** *smugglers* [26] **mueca** *grimace* [27] **de veras** = verdaderamente [28] **al costado** = muy cerca [29] **a... horas** = en este momento [30] **ira** = enojo [31] **armaba... escándalo** *was making such a fuss*

Después de leer

11-8 ¿Entendido?

Completa las frases siguientes según el contenido de la lectura.

1. La acción del cuento tiene lugar en...

2. Hortensia Sierra pensaba que era feliz porque...

3. Ella vino a Estados Unidos después de que...

4. En México Hortensia...

5. Los hombres que subieron al bus estaban...

6. Los ilegales eran fáciles de reconocer porque...

7. Cuando Hortensia se puso a llorar...

8. El hombre le gritó a Hortensia porque...

9. Al final del cuento...

10. Ese "usted" a quien va dirigida la lectura se refiere a...

11-9 En mi opinión

En grupos de tres estudiantes, utilicen las preguntas siguientes como punto de partida para entablar una conversación.

1. ¿Cuál creen ustedes que fue el propósito del autor al escribir el cuento? Hagan referencias a párrafos o frases específicas de la lectura para apoyar sus ideas. ¿Qué implica la afirmación "Ud. estuvo en San Diego" que sirve de título al cuento?

2. Según el texto, ¿qué quiere decir "ser libre"? Relaciónenlo con lo que decía José Martí sobre la libertad en "Tres héroes" (pág. 177).

3. ¿Qué sugieren estas palabras: "alguien sentado dentro del mismo mundo"? ¿Qué tienen en común un autobús y el mundo?

4. ¿Se refleja la cultura latina en la reacción del hombre y de la mujer que protagonizan el cuento? ¿Qué valores culturales o éticos están en juego? ¿Podría haber escrito este cuento un/a norteamericano/a? ¿Por qué sí o no?

5. El término "gringo/a" se usa en algunos lugares de Latinoamérica para referirse a alguien que parece extranjero. ¿Creen que el hecho de que la protagonista del cuento no parezca latina influye en el desenlace (outcome)?

6. ¿Saben de dónde proceden los términos "hispano" y "latino"? ¿Cuál creen que es el preferido actualmente por la población proveniente de países hispanohablantes que vive en Estados Unidos?

7. Mencionen y debatan las ventajas o desventajas de la inmigración para el país que acoge a los inmigrantes. Den ejemplos concretos.

Distribución geográfica de EEUU hispano, 2003

35% California
43% Texas
34% Nuevo México
13.3% Illinois
18% Florida
16% Nueva York
14% Nueva Jersey

Distribución geográfica de la población hispana en EEUU

Estrategias comunicativas para tranquilizar a alguien

¡Anda! Sólo tienes que...	*Come on! You only have to . . .*
No te preocupes...	*Don't worry . . .*
¡Venga! No te va a pasar nada.	*Go ahead! Nothing's going to happen.*
Ya verás que todo sale bien.	*You'll see that it will be okay.*
Tranquilo/a. No tengas miedo.	*Calm down. Don't be afraid.*

11-10 En (inter)acción

Realicen en grupos de tres o cuatro las siguientes actividades según se indica.

1. Alguien está muy angustiado (por ejemplo, en la sala de espera de un hospital, en un aeropuerto, en un barco durante una tormenta). En grupos de tres estudiantes, un/a estudiante explica la razón de su angustia y los/las otros/as intentan calmarlo/la usando las expresiones de **Estrategias comunicativas**.

2. ¿En alguna ocasión han tenido que tomar una decisión difícil? Cuéntenselo a su grupo.

3. ¿Ha salido alguien en su ayuda inesperadamente (o al revés, ustedes en ayuda de alguien), llevando a cabo lo que en EEUU se conoce como *random acts of kindness*? Expliquen con detalles.

4. Lean el siguiente poema "Nocturno chicano" de Margarita Cota-Cárdenas y relaciónenlo con "Ud. estuvo en San Diego."

   Nocturno chicano

   cuando éramos niños
     el plonquito° y yo   mi hermano
         no había
           sirenas
             por la noche
               por el día
                 de bomberos°   firefighters
                   de ambulancias
                     de la policía
   aterrorizando asustando
       a los grandes
         a los jóvenes
           y a los hermanitos
   sólo había   bastaba
         "LA MIGRA"°   Depto. de Inmigración de EEUU

5. En ocasiones la reacción moral va en contra de la ley. Discutan lo que harían ustedes
   en las situaciones siguientes y luego presenten dos situaciones más.

   a. Es gerente de un supermercado y ve a una mujer muy pobre acompañada de
      varios niños pequeños robando comida.

   b. Es médico/a y, en la sala de urgencias de un hospital, tiene que atender a un
      criminal muy peligroso herido gravemente.

   c. Es abogado/a y un/a asesino/a quiere que lo/la defienda en un juicio.

   d. Un amigo buscado por la policía le pide que lo/la esconda en su casa.

   e. Es periodista y acaba de encontrar documentos que incriminan al candidato de
      su partido político.

6. En grupos de cuatro estudiantes, preparen la escena del autobús para presentarla
   frente a la clase.

Repaso gramatical
(*Cuaderno*):
Usos del pretérito y del
imperfecto (segundo
repaso)
Las expresiones
temporales con **hace**
(segundo repaso)

11-11 Práctica gramatical

Hagan los ejercicios siguientes prestando atención a los puntos gramaticales estudiados.

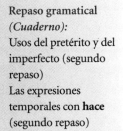

1. **No sucedió así.** Por casualidad se han encontrado con el personaje femenino del cuento. Para su sorpresa Hortensia tiene una versión distinta de los hechos o bien se acuerda de otros detalles. En grupos de tres estudiantes, háganle preguntas usando el pretérito y el imperfecto.

   Ejemplo: —¿Entonces no era otoño cuando llegaste a Estados Unidos?
   —¡Qué va! Era pleno verano.

2. **De dinosaurios.** Augusto Monterroso, el autor de "El eclipse" (pág. 91), ha escrito el relato más breve de la literatura universal. Dice así: "Cuando despertó, el dinosaurio todavía estaba allí." En parejas y usando el pretérito y el imperfecto, cuenten lo que pasó antes y después de ese momento.

3. **Hace tiempo.** En parejas, formen tres oraciones con **hace** (y **hacía**) usando las expresiones sugeridas. Deben añadir un período de tiempo y utilizar los tiempos verbales del presente, pretérito e imperfecto, según se indica.

   Ejemplo: visitar Chile (pretérito)
   Hace cinco años que visité Chile por primera vez.

presente	pretérito	imperfecto
tomar el autobús	mentir para ayudar a alguien	enojarse
cruzar la frontera	fingir ser otra persona	esconderse
mostrar una identificación (*I.D.*)	dejar a alguien o algo	llorar

11-12 Creación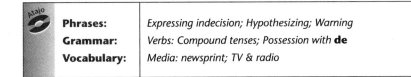

Escribe una composición de acuerdo con las instrucciones que siguen.

Por un pelito (*By the skin of your teeth*). Escribe una carta a un/a amigo/a contando una historia (real o inventada) en la que alguien logra no ser descubierto tras hacer algo prohibido.

 Phrases: **Grammar:** **Vocabulary:**	*Expressing indecision; Hypothesizing; Warning* *Verbs: Compound tenses; Possession with **de*** *Media: newsprint; TV & radio*

LA VUELTA AL MUNDO EN LAVAPIÉS
Francisco Peregil

MAMÁ
Javier Puebla

De haber sido un país del cual salían familias enteras rumbo a otros lugares del planeta, en las últimas décadas España ha pasado a ser un lugar que acoge a inmigrantes procedentes de todo el mundo. Evidencia de ello es el barrio madrileño de Lavapiés. Según afirma el periodista Francisco Peregil, "En menos de 20 calles conviven en pleno centro de Madrid comunidades de más de 50 países distintos." En el siguiente artículo nos ofrece más detalles de este pintoresco lugar.

El segundo texto capta la diversidad de los habitantes de ese barrio y al mismo tiempo subraya los valores que los unen a todos ellos como seres humanos. El cuento de Javier Puebla pertenece a un libro compuesto de 365 relatos escritos a lo largo de un año (un relato por día).

Palabra por palabra

apagar	*to turn off, switch off, put or blow out*	**el guión**	*script*
		huir	*to flee, escape*
apenas	*hardly, barely, scarcely*	**mientras tanto**	*meanwhile*
en busca de	*in search of, in pursuit of*	**ponerse a** + inf.	*to start, begin*
estar de moda	*to be in fashion, be all the rage*	**el rato**	*short time*
la fuente	*source, fountain*	**saludar**	*to greet, say hello*

Mejor dicho

volver, regresar	*to return, go back (to/from a place)*	No piensan **volver/regresar** jamás a Vallecas.
devolver	*to return, give back (things)*	**Devuélveme** las llaves ahora mismo.

el/la desconocido/a, el/la extraño/a	*stranger*	Un **desconocido/extraño** nos regaló unas entradas.
el/la extranjero/a (sust.)	*foreigner*	El número de **extranjeros** en España ha aumentado considerablemente.
extranjero/a (adj.)	*foreign*	Una película **extranjera** recibió el premio al mejor guión.
extraño/a	*strange, odd, weird*	¡A qué sitio más **extraño** me has traído!

sacar*	*to take out, get out*	Quedó prendado de los sonidos que el músico le **sacaba** a un cajón de madera.
quitar	*to take away*	Nos querían **quitar** nuestros beneficios laborales, pero protestamos y no nos los **quitaron**.
quitarse	*to take off*	**Quítate** los zapatos y los calcetines, por favor.

*¡Ojo! **Sacar** tiene otros significados: **sacar buenas/malas notas** *(to get good/bad grades)*; **sacarle un diente/ una muela a alguien** *(to have a tooth pulled). Take-out food* se dice **comida para llevar**.

11-13 Práctica

Hagan las siguientes actividades. Presten atención a las palabras del vocabulario.

1. ¿Apagan la luz cuando salen de su cuarto por un rato? ¿Por qué sí o no? ¿Apagan la computadora por la noche? ¿La dejan siempre encendida? ¿Por qué sí o no?

2. ¿En busca de qué iban los exploradores y viajeros (como Marco Polo) a otros continentes? ¿Iban huyendo de algo o de alguien?

3. ¿Por qué están de moda hoy día los cursos sobre cine? ¿Merece este arte tanta atención como la literatura? ¿Les gustaría ser guionistas o actores/actrices? ¿Por qué sí o no?

4. Cuando saludan a alguien, ¿suelen quedarse hablando un rato con él/ella? ¿De qué depende? ¿Cómo saludan a sus padres, amigos/as, profesores/as? ¿Hay diferencias entre el modo americano de saludarse y el hispano?

5. ¿Qué tiene que suceder para que Uds. se pongan a reír, a llorar, a gritar, a rezar?

6. ¿Les molesta que no les devuelvan pronto las cosas que han dejado prestadas? ¿Por qué sí o no? ¿Tienen algo que devolver hoy? ¿Qué es? ¿Devuelven muchas de las cosas que compran? ¿Por qué sí o no? ¿Cuándo está mal visto devolverlas?

7. ¿Cómo saben si una persona es un extraño o un extranjero? ¿En qué radica la diferencia? ¿Hay muchos/as estudiantes extraños/as en la universidad? ¿Y extranjeros/as?

8. ¿Qué les quita el sueño? ¿Hay algo que les quite el hambre? ¿Qué es?

Antes de leer

Haz lo que se te indica a continuación.

1. Mientras lees, piensa en los/las lectores/as que tuvo en mente el periodista al redactar este artículo. ¿Se dirige a los habitantes del barrio o no?

2. Fíjate, al leer, en el tipo de investigación que ha realizado el autor para escribir el artículo. ¿Cuáles han sido sus fuentes de información: libros, Internet o ha ido al barrio él mismo? ¿Cómo lo sabes?

3. Subraya diez palabras que aparecen en esta lectura y que has aprendido durante el curso.

4. Observa las estadísticas siguientes referentes a la inmigración en España.

Extranjeros en España. 1975 – Junio 2003

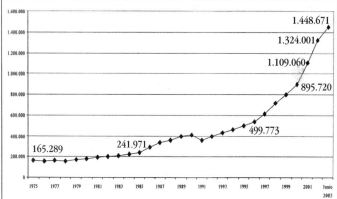

550.000 latinoamericanos llegaron a España de turistas en 2002 y sólo salieron 86.000

Más de 460.000 personas procedentes de 17 países de Latinoamérica entraron en España el año pasado como turistas y decidieron renunciar al billete de vuelta, según datos del Ministerio del Interior. Las cifras revelan que entraron 550.000, pero sólo salieron 86.000. El caso de Ecuador es el más llamativo. Entraron en España 101.432 ecuatorianos, pero al cabo de los tres meses de vigencia del visado turístico sólo 874 utilizaron el billete de vuelta.

El proyecto de reforma de la Ley de Extranjería que el Gobierno ha enviado al Congreso de los Diputados incluye un artículo que obligará a las compañías aéreas a facilitar el listado de personas que no utilizan el billete de vuelta, cuya adquisición es obligatoria para conseguir visado turístico.

LA VUELTA AL MUNDO EN LAVAPIÉS

Francisco Peregil

Lavapiés es sólo una calle, una plaza y una estación de metro en el centro de Madrid. A efectos administrativos no existe. Las estadísticas siempre hablan del barrio de Embajadores, uno de los cinco que integran el distrito centro. Y a efectos sentimentales, sociológicos y populares, Lavapiés no son más de 20 calles, a 10 minutos andando de la Puerta del Sol, encajonadas[1] entre el Rastro, el Museo de Arte Reina Sofía y la plaza de Tirso de Molina. Sin embargo, siendo tan poca cosa, su nombre no ha dejado nunca de airearse[2] en canciones, periódicos y canales de televisión. Telemadrid ha anunciado para los próximos meses una serie, *Living Lavapiés*, a cuya selección de actores se presentaron 4.000

---

[1] **encajonadas** *boxed in*   [2] **airearse** = aparecer

jóvenes. El barrio está de moda. Y sus vecinos no aciertan a[3] explicarse la razón. ¿Qué tiene Lavapiés?

Sería mejor empezar por lo que no tiene. "Aquí no vas a ver un McDonald's, ni un Burger King, ni un Vip's,[4] ni tiendas grandes como Zara", explica el director de la editorial Ópera Prima, Antonio Pastor. "Tampoco zonas verdes apenas, ni ascensores[5] en las casas, porque el 70% de las viviendas no los tiene, ni zonas deportivas, ni una guardería[6] pública", comenta el presidente de la asociación de vecinos La Corrala, Manuel Osuna, y cartero[7] del barrio. "Y sí verás, por ejemplo, un colegio con un 70% de niños inmigrantes." "Y que la gente aún se saluda por la calle y que todo el mundo conoce a todo el mundo, como en un pueblo", comenta otro del barrio.

Y ahora llega lo que tiene el barrio: un bar que se llama Casa Juanito donde casi toda la clientela procede de Bangladesh y el camarero apenas entiende español; y a un minuto de allí un banco de madera en la plaza de Cabestreros con una guitarra a la que nadie osa[8] tocar, y su dueño, el cubano Tinito, que se va a un bar, vuelve a la hora, canta y toca, se va y la guitarra sola y nadie la roba. Cuentan en el barrio que una noche de hace unos 10 años el guitarrista Paco de Lucía en su gira[9] por Brasil se quedó prendado[10] de los sonidos que un músico le sacaba a un cajón[11] de madera. Se llamaba Rubén Danta. Paco de Lucía lo incorporó a su grupo y desde entonces cambió el sonido del flamenco. Danta se vino a Lavapiés y ahí sigue. De vez en cuando coge el cajón y se pone a tocar en la plaza junto al Tinito y junto al senegalés Kasoun Coulibaly, unos de los mejores percusionistas de Madrid.

Y hay un bar en Lavapiés que se llama El Progreso, reino de los senegaleses, donde estos días acuden a ver la Copa de África de fútbol; y a dos minutos de allí, Lavapiés tiene una librería, la librería Periferia, cuyo dueño, que llegó hace tres años al barrio, decidió no vender *best sellers*, ordenó los libros con "un espíritu crítico" y se hizo con todas las revistas alternativas que uno pueda imaginar; y hay tres casas de okupas[12] donde gente como el percusionista del grupo de pop flamenco Pál Carajo Van conviven en buena lid[13] con doña Carmen, una anciana de 80 años que es la única vieja inquilina[14] de la casa; y hay tres o cuatro compañías de teatro independiente; y pintadas del grafitero El Tono, un artista de la calle que deja no su firma, sino su obra, sus pintadas, por las esquinas de Madrid; y bares con serrín[15] en el suelo al lado de otros donde exponen los mejores fotógrafos de España; y hay decenas y decenas de hispanoamericanos con radiocasetes los fines de semana en plena placita de Lavapiés; más de cinco teterías,[16] un par de restaurantes turcos[17] y unos 10 marroquíes[18]... y toda una colmena humana en busca de su Camilo José Cela[19] que la retrate. Lavapiés.

A todo ese fenómeno se le ha bautizado con una palabra: multiculturalidad. En efecto, el barrio de Embajadores tenía hace dos años 1.170 ecuatorianos censados, 1.080 marroquíes, 300 chinos, 240 colombianos, 174 filipinos, 100 bangladeshes... Y la librería Periferia vende sudaderas[20] con la leyenda[21] Lavapiés multicultural.

Pero si difícil resulta pronunciar multiculturalidad, más lo es conseguirla.

Lavapiés cuenta con varios restaurantes asturianos de excelente comida y precios impropios de Madrid. Y en uno de ellos, el Lastra, su dueño, Joaquín García Fernández, de 48 años, que llegó a Lavapiés huyendo de la mina de Mieres,[22] no se muerde la lengua.[23] "La gente no se atreve a decir cuál es el principal inconveniente del barrio... Querríamos que se integre el que viene de fuera, pero habría que preguntarles a ellos si quieren integrarse. Éste es un barrio multicultural, sí. Pero ¿qué cultura trae la gente que viene?"

Lavapiés está de moda. Pero ¿qué tiene Lavapiés? Tiene hasta su héroe ya muerto al que rendir culto.[24] Pero sobre todo, tiene un saber reírse de sí mismo, que pocos sitios tienen.

¿Qué más tiene Lavapiés? Tiene un proceso de rehabilitación,[25] financiado en gran parte con fondos de la UE.[26] Todas las fuentes consultadas coinciden en que la rehabilitación está encareciendo[27] el suelo y está echando a la gente más humilde. El arquitecto Eduardo Gutiérrez se muestra muy pesimista: "Los precios se han triplicado en los últimos cuatro años con la rehabilitación. La gente de toda la vida se está yendo. Los artistas también. Y los inmigrantes terminarán yéndose también." Mientras tanto, la vida sigue en el barrio.

---

[3] **no aciertan a** = no son capaces de [4] **Vip's** = restaurante español de comida rápida [5] **ascensores** *elevators* [6] **guardería** *day care* [7] **cartero** *postman* [8] **osa** = se atreve a [9] **gira** *tour* [10] **prendado** = encantado [11] **cajón** *box* [12] **okupas** *squatters* [13] **en buena lid** *fair and square* [14] **inquilina** = vecina [15] **serrín** *sawdust* [16] **teterías** = tiendas donde venden té [17] **turcos** = de Turquía [18] **marroquíes** = de Marruecos [19] **Camilo José Cela** = autor español (1916–2002) que escribió una novela titulada *La colmena* (*The Beehive*) [20] **sudaderas** *sweatshirts* [21] **la leyenda** = las palabras [22] **Mieres** = lugar de Asturias, en el norte de España [23] **no se muerde la lengua** *does not mince words* [24] **rendir culto** *worship* [25] **rehabilitación** = restauración [26] **UE** = Unión Europea [27] **encareciendo** = haciendo más caro

Después de leer

11-14 ¿Entendido?

Identifica los términos siguientes de acuerdo con el contenido de la lectura.

1.   Lavapiés

2.   McDonald's, Burger King, Vip's, zonas verdes y deportivas

3.   una guitarra y un cajón de madera

4.   El Progreso, Periferia, compañías de teatro, pintadas

5.   multiculturalidad

6.   integración

7.   tres veces más caros

Por el barrio de Lavapiés

¡ALTO! Antes de leer

Haz lo que se te indica a continuación.

1. ¿Qué anticipa el título?

2. Observa cómo empiezan muchas de las oraciones. ¿Por qué crees que lo ha hecho así el escritor?

3. ¿Hay párrafos en esta lectura? ¿Es extraño esto?

MAMÁ
Javier Puebla

Cae la noche. La noche. Y todas las cabinas telefónicas[1] de la plaza de Lavapiés se comienzan a ocupar.
El viejo cantante de boleros que ahora vende cocaína por los bares.
El mafioso marroquí que se casó con una española y por amor se transmutó en guardia de seguridad.
La coreana que hace un rato te vendió una cerveza en el Deli.
El punki cuarentón[2] que se sigue soñando Peter Pan.
El poli[3] que ha estado toda la tarde patrullando por la plaza para evitar disturbios.[4]
La estudiante de Bellas Artes a quien aterra[5] tener que regresar a Alemania.
El escritor de guiones que acaba de tomarse una caña en el Pakesteis después de gastarse una fortuna en el pipsou[6] de la calle Atocha.
La mujer que espía a las parejas desde su balcón y se imagina que ella es la chica a quien hacen el amor.
Cada uno en un teléfono, en una cabina de la plaza de Lavapiés. Cuando cae la noche. La noche. Y si se pudiera apagar el ruido de los motores, el murmullo de los televisores y las plegarias[7] de los que rezan, podría escucharse, saliendo de sus bocas pegadas al auricular, y en muy diferentes idiomas: ruso, español, chino, árabe, alemán, serere,[8] una palabra repetida más que ninguna otra: Mamá.

---

[1] **cabinas telefónicas** *phone booths* [2] **cuarentón** = de unos cuarenta años [3] **poli** = policía [4] **disturbios** *unrest* [5] **aterra** = le da mucho miedo [6] **pipsou** *peep show* [7] **plegarias** = oraciones [8] **serere** = lengua del Senegal

Después de leer

11-15 ¿Entendido?

Contesta las preguntas siguientes de acuerdo con el contenido del texto.

1. ¿Por qué crees que esperan los personajes a que llegue la noche para llamar por teléfono?

2. ¿Cómo refleja el cuento la diversidad del barrio?

3. ¿Cuántos de los personajes son del país y cuántos extranjeros?

4. ¿Qué tipo de información ofrece el narrador sobre los personajes?

5. ¿Qué tienen en común todos los personajes?

11-16 En mi opinión

En grupos de tres estudiantes, utilicen las preguntas siguientes como punto de partida para entablar una conversación.

1. ¿Habrían entendido Uds. completamente el cuento "Mamá" si no hubieran leído el artículo periodístico primero? ¿Por qué sí o no?

2. ¿Es extraño que los inmigrantes vivan tan cerca del centro? ¿Dónde suelen residir en su ciudad?

3. ¿Es Lavapiés un anticipo de lo que será el mundo en cincuenta años? ¿En qué sentido?

4. Se ha definido al ser humano como un ser nómada. ¿Están de acuerdo con esta definición? ¿Por qué sí o no? ¿Qué les parece a Uds. lo más significativo de los hombres y las mujeres actuales?

5. La multiculturalidad ha planteado numerosos debates en las universidades norteamericanas. ¿Saben por qué?

6. Relacionen el cuento "Mamá" con los textos sobre las Plazas Mayores (pág. 65) y El Barrio (pág. 74) (East Harlem). Acuérdense de que son "espacios de vida".

7. Tanto Lavapiés como El Barrio son lugares famosos por el número de inmigrantes que han atraído, pero ¿en qué se diferencian? ¿En cuál de ellos suponen que es más fácil la convivencia? Si tuvieran que vivir en uno, ¿cuál elegirían?

8. Se ha dicho que Estados Unidos tiene tantos ingredientes como la salsa Heinz 57. No hay duda de que es el país multicultural por excelencia, en el sentido de que representa una impresionante mezcla de grupos étnicos y nacionales. ¿Cuáles creen Uds. que son algunos componentes perdurables de esa mezcla? Es decir, ¿qué grupos han influido más decisivamente en lo que es Estados Unidos hoy?

9. ¿Desaparecerán algún día las cabinas telefónicas? ¿Por qué sí o no? ¿Lo lamentaremos?

Estrategias comunicativas para pedir instrucciones de cómo llegar a algún sitio

¿Dónde queda... ?	*Where is (it located)?*
¿Por dónde voy hacia... ?	*How do I get to . . . ?*
¿Me puede decir cómo llegar a... ?	*Can you tell me how to get to . . . ?*

... y para dar instrucciones de cómo llegar a algún sitio

Siga todo derecho hasta...	*Go straight ahead until . . .*
Tiene que doblar a la derecha/izquierda...	*You have to turn right/left . . .*
Dé la vuelta y suba por la primera calle...	*Turn around and go up the first street . . .*

11-17 En (inter)acción

Realicen las siguientes actividades según se indica.

1. **Por Sevilla.** Consulten el plano de Sevilla a continuación. Utilizando las expresiones de **Estrategias comunicativas**, mantengan un diálogo en parejas sobre cuál es el camino más corto para llegar desde el Hotel Don Paco hasta...

   a. la estación del ferrocarril (FF.CC.) Santa Justa.

   b. la Giralda.

   c. la Plaza de toros (la Maestranza).

El alma de Sevilla, su esencia, reside en su centro histórico. Y en él, rodeado de un rico entorno monumental, está HOTEL DON PACO.
Esta privilegiada situación en pleno corazón de la ciudad, le permitirá vivir Sevilla intensamente, saborearla a fondo.
El Hotel está dotado de 220 confortables Habitaciones, todas con TV vía satélite, música ambiental, teléfono, aire acondicionado y caja fuerte.

Además cuenta con Restaurante Buffet, Salones para Reuniones de Empresa, Piscina, Garaje propio y Parking público de 400 plazas muy próximo.
Usted también puede disponer de servicio de Telex y Fax.
A sólo cinco minutos del Hotel está la Estación de ff.cc., y a diez, el Aeropuerto.
HOTEL DON PÁCO contribuirá a que su visita a Sevilla -profesional o turística- sea inolvidable.

2. **La llamada.** En grupos de tres estudiantes, dos improvisan una conversación telefónica entre uno de los personajes de "Mamá" y su madre. Mientras tanto el/la tercer/a estudiante toma nota de la conversación, como un/a periodista, y después informa a la clase de lo que han hablado sus compañeros/as.

3. **De película.*** Comenten alguna película (a ser posible hispana) que presente el tema de la inmigración legal o ilegal. (*El Norte, Flores de otro mundo, Cosas que dejé en La Habana*, etc.)

4. **La isla Ellis.** ¿Vino alguien de su familia a Estados Unidos como inmigrante? Cuéntenle su historia a la clase.

5. **Entrevista.** En grupos de tres estudiantes, preparen al menos tres preguntas que les gustaría hacerle a un/a inmigrante legal o ilegal. Después utilicen esas preguntas para realizar una entrevista. Dos de los/las estudiantes hacen el papel de los/las entrevistadores/as y el/la otro/a, el del/de la inmigrante.

Repaso gramatical
(Cuaderno):
Las oraciones condicionales (segundo repaso)
Para y **por** (segundo repaso)

11-18 Práctica gramatical

Hagan los ejercicios siguientes prestando atención a los puntos gramaticales estudiados.

1. En grupos de tres estudiantes, háganse preguntas relacionadas con el tema de la inmigración utilizando oraciones condicionales y contéstenlas.

    Ejemplo: Si los inmigrantes no hicieran los trabajos que no quiere nadie, ¿quiénes los harían?

2. En parejas, expliquen el uso de las preposiciones **para** y **por** en las siguientes oraciones sacadas de la lectura.

    a. La gente aún se saluda por la calle.

    b. Telemadrid ha anunciado para los próximos meses una serie (televisiva).

    c. Sería mejor empezar por lo que no tiene.

    d. El Tono deja sus pintadas por las esquinas de Madrid.

3. En grupos de cuatro estudiantes, digan tres causas y tres propósitos que tiene la gente que emigra a otro lugar. Utilicen **por** o **porque** para indicar las causas y **para** o **para que** para los propósitos.

	las causas		los propósitos
a.	_____	a.	_____
b.	_____	b.	_____
c.	_____	c.	_____

* El/la profesor/a puede asignar esta actividad como tarea. Los/Las estudiantes pueden hacer presentaciones orales sobre lo que hayan averiguado.

11-19 Creación

Escribe una composición de acuerdo con las instrucciones que siguen.

En su pellejo *(In his/her shoes; literally, in his/her skin)*. Imagínate que eres el padre o la madre de una familia que vive en el campo (ahora o hace un siglo). En estos momentos estás considerando la posibilidad de emigrar a la ciudad. En dos párrafos evalúa los beneficios que la ciudad ofrecería a los miembros de tu familia en oposición a los del mundo rural. Asimismo ten en cuenta los peligros que conlleva la vida en una gran ciudad en contraste con los del campo.

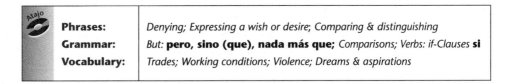

Phrases:	*Denying; Expressing a wish or desire; Comparing & distinguishing*
Grammar:	*But:* **pero, sino (que), nada más que;** *Comparisons; Verbs: if-Clauses* **si**
Vocabulary:	*Trades; Working conditions; Violence; Dreams & aspirations*

12 *En primera persona*

http://aquesi.heinle.com

¡AY, PAPI, NO SEAS COCA-COLERO!
Luis Fernández Caubí

Cubano de nacimiento y corresponsal del periódico de Miami *El Diario de las Américas*, Luis Fernández Caubí relata en esta selección una anécdota personal que le sucedió durante los primeros meses como exiliado político en Estados Unidos.

El proceso de integración de cada inmigrante a una nueva cultura es siempre muy personal. A continuación se presentan las reacciones de dos personas de distintas edades.

Palabra por palabra

en cuanto	*as soon as*	**el puesto (de trabajo)**	*the position (job)*
en fin	*in short*	**tardar** (en + inf.)	*to delay, take . . . time*
el esfuerzo	*effort*	**el traje**	*suit*
la infancia	*childhood*	**vacío/a**	*empty*
pesado/a	*heavy*		

Mejor dicho

lograr	*to succeed in, manage*	**Logré** terminar mi composición a tiempo.

tener éxito
   en + cosas
   con + personas
	*to be successful**	Mi vecino siempre **ha tenido** mucho **éxito en** los deportes y **con** las chicas.

*¡Ojo! **Suceder** (*to happen or follow*) no significa **nunca** *to be successful.*

trabajar	*to work* (subject = human being)	Yo tenía que **trabajar** todos los sábados.
funcionar	*to work* (subject = machine)	Tengo que llevar el camión al taller de reparaciones pues no **funciona**.

12-1 Práctica

Hagan las siguientes actividades. Presten atención a las palabras del vocabulario.

 1. En parejas, describan las siguientes ilustraciones usando palabras del vocabulario.

 2. En parejas, deduzcan el significado de las siguientes palabras relacionadas o derivadas de las del vocabulario.

la tardanza, tardío/a, tarde *(adv.)*

esforzarse, esforzadamente, la fuerza

exitoso/a, el exitazo

trabajador/a *(adj.)*, trabajoso/a

funcional, disfuncional

3. Con todos/as los/las estudiantes de pie, deben completar rápidamente la frase siguiente sin repetir el mismo sustantivo. El ejercicio debe continuarse hasta que todos/as hayan logrado decir dos frases.

Me irrito mucho cuando no funciona...

4.   Con la participación de toda la clase, los/las estudiantes se turnan diciendo el nombre de una profesión, de una máquina o de un instrumento. Los/Las demás responden "trabaja" o "funciona". No pueden repetir la misma palabra.

> **Ejemplos:** ESTUDIANTE 1: El teléfono.
> TODOS/AS: Funciona.
> ESTUDIANTE 2: El telefonista.
> TODOS/AS: Trabaja.

Antes de leer

Haz lo que se te indica a continuación.

1.   Es fundamental conocer el contexto histórico en que se sitúan los hechos de un cuento para poder entenderlo. Comprenderás mejor este texto si sabes por qué viven tantos cubanos en Estados Unidos. Si no lo sabes, busca esta información en Internet. ¿Te acuerdas de la lectura "Epigrama" (pág. 205)?

2.   Según sugiere el título, ¿quiénes van a ser los protagonistas de este cuento?

3.   La terminación **-ero/a** se añade a ciertos sustantivos para indicar el trabajo que realiza una persona.

leche   →   el/la lechero/a = el/la que trae o vende la leche

carta   →   el/la cartero/a = el/la que trae las cartas

carne   →   el/la carnicero/a = el/la que corta y vende la carne

De acuerdo con esta regla, decide qué quiere decir "coca-colero" en la lectura.

4.   Traduce al inglés las palabras siguientes.

a. barbero _____   f. mesera _____

b. peluquera _____   g. obrero _____

c. cocinero _____   h. jardinera _____

d. bombero _____   i. mensajero _____

e. carpintera _____   j. banquero _____

¡AY, PAPI, NO SEAS COCA-COLERO!

Luis Fernández Caubí

En aquellos primeros días de exilio, un buen amigo de la infancia, Abelardo Fernández Angelino, me abrió las puertas de la producción en este mercado afluyente y capitalista de los Estados Unidos. Me llevó a una oficina donde no tardaron dos minutos en darme mi *Social Security* y de allí fuimos a una embotelladora[1] de Coca-Cola situada en el Noroeste, donde me esperaba un trabajo de auxiliar[2] en un camión. "*Come on, Al*", le dijo el capataz,[3] "*This is an office man, he will never make it in the field.*" Pero Abelardo, ahora convertido en Al, insistió: "*Don't worry, I'll help him out.*" Y me dieron el puesto.

Y con el puesto me dieron un uniforme color tierra[4] con un anuncio de Coca-Cola a la altura del corazón y me montaron[5] en un camión lleno de unos cilindros metálicos, duros y fríos.

Para centenares[6] de personas (los cilindros) significarían una pausa refrescante; a mí se me convirtieron en callos[7] en las manos, dolores en la espalda, martirio en los pies y trece benditos dólares en el bolsillo[8] vacío. Era 1961. Todo el mundo hablaba de los ingenios[9] y las riquezas que tuvieron en Cuba. Yo, por mi parte, tenía el puesto de auxiliar de un camión conseguido por Abelardito, a regalo y honor dispensado por la vida.

Sucede que yo no había tenido otro ingenio[10] en Cuba que el muy poco que quiso Dios ponerme en la cabeza. Pero sí tenía una práctica profesional de abogado que me permitía y me obligaba a andar siempre vestido de cuello y corbata[11] y con trajes finos.[12]

En fin, volviendo al tema, que cuando llegué a mi casa, entrada la tarde,[13] con mi uniforme color tierra, mis manos adoloridas, el lumbago a millón,[14] la satisfacción de haberle demostrado al capataz que "*I could do it*" y los trece dólares bailándome en el bolsillo, me recibió mi hija de cuatro años. En cuanto me vio, empezó a llorar como una desesperada al tiempo que me decía:

"Ay, papi, yo no quiero que tú seas coca-colero."

Me estremecí.[15] Pensé que le había impresionado[16] el contraste entre el traje fino y el uniforme color tierra y comencé a consolarla. Yo tenía que trabajar, estaba feliz con mi camión, los cilindros no eran tan pesados... trataba de convencerla mientras, desde el fondo del alma, les deseaba las siete plagas[17] a Kruschev, a Castro y a todos los jefes políticos que en el mundo han sido.[18] Mis esfuerzos no tuvieron éxito. Mi tesorito[19] seguía llorando al tiempo que repetía:

"Papi, papi, yo no quiero que tú seas coca-colero."

Pero en la vida todo pasa hasta el llanto. Y cuando se recuperó de las lágrimas, con los ojitos brillosos[20] y las mejillas mojadas[21] me dijo:

"Papi, papi, yo no quiero que tú seas coca-colero; yo quiero que tú seas pepsi-colero."

Y, no obstante[22] el lumbago, los callos y la fatiga, por primera vez desde mi llegada a Miami pude disfrutar de una refrescante carcajada.[23]

¿Podría ser esta niña la del cuento?

---

[1] **embotelladora** *bottling plant* [2] **auxiliar** *assistant-loader* [3] **capataz** *foreman* [4] **color tierra** *khaki* [5] **montaron** = pusieron [6] **centenares** = cientos [7] **callos** *calluses* [8] **bolsillo** *pocket* [9] **ingenios** *sugar refineries and plantations* [10] **ingenio** *wit* [11] **cuello y corbata** *shirt and tie* [12] **finos** = elegantes [13] **entrada la tarde** *in the late afternoon* [14] **el... millón** *my back aching* [15] **Me estremecí** *I shuddered* [16] **impresionado** = afectado [17] **plagas** = cosas malas [18] **han sido** = han existido [19] **tesorito** *little treasure (here, sweetheart)* [20] **brillosos** = brillantes [21] **mejillas mojadas** *wet cheeks* [22] **no obstante** = pese a [23] **carcajada** *burst of laughter*

Después de leer

12-2 ¿Entendido?

Decide si las siguientes afirmaciones son verdaderas o falsas según la lectura. Si son falsas, corrígelas para que sean verdaderas.

1. Fernández Caubí aceptó un puesto para el que hacía falta tener estudios superiores.

2. Para trabajar en EEUU hay que ser ciudadano de ese país.

3. El capataz no estaba seguro de si debía contratar al narrador.

4. Los cilindros metálicos son las latas de Coca-Cola.

5. Los cilindros metálicos tienen el mismo significado para los/las consumidores/as que para el narrador.

6. En 1961 hubo elecciones en Cuba.

7. Cuando la niña llegó a la casa su padre se alegró de verla.

8. A la niña no le gustó el color del uniforme de su papá.

9. El malentendido fue causado por la diferencia de edades.

10. El padre se enfadó por el malentendido.

12-3 En mi opinión

En grupos de tres estudiantes, usen los temas siguientes para entablar una conversación.

1. ¿Qué querían ser Uds. cuando eran pequeños/as? ¿Cómo han cambiado sus aspiraciones a través de los años? ¿Cuál fue su primer puesto? ¿Cómo lo consiguieron?

2. ¿Quién tarda más, generalmente, en adaptarse a las nuevas circunstancias: un adulto, un joven o un niño? ¿Qué factores aceleran o retrasan el proceso de adaptación? ¿Hasta qué punto deben los inmigrantes mantener su cultura y su lengua?

3. Como le ocurre a la niña, ¿se han avergonzado Uds. alguna vez de su familia? ¿Por qué? ¿Hay problemas de comunicación entre las generaciones de su familia? Comenten y expliquen.

4. Hagan una lista de tres factores imprescindibles para tener éxito (a) profesionalmente, (b) en el amor y (c) como padres.

5. ¿Qué es el éxito para ustedes? Den ejemplos. ¿Es su noción del éxito diferente de la de sus amigos/as? ¿Y de la de sus padres? Expliquen.

6. ¿Es el concepto norteamericano del éxito diferente del de otras naciones? Den algunos ejemplos.

¡Qué ironía! Roberto Goizueta, un cubano exiliado, fue Director General de Coca-Cola durante muchos años (1981–1997).

Estrategias comunicativas para atraer la atención de alguien

Oiga, por favor...	*Listen, please . . .*
Perdone, ¿me podría ayudar?	*Excuse me, could you help me?*
Hola, buenos días/tardes/noches, necesito...	*Good morning/afternoon/evening, I need . . .*
Por favor, ¿podría decirme... ?	*Please, could you tell me . . . ?*

12-4 En (inter)acción

Realicen las siguientes actividades según se indica.

1. **¡Auxilio!** En grupos de tres o cuatro estudiantes, imaginen que es su primer día en el trabajo. Un/a estudiante hace el papel del/de la nuevo/a trabajador/a, y otros/as dos estudiantes, de empleados/as que llevan bastante tiempo en ese lugar. Entre los tres, preparen un diálogo utilizando las expresiones de **Estrategias comunicativas** y luego representen la escena delante de la clase.

2. **Buscando empleo.** En la sección de anuncios del periódico, busquen en grupos de tres o cuatro estudiantes un empleo para el protagonista del cuento y expliquen por qué sería bueno para él.

$$$$

Distribuidores. Línea exclusiva. Productos de ZABILA. 884-3410

Instituto técnico. Solicita encuestadoras. Salario más comisión. 553-2748

Hombre con experiencia en mantenimiento de edificios. Debe hablar y escribir inglés. 756-0769

¿NECESITA TRABAJO? Llámenos al 538-6606. No es agencia.

Compañía Nacional

Busca personas capacitadas en Relaciones Públicas. Oportunidad para vendedores y ejecutivos. Llame al 888-4255; 3-9 pm.

Chapistero y pintor experto para hacerse cargo de taller en funcionamiento. Referencias. 856-6930

Guardias de seguridad. Edificio de aptos. No requiere armas. Llamar 823-0000, 10am a 2pm. Lun. a vier.

Chofer para grúa. Se entrenará. 532-3672

Empresa hispana solicita persona para promover programa educativo. Formación universitaria. Inglés NO necesario, carro SI. 649-4600

Mecánicos de autos. Hasta $30 la hora más beneficios. Inmediato. 976-9675

Aprendices para reparadores de TV/radio. $21,000 año. 641-2928

Profesionales universitarios para posiciones ejecutivas. Llamar 598-9099.

---

3. **Entrevista.** Supongan que quieren trabajar de niñera/o *(au pair)* en un país hispano y hoy tienen una entrevista con la familia que los/las piensa contratar. Un/a estudiante debe hacer el papel del padre o de la madre de familia y otro/a, el del/de la interesado/a en el puesto. Discutan el sueldo, las condiciones, los días libres, etc.

4. **¿Coca-Cola o...?** Con la clase dividida en dos grupos, debatan los méritos de la Coca-Cola frente a los del agua mineral (o a los de un jugo de frutas).

5. **Nombres familiares.** Casi todo el mundo tiene dos nombres: el que aparece en los documentos oficiales y el que usan nuestros familiares, amigos/as y compañeros/as de trabajo para llamarnos. A continuación tienen algunos de los nombres más frecuentes del mundo hispano. Intenten relacionar los nombres de la lista A (nombre oficial) con los de la B (nombre familiar).

A	B
a. José, Josefa	_____ Lupe, Lupita
b. Francisco, Francisca	_____ Manolo, Manolito
c. Mercedes	_____ Pepe, Pepa, Chepe
d. Manuel	_____ Paco, Paca, Paquito, Paquita, Curro,
e. Guadalupe	_____ Lola, Lolita
f. Dolores	_____ Carmiña, Carmencita
g. Enrique	_____ Perico
h. María Teresa	_____ Chuchi, Susi
i. Jesús	_____ Quique
j. Pedro	_____ Merche, Mecha, Meche
k. Carmen	_____ Maite

12-5 Práctica gramatical

Repaso gramatical *(Cuaderno):* El imperativo (segundo repaso) El subjuntivo con verbos de deseo y emoción (segundo repaso)

Hagan los ejercicios siguientes prestando atención a los puntos gramaticales estudiados.

1. **Mejora laboral.** El capataz está muy satisfecho con el trabajo que realiza el personaje del cuento. Hoy día (el capataz) ha ido a hablar con uno de los jefes sobre él. Un/a estudiante hace el papel del capataz y el/la otro/a, el del jefe. Contesten las preguntas con un mandato afirmativo o negativo. Sigan el ejemplo.

    Ejemplo: Jefe: Entonces, ¿le subo el sueldo *(salary)* o no?
    Capataz: Sí, súbaselo. Lo que le pagamos ahora es una miseria.

2. **Fricciones familiares.** En grupos de tres estudiantes, representen a miembros de dos generaciones distintas (a. dos hermanos/as y un padre o una madre, o b. padre, madre e hijo o hija) que tienen conflictos debido a los contrastes culturales. Por ejemplo, el uso del español o no, el cambio del nombre propio, las preferencias culinarias y alimenticias (vegetarianos), la mayor o menor libertad, etc. Cada uno/a les debe decir a los/las otros/as al menos una cosa que quiere que hagan o bien dejen de hacer.

    Ejemplo: Hijo/a: Quiero que desde ahora ustedes no me llamen Juan sino Johnny.
    Padre o madre: ¡Ay, no puedo creer que te dé vergüenza ser latino!

12-6 Creación

Escribe una composición de acuerdo con las instrucciones que siguen.

Redacta un cuento usando el título de la lectura. O reescribe el mismo cuento desde el punto de vista de la niña.

Atajo		
Phrases:	*Talking about the recent past; Thanking; Weighing alternatives*	
Grammar:	*Subjunctive; Conditional; Object pronouns*	
Vocabulary:	*Animals (domestic); Colors; Computers*	

LA HISTORIA DE MI CUERPO
Judith Ortiz Cofer

Judith Ortiz Cofer (Puerto Rico, 1952) es una de las escritoras latinas mejor conocidas en Estados Unidos. Es autora de una novela, *The Line of the Sun* (1989), así como de poemas, ensayos y cuentos. Ha recibido numerosos premios literarios y actualmente es profesora de inglés de la Universidad de Georgia.

El color de la piel es uno de los aspectos fundamentales por los que todavía se juzga a las personas en muchas sociedades. En esta selección, aparecida en su antología *The Latin Deli: Telling the Lives of Barrio Women* (1993), la escritora puertorriqueña relata cómo éste y otros factores afectaron su autoestima.

Palabra por palabra

asombrado/a	*amazed, astonished, stunned*	**moreno/a**	*tanned, dark-skinned*
el cutis	*complexion*	**la muñeca**	*doll*
escoger	*to choose*	**la piel**	*skin*
flaco/a	*thin*	**quemar(se)**	*to burn*
lo de siempre	*the usual*	**el tamaño**	*size*
medir (i)	*to be . . . tall/high, measure*		

Mejor dicho

hacer falta*	*to need*	No veo bien. Creo que me **hacen falta** espejuelos *(glasses)*.
faltar*	*to lack, be short of something*	Estaba bien preparado para el puesto, pero le **faltaba** experiencia.
	to have distance/time still to go	Les **faltan** aún dos años para poder votar.

*¡**Ojo**! Estos verbos se usan de la misma forma que **gustar**.

hacer(se) daño	*to harm/hurt someone or oneself*	Se ha caído esquiando y **se ha hecho** mucho **daño**.
lastimar(se)		**Me lastimé** la mano derecha jugando voleibol.
doler* (ue)	*to hurt*	Se va a acostar temprano porque le **duele** la cabeza.

*¡Ojo! El sujeto gramatical es una parte del cuerpo y la persona, el objeto indirecto.

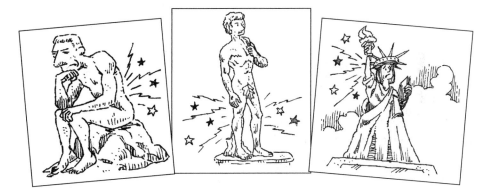

¿Qué les duele?

12-7 Práctica

Hagan las siguientes actividades. Presten atención a las palabras del vocabulario.

1. **Charadas.** Cada uno/a de los/las estudiantes debe expresar con mímica el significado de una de las palabras de este vocabulario y de otros anteriores, y el resto de la clase debe adivinarla.

2. **Hipocondríacos anónimos.** En grupos de cuatro estudiantes, describan sus síntomas más enigmáticos y preocupantes a los miembros de su grupo. Los otros deben sugerir remedios usando las palabras del vocabulario.

   Ejemplo: — A mí me duele mucho la espalda y a veces escupo *(spit out)* pelos.
   — Está clarísimo. Lo que te hace falta es nadar todos los días y tomar tranquilizantes.

3. Digan qué **falta** o **hace falta** en las siguientes ilustraciones.

Antes de leer

Haz lo que se te indica a continuación.

1. Mientras lees, subraya los objetos directos e indirectos en el texto. Escribe cuatro e indica a qué/quién se refieren.

   _____   _____

   _____   _____

   _____   _____

   _____   _____

2. ¿Qué te sugieren el título y las divisiones del texto?

3. ¿Te habría gustado cambiar algo de ti mismo/a o de tu vida cuando eras niño/a? ¿Y ahora?

4. Apunta una lista de las partes del cuerpo que se mencionan en la lectura.

   _____   _____

   _____   _____

¿Por qué llaman a Puerto Rico también Borinquen y a sus habitantes, boricuas?

LA HISTORIA DE MI CUERPO

Judith Ortiz Cofer

"La migración es la historia de mi cuerpo."

Víctor Hernández Cruz

Nací blanca en Puerto Rico pero me volví trigueña[1] cuando vine a vivir a Estados Unidos. Mis parientes puertorriqueños decían que yo era alta; en el colegio norteamericano algunos de los compañeros más brutos me llamaban la Huesos o la Enana[2] porque, durante toda la escuela primaria, yo fui la más pequeña de todas mis clases. En el sexto grado alcancé mi altura adulta de cinco pies.

Color

En el mundo animal indica peligro: los animales de colores muy vivos con frecuencia son los más venenosos.[3] El color es además un modo de atraer y seducir a una pareja de su misma especie. En nuestro mundo, el de los seres humanos, el color desencadena[4] reacciones más variadas y complejas, a menudo mortales. Como puertorriqueña de padres "blancos", pasé los primeros años de mi vida oyendo a la gente llamarme blanca. Mi madre insistía en que me protegiera del intenso sol isleño porque yo tenía tendencia a quemarme, mucho más que mis amigos más trigueños. Todo el mundo comentaba el bonito contraste que hacía mi pelo tan negro con mi piel tan pálida. Yo nunca pensaba conscientemente en el color de mi piel, a menos que oyera a los adultos hablando del cutis. Este tema parece ser mucho más frecuente en las conversaciones de gente de raza mixta que en la sociedad dominante norteamericana, donde hablar de esto es difícil y embarazoso, excepto en un contexto político. En Puerto Rico se oyen muchas conversaciones sobre el color de la piel. Yo soy una mezcla de dos tonos, ya que soy aceitunada,[5] más clara que mi madre pero más oscura que mi padre. En América me consideran una persona de color, evidentemente latina. En la isla me llamaban la gringa.

Tamaño

Mi madre mide apenas cuatro pies y once pulgadas, lo normal en las mujeres de su familia. Cuando, a los doce años, yo llegué a los cinco pies, ella se quedó asombrada y empezó a usar la palabra "alta" para referirse a mí. Igual que con el color de mi piel, yo no pensaba conscientemente en mi tamaño hasta que otros lo mencionaban. En América los divertidos juegos infantiles se vuelven ferozmente competitivos un poco antes de la adolescencia. Hay que probar que uno es mejor que los demás. Fue en relación con los deportes que mi tamaño empezó a causarme problemas. Es lo de siempre, el tormento del niño o la niña a quien escogen el/la último/a para un equipo. En las escuelas públicas de Patterson, Nueva Jersey, a las que asistí, los partidos de voleibol o sófbol eran para los niños el campo de batalla que es la vida. Los negros contra los puertorriqueños, los blancos contra los negros contra los puertorriqueños. Yo era flaquita, pequeña, llevaba espejuelos y me resultaba indiferente la avidez[6] de muchos de mis compañeros de clase a jugar como si en eso les fuera la vida. Yo prefería leer un libro a sudar, gruñir[7] y correr el riesgo de hacerme daño. Mi ejercicio favorito en esa época era ir caminando a la biblioteca que quedaba[8] a muchas cuadras del barrio.

Belleza

Mis primeras fotos muestran una niña sana y hermosa. Yo era toda ojos, ya que siempre fui flaca y de huesos pequeños. En las fotos veo, y también recuerdo, que siempre estaba bien vestida. Mi madre me encontraba bonita, lo cual la enorgullecía,[9] y me vestía como a una muñeca para que todos me vieran en misa o en casa de los parientes. ¿Cómo iba yo a saber que ella, y todos los que me encontraban tan linda, representaban una estética[10] que no tendría vigencia cuando yo fuera a la escuela en los Estados Unidos?

En la universidad me volví una mujer "exótica". Durante algunos años salí muchísimo con mis compañeros, pero después me cansé y me casé. Necesitaba estabilidad más que vida social. Era lista, desde luego, y tenía talento para escribir. Éstos sí son los hechos constantes de mi vida. En cambio el color de mi piel, mi tamaño y mi aspecto físico han sido variables, cosas que se juzgaban de acuerdo con mi imagen del momento, los valores estéticos de la época, el lugar donde estaba, la gente a quien conocía.

---

[1] **trigueña** = morena [2] **Enana** *dwarf, here, shrimp* [3] **venenosos** *poisonous* [4] **desencadena** = causa [5] **aceitunada** *olive skinned*
[6] **avidez** *eagerness* [7] **sudar, gruñir** *to sweat, grunt* [8] **quedaba** = estaba situada [9] **la enorgullecía** = la hacía sentirse orgullosa
[10] **estética** *look*

Después de leer

12-8 ¿Entendido?

Haz asociaciones con los siguientes términos según el contenido de la lectura.

Ejemplo: belleza = chica flaca, joven, exotismo, elogios

a. Patterson, Nueva Jersey

b. fotos

c. colegio

d. exótica

e. gringa

f. imagen

g. la isla

h. tamaño

i. constantes

j. color

12-9 En mi opinión

En grupos de tres estudiantes, usen los temas siguientes para entablar una conversación.

1. ¿Saben Uds. cómo se define a alguien "de color" en los Estados Unidos? ¿De dónde viene esta manera de definir/clasificar a la gente? ¿Es así en todos los países?

2. En la ciudad, en la universidad o en los empleos, ¿han notado Uds. diferencias en el tratamiento de la gente de otras razas, procedencia geográfica, religión, lengua? ¿Ha cambiado esto en los últimos años?

3. ¿Qué tres cosas han cambiado en los últimos diez años de su vida? ¿Hay alguna que no lo haya hecho?

4. ¿Cómo podemos saber quiénes somos si siempre estamos cambiando (de peso, de peinado, de ideas)? ¿De qué factores depende nuestro verdadero "ser"? En términos psicológicos, ¿es saludable intentar ser lo que no se es como, por ejemplo, con la ayuda de la cirugía estética?

5. Explíquenles a sus compañeros/as qué aspectos son los más importantes de su identidad (origen étnico o geográfico, sexo, religión, creencias, familia, profesión, físico, etc.).

6. Los jóvenes sufren múltiples presiones por parte de sus padres, de sus compañeros (lo que en inglés se conoce como *peer pressure*), de los medios de comunicación (el ideal de belleza, la moda, etc.). En grupos expliquen cuál le afecta más a cada uno/una de ustedes y por qué.

Estrategias comunicativas para expresar sorpresa o desconcierto

¡No me lo puedo creer!	*I can't believe it!*
¡Qué dices!	*What are you saying!*
¡Qué barbaridad!	*That's outrageous!*
¡Qué raro!	*That's weird!*
¿En serio?	*Seriously?*

12-10 En (inter)acción

Realicen las siguientes actividades según se indica.

 1. **Traumas escolares.** En grupos de cuatro estudiantes, hagan una lista de situaciones que los horrorizaban en la escuela. Luego compárenla con la de otro grupo y reaccionen con sorpresa o desconcierto usando las expresiones de **Estrategias comunicativas.**

   Ejemplo: que se burlaban de mi nombre o apellido
        — ¿En serio?

2. **A primera vista.** El propósito de esta encuesta es averiguar qué es lo que más/menos les impresiona a los/las estudiantes cuando conocen a alguien por primera vez. Para realizar la encuesta, se le asigna a cada estudiante uno de los factores siguientes. A continuación el/la estudiante debe ir por la clase preguntando a sus compañeros/as y tomando nota de sus respuestas. Al final, se escriben los resultados en la pizarra y se comentan entre todos/as utilizando algunas de las expresiones de **Estrategias comunicativas.**

	factor crucial	importante	no me importa	no sé
el pelo	○	○	○	○
la ropa	○	○	○	○
los dientes	○	○	○	○
los ojos	○	○	○	○
la casa	○	○	○	○
las joyas	○	○	○	○
el cuerpo	○	○	○	○
la cara	○	○	○	○
el coche	○	○	○	○
la voz	○	○	○	○
la altura	○	○	○	○
la conducta	○	○	○	○
la higiene	○	○	○	○

3. **Opiniones.** Con dos compañeros/as, comenten las siguientes afirmaciones y den ejemplos para ilustrar su postura.

	Sí	No	Ejemplos
Lo hermoso es hermoso siempre y en todo lugar.			
Es posible definir lo que es una "raza".			
La idea del hombre perfecto y de la mujer perfecta ha cambiado mucho a través de los años.			
Es difícil apreciar la belleza de alguien que es muy distinto de nosotros/as.			

4. **Belleza latina.** En grupos de tres estudiantes, miren las fotos y decidan cuál de las dos mujeres es más bonita y cuál de los hombres es más guapo. Expliquen su criterio.

Rosa

Julián

Ileana

Eduardo

5. **La solidaridad.** Lean en voz alta el siguiente texto de Rosario Ferré, una de las escritoras más famosas de Puerto Rico, y comparen su experiencia con la de Judith Ortiz Cofer.

¡A la cocina!
Rosario Ferré

Estudié en una universidad católica privada de Nueva York donde había muy pocos estudiantes latinos. Pero había otras tres chicas puertorriqueñas y siempre comíamos juntas en la cafetería mientras cantábamos y reíamos. La monja que supervisaba la cafetería nos llamó la atención en varias ocasiones, sin que esto nos hiciera cesar el alboroto. Un día nos dijo que, si no nos callábamos, nos mandaría a la cocina con "los otros" puertorriqueños. Nos dejó atónitas, pero pronto dijimos, "Muy bien", y marchamos hacia la cocina. Ella pensó que nos sentiríamos avergonzadas de ser quienes éramos. Que Dios perdone a esa monja. Yo ya la perdoné, pues desde ese día mi percepción del "otro" cambió. Para ella los puertorriqueños sólo hacían trabajo manual y no creía que merecíamos compartir el comedor con chicas que venían a la escuela en carros Mercedes Benz. Para los de la cocina éramos las estudiantes, las señoritas. Y nosotras los veíamos a ellos como... bueno, quizás ni siquiera los veíamos. Pero ese día nos sentimos orgullosas de estar allí, hablando en español con aquellos dominicanos, panameños y ecuatorianos que estaban ganándose el pan honestamente.

 6. **De eso no se habla...** Aunque no estén escritas en ningún lado, cada sociedad tiene sus reglas de lo que se puede decir o no delante de ciertas personas. A continuación discutan de qué temas se puede hablar con los siguientes grupos y de cuáles no.

Ejemplo: Con la policía no se debe hablar de lo rápido que nos gusta manejar.

padres/madres/parientes	taxistas	profesores/as
meseros/as	artistas	vecinos/as
sacerdotes/rabinos/reverendos	médicos/as	amigos/as

 7. **Todo es relativo.** Mencionen algo que ustedes creyeron por mucho tiempo y que luego resultó no ser cierto. Coméntenlo entre todos/as.

12-11 Práctica gramatical

Hagan los ejercicios siguientes prestando atención a los puntos gramaticales estudiados.

1. **Adivinanzas** *(Riddles)*. En grupos de tres o cuatro estudiantes, escriban tres oraciones describiendo a tres miembros de la clase usando las siguientes expresiones: (a) Se pasa el día + gerundio o (b) verbo conjugado + infinitivo. Luego lean las oraciones a la clase sin mencionar el nombre del/de la estudiante descrito/a. Los/Las demás deben adivinar a quién están describiendo sus compañeros/as.

   Ejemplos: Se pasa el día quejándose.
                 Nunca logra llegar a tiempo.

2. **Más difícil todavía.** En parejas, creen diálogos en los que utilicen el mismo verbo en infinitivo y en gerundio.

   Ejemplo: Estudiante 1: Vamos a ir **andando** hasta la verbena *(fair)*.
               Estudiante 2: ¿Cómo que andando? Yo no quiero **andar** más hoy.

12-12 Creación

Escribe una composición de acuerdo con las instrucciones que siguen.

Tomando el punto de vista de alguien que sufre de baja autoestima (por feo, bajo, gordo, flaco, pobre, etc.), prepara un autorretrato para un/a psicólogo/a. Procura usar las palabras aprendidas y los puntos gramaticales repasados.

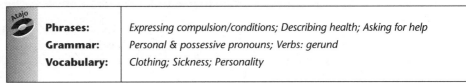

Atajo		
Phrases:	*Expressing compulsion/conditions; Describing health; Asking for help*	
Grammar:	*Personal & possessive pronouns; Verbs: gerund*	
Vocabulary:	*Clothing; Sickness; Personality*	

IN BETWEEN
Mirta Toledo

Mirta Toledo, hija de padre guaraní y madre española, nació en Argentina y reside hoy día en Estados Unidos, donde ha adquirido fama por sus pinturas, esculturas y escritos. En el siguiente relato autobiográfico la autora nos habla de la extrañeza, nostalgia y tristeza que sintió tras abandonar su tierra natal. Estos sentimientos son comunes a muchos emigrantes.

Palabra por palabra

abrazar	to embrace, hug	el fantasma	ghost
la caricia	caress	pertenecer (a)	to belong (to)
la certeza	certainty	el recuerdo	memory
coqueto/a	flirtatious	soltar (ue)	to let go (lit., of something one is holding)
deshacerse de	to get rid of		
distraerse	to get distracted, pass the time		

Mejor dicho

echar de menos, extrañar	to miss (something or someone)	Mari Trini **echaba de menos** la comida de su país. **Extraño** mucho a mi perro.
perderse (ie)	to miss an event (involuntarily) get lost	**Me perdí** la boda de mi hermana porque estaba enferma. ¿Quién **se ha perdido?**
faltar a	to miss an event (voluntarily), not attend	No **faltes a** la última reunión del departamento.

la simpatía	warm, friendly personality	La **simpatía** es un don envidiable.
la compasión	sympathy	Habría que aprender a expresar **compasión**.

12-13 Práctica

Hagan las siguientes actividades. Presten atención a las palabras del vocabulario.

1. En parejas, completen las frases siguientes de modo original.

   a. Para distraerme yo muchas veces...

   b. Ella es muy coqueta...

   c. Mis mejores recuerdos son...

   d. Durante las vacaciones voy a deshacerme de...

   e. Él nunca abrazaría a...

   f. Para mí los fantasmas...

2. Dígale a su compañero/a lo siguiente y explique por qué.

   a. dos cosas o personas que extraña o no

   b. dos cosas que ha perdido

   c. dos actividades a las que ha faltado

   d. dos organizaciones a las que desea pertenecer

   e. dos cosas que sabe con certeza

   f. dos situaciones que le inspiran compasión y dos personas a quienes considera simpáticas

Antes de leer

Haz lo que se te indica a continuación.

1. Fíjate en el título del cuento. ¿Por qué estará en inglés?

2. Lee los dos primeros párrafos y escribe en el espacio en blanco el sujeto gramatical que corresponde a cada uno de los verbos siguientes. Recuerda que en inglés siempre se expresa el sujeto pronominal de la oración (*he, she, it*, etc.) y en español no es necesario. Por ejemplo: Llamó ayer. *He/She called yesterday.*

   a. _____ sé   g. _____ veo

   b. _____ duerme   h. _____ llevo

   c. _____ salgo   i. _____ es

   d. _____ hiciera   j. _____ recuerda

   e. _____ está   k. _____ tiene

   f. _____ sería   l. _____ distraigo

3. Mientras lees, presta atención al voseo (página 251). Busca ejemplos de esta forma verbal y escríbelos en los espacios en blanco.

   _____   _____   _____

4. En el cuento aparecen intercalados versos de la canción de Celia Cruz que aparece en las páginas 328-329. Lee la letra y trata de anticipar el contenido del cuento y su relación con la canción.

IN BETWEEN
Mirta Toledo

No sé si duerme allí, debajo del banco, porque después de las seis de la tarde no salgo ni loca.[1] Además, aunque lo hiciera, esa calle no está iluminada, así que me sería muy difícil comprobarlo.

La veo todas las mañanas cuando llevo a los nenes al colegio. Es menuda[2] y algo coqueta, siempre aferrada a[3] esa cartera negra. Me recuerda a mi tía Ángela, porque tiene como un halo de dignidad que la rodea y es precisamente por mirar ese halo que me distraigo y me gano un bocinazo,[4] cosa rara en estos pagos.[5]

¿Qué la llevó a esa vida? No lo sé... ¿Qué sentirá tan aislada de la presencia humana? Porque aquí sólo hay coches. Autos de todo tipo que van y vienen, que pasan sin parar a su lado. ¡Qué extraña esta sociedad llamada "móvil"! De automóvil, claro está... Un auto por individuo y los garajes atiborrados[6] de ellos; de coches que van y vienen, que pasan sin siquiera rozarse.[7]

Cuando llegué a esta ciudad, no entendía nada. Parecía desierta, con sus calles solitarias y sin veredas.[8] ¡Claro, para qué, si acá nadie camina! Como no salía de mi asombro[9] y encima lo pregonaba,[10] alguien me explicó lo de la sociedad móvil y, entonces claro, ya no dije más.

—¿Está loca, mami? —me preguntó Ángel al verla, más de una vez.

—Abandonada solamente —le contesté siempre, sin quitarle los ojos de encima a ella, que estaba sacudiendo[11] el banco, o pateando[12] las piedritas que lo rodean, o arrancando el pastito[13] que crece alrededor de las patas en primavera.

—¿Entonces por qué vive así, en la calle? —reflexionó Santiago con angustia.

—Porque no tiene coche —le dije muy segura de mí misma.

Salgo todos los días porque tengo que hacerlo, pero aquí salir también es diferente. Del patio de atrás directamente al auto y, una vez adentro, a la calle. Nada de respirar tormentas, mucho menos mojarse de improviso, y ¡ni que hablar de las caricias de las hojas en otoño! No, nada de eso.

Tengo siempre la certeza de que no me voy a encontrar con nadie. Esa ficción de doblar una esquina y tropezarse[14] con una cara conocida se transformó en una mentira para mí. Me ajusto el cinturón porque ahora me gusta la velocidad y después pongo algo de música, ya no sólo por placer, sino para sentirme acompañada.

Latinos en Estados Unidos / ya casi somos una nación...

Cada día la misma rutina: antes de las ocho llevo a los chicos a la escuela y después a mi marido a su trabajo. Les digo chau[15] a los tres sin salir del coche, no sé si será porque allí los besos son más íntimos.

...Venimos de la América india / del negro y del español...

Algunas veces bajo, como cuando voy al supermercado o a una librería para saber qué hay de nuevo, o si dicen algo de "allá", de mi Argentina.

...En nuestra mente emigrante / a veces hay confusión...

Otras veces voy a la biblioteca. Y, por supuesto, al correo, que sigue siendo un lugar de citas sagrado, a pesar de las respuestas que no llegan.

...No dejes que te convenzan / que no se pierda el idioma español...

Cuando salgo de cada lugar, nuestro autito azul siempre me está esperando. Ya no sé qué haría sin él, porque ni bien[16] pongo la llave me abraza con la voz de Celia Cruz que no para de cantarme:

América Latina vives en mí / quiero que este mensaje / llegue hacia ti...

Invariablemente a eso de las diez de la mañana llego a casa. Pero, aunque tenga varios caminos para elegir, siempre que puedo paso por Trail Lake para ver a la mujer del banco. Siento que hay algo que nos une además de la curiosidad que me provoca, con su cartera negra y el hecho de que no la suelte nunca.

—¿Qué llevará adentro, mami? —preguntaron mis hijos, porque están en esa edad en la que aún creen que yo lo sé todo.

—A mí también me intriga —les dije—. ¡La abraza con tanta fuerza!

Cuando salgo del coche, lo cierro con llave y ya estoy "a salvo"[17] en el patio de atrás, en casa. Me preparo un café y me meto en el cuartito del fondo, mi lugar de trabajo...

—¡Este lugar podría estar en la China, en Italia, en Australia o en Japón! —me comentó una vez mi esposo—. Total, es lo mismo, porque este lugar sos vos. Este cuartito no está aquí sino en Buenos Aires...

—Es verdad, lo admito. Y para colmo ¡cada vez se me nota[18] más!

---

[1] **ni loca** = de ningún modo [2] **menuda** = pequeña [3] **aferrada a** *hanging on to* [4] **bocinazo** = protesta de otros conductores [5] **pagos** = lugares [6] **atiborrados** = llenos [7] **rozarse** = tocarse [8] **veredas** *sidewalks* [9] **no... asombro** *I was thoroughly bewildered* [10] **pregonaba** = decía [11] **sacudiendo** = limpiando [12] **pateando** = moviendo con el pie [13] **arrancando el pastito** *tearing out the grass* [14] **tropezarse** = encontrarse [15] **chau** = chao, adiós [16] **ni bien** = tan pronto como [17] **a salvo** = fuera de peligro [18] **se me nota** *it shows*

Pero, entonces, ¿dónde estoy, si no es ni aquí ni allá?

—¡*In between*, mami! ¡En inglés se dice "*in between*"!

Sí, "*in between*", ¡tan lejos de Fort Worth como de Buenos Aires, tan anclada[19] *in between* que no sé cómo pegar el salto[20] para ninguno de los dos lados! ¿Será éste mi lugar definitivo? *In between*...

¡Y las cartas que no llegan! Es porque no escriben, porque para mis familiares y amigos yo soy sólo una ausencia, un recuerdo que ya no pertenece a Buenos Aires, una desconocida que habla inglés y vive en un país del "Primer Mundo".

Pero para mí ellos son una presencia continua, los fantasmas de los afectos verdaderos, los que hablan mi idioma, los únicos que pueden llegar a conocerme: los que sueñan mis sueños.

Con los recuerdos de mis seres queridos llené las valijas[21] cuando me fui, las mismas que cargué en aduanas y aeropuertos cada vez que nos mudábamos de ciudad...

—¡Tirá algo, mami! —me decían inocentes los nenes. Pero yo no, yo me aferraba aún más a esas valijas tan pesadas.

—¡Pero ché![22] ¿Me vas a decir que no podés deshacerte de algo?

—porque a mi esposo le gustaba viajar liviano.[23]

—¡Calmate! ¡Reflexioná! —además mi marido se quejaba.

—¿Para qué te puede servir lo que hay adentro? ¡Ya pasaron tantos años!

Y yo le contestaba con mis manos convertidas en garras,[24] y ellos viajando siempre conmigo, aún sin saberlo, adentro de mis valijas.

—¿Llevará un tesoro en la cartera, mami? —me preguntaron ayer al verla.

—Sí, queridos. Y en castellano se dice "recuerdos".

---

[19] **anclada** *anchored* [20] **pegar el salto** *make the leap* [21] **valijas** *suitcases* [22] **ché** *look, hey, come on* (expresión argentina) [23] **liviano** = sin mucho equipaje *(luggage)* [24] **garras** *claws*

Después de leer

12-14 ¿Entendido?

Selecciona la(s) respuesta(s) correcta(s) según el contenido del cuento.

1. La mujer del banco es...
   a. una tía de la narradora.
   b. una mujer argentina.
   c. una desconocida.

2. La narradora va en coche a todas partes porque...
   a. le gusta la velocidad.
   b. no tiene más remedio.
   c. detesta el transporte público.

3. Algo que hace la protagonista todas las mañanas en Fort Worth es...
   a. llevar a sus hijos al colegio.
   b. pasar por la calle donde está la mujer del banco.
   c. escuchar la misma canción.

4. La narradora se comunica con su familia en Argentina...
   a. por carta.
   b. por teléfono.
   c. por Internet.

5. Santiago y Ángel son los nombres de...
   a. dos cantantes argentinos famosos.
   b. los parientes de Celia Cruz.
   c. los hijos de la narradora.

6. La narradora echa de menos a...
   a. sus seres queridos.
   b. los fantasmas.
   c. la mujer del banco.

7. El marido quiere que su esposa se deshaga de...
   a. las cartas.
   b. las valijas.
   c. los recuerdos de sus familiares.

¿Podría ser ésta la mujer del banco?

8. La protagonista supone que la mujer del banco no suelta la cartera porque...
   a. contiene un tesoro.
   b. tiene un gran valor sentimental para ella.
   c. no tiene otra.

12-15 En mi opinión

En grupos de tres estudiantes, usen las preguntas siguientes como punto de partida para entablar una conversación.

1. ¿Qué creen Uds. que contienen las valijas? Si fueran suyas, ¿qué tendrían dentro?

2. ¿Por qué se identifica la narradora con la mujer del banco? Mencionen algunas cosas que tienen en común.

3. Miren el grabado de Mirta Toledo y presten atención al título. ¿Pueden relacionarlo con el cuento?

A mitad de camino

4. ¿Tienen Uds. la costumbre de guardar o coleccionar muchas cosas? ¿De qué tipo? ¿Por qué?

5. Un tipo de música y canción característico de Argentina es el tango. ¿Por qué la autora "se siente acompañada" por la música cubana y no tanto por la argentina?

6. ¿Hay alguna música o canción que personalmente les trae recuerdos felices de su casa, de su infancia, de su país? ¿Cuál es?

7. ¿Se han sentido marginados/as alguna vez, como que no pertenecen a ningún sitio? Comenten.

Estrategias comunicativas para expresar nostalgia

¿Te acuerdas qué bonito...?	*Do you remember how beautiful . . . ?*
No puedo dejar de pensar en...	*I can't stop thinking about . . .*
Cuánto quisiera volver a ver/estar/ser...	*How I wish I could again see/be . . .*
Ojalá pudiera...	*I wish I could . . .*

12-16 En (inter)acción

Realicen las siguientes actividades según se indica.

1. **El túnel de los recuerdos.** En grupos de tres estudiantes, mencionen algunas cosas que han cambiado en su casa, su escuela o su ciudad natal desde que Uds. se fueron de casa. Reaccionen a estos cambios utilizando las expresiones de **Estrategias comunicativas**.

   Ejemplo: Me acuerdo cuando iba a jugar al parque de la esquina todos los días. Ojalá pudiera volver a hacerlo, pero lo han convertido en un banco.

2. **Tengo en la mochila...** Cada estudiante piensa en algún objeto que tiene en su mochila y se lo describe a toda la clase hasta que alguien adivine lo que es. (El/La profesor/a puede llevar algunos objetos curiosos y participar también.)

   Ejemplo: —Es una cosa suave y de colores que se usa de adorno alrededor del cuello.
   —¿Una corbata *(tie)*?
   —No.
   —¿Un pañuelo *(scarf)*?
   —Sí.

3. **¿Cuándo, cuándo?** Los Estados Unidos es un país de inmigrantes. Con sus compañeros/as decida cuándo se llega a ser *realmente* norteamericano/a. ¿Después de cierto tiempo de vivir aquí? ¿Tras hacer los trámites de ciudadanía y jurar fidelidad a la bandera? ¿Al adquirir el pasaporte? ¿Al adoptar la lengua y las costumbres norteamericanas? ¿Tras tener hijos aquí o casarse con alguien del país? ¿Al servir en las fuerzas armadas?

Pura diversidad

4. **Adaptación cultural.** Se ha dicho que hay cuatro etapas principales en el proceso de aclimatación a una nueva cultura: la luna de miel, la hostilidad, el humor y la aceptación. Discutan en qué etapa creen que están el personaje de esta lectura y el de la anterior.

5. **Latinos en Estados Unidos.** Lean la canción de Celia Cruz (1926–2003) (páginas 328–330) y luego discutan la postura de la cantante con respecto a la identidad de los emigrantes hispanos. También comparen lo que dice sobre la lengua y la identidad con lo que leyeron en la lectura sobre el spanglish (páginas 270–272).

LATINOS EN ESTADOS UNIDOS
Celia Cruz

♪ Latinos en Estados Unidos,
ya casi somos una nación;
venimos de la América india, del negro y del español.
En nuestra mente emigrante
a veces hay confusión,
pero no hay quien nos engañe
el alma y el corazón
porque vivimos soñando
volver al sitio de honor.
Latinos en Estados Unidos,
vamos a unirnos, vamos a unirnos.
¡Claro que sí!
Vamos a unirnos, vamos a unirnos.
Que en la unión está la fuerza
y al pueblo respetan y le dan valor;
no dejes que te convenzan,
que no se pierda el idioma español.
Simón Bolívar, Sarmiento
Benito Juárez, Martí°
dejaron un gran comienzo
para el camino a seguir.
Debemos dar el ejemplo
con la solidaridad.
"Soy latinoamericano"
no tengas miedo decir
pues todos somos hermanos
en un distinto país.
Latinos en Estados Unidos...
Que en la unión está la fuerza...
Seamos agradecidos°
con esta tierra de paz
que nos da un nuevo futuro
y una oportunidad.
Pero ya que estamos lejos
de nuestro suelo natal,
luchemos por el encuentro

héroes latinoamericanos

grateful

con nuestra propia verdad;
debajo de cualquier cielo
se busca la identidad.
Latinos en Estados Unidos...
Que en la unión está la fuerza...
Latinos en Estados Unidos...
Somos hermanos, bueno es decirlo.
Latinos en Estados Unidos...
No discrimines a tus hermanos;
siempre que puedas dales la mano.
Latinos en Estados Unidos...
América Latina vives en mí;
quiero que este mensaje llegue hacia ti.
Latinos en Estados Unidos...
Debemos unirnos para que tú veas
que si estamos unidos ganamos la pelea.
Latinos en Estados Unidos...
Nunca debemos de dividirnos.
Latinos en Estados Unidos...
Ay vamos dejando ese tiqui tiqui°;   discusión por cosas sin importancia
vamos a unirnos, lo dijo Titi°.   autora de la letra
América Latina dame la mano;
únete hermano, únete.
Latinos en Estados Unidos...
No niegues tu identidad;
tu tierra te premiará.
Vamos a unirnos, vamos a unirnos.
Dame la mano;
tú eres mi hermano latino.
Vamos a unirnos, vamos a unirnos.
Soy latinoamericano
no tengas miedo decirlo.
Vamos a unirnos, vamos a unirnos.
Dame la mano,
dale la mano a tu hermano.
Vamos a unirnos, vamos a unirnos.
Si niegas tu identidad
no estás diciendo verdad.

Vamos a unirnos, vamos a unirnos.

Dale la mano a tu hermano

y el camino se hace llano.

Vamos a unirnos, vamos a unirnos.

Solo palo no se monta;

se queda solo.

Vamos a unirnos, vamos a unirnos.

Y así te respetan y te dan valor;

que no se pierda el idioma español. ♪

12-17 Práctica gramatical

Repaso gramatical
(Cuaderno):
Repaso del subjuntivo
y del indicativo
La concordancia de
los tiempos verbales

Hagan los ejercicios siguientes prestando atención a los puntos gramaticales estudiados.

1. **De viaje.** En grupos de tres estudiantes y usando verbos de petición y mandato, comparen las recomendaciones que reciben de su familia a la hora de viajar.

    Ejemplo: — Mi padre insiste en que revise el auto antes de salir. ¿Y el tuyo?

2. **Sugerencias.** En parejas, sugiéranles a la narradora y a la mujer del banco tres cosas que deben hacer. Utilicen el condicional en la primera cláusula.

Ejemplo: — A la narradora le sugeriríamos que tirara algunas de sus cosas.

3. **En conclusión.** Un/a estudiante empieza a decir una oración y otro/a la termina prestando atención a la concordancia temporal. Las oraciones deben referirse a la lectura o al tema de esta unidad y constar de dos cláusulas.

Ejemplo: — No hay duda de que sobre el tema de la inmigración...
           — ...hemos aprendido mucho.

12-18 Creación

Escribe una composición de acuerdo con las instrucciones que siguen.

Cuenta la historia de la mujer del banco. ¿Quién es y cómo llegó hasta allí? Describe su aspecto físico y sentimientos. (¿Qué edad tiene, cómo es su familia, cuál es su historia, por qué no tiene casa?)

Atajo		
Phrases:	*Describing health; People; The past*	
Grammar:	*Preterite & imperfect; Subject pronouns*	
Vocabulary:	*Face; Body; Gestures*	

Infórmate con CNN®

Bilingualism: 1.1; *Immigration:* 1.3; *Displacement:* 1.2

Glosario

The definitions in this glossary pertain to the texts; therefore, not every known definition is provided for each entry. Masculine nouns not ending in -o are indicated as (m) and feminine nouns not ending in -a, -ión or -dad are indicated as (f).

A vowel in parenthesis after a verb indicates there is a vocalic change in the present of indicative and subjunctive (except the "nosotros" and "vosotros" form). A second vowel in parenthesis indicates a vocalic change in the third person (singular and plural) of the preterit.

a

a causa de (+ sustantivo) *because*
a lo largo de *along, through (out)*
a menos que *unless*
a menudo *often*
abajo (adv.) *down, below*
abogado/a *lawyer*
abrazar *to embrace, hug*
aburrirse *to get/become bored*
abusar de *to take advantage of, make unfair demands on, abuse sexually*
acabar *to end, finish*
acercarse *to approach, come close to/near*
acero *steel*
acoger *to welcome, take in, receive*
acomodado/a *wealthy*
acompañante (m/f) *date (referring to a person)*
aconsejar *to give advice, counsel*
acontecimiento *event*
acordarse (ue) de *to remember*
acosar *to harass*
acostarse (ue) *to lie down, go to bed*
actuación *performance*
actualidad *at the present time*
actualmente *presently*
acudir *to go, attend, come*
acuerdo *agreement*
además *besides, also, in addition to*
adivinar *to guess*
advertencia *warning*
advertir (ie, i) *to notice, warn*
aficionado *fan*
aguantar *to tolerate, put up with*
ahorrar *to save up, set aside, conserve*
aislado/a *isolated*
ajeno/a *foreign, strange, belonging to others*
al contrario *on the contrary*
al fondo *in the background, at the back/rear*
alboroto *commotion, racket, stir*
alcanzar *to attain, reach*
aliento *breath*
alimento *food item*
almacenamiento *storage*
alquilar *to rent*
alzar *to raise*
ama de casa (el) (f) *housewife*
amanecer *to dawn*

amar *to love (formal)*
amargo/a *bitter*
amenaza *threat*
amenazar *to threaten*
amigo *date, friend*
analfabeto/a *illiterate*
anfitrión/anfitriona *host, hostess*
anochecer (m) *dusk, nightfall*
antepasado *ancestor*
añadir *to add*
apagar *to turn off, switch off, put/blow out, deaden*
aparecer *to appear, show up*
apellido *last name*
apenas *hardly, barely, scarcely*
apetecible *tempting, appetizing, mouth-watering*
aplicar *to apply, lay on, spread on, be pertinent/suitable, use, employ*
apoderarse de *to seize, get control of, take over*
aportación *contribution*
apoyar *to support emotionally, ideologically*
apoyo *help, (moral) support, backing*
apretar (ie) *to squeeze, tighten, grasp, press*
aprovechar *to take advantage, make good use of*
argumento *plot, reason for support*
arma (el) (f) *weapon*
arreglarse *to manage, fix oneself up*
asegurar(se) *to assure, make sure*
asequible *affordable*
así *thus, like this/that*
asignatura *subject (course of study)*
asistir a *to attend*
asombrado/a *amazed, astonished, stunned*
asumir *to accept responsibility*
asunto *matter*
asustar *to frighten*
atender (ie) a *to pay attention to*
atentado *assassination attempt*
atento/a *attentive, cordial*
atragantarse *to choke*
atrás *back, ago*
atravesar (ie) *to cross*
atreverse *to dare to*
aumento *increase*
avergonzado/a *ashamed, embarrassed*
averiguar *to find out*
avidez (f) *eagerness*

avisar *to inform, warn, notify*
ayuno *fasting, fast*

b

bajar *to lower, get down from, get off*
bajo (prep.) *under (government, authority), under*
banco *bench, bank*
bandera *flag*
bando *side, camp*
barato/a *cheap*
barbaridad *atrocity, cruelty*
barbilla *chin*
barrio *neighborhood*
basurero *trash bin, garbage man*
bata de casa *house dress*
bendito/a *blessed*
bien (el) y mal (el) *good and evil*
bofetada *slap*
borrar *to erase*
bosque (m) *wood(s), forest*
brazo *arm*
broma *a practical joke, trick, prank*
bruto/a *uncouth, coarse, rough, brutal*
burgués/esa *middle class*
burlarse de *to make fun of*

c

cabalgar *to ride horseback*
caída *fall, collapse*
camión (m) *truck*
canción *song*
cansarse *to become/get tired*
cantante (m/f) *singer*
capital (f) *capital city*
capital (m) *money and property*
carácter (m) *temperament, personality*
cárcel (f) *jail, prison*
cargo *position, job, office*
caricia *caress*
carretera *highway*
cartera *purse*
casarse (con) *to marry*
castigo *punishment*
casualidad *chance*
cazar *to hunt*
cercano/a *nearby*
certeza *certainty*
cinturón (m) *belt*

331

cita *appointment*
cobardía *cowardice*
cobrar *to charge*
cocinar *to cook*
colgar *to hang (up)*
colmado/a de *full of, filled with*
combate (m) *fight, combat*
combatir *to fight*
comida *meal*
como *since (cause), because, as, like, how*
compartir *to share*
compasión *sympathy*
complejo/a *complicated, complex*
comprobar (ue) *to check, find out, verify*
condenado/a *condemned*
conducir *to lead, drive*
conferencia *lecture*
confianza *trust*
confiar en *to trust*
conocer *to be familiar with something/someone, to know by experience*
conocimiento *knowledge*
conseguir (i, i) *to attain, obtain, get, achieve*
consejero *advisor*
consignas *slogans*
contagiar *to infect, contaminate*
contar (ue) con *to be equipped with, have, count on*
controvertido/a *controversial*
convertirse (ie, i) a *to change one's religion*
convertirse (ie, i) en (+ sust.) *to become (result of a physical or fantastic change)*
coqueto/a *flirtatious*
corazón (m) *heart*
correcto/a *correct, right (answer)*
corrida de toros *bullfight*
cosecha *crop*
coser *to sew*
costado *side*
costumbre (f) *habit, custom*
cotidiano/a *daily*
crear *to create*
crecer *to grow up (physically)*
creciente *growing*
creencia *belief*
creyente (m/f) *believer*
criar *to rear, nurse, nourish, breed*
crimen (m) *(attempted) murder, (attempted) homicide*
criminal (m, f) *person who commits a crime*
cuanto más... más *the more . . . more*
cuenta *bill (to pay)*
cuento *short story, tale*
cuestión *theme, subject, matter*

cuestionar *to question, put into question*
cuidar *to take care of someone/something*
culpar *to blame*
cultivar *to grow (vegetables, flowers)*
cumplir (con) *to fulfill, carry out, do one's duty*
cura (el) (m) *priest*
cutis (m) *skin*
chantaje (m) *blackmail*
charlar *to chat, talk*
chismoso/a *gossipy*
chiste (m) *joke*
chocante *shocking*
choque (m) *traffic accident*

d

dar a luz *to give birth to*
dar con *to hit, find*
dar lugar *to give way to, cede*
darse cuenta de (que) *to notice, realize*
dato *piece of information, datum, figure*
de acuerdo con *according to, in accordance/agreement with*
de manera/modo que *so, so that*
de nuevo *again*
de todas maneras *anyway*
de todos modos *anyway*
debajo de (prep.) *under, underneath*
deber (de) + inf. *ought to, should*
débil *weak*
decepcionar *to disappoint*
defraudado/a *disappointed*
dejar *to leave someone/something*
dejar de + inf. *to stop doing something*
dejar de lado *to set aside, ignore*
delincuente (m, f) *person who commits a delito*
delito *offense, misdemeanor*
demás (los/las) *the others, the rest, everybody else*
deporte (m) *sport*
derecho *right, law*
derecho (adv.) *straight*
derecho/a *right, straight*
derrotar *to defeat*
desafiar *to challenge*
desarrollo *development*
desatar *to unleash*
descalzo/a *barefoot, without shoes*
descartar *to rule out, dismiss, reject the possibility*
descifrar *to decipher, decode*
desconocido/a (noun) *stranger*
desde luego *of course, certainly*
desde *since (time), from (space)*
desear *to desire a person*
desempeñar un papel/un rol *to play a*

role, part
desfilar *to walk in file, march, parade*
desgracia *misfortune*
deshacerse de *to get rid of*
desnudo/a *nude, naked*
desobedecer *to disobey*
desperdicio *waste*
despertar (ie) *to awaken*
despreciar *to look down on, scorn*
después *next, then, later*
destacar *to point out, underline, emphasize, stand out*
destino *fate*
detalle (m) *detail*
detenerse (ie) *to stop*
detrás de *behind*
devolver (ue) *to return, give back (things)*
diario *newspaper*
diferir (ie, i) *to be different*
digno/a *worthy*
dirigirse a *to address someone, head for*
discurso *speech*
discusión *discussion, argument*
disfrazarse (de) *to disguise oneself, dress up as*
disfrutar de *to enjoy*
disparate (m) *nonsense*
disparo *shot*
disponible *available*
distar/de *to be far from*
distraerse *to get distracted, pass the time*
distraído/a *distracted*
divertirse (ie, i) *to have a good time, amuse oneself*
doblar *to turn, fold, double*
doler (ue) *to hurt*
ducha *shower*
dueño *owner*
durar *to last*
duro/a *hard*

e

echar de *to throw out*
echar de menos *to miss something/someone*
edificar *to build*
educar *to raise, rear, bring up*
eje (m) *axis*
ejercer *to exercise*
ejército *army*
embarazada *pregnant*
embarazoso/a *embarrassing (with situations)*
emborracharse *to get drunk*
emocionarse *to be moved, excited*
empresa *business*
en balde *in vain*

en busca de *in search of, in pursuit of*
en cambio *on the other hand, but, however*
en cuanto *as son as*
en el fondo *deep down*
en fin *in short*
en realidad *in reality, actually*
en seguida, enseguida *at once, right away*
en vigencia *valid, in force, in effect*
encantar *to like a lot, love, be delighted by*
encanto *charm*
encargarse de *to be in charge of*
encontrarse (ue) con *to come across, run into*
encuesta *poll, survey*
enfrentarse a/con *to face, confront, deal with*
engañar *to deceive, fool*
engordar *to fatten, make fat*
enterarse (de) *to find out, hear, learn about*
enterrar (ie) *to bury*
entonces *right then, at that time*
entrada *ticket, entrance*
entrañable *very endearing*
entrenar(se) *to train*
equivocarse *to make a mistake, be wrong*
eregir (i, i) *to erect, build*
es decir *that is*
escala *scale*
escaramuza *skirmish*
escasear *to be scarce*
escoger *to choose*
esconder(se) *to hide*
escuchar *to listen to*
esfuerzo *effort*
espalda *back*
esperanza *hope*
esposo/a *husband/wife*
esquina *street corner (outside corner)*
estación *season, station*
estacionar *to park*
estado civil *marital status*
estar bien/mal visto/a *to be socially acceptable/unacceptable*
estar confundido/a *to be confused, mixed up, mistaken, wrong (animate subject)*
estar confuso/a *to be confused, mixed up (animate subject)*
estar de acuerdo *to agree*
estar de moda *to be in fashion, be all the rage*
estar dispuesto/a a *to be prepared/willing to*
estar libre *to be unoccupied, out of prison*
evitar *to avoid*
exigencia *demand*
expectativas *expectations*
explicación *explanation*
extranjero/a (adj.) *foreign*
extranjero/a (noun) *foreigner*

extrañar *to miss something/someone*
extraño/a (adj.) *strange, odd, weird*
extraño *stranger*

f

faltar *to lack, be short of something, have distance/time still to go*
faltar a *to miss an event (voluntarily), not attend*
fama *reputation*
fantasma (m) *ghost*
fastidiar *to bother, pester*
fecha *date*
fiesta *holiday, celebration, party*
fingir *to pretend, feign, fake*
firma *signature*
flaco/a *thin*
flujo *flow*
forrado/a *wrapped, lined*
fracaso *failure*
frontera *border, frontier, limit, boundary*
fuente (f) *source, fountain*
fuerza(s) *strength*
funcionar *to work (subject = machine)*

g

gastar bromas *to play jokes/tricks*
gastar *to spend (money)*
gente (f) *people, crowd*
gesto *gesture*
girar *to turn, rotate*
gozar de *to enjoy*
grado *degree*
gratis *free (without cost)*
gravemente *seriously*
gritar *to shout, yell, scream*
guardar *to keep, put aside*
guardia (f) *female guard, guard*
guardia (m) *male guard*
guerra *war*
guión (m) *script*

h

había (érase) una vez *once upon a time*
hacer caso *to pay attention*
hacer falta *to need*
hacer las maletas *to pack your bags, a suitcase*
hacer un papel/un rol *to play a role, part*
hacer una pregunta *to ask a question*
hacer(se) daño *to harm, hurt someone or oneself*
hacerse (+ adj., + sust.) *to become (due to one's own efforts)*
hacia *towards, to*
hada (el) (f) *fairy*

hambriento/a *hungry, starving*
hasta *even, until (time), up to (place)*
hay que + inf. *one must, has to, needs to*
hecho *fact*
hembra *female, woman*
hermoso/a *beautiful*
historia *story, history*
hogar (m) *home*
honrado/a *honest, honorable*
hora *clock time, moment for, hour*
horario *schedule*
huelga *(workers') strike*
hueso *bone*
huida *flight*
huir *to flee, escape*
humillante *humiliating*
humillar *to humiliate*

i

idioma (m) *language*
igual *same, alike, similar, equal*
igualdad *equality*
ileso/a *unhurt, unharmed, unscathed*
importar *to care about something/someone, matter*
imprescindible *absolutely necessary, indispensable*
impuesto *tax*
indiscutiblemente *undeniably, indisputable*
infancia *childhood*
informe (m) *report*
ingerir (ie, i) *to eat, ingest*
inquietante *unsettling*
inquietud (f) *worry, concern, anxiety*
introducir *to put in, insert, introduce*
investigar *to research*
irse *to leave, go away*
izquierdo/a *left*

j

jabón (m) *soap*
jarabe (m) *syrup*
jarra *pitcher, jar*
jefe/a *boss, person in charge*
jerga *jargon, slang*
jubilarse *to retire from work*
jugar (ue) *to play a game, specific sports*
jurar *to swear*
juzgar *to judge*

l

lanzar *to launch, hurl*
largo/a *long*
lastimar(se) *to harm, hurt someone or oneself*

lazo *bond, tie, link*
lecho *bed*
lengua *language, tongue*
lenguaje (m) *specialized language*
lento/a *slow*
leña *firewood*
letra (f) *sing. lyrics*
levantar *to raise, lift, cause*
libertad de expresión (f) *freedom of speech*
libre *free (out of prison), unoccupied*
librería *bookstore*
lo de siempre *the usual*
lograr *to succeed in, manage*
lucha *struggle*
luchar *to struggle*
luego *next, then, later*
lugar (m) *place*
lujo *luxury*
luna de miel *honeymoon*
llanto *crying*
llegar a ser (+ adj., + sust.) *to become (after a period of time)*
llenar (de) *to fill*
llevar *to carry, take (someone or something somewhere)*
llevarse bien/mal *to get along well/badly*
llorar *to cry*

m

madera *wood, timber*
madurar *to grow up (mentally)*
maldito/a *cursed, damned*
malentendido *misunderstanding*
maltratar *to treat badly, abuse physically, batter*
manera *way*
manifestación *demonstration*
mantener (ie) *to support economically*
manzana *apple, city block*
marginar *to marginalize*
marido *husband*
martillo *hammer*
más bien *rather*
más vale... que *it is better . . . than*
mascar *to chew*
matar *to kill*
materia *subject (course of study)*
mayoría *majority, most*
mediante *by means of*
medicamento *medicine*
medida *measure, step*
medio *middle, environment, surroundings, means*
medio/a *half*
medios de comunicación *media*
medir (i, i) *to be tall/high, measure*

mejorar *to improve*
mensaje (m) *message*
mentir (ie, i) *to lie*
merecer *to deserve, merit*
mesón (m) *restaurant, inn*
mestizaje (m) *mixture of races*
meter (en) *to put (into)*
metro *subway, meter*
mezcla *mixture*
miedo *fear*
miel (f) *honey*
mientras tanto *meanwhile*
misa *mass*
mismo/a *same, myself, himself, after noun*
mitad (f) *half*
modales (mpl) *manners*
modo *way, manner*
mojar(se) *to wet, soak, get wet*
molestar *to bother, annoy*
montar a caballo *to ride horseback*
morder (ue) *to bite*
moreno/a *tanned, dark-skinned*
morir (ue, u) *to die in accidents, wars, etc., a violent death*
morirse (ue, u) *to die by natural causes or in a figurative sense*
mostrar (ue) *to show, display*
mover(se) (ue) *to move around (self or objects)*
mudar(se) *to change houses, cities, countries*
muerte (f) *death*
muñeca *doll, wrist*

n

nacer *to be born*
necesitar *to need*
negarse (ie) a + inf. *to refuse + inf.*
niñez (f) *childhood*
nivel (m) *level*
no querer (en pret. + inf.) *to refuse + inf.*
no tener (ie) más remedio que *to have no choice but*
noche vieja *New Year's Eve*
novio/a *date (referring to a person), bride, fiancé(e)*
nutrirse *to be nurtured*

o

ocio *leisure time*
ocultar *to hide, conceal*
odio *hatred*
odioso/a *hateful, unpleasant*
ofrenda *offering*
oído *(inner) ear, (sense of) hearing*
oler (ue) (yo huelo) *to smell*
olor (m) *smell*

olvidar/olvidarse de *to forget*
oprimido/a *oppressed*
oración *prayer*
orden (f) *command, mandate, religious order*
orden (m) *disposition of things, succession, sequence, order*
orgulloso/a *proud*
otra vez *again*

p

padecer *to suffer*
padre (m) *father*
padres (mpl) *fathers, parents*
pálido/a *pale*
paloma *pigeon, dove*
pantalla *(television, computer, projection) screen*
pañal (m) *diaper*
papel (m) *paper, role*
papeles (m) *papers, identification documents*
parado/a *standing*
parecer *to seem, look*
parecerse a *to look like, resemble*
parecido/a *similar, like*
pareja *couple*
pariente (m) *relative*
parir *to give birth to*
parte (f) *part*
partidario *supporter, partisan*
parto *childbirth*
pasajero/a *temporary, passing*
pasarlo bien *to have a good time*
pasillo *hallway*
paso *step*
pata *paw, leg (with furniture)*
patria *homeland*
pecado *sin*
pedante *pedantic*
pedir (i, i) *to ask for, order something, request*
pedir (i, i) prestado *to borrow*
pegar *to stick to, hit*
pegar una paliza *to give a beating*
pelea *fight, quarrel*
pelear *to fight*
peligroso/a *dangerous*
pensar (ie) *to think, believe; (+ inf.) to intend, plan*
pensar (ie) de *to have an opinion about*
pensar (ie) en *to have something or someone in mind, think about*
perderse (ie) *to miss an event (involuntarily), get lost*
perecer *to perish*
pereza *laziness*

periódico *newspaper*
permanecer *to remain*
permiso de manejar *driver's license*
perseguir (i, i) *to persecute*
persona *person, individual*
personaje (m) *fictional character*
pertenecer (a) *to belong (to)*
pesado/a *heavy*
pesar *to weigh*
pese a *in spite of, despite*
pésimo/a *dreadful, terrible*
picardía *cunning, mischievous act*
piel (f) *skin*
piscina *pool*
pisotear *to step on, trample*
plantear *to pose (a question)*
plaza de toros *bullring*
plazo *term, time, period*
pleno/a *full*
población *population, city, town*
pobreza *poverty*
poder (m) *power*
policía (f) *policewoman, police force*
policía (m) *policeman, male police officer*
polvo *dust*
poner *to play (records, music), put, place*
ponerse (+ adj.) *to become (non-permanent physical or emotional changes)*
ponerse a + inf. *to start, begin*
por consiguiente *therefore*
por culpa de *because of, due to (blame intended)*
por lo tanto *therefore*
por mí (tu, su…) cuenta *on my (your, his/her . . .) own*
por un/otro lado *on the one/other hand*
porque (+ verbo conjugado) *because*
portarse bien/mal *to behave well/badly*
portavoz (m, f) *spokesperson*
porvenir (m) *future*
poseer *to possess*
practicar un deporte *to play sports (in general)*
pregunta *question*
preguntar *to request information from someone*
preguntar por *to inquire about someone/something*
preguntarse *to wonder*
prejuicio *prejudice, bias*
preocuparse por/de *to worry about*
presagio *omen*
presentar *to introduce (people)*
presionar *to pressure*
prestar *to lend*
pretender *to intend, try*
prever *to foresee*
principal *main*

principio *principle, beginning*
prisa *haste, hurry*
privaciones (fpl) *hardships, deprivation*
probar (ue) *to test, prove, taste*
probarse (ue) *to try on*
procedimiento *procedure*
pronto *quickly, soon*
proteger *to protect, keep from harm*
próximo/a *next (for future actions)*
público *audience*
pueblo *village, people from a nation, place or race*
puerto *port*
puesto (de trabajo) *position, job*
puesto que *since (cause), because*

q

quedar(le) a uno/a *to have left*
quedarse *to stay, remain somewhere*
quedarse + adj. *to turn, become suddenly or gradually*
queja *complaint*
quemar(se) *to burn*
querer (ie, i) *to love (informal)*
querer (ie, i) decir *to mean (animate and inanimate subjects)*
quitar *to take away*
quitarse *to take off*

r

raíz (f) *root*
rato *short time*
realizar *to carry out, accomplish, fulfill*
realmente *truly, really, actually*
rebelarse *to rebel*
recién *recently, newly (before adjective)*
recoger *to pick up, gather*
recordar (ue) *to remember*
recuerdo *memory*
recuperar *to recover*
recurso *resource*
rechazar + sust. *to reject something*
reflejar *to reflect, mirror*
reforzar (ue) *to reinforce*
refresco *soft drink*
refugio *shelter*
regalar *to give as a gift or present*
rehén (m, f) *hostage*
reivindicación *demand, claim*
relacionarse con *to have contact with, be related to*
relato *story*
repartir *to give out, hand out, distribute*
repasar *to go over, review (such as notes for a test)*
represalia *reprisal, retaliation*
requerir (ie, i) *to require*

reseñar *to review a creative work*
respecto de, con respecto a *with regard to, regarding*
respeto *consideration for another person*
resultado *result*
resultar + adj. *to find, seem, be*
retener (ie) *to retain*
retirar *to withdraw, take away*
retirarse *to retreat*
retrato *portrait*
reunirse *to have a meeting, get together*
revisar *to inspect, check, edit*
revuelta *revolt, rebellion*
rezar *to pray*
riesgo *risk*
rincón (m) *corner of a room (inside corner)*
riqueza *wealth*
risa *laughter*
rodeado/a *surrounded*
rodilla *knee*
rostro *face*

s

sábana *sheet*
saber *to know specific information as dates, facts, events*
saber + inf. *to know how to do something*
sabor (m) *taste, flavor*
sacar *to take out, get out*
salir (de) *to leave an enclosed place*
salir con *to go out with, have a date*
salud (f) *health*
saludar *to greet, say hello*
salvar *to rescue, save from extinction*
sangre (f) *blood*
sano/a *healthy*
secuestro *kidnapping*
según *according to*
seguro/a de mí (ti, sí…) mismo/a *self-confident*
selva *jungle*
sembrar (ie) *to sow, seed*
semejanza *similarity*
sensación *physical feeling*
sensato/a *sensible, reasonable*
sensibilidad *sensitivity*
sensible *sensitive*
sentar(se) (ie) *to sit*
sentido *meaning, sense, consciousness*
sentimiento *emotional feeling*
sentir (ie, i) *to be sorry, regret*
sentir (ie, i) (+ sust.) *to feel*
sentirse (ie, i) (+ adj., adv.) *to feel*
señalar *to point to, indicate*
ser (m) *human being*
ser capaz de + inf. *to be capable of*

ser confuso/a *to be unclear, confusing (inanimate subject)*
ser libre *to be free*
serio/a *serious*
servilleta *napkin*
sierra *mountain range, mountains*
sigla *acronym*
significado *meaning*
significar *to mean (only with inanimate subjects)*
siguiente *next (for past actions)*
simpatía *warm, friendly personality*
sin embargo *nevertheless, however*
soledad *loneliness*
soler (ue) *to be accustomed to, be in the habit of*
solicitar *to apply for a job, a position, a fellowship*
solicitud (f) *application form*
sólo, solamente *only*
solo/a *alone*
soltar (ue) *to let go (of something one is holding)*
soltero/a *single (unmarried)*
sonreír (i, i) *to smile*
soportar *to support physically, tolerate, put up with*
sorbo *sip*
sostener (ie) *to support physically*
subrayar *to underline, emphasize*
suceder *to happen, follow*
sudar *to sweat*
suelo *floor, ground*
sueño *dream, sleep*
suerte (f) *luck, bullfighter's maneuver*
sujeto *subject (person)*
suministro *supply*
suponer *to assume, presuppose*

t

tal *such*
tamaño *size*
tardar (en + inf.) *to delay, take . . . time*
tema (m) *topic, theme*
tender (ie) *to tend to*
tener (ie) cuidado *to be careful*
tener (ie) éxito *to be successful*
tener (ie) ganas de + inf. *to look forward to, feel like*
tener (ie) la culpa *to be guilty, be one's fault*
tener (ie) que + inf. *to have/need to*
tener (ie) razón *to be right (a person)*
tener (ie) sentido *to make sense*
ternura *tenderness*
testigo (m, f) *witness*
tiempo *weather, measurable time*
tierra *land, ground, earth, soil*
tocar *to play a musical instrument, touch*
todavía (no) *still (not yet)*
todo el mundo *everybody*
tolerar *to tolerate, put up with*
tomar conciencia *to become aware*
tomar *to drink, intake, take a form of transportation*
tomar una copa *to have a drink*
tomar/tener (ie) en cuenta *to take into account*
tópico *cliché*
tormenta *storm*
trabajar *to work (only with animated subjects)*
trabajo (escrito) *written (research) paper*
traicionar *to betray*
traje (m) *suit*
trasladar(se) *to transfer for reasons of work*

tratar (a alguien) *to treat (someone)*
tratar de + inf. *to try to*
tratar de + sust. *to deal with*
tratarse de *to be a question of, be about, be*
trazar *to draw up (a plan), sketch, trace*
tregua *truce*
trozo *piece*

u

único/a *the only (+ noun)*
unirse a *to join*

v

vacío/a *empty*
valeroso/a *brave*
valioso/a *valuable*
valor (m) *value, worth*
varón (m) *male, man*
velar *to watch*
vencer *to conquer, win*
vengar *to avenge*
ventaja *advantage*
vergonzoso/a *shy (with people), shameful, indecent (with things or situations)*
vez (f) *time as instance, repeatable*
visión *vision, perspective*
viudo/a *widower, widow*
vivienda *housing, home, dwelling*
volver (ue) *to return, go back (to, from a place)*
volver (ue) a + inf. *verb + again*
volverse (ue) (+ adj.) *to become (sudden or emotional permanent changes)*
voz (f) *voice*

y

ya que *since (cause), because*

Credits

Text Credits This text is the result of collective and collaborative efforts. The authors, therefore, owe many a debt of gratitude. First of all, we thank all the people who gave us permission to reproduce their work (writers, artists, singers, painters, photographers, etc.) for their generosity and understanding of our purpose.

Page 7: «Bares a mogollón» de Antonio Gómez Rufo, publicado en *La Guía del Ocio*, Madrid, España, 1989, página 53. **Pages 15–16:** «Picar a la española» translated from «The Spanish Way to Snack» by Colman Andrews, from *Harper's Bazaar*, page 11. Reprinted by permission of the author. **Page 24:** «El secreto a voces. El discurso amoroso del bolero.» by Iris M. Zavala. Reprinted by permission of the author. **Page 26:** Cover image of *Revista Imagen*. Courtesy of Alfredo Sainz Blanco, Redactor Jefe, *Revista Imagen*. **Page 28:** «Los pasos básicos para bailar el mambo» de Gustavo Pérez Firmat, publicado en *Más* : Noviembre-Diciembre 1991, página 80. **Pages 33–34:** «El mexicano y las fiestas» adapted from «Todos los Santos, día de muertos» by Octavio Paz, from *El laberinto de la soledad*, 1984, pages 42-48. Reprinted by permission of Fondo de Cultura Económica, México. **Page 37:** «Cómo ganar amigos». Courtesy of la Oficina de Turismo de España. **Page 42:** «Una fiesta de impacto y de infarto» by Joaquín Vidal, from *Ronda 89* (Magazine of Iberia airlines), pages 42–44. **Page 45:** «No a la tortura». Courtesy of A.N.D.A. (Asociación Nacional para la Defensa de los Animales). **Page 46:** Cartoon by Santiago Almarza Caballero, form *Diez minutos*. Reprinted by permission of the artist. **Pages 49–50:** «La santería : una religión sincrética» by Darién J. Davis, from *La tierra mágica. Una exploración cultural de la America Latina*, 1991. Reprinted by permission of the Latin American Curriculum Resource Center. **Page 53:** «Mister Don't Touch the Banana» by Marisela Verena. © Kiri Kiri Music (ASCAP), 1990. **Pages 60–61:** «Hospitalidad, boleros y café recién colado» by Mauricio Vicent, from *El País Semanal*, número 1394, Domingo 16 de junio 2003, page 72. **Pages 67–68:** «Las plazas mayores : Ayer y hoy» adapted from La Plaza mayor. Génesis de la nación costarricense by Franco Fernández Esquivel. Cartago, Costa Rica : Editorial Cultural Cartaginesa, 1996. **Pages 76–78:** «El barrio» translated from «Dreams of Place: Housing, Gentrification, and the Marketing of Space in El Barrio» by Arlene Dávila. Reprinted by permission from the managing editor of CENTRO Journal. **Page 87:** Cartoon by Gloria Forges. Reprinted by permission. **Page 93:** «El eclipse» by Augusto Monterroso. © International Editors, Barcelona, España. Reprinted by permission. **Pages 100–101:** «Gitanos» by Rosa Montero, from *El País*, 15 julio 1989. Reprinted by permission. **Pages 108–109:** «El texto libre de prejuicios sexuales y raciales> by Isabel Pico e Isda Alegría, © Universidad de Puerto Rico Press (text and iluustrations). **Page 113:** Comic strip by Jim Tooney. Reprinted by permission. **Page 119:** «Palabreo» by Gilda Holst. Casa de la Cultura Educatoriana, Núcleo de Guavas, Banco Central del Ecuador, 1989. Reprinted by permission. **Page 122:** Cartoon by Quino. Reprinted with permission from the artist. **Page 125:** «Mujer, no llores, habla. Defiende tu dignidad». Reprinted courtesy of Instituto de la Mujer, Ministerio de Asuntos Sociales, Madrid. **Pages 129–130:** «Eva» by Cristina Peri Rossi, from *Nave de los locos*, © Editorial Seix Barral, S.A. **Page 132:** «Los jugetes enseñan a vivir». Reprinted courtesy of Instituto Andaluz de la Mujer. **Pages 133–134** : «Mujer florero», lyrics by Marilia Andres Casares. © Sony/ATV Discos, Music for El Retiro Ediciones, Music S.L. **Pages 139–140:** «La cocina de Zumbagua» adapted from *Alimentación, género y pobreza en los Andes ecuatorianos* by Mary J. Weismantel. Quito, Ecuador: Ediciones Abya-yala, 1994, pages 258-261, 272-275. **Page 148:** «La brecha» by Mercedes Valdivieso. Reprinted by permission from the publisher, Latin American Literature Review Press, Pittsburgh, 1986. **Page 150:** Collage of pamphlets. Courtesy of Instituto de la Mujer, Ministerio de Asuntos Sociales, Madrid. **Page 152:** «Amor de madre». Cartoon by Quino. Reprinted by permission from the artist. **Page 153:** «Madre campesina», lyrics by Sabiá. © Folklore Music (ASCAP). Reprinted by permission. **Page 157:** Cartoon by Forges (Madrid). Reprinted by permission. **Page 159:** «Los derechos humanos» by Eduardo Galeano, from *El libro de los abrazos*, Madrid, España : Alianza Cien Editorial, 1989. **Page 159:** «La cultura del terror» by Eduardo Galeano, from *Mujeres*, Madrid, España : Alianza Cien Editorial. **Page 161:** Cartoon by García Morán, from *La Gaceta*, edición de julio 2003. Reprinted by permission. **Page 163:** «Los derechos de la infancia», poster by Víctor Moreno López (artist). Reprinted courtesy de Subdirección General de Información Administrativa, Ministerio de Trabajo y Asuntos Sociales, Madrid, 1998. **Pages 171–172:** «Fiera patria» by Angeles Mastretta. Reprinted by permission from the publisher, Aguilar y Cac Editores. **Page 175:** «Alta traición» by José Emilio Pacheco. Reprinted by permission from the publisher, Alianza Editorial. **Pages 180–181:** «Tres héroes» by José Martí. **Page 184–185:** «México insurgente» © Copyright by Ismael Serrano / Daniel Serrano. Autorizado para todo el mundo a Ed. Mus. Polygram S.A. y Ed. Mus. Track. España. Todos los derechos reservados. **Page 189:** «La Malinche» translated from *Herstory : Women Who Changed the World* by S. Susan Jane. A Byron Preiss Book, Published by Viking Press. **Page 196:** Pamphlets. Reprinted courtesy of Amnesty International. **Pages 197–199:** From PRESO SIN NOMBRE, CELDA SIN NÚMERO by Jacobo Timerman, copyrighted as an unpublished work © 1980 by African International Productions, N.V. Used by permission of Alfred A. Knopf, a division of Random House, Inc. **Page 207:** «Epigrama» by Reinaldo Arenas, from *Voluntad de vivir manifestándose* © Editorial Betania. Reprinted by permission. **Page 210:** «Los pájaros y la libertad», cartoon by Quino. Reprinted by permission from the artist. **Pages 214–215:** Selection from *Un día en la vida* by Manlio Argueta. UCA Editores, 1981. Reprinted by permission of the author. **Pages 222–223:** «La lucha armada de ETA» adapted from *Los vascos* by Ramón Nieto. Madrid, España : Acento Editorial, 1996, pages 69–70, 71–72, 74–78, 80. Reprinted by permission. **Page 228:** Basque environmental sticker. Reprinted by permission. **Pages 231–232:** «Noticia de un secuestro» de Sonia Aparicio Moreno in the special report «Guerras olvidadas» by the web site www.elmundo.es 2003: (http://www.elmundo.es/documentos/2003/04/guerras_olivdadas/index.html). Reprinted by permission of the author. **Page 238–239:** «La vuelta a casa» adapted from *Going home* by Caitlin Bird Francke. Reprinted courtesy of the author. **Page 244:** «La vida no vale nada», lyrics by Pablo Milanés. Reprinted by permission of Autores Productores Asociados, Madrid. **Page 248:** 2002 U.S. Census Data. **Page 255:** Advertisement reprinted by permission from RENFE. **Pages 261–263:** «Cuento (extremeño) de Navidad» by Gonzalo Hidalgo Bayal. Reprinted by permission from the author. **Page 270–272:** «El spanglish enfrenta a académicos y lingüistas» by Alvaro Santiago, published in *Revista Amanecer del Nuevo Siglo*. Reprinted by permission from the editor.   **Pages 280–281**: «Mujer negra» by Nancy Morejón. Reprinted courtesy of the author, 1998.   **Pages 288–289**: «Usted estuvo en San Diego» from *Los sueños de América* de Eduardo González Viaña. Reprinted by permission from the publisher, Grupo Santillana S.A.   **Page 291**: 2002 U.S. Census Data.   **Page 292**: «Noctuno chicano» by Margarita Cota-Cárdenas. Reprinted by permission from the author.   **Pages 296–297**: «La vuelta al mundo en Lavapiés» by Francisco Peregil. Reprinted by permission from the author.   **Page 296**: 2002 Anuario Estadístico de Extranjería.   **Page 299**: «Mamá» by Javier Puebla. Reprinted by permission from the author.   **Page 301**: Plan de Sevilla. Imagen © Turismo Andaluz S.A.   **Page 307**: «Ay, papi, ¡no seas cocacolero !» by Luis Fernández Caubí. Reprinted by permission from the author.   **Page 315**: «La historia de mi cuerpo» translated from «The Story of My Body» from *The Latin Deli : Prose and Poetry* by Judith Ortiz-Cofer. Reprinted by permission of the publisher, The University of Georgia Press.   **Page 319**: Copyright © 2002 by Rosario Ferré. First published in LATINA, April 2002. Reprinted by permission of Susan Bergholz Literary Services, New York. All rights reserved.   **Pages 323–324**: «In between» by Mirta Toledo. Coutesy of Editorial Vinciguerra. Reprinted by permission from the author.   **Page 326**: «Rareza arqueológica», grabado by Mirta Toledo. Reprinted with permission from the artist.   **Pages 328–330**: «Latinos en Estado Unidos», lyrics/song by Celia Cruz. Reprinted by permission from Key Productions.

Photo Credits All photographs not otherwise credited were supplied or owned by © Heinle, Thomson Higher Education, a part of the Thomson Corporation.